珞珈管理评论
Luojia Management Review

2009 年卷第 2 辑（总第 5 辑）

武汉大学经济与管理学院主办

武 汉 大 学 出 版 社

图书在版编目（CIP）数据

珞珈管理评论.2009 年卷.第 2 辑（总第 5 辑）/武汉大学经济与管理学院主办.
—武汉:武汉大学出版社,2009.12
ISBN 978-7-307-07441-5

Ⅰ.珞…　Ⅱ.武…　Ⅲ.企业管理—文集　Ⅳ.F270-53

中国版本图书馆 CIP 数据核字（2009）第 212307 号

责任编辑:唐　伟　　　责任校对:黄添生　　　版式设计:詹锦玲

出版发行:**武汉大学出版社**　（430072　武昌　珞珈山）
　　　　　（电子邮件:cbs22@ whu. edu. cn 网址:www. wdp. com. cn）
印刷:军事经济学院印刷厂
开本:889 × 1194　1/16　印张:14　字数:407 千字
版次:2009 年 12 月第 1 版　　2009 年 12 月第 1 次印刷
ISBN 978-7-307-07441-5/F・1334　　　定价:30. 00 元

目　　录

CONTENTS

5　Investment

6　Accounting and Financial Management

7　Marketing

8　Conference Minutes

轴辐式区域物流服务网络的协同机制与模式研究

● 海　峰[1]　郭　强[2]　邵　校[3]

（1，2，3　武汉大学经济与管理学院　武汉　430072）

【摘　要】 轴辐式物流网络因其密度经济性、规模经济性和范围经济性受到越来越多的关注，而轴辐式物流服务网络的协同有助于解决我国现代物流业存在的各自为政、独立运作、效率不高、合力不足等问题。本文基于轴辐式区域物流服务网络的内涵和运作，提出了轴辐式区域物流服务网络协同机制，该机制包括主体协同、作业协同和信息协同三个方面，并对这三个方面进行了进一步解释，说明了协同的内容和各相关主体的工作。同时，构建了轴辐式区域物流服务网络的总体模式，对解决物流业发展存在的问题，改善物流业发展现状以实现物流效益目标及促进经济发展具有一定的指导意义。

【关键词】 轴辐　区域物流服务网络　协同机制　总体模式

一、引言

在经济全球化、区域经济一体化背景下，区域、区际的经济联系大大增强，作为与区域内外各产业紧密关联的产业，区域物流是区域经济发展的重要基础性产业。在区位、资源、产业基础、交通条件等确定的情况下，区域产业组织和区际产业组织之间物流活动的整体性、一致性和协调性是提高区域产业组织效率和效益，增强区域经济综合实力的关键。区域物流业的发展可以进一步带来商流、资金流、信息流、技术流的聚集，加快区域经济结构和产业布局合理化调整，带动地区和区域经济发展，改变区域经济增长方式，促进新型产业形态形成，优化区域产业结构，促进以城市为中心的区域市场的形成和发展。①

近年来国内出现的物流热，各省市的物流规划、物流园区和物流中心的规划建设等，足以说明企业、政府和社会各界对物流业促进企业和区域经济发展作用的认同。然而，与此同时，存在的问题也非常明显，主要表现为：各省、市的物流网络及节点（物流园区、物流中心）布局规划，主要从各省、市的角度出发，未能从整个经济区域的视角考虑区域内和区际产业布局和产业关联，致使各物流园区、物流中心独立运作，造成大量的物流园区、物流中心闲置，投资和土地资源浪费，城市和区域的物流园区、物流中心之间协调困难，物流园区的物流组织功能未能充分发挥，物流园区的规模经济、范围经济等作用也未能充分体现，更难以降低区域范围物流运作成本，使得物流业健康可持续发展面临极大的挑战。

导致上述问题的原因除了各省市物流网络节点存在着选址、布局优化问题以外，关键在于：区域物流

---

① 海峰，武兰芬，张丽立．发展区域物流，推动区域经济．科技进步与对策，2004，9：71-73.

服务网络的规划建设和运营主体——政府管理者、设施运营商（物流节点组织）、网络运营商（物流企业）针对物流服务的用户未能形成一种互相协作的协同机制。

因此，区域物流服务网络的协同机制的研究具有极为重要的理论意义，同时对落实国家《物流业调整和振兴规划》具有重要的现实意义。

协同论（Synergetics Theory）最早由德国著名物理学家赫尔曼·哈肯（Haken）于1971年提出，他于1976年系统论述了协同理论，并创立了协同学。[①] 另外欧洲两位学者 Giannikos Dimopoulou[②] 和 Camargo[③] 进一步完善了协同学理论。

鄢飞、董千里（2009）[④] 提出"物流网络的协同是物流网络系统的各要素、各环节、各节点企业在资源、目标、运作等方面彼此协作、协调与配合，物流网络系统与服务对象以及外部经济、社会、自然环境之间协调与配合，以实现各成员和物流网络整体价值增值和功能提升的过程"，并对点—点协同、线—线协同、点—线协同、链—链协同效应进行了分析，同时借鉴协同学原理具体分析了节点企业协同机理。宁方华等（2006）[⑤] 应用熵理论，提出了协同物流网络结构熵与运行熵的综合分析方法，应用协调共生理论和分形理论，分析协同物流网络的经济共生性和系统复杂性。徐青青（2003）[⑥] 系统分析了区域物流系统环节—企业—供应链—产业各层面物流协同特性。然而，对轴辐式区域物流服务网络的协同机制的系统研究尚不多见。

二、轴辐式区域物流服务网络的内涵及运作分析

（一）轴辐式区域物流服务网络的内涵

物流网络（Logistics Network）的形成是基于需求分散性和物流活动多方向性的驱动，以降低物流组织成本和实现物流规模化运作的要求。从地域运动形态看，物流网络是物流中心城市与物流经济带及物流通道所形成的物流经济活动的空间组织的中级形态。[⑦] 我国国家标准《物流术语》将"物流网络"定义为"物流过程中相互联系的组织与设施的集合"。[⑧] 北京交通大学徐杰教授认为物流网络是在网络经济和信息技术的条件下，适应物流系统化和社会化的要求发展起来的，由物流组织网络、物流基础设施网络和物流信息网络三者有机结合而形成的物流服务网络体系的总称。[⑨]

区域物流网络（Regional Logistics Network）是由区域内物流通道与物流节点有机结合而构成的一种区域物流经济活动的空间组织形态，是区域内外各种经济要素流通、聚集、扩散的基础和平台。[⑩]

"轴辐"网络（Hub-and-Spoke Network）的空间形态与自行车轮子相似，是一个节点—路径系统。简

① 赫尔曼·哈肯. 高等数学. 北京：科学出版社，1989：3-5.
② Dimopoulou Giannikos. Advances in location analysis. European Journal of Operational Research，2007，179（3）：923-926.
③ R. S. de Camargo. Decomposition for the uncapacitated multiple allocation hub location problem，Computers&Operational Research，2008，35（4）：1047-1064.
④ 鄢飞，董千里. 物流网络的协同效应分析. 北京交通大学学报（社会科学版），2009，1：29.
⑤ 宁方华，陈子辰，熊励. 熵理论在物流协同中的应用研究. 浙江大学学报（工学版），2006，10：1705-1708.
⑥ 徐青青. 现代区域协同物流系统研究. 天津：天津大学，2003：78.
⑦ 王成金. 试论我国物流经济的空间组织模式. 经济地理，2005，3：366-368.
⑧ "物流术语"国家标准 GB/T18354-2001，基本概念术语：1-2.
⑨ 徐杰，鞠颂东. 物流网络的内涵分析. 北京交通大学学报，2005，2：22-26.
⑩ 鄢飞，董千里. 陕西区域物流网络构建研究. 西北农林科技大学学报（社会科学版），2008，2：51-57.

而言之，货物从不同的出发地（Spoke）到达不同的目的地（Spoke），或者从相同的出发地到达不同的目的地，在"轴—辐"网络中都必须先到达一个中间地点（Hub），在这里进行转载，然后享受优惠的直达式运输服务，目的是为了集中交通流量，实现规模经济效益。

"轴辐"网络起源于航空领域，是航空运输放松管制和航空公司追求网络规模经济和机场（物流枢纽）追求规模经济的产物，是物流网络的特殊网络形式。

对"轴辐"网络的系统研究始于20世纪80年代，其中最具影响的人物是O'Kelly。1986年，O'Kelly首次提出"轴—辐"概念，并基于启发式算法首次为单一分派枢纽选址问题设计了二次整数方程数学模型，实现了"轴—辐"模式由经验描述向计量科学的重大转变。①

"轴辐"物流网络（Hub-and-Spoke Logistics Network）模式已成为不同区域经济发展战略的重要组成部分。② "轴辐"物流网络优化和区域社会经济与区域物流"轴辐"网络系统交互作用机制的研究是目前国外区域物流研究的热点领域，也是解决区域物流网络布局与优化问题的主要理论和方法。

目前，对轴辐式区域物流服务网络尚未见相关定义，本文根据轴辐式网络的特点，区域物流网络及物流服务的特点，给出轴辐式区域物流服务网络的基本内涵：轴辐式区域物流服务网络是以轴辐网络为物流网络基本形式，由网络运营商（物流企业）、设施运营商（物流节点企业）和政府管理者围绕区域内物流服务的用户，所构成的以服务区域物流用户、提高区域经济发展水平为目的的网络组织形态，通常又是由区域的物流组织网络、物流基础设施网络和物流信息网络三者有机结合而形成的物流服务网络体系的总称。

其主要特点表现在：

（1）轴辐式网络为其网络的主要形式。

（2）以服务本区域物流活动为基本范围，同时具有跨区域性。

（3）以本区域物流服务市场为主要对象。

（4）以物流服务网络的规划建设及运营主体为网络的基本要素。

（5）由区域的物流组织网络、物流基础设施网络和物流信息网络三者有机结合构成的网络体系。

（二）轴辐式区域物流服务网络的运作

轴辐式区域物流服务网络系统的运行受运营商（网络运营商、设施运营商）、用户和管理者（政府部门）的共同影响。因此，研究轴辐式区域物流服务网络的协同机制，首先必须分析该网络运作过程。

轴辐式区域物流服务网络是物流网络演化发展的结果。在区域物流服务中，承运人（物流网络运营商——物流企业）提供将货物从出发点运送到目的地的服务。如果没有物流能力的限制，对承运人来说，最好的策略就是满载运输。这种策略可以最大化运输设备的利用率，并将货物或乘客直接运送到目的地。但是，货物装满整车的概率并不大，因为并不是任何两地间的货流都充足到可以保证承运人满载。因此，在一般情况下，要么延迟发货进行集配，要么在不满载的情况下发货。显然，前者无法满足客户的时间性要求，后者则使物流成本过高。在这种两难的情况下，承运人会把服务进行分解，即把不同托运人的货物组成一个班次，到达某个共同节点（物流园区、中心）后进行分拆、合并，再组成不同的服务班次到达各自的目的地。"合并—分拆—合并"的服务方式就促进了轴辐式区域物流服务网络结构的形成，而有效的区域物流网络结构应该是一种轴辐式的网络结构。运营商之所以会选择轴辐式网络，是因为该网络具有

① O'Kelly, Morton. E.. A quadratic integer program for the location of interacting hub facilities. European Journal of Operational Research, 1987, 32: 393-404.

② 金凤君，王晖军．环黄海经济圈航运中心与运输网络一体化发展战略研究．经济地理，2002，6：665-670.

密度经济性、规模经济性和范围经济性。①

　　轴辐式网络将货流从出发地经过枢纽点送达目的地，相比于直达式的网络，尽管增加了实际运行距离，但使得很多点对点网络中没有的或成本非常大的服务得到了提供或改善，对于物流服务的覆盖面积起到了极大的提高作用。因此，区域物流网络服务系统的规划最重要的就是枢纽点的选址与设计，而区域物流网络服务系统的规划是在政府主导下进行的，因此政府具有关键作用。与此同时，区域物流服务网络的枢纽节点高效的设施设备和良好的管理运营模式是区域物流系统协同中最重要的环节。

三、轴辐式区域物流服务网络协同机制与总体模式分析

　　通过网络多产品的集中或者网络流的集中所产生的密度经济、规模经济、范围经济共同作用，使轴辐式区域物流服务网络比其他类型区域物流服务网络更具成本优势，但其前提是区域物流服务网络规划及运作主体之间、物流服务活动及物流信息服务的协同。具体来看，区域物流服务网络的系统协同主要包括以下几个方面：

　　第一，主体协同，即网络运营商、设施运营商（机场、港口、物流园区等）及地方政府管理者等轴辐式区域物流服务网络系统主体之间的协同。

　　第二，业务协同，即网络运营商之间以及设施运营商之间物流业务的协同。

　　第三，信息协同，即物流信息服务网络的协同。

（一）主体协同

1. 网络运营商与设施运营商之间的协同

　　轴辐式物流网络的用户服务由网络运营商和设施运营商共同提供。当网络规模趋于一定，且网络连接的服务质量趋于相同时，网络节点的服务质量将直接决定网络系统的服务质量。② 进一步说，由于轴辐式物流网络的优势来自于密度经济性、规模经济性和范围经济性，而实现这三种经济性的前提条件是枢纽节点的高效中转服务，那么怎么实现枢纽节点的高效中转服务则成为网络运营商与设施运营商之间的协同要解决的主要问题。

　　中转服务质量的最高水平是实现货流的无缝连接，快速、便捷地将中转货物转移到中转运输班次上，从而高质量地完成联盟合作伙伴之间的班次连接，以合理的多运输模式转运设计实现货物的转乘。通过枢纽内的任务协作，网络运营商（物流企业）的主要作业过程会提高转运质量。枢纽节点（设施运营商）同样可以通过终端、出货口等的计划控制，通过提供充足的服务设施来提高转运质量。服务设施的增加，空间布局的改变，都和网络运营商（物流企业）的需求密切相关。如果没有网络运营商（物流企业）一定的使用承诺，枢纽节点（设施运营商）一般不会轻易增加投资。因此，网络运营商和设施运营商必须建立长期的合作关系，结成战略联盟，设施运营商才可能根据网络运营商的要求进行某些专用投资或联合投资。

　　枢纽节点的可达性在用户选择决策过程中也发挥着重要作用。在这里，可达性包括货物从出发地一直到枢纽节点的进货口。物流公司负责登记柜台的作业，他们也可以通过互联网注册登记的形式提供异地物流服务。枢纽节点负责提供停车场等现场设施，同时也通过专门的公交车服务等参与可达性的改善。在这

　　① 李阳. 轴辐式网络理论及应用研究，上海：复旦大学博士论文，2006：120.

　　② Sascha Albers, Benjamin Koch, and Christine Ruff Strategic alliances between airline and airports-theoretical assessment and practical evidence. Journal of Air Transport Management, 2005, 11：49-58.

个作业层面，枢纽节点和物流公司企业之间的劳动区分是明显的。枢纽节点提供必要的中转作业，方便物流公司提供基本的运输服务。

上面通过分析网络运营商和设施运营商在为网络用户提供服务过程中存在的诸多交叉作业，了解到网络运营商和设施运营商实现协同的基本内容。而这些交叉作业正好是提高网络服务效率，使企业（网络运营商和设施运营商）在市场竞争中获得竞争优势的关键作业点。这些关键作业点的服务水平的提高要求轴辐式网络运营商和设施运营商开展纵向合作，建立一种长期合作关系。双方共同开展一些专用性资产投资，双方共同利用对方的市场活动开展营销，提高枢纽节点的设施和网络设备的利用率，共同建立市场竞争优势。

2. 政府管理者之间的协同

由于物流服务的跨地域性特点，区域轴辐式物流网络运作不仅需要物流网络节点（设施运营商）和物流企业（网络运营商）的协同，而且还要在区域范围内整体规划轴辐式物流网络节点体系和统一协调物流运营的相关政策、法规，克服地区之间、行业之间的限制等地方保护的不利影响因素，充分发挥轴辐式物流网络枢纽节点的物流组织与管理功能。

就目前我国区域物流业发展的现实来看，我国区域物流业发展面临着两个方面的困境：

第一，目前尚未形成全国性的物流网络布局规划，以至于各地方政府根据各自的经济发展现状和产业布局及综合交通基础设施的现状进行物流网络节点（物流园区、物流中心）的规划和布局，导致各省市物流网络节点规划布局缺乏区域经济整体性、协调性，大量土地资源和投资建设浪费，物流枢纽节点的物流组织管理的功能难以发挥。

第二，各地方政府对网络运营商、设施运营商的市场准入、税收、行业监管、标准化、信息化等方面缺乏统一的政策和协调机制，使得区域性轴辐式物流服务网络发展难以形成。

因此，在区域经济范围内，各地方政府管理者之间的协同主要在于区域性轴辐式网络物流节点整体布局和选址，尤其是枢纽节点的布局和功能定位，以及统一区域物流服务的政策、法规，如网络运营商和设施运营商的准入制度、标准化、信息化、运输政策、物流节点的土地使用、税收相关政策等。

（二）业务协同

轴辐式物流网络系统的运营方和设施供应方不是同一个主体。比如，航空网络中，航空公司负责网络运营的任务，机场负责网络设施的提供和运营；集装箱海运网络中，集装箱班轮公司和集装箱码头公司分别作为网络运营商和设施运营商提供服务；公路运输中，物流公司负责网络运营，物流园区提供网络设施服务。

因此，在轴辐式物流服务网络系统中，业务系统既包括网络运营商之间的业务协同和设施运营商之间的业务协同，也包括网络运营商和设施运营商之间的业务协同。其中，设施运营商之间的业务协同及网络运营商和设施运营商之间的业务协同可通过节点的业务协同共同体现。

1. 网络运营商的业务协同

根据合作的方式和目的的不同，网络运营商的合作可以细分为横向合作和纵向合作。

（1）横向合作

横向合作是指相同类型的网络运营商之间的合作，各网络运营可能具有直接竞争的关系，也可能在网络覆盖上具有互补的关系。

网络运营商的横向合作可以有两种方式，一种是互补型横向合作，即网络运营商通过横向合作，将各自独立的网络连接，组成一个更大规模的网络。各个运营商仍经营其原有的网络。比如一家覆盖 A 地区的运营商和一家覆盖 B 地区的运营商，可以通过战略结盟的方式进行合作。从而为各自的客户提供范围更广的服务。扩展的网络规模可以更好地实现"网络外部性"，从而为物流服务商带来更高的效益。

另一种是增强型横向合作，开展合作的公司在同一条连接上提供服务，相互竞争的运营商在资源和运营方面进行合作，提供更高频率的连接服务。增强型合作在网络连接服务资源投入很大时具有较大的优势，船公司之间在相同航线上互订舱位就是增强型合作方式。轴辐式网络结构的效益来源于网络密度经济和网络结构经济。在某条线路上提供物流服务的物流公司并不是每次都能快速地集货、满载运输，如果拒绝客户的要求又会影响公司的商誉。因此，可以通过购买竞争者的物流服务满足客户，同时，又可以避免无法满载或空返的问题。

（2）纵向合作

纵向合作是指提供干线物流服务与提供支线物流服务的运营商之间的合作，往往存在于大型网络运营商与中小网络运营商之间、干线网络和支线网络之间。越来越多的企业开始专注于自己的核心业务，物流企业同样如此。物流网络覆盖范围很广，往往包含了很多区域，这些区域的文化、政策、基础设施等千差万别。干线运营商直接介入当地市场往往风险较大，而通过与当地支线运输公司的合作则可以很好地解决这个问题。

2. 物流节点的业务协同

区域物流网络节点包括物流园区、火车站、港口、机场。其中，火车站、港口、机场往往是根据其具有的地理区位条件，国家通过全盘考虑投资兴建的，一旦兴建就具有固定性。而物流园区往往是地方政府根据自身经济发展规划与城市建设规划进行建设，相比于其他三类节点，物流园区具有较大的灵活性。

一般情况下，客户使用一种运输方式运输货物往往具有便捷的优势，如从武汉到长沙的物流服务，外包给一家公路运输企业，在签订合同、议价、货损追偿时都比较便利。但是，我国幅员辽阔，各经济区域之间相距甚远，只用公路运输并不经济。如环渤海圈到珠三角有两千多公里的距离，采用公路运输在时效性、成本、安全性方面都不是最好的选择，这时铁路运输是最好的方式。另外，每种商品的物流属性不同，有的物流服务是成本导向的，有的是时间导向的，如果是重要文件运输，则不得不采用航空的干线运输方式，到达机场后再进行公路转运。因此，在区域物流系统中，最好的物流服务应该是根据货物的特性、运输距离的长短等，选择多种运输方式的组合。实现这一物流过程就必须依靠各物流节点（机场、港口、铁路货场站、公路货场站以及各级物流园区）的协同，比如，铁路货场站的设施能够实现公路和铁路的运输连接，港口的设施能够实现铁路、水路、公路的运输连接，等等，从而加速货物在各种不同运输方式之间的流转，因此，在其他物流网络节点固定性较强的情况下，物流园区提供多种运输方式且衔接多种运输方式的任务尤为重要。各物流园区必须通过协同作业来实现各节点之间的有效衔接。

这实际上类似于多式联运。其实现的条件有三个（见图1）：一是物流节点提供高效的中转服务；二是物流具有先进的货物调拨技术；三是多种运输方式的"无缝衔接"。另外，不同的枢纽节点之间还要进行物流信息的共享。

基于多式联运，物流节点的业务协同表现形式是运营枢纽节点的企业之间以及与物流公司之间的协同，协同方式主要有协作式多式联运和衔接式多式联运两种。

（1）协作式多式联运

协作式多式联运是指两种或两种以上运输方式的运输企业，按照统一的规章或商定的协议，共同将货物从接管货物的地点运到指定交付货物的地点的运输。

协作式多式联运是目前国内货物联运的基本形式。在协作式多式联运下，参与联运的承运人均可受理托运人的托运申请，接收货物，签署全程运输单据，并负责自己区段的运输生产；后续承运人除负责自己区段的运输生产外，还需要承担运输衔接工作；而最后承运人则需要承担货物交付以及受理收货人的货损货差的索赔。在这种体制下，参与联运的每个承运人均具有双重身份。对外而言，他们是共同承运人，其

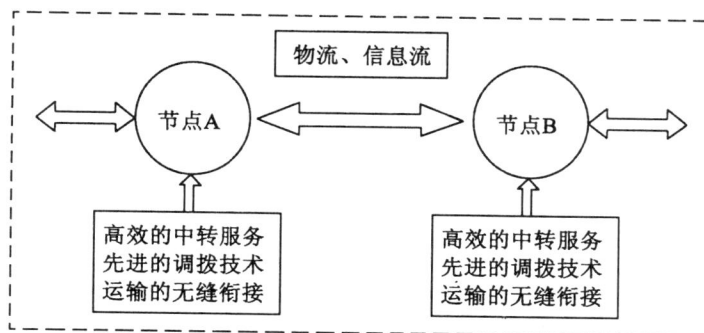

图1 物流节点的业务协同

中一个承运人（或代表所有承运人的联运机构）与发货人订立的运输合同，对其他承运人均有约束力，即视为每个承运人均与货方存在运输合同关系；对内而言，每个承运人不但有义务完成自己区段的实际运输和有关的货运组织工作，还应根据规章或约定协议，承担风险，分配利益。

（2）衔接式多式联运

衔接式多式联运是指由一个多式联运企业（以下称多式联运经营人）综合组织有两种或两种以上运输方式的运输企业，将货物从接管货物的地点运到指定交付货物的地点的运输。在实践中，多式联运经营人既可能由不拥有任何运输工具的国际货运代理、场站经营人、仓储经营人担任，也可能由从事某一区段的实际承运人担任。但无论如何，它都必须持有国家有关主管部门核准的许可证书，能独立承担责任。

在衔接式多式联运下，运输组织工作与实际运输生产实现了分离，多式联运经营人负责全程运输组织工作，各区段的实际承运人负责实际运输生产。在这种体制下，多式联运经营人也具有双重身份。对于货方而言，它是全程承运人，与货方订立全程运输合同，向货方收取全程运费及其他费用，并承担承运人的义务；对于各区段实际承运人而言，它是托运人，与各区段实际承运人订立分运合同，向实际承运人支付运费及其他必要的费用。很明显，这种运输组织与运输生产相互分离的形式，符合分工专业化的原则，由多式联运经营人"一手托两家"，不但方便了货主和实际承运人，也有利于运输的衔接工作，因此，它是联运的主要形式。在国内联运中，衔接式多式联运通常称为联合运输，多式联运经营人则称为联运公司。我国在《合同法》颁布之前，仅对包括海上运输方式在内的国际多式联运经营人的权利与义务，在《海商法》和《国际集装箱多式联运规则》中做了相应的规定，对于其他形式下国际多式联运经营人和国内多式联运经营人的法律地位与责任，并未做出明确的法律规定。《合同法》颁布后，无论是国内多式联运还是国际多式联运，均应符合该多式联运合同中的规定，这无疑有利于我国多式联运业的发展壮大。

因此，实现各枢纽节点之间的协同需要促进衔接式多式联运企业的发展壮大，鼓励这种企业的发展是政府部门的责任。

（三）信息协同

现代物流要求物流、商流、信息流三流合一。物流的信息化、社会化、现代化、国际化是现代物流发展的方向，它使商品流通过程中的物流、商流和信息流三者有机地结合起来。物流、商流和信息流三者之中，信息流最为重要，实际上，商流和物流都是在信息流的指令下运作的。畅通、准确、及时的信息从根本上保证了商流和物流的高质量与高效率。因此，实现区域物流的协同运作必然要求各物流组织信息系统之间的协同。

各地政府应当建立物流信息平台系统，包括：物流公共信息服务支撑平台、物流公共服务运营平台和物流公共信息交换平台。

1. 物流公共信息服务支撑平台

该平台主要由政府部门以及相关机构提供，政府部门主要通过建设以面向全社会的现代物流信息服务网站向公众提供其所需要的信息服务，并提供对各种物流专业服务平台的链接。其功能主要是信息共享和提供标准化、规范化的"一门化、一站式"服务，包括：制定物流信息化标准；提供电子地图和交通信息服务（包括道路通行情况、运输线路规划）；提供企业信用信息披露及电子认证服务；提供电子化金融、电子税务申报、电子化通关、产品检验检疫等方面的服务。

支撑平台的建设主要由政府投资，政府各部门及相关机构通过政务信息化建设及社会政务网络体系，完成专业网站建设，并与该平台链接沟通，面向社会开展全天候不间断服务，支撑平台的运营应尽可能吸收社会投资者参与，实现企业化运作。

2. 物流公共服务运营平台

该平台主要通过整合全社会的物流信息资源，通过在同一运行平台上的集成，最大限度地满足社会上各类物流功能提供商的信息需求，包括按各种运输方式来组织完成的物流公共服务信息，如空车配货、市内配送、多式联运、货代、船代等以及其他有特殊要求的运输服务信息，如冷藏运输、特种商品运输、专用散装货物运输及回收物流等，以满足物流服务的专门化需求。还包括代理提供物流需求和供应信息发布服务、提供网上交易撮合服务、提供网上交流中介服务、基于 GPS 定位的物流在途查询服务及物流广告服务等功能。

营运平台的建设应尽量鼓励和吸引社会资本按照国际通行的物流信息社会化的要求，以企业化运作方式进行投资建设，做到与各物流园区、物流中心及配送中心实现无缝对接，并按照资源共享、利益共享和社会专业化分工协作的要求进行日常运作。

3. 物流公共信息交换平台

随着物流园区、物流中心的相继建成以及物流企业信息化应用和管理水平的提高，物流公共信息交换的需求进一步增加，因此，必须适时组织建设物流公共信息交换平台。该平台主要以互联网为依托，提供全社会所需要的物流信息交换服务，从而实现物流信息的高效流转。通过采用统一规范的电子标签和RFID 技术，逐步与国内其他物流中心城市进行无缝对接，有效地通过网络实现企业之间、企业与政府之间信息的互动。以此为基础，还可以提供物流网络相关公共信息服务，包括商品基础信息查询、商品路径跟踪等各项服务。交换平台在建设上对于属于各物流园区、物流中心和企业内部的部分，主要通过提高企业自身信息化管理和应用水平来完成，对于面对社会公众提供资源整合和信息交流交换平台性服务的部分，应积极鼓励和支持专业化的信息化企业和物流信息企业来进行建设，并按照企业化的原则进行运作。

同时，各物流节点企业、物流服务企业要建立自己的管理信息系统（MIS）、数据交换系统（EDI）和货物卫星跟踪系统（GPS）等，并进行物流信息系统之间的协同，特别是物流节点的货流信息共享，从而构建区域物流信息共享平台。

各信息系统的协同关系如图 2 所示。

区域公共物流信息平台，指物流公共服务运营平台、物流公共信息服务支撑平台和物流公共信息交换平台，统称为物流公共信息平台。物流公共服务运营平台为企业提供公共运营服务；物流公共信息服务支撑平台为企业提供公共信息服务；物流公共信息交换平台则是信息连接的纽带，它上连物流公共服务运营平台和物流公共信息服务支撑平台，下接企业信息管理平台。

（四）轴辐式区域物流服务网络总体协同模式

通过对轴辐式区域物流服务网络协同机制的分析研究可知，区域轴辐式物流服务网络总体协同模式

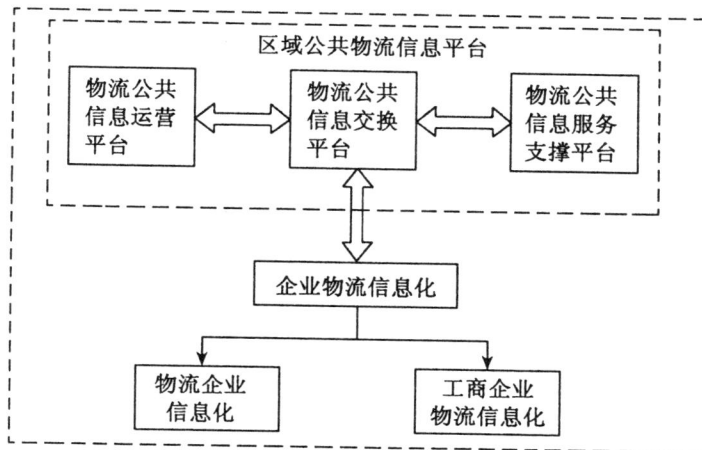

图 2 物流信息系统的协同关系

是：以提高区域性轴辐式物流服务网络的效益为目标，以区域物流信息系统的协同为保障，以区域物流网络系统主体的协同为前提，以物流节点间业务的协同为手段构建区域性轴辐式物流服务网络运作平台，如图 3 所示。

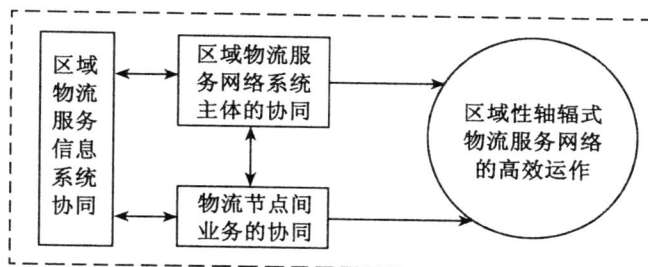

图 3 区域性轴辐式物流服务网络总体协同模式

物流效益是目标。我国的物流成本，相比于西方国家，一直居高不下。建设完善的区域物流系统本身就是为了提高物流效益、降低物流成本，为社会经济的发展提供保障。能不能实现物流效益，是检验区域物流平台成不成功的最根本标准。

信息系统协同是保障。物流的顺畅离不开信息流的引导，区域物流网络的系统运作离不开信息系统的协同，网络运营商的货源信息、设施运营商的物流能力计划和调度、枢纽节点的高效中转服务等都要求极高的信息共享能力，因此，信息系统协同是区域物流网络协同的保障。

各主体、各组织的协同是前提。区域物流系统是一个复杂的社会系统，它最大的特点就是有人的智能介入，不论是系统的演进，还是系统的运作，以组织的形式表现出的人的意志具有决定性作用。因此，区域物流网络的协同首先是这个网络中提供各种服务的组织之间的协同。

物流节点间的业务协同是手段。区域物流网络能够提高物流效率，降低物流成本，是因为网络中密度经济、规模经济、范围经济的存在。而三种经济性能够发挥的前提是，区域物流网络中的物流节点可以实现高效的中转服务、多种运输方式的"无缝对接"以及先进的调拨技术。因此，区域轴辐式物流服务网络的协同的效益是通过物流节点业务的协同来实现的。

四、结语

要改善我国各地物流业各自为政，物流园区和物流中心独立运作，未能形成合力等问题，充分发挥区域物流对区域经济的促进作用。轴辐式区域物流服务网络因其密度经济性、规模经济性和范围经济性成为物流业发展和物流网络体系建设的重点，而轴辐式区域物流服务网络的协同机制是关键。

建立轴辐式区域物流服务网络协同机制包括主体协同、作业协同和信息协同。其中，主体协同主要体现在网络运营商和设施运营商基于专用性资产投资的纵向合作以及政府管理者之间在规划和管理上的协同；作业协同包括网络运营商之间基于线路和服务的横向合作和纵向合作，以及物流节点上基于运输衔接的作业协同；信息协同通过建立由物流公共服务运营平台、物流公共信息服务支撑平台和物流公共信息交换平台组成的区域公共物流信息平台来实现。轴辐式物流服务网络协同总体模式为：以提高区域性轴辐式物流服务网络的效益为目标，以区域物流信息系统的协同为保障，以区域物流网络系统主体的协同为前提，以物流节点间业务的协同为手段，构建区域性轴辐式区域物流服务网络运作平台。

基于本文提出的轴辐式区域物流服务网络协同机制及总体模式，不难发现，在促进物流业发展和各地物流业协同运作的目标下，各地政府部门应该从更大区域范围来考虑物流业规划，不应仅限于管辖范围，国家也应该从全国范围出发来制定有关物流业的规划、标准、税收等政策，从而加强各地物流业的合作和联结。不同的网络运营商之间、设施运营商之间以及网络运营商和设施运营商之间应加强业务协作，形成合作关系，增强各自的营运范围和营运能力，促进物流网络运行效率的提高。此外，物流网络应加强信息建设，通过信息平台的连接来完善物流网络的建设和联系，进一步提高运作效率，实现物流效益目标。

参 考 文 献

[1] 王之泰. 现代物流管理. 北京：中国工人出版社，2001.

[2] 汪鸣，冯浩. 我国物流业发展政策研究. 北京：中国计划出版社，2002.

[3] 海峰等. 发展区域物流，推动区域经济. 科技进步与对策，2004，9.

[4] 王成金. 我国物流企业的空间组织研究. 南京师范大学，2005.

[5] 齐二石，田青，宋宁华. 物流系统规划与设计方法综述. 天津大学学报（社会科学版），2003，3.

[6] 金凤君，王晖军. 环渤海经济圈航运中心与运输网络一体化发展战略研究. 经济地理，2002，22（6）.

[7] 金凤君. 我国航空客流网络发展及其地域系统研究. 地理研究，2001，20（3）.

[8] 金凤君，王成金. 轴—辐侍服理念下的中国航空网络模式构筑. 地理研究，2005，24（5）.

[9] 张孟坤，李婷婷. 中枢轴辐航线网络结构设计. 中国民用航空，2006，63（3）.

[10] 柏国明，朱金福，姚韵. 关于我国枢纽航线网络构建方法研究. 工业技术经济，2006，25（6）.

[11] 韩增林，安筱鹏. 东北集装箱运输网络的建设与优化探讨. 地理科学，2001，21（4）.

[12] 韩增林，安筱鹏，王利，王成金，王丽华，李亚军. 中国国际集装箱运输网络的布局与优化. 地理学报，2002，57（4）.

[13] 徐国平，宗蓓华，李文顺. 海上集装箱运输中轴辐式航线结构的经济性分析. 管理工程学报，2008，1.

[14] 汪传旭. 基于轴—辐运输系统的区域港口群二级物流运输网络优化. 系统工程理论与实践，2008，9.

[15] 张世翔. 基于轴辐式网络模型的城市群物流配送系统规划研究——以长三角城市群物流配送系统为例. 同济大学，2006.

［16］潘坤友，曹有挥，曹卫东，魏鸿雁. 安徽沿江中心城镇"轴—辐"物流网络构建研究. 长江流域资源与环境，2006，15（4）.

［17］吴丽娜. 建立轴辐式物流配送系统研究. 中国市场，2008，6.

［18］董艳梅，朱传耿. 省际边界区域物流网络构建研究. 物流科技，2007，12.

［19］张健，李琳，胡红春. 快速货运轴辐式网络研究. 研究与探讨，2008，27（1）.

［20］O'Kelly，M. E.. Acivity levels at hub facilities in interacting networks. Geographical Analysis，1986，18.

［21］O'Kelly，M. E.. A quadratic integer program for the location of interacting hub facilities. European Journal of Operational Research，1987，32.

［22］Klincewicz，J. G.. Hub location in backbone/tributary network design: A review. Location Science，1998，6（1-4）.

［23］Kuby，M. J.，and Gray，R. G.. The hub network design problem with stopovers and feeders: The case of Federal Express. Transportation Research Part A: Policy and Practice，1993，27（1）.

［24］Ernst，A. T.，and Krishnamoorthy，M.. Efficient algorithms for the uncapacitated single allocation p-Hub median problem. Location Science，1996，4（3）.

［25］Ernst，A. T.，and Krishnamoorthy，M.. Exact and heuristic algorithms for the uncapacitated multiple allocation p-Hub median problem. European Journal of Operational Research，1998，104.

［26］Lin，C. C.. The freight routing problem of time-define freight delivery common carriers. Transportation Research Part B: Methodological，2001，35（6）.

［27］Lin，C. C.. Load planning with uncertain demands for time-define freight common carriers. In Intermodal Freight Transportation: Freight Transportation Planning，2004.

［28］Zapfel，G.，and Wasner，M.. Planning and optimization of hub-and-sopke transportation networks of cooperative third-party logistics providers. International Journal of Production Economics，2002，78（2）.

［29］Lumsden，K.，Dallari，F.，and Ruggeri，R.. Improving the efficiency of the hub and spoke system for the SKF European distribution network. International Journal of Physical Distribution & Logistics Management，1999，29（1）.

［30］Erie Pels，Peter Nijkamp，and Rietveld. A note on the optimality of airline networks. Economies Letters，2000，69.

［31］Nicole Adler. Hub-spoke network choice under competition with an applications Western Europe，Transportation science，2005，3.

零时间企业的信息流模型研究[*]

● 朱颖俊

（华中科技大学管理学院 武汉 430074）

【摘 要】本文首先构建了一个基于虚拟企业群理念的零时间企业的参考模型，然后，再基于 IDEF0 功能建模法，构建了一个零时间企业的信息流模型。这一模型描述了一系列旨在支持由零时间企业的创立和经营运作各阶段所引发的各种重要管理问题的基本对应服务，并对零时间企业运作涉及的销售、内部管理、生产及交货运输等四个阶段的信息流进行了详细分析。

【关键词】零时间企业 虚拟企业 信息流模型 IDEF0

一、引言

零时间概念（Zero Time，ZT）最初由 Raymond T. Yeh 和 Keri Pearlson 于 1998 年在其发表的论文《零时间：21 世纪企业的概念构架》（*Zero Time：A Conceptual Architecture for 21st Century Enterprises*）中提出。在这篇文章中，他们描述了一个基于时间竞争去应对即时定制（Instant Customerization，IC）的想法。2000 年，Raymond T. Yeh，Keri Pearlson 及 George Kozmestsky 在其合作撰著的《零时间：时时提供即时顾客价值》（*Zero Time：Providing Instant Customer Value—Every Time，All the Time*）一文中，对零时间哲理、零时间五项法则进行了详细论述。而所谓零时间企业则是指按零时间理念运作的企业，其最大特征在于能够即时响应顾客的个性化需求。具体来说，零时间企业的主要特征表现在与传统企业的五个差异：零价值差异（Zero value gaps）、零学习差异（Zero learning gaps）、零管理差异（Zero management gaps）、零过程差异（Zero process gaps）和零共享差异（Zero inclusion gaps）。显然，零时间企业需要一个适合零时间规则的过程模型及相关的信息系统的支持，这类系统应该具备虚拟性、集成性、动态性、灵活性（适应性）、安全性和零时间六个特点，而在构建零时间企业的信息系统之前，如何确定和管理零时间企业运作过程各阶段的信息流则成为十分重要的基础问题了。

虚拟企业（Virtual Enterprises，VEs）理念的运用是企业为了应对全球经济一体化的挑战所采取的有效的战略性行动。在此背景下，对传统供应链管理的改进被认为是必需的。[①] 本文视零时间企业由一系列虚拟企业组成，即为虚拟企业集群（a cluster of VEs）。所以零时间企业的信息流可以被视为不同虚拟企业成员间的各种即时（instant）信息流或实时（real-time）信息流。本文旨在介绍两个模型，即一个零时间企业的参考模式和一个零时间企业管理的信息流模型。信息流模型主要阐述了一些与供应链管理有关的基

＊ 本文受国家自然科学基金重点项目（编号：70332001）、华中科技大学人才引进基金（编号：0101300188）、华中科技大学文科基金（编号：0101300185）和华中科技大学管理学院青年教师研究基金（编号：0107300033）的资助。

① Browne, J., Sackett, P., and Wortmann, J.. Future manufacturing systems：Towards the extended enterprise. Computer in Industry, Special Issue on CIM in the Extended Enterprise, 1995, 25（3）：235-254.

本服务，这些服务的作用在于指导零时间企业的建立及运作。

本文将首先阐述对零时间企业的供应链的整体认识，并确定零时间企业的一些基本服务。然后，基于 IDEF0① 表给出一个信息流模型，这一模型描述一些旨在解决由于一些虚拟企业联合起来构建零时间企业及运作所产生的一些重要的管理问题的基本服务。为了明确主要的最终顾客的需求及虚拟伙伴之间需交流的主要信息，本文对零时间企业运作涉及的四个阶段进行详细分析。最后，对本文的贡献及不足之处进行总结。

二、零时间企业的一个参考模型

在通过快速反应即时定制来赢得竞争优势方面，零时间企业可以说是一个由一些互补的、相互独立的公司所组成的动态虚拟网络，这些公司相辅相成、相互独立，在零时间企业中起着不同的作用。因此，零时间企业也可称为即时定制供应链。不同于传统企业，零时间企业以顾客需求为导向，主要由两个层次组成，即战略层和经营层。战略层方面主要有五项差距，即零价值差距、零学习差距、零管理漏洞、零过程差距和零共享差距；经营层方面存在着四个核心竞争力差距，即需求预测、企业文化、创新和发展、有效控制。这两个层次通过对顾客需求和满意程度的实时反映相连接。这些信息通过零时间企业信息系统平台进行交换决策。零时间企业的运作方式可以用图 1 来说明。

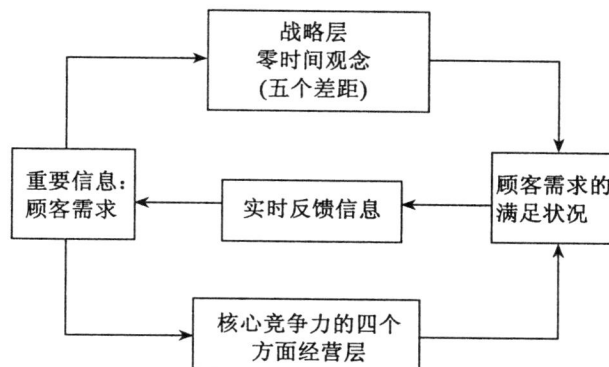

图 1　零时间企业的运作模式

零时间企业主要的优点在于它可以提高竞争力去迎接制造全球化及市场开放化所带来的挑战。从这个意义上讲，零时间企业意识到可以通过共同利益的驱使，将供应商、顾客及公司自身组成一个完整的供应链，并由此形成一个虚拟企业联合。网络中的每一成员应扩大其软件设备来支持信息交换。然而，成员并不是独立完成整个产品过程，他们只是合作经营中的一部分。因此，必须要有一个成员负责协调工作去管理虚拟企业运作。零时间企业也就可以被视为一组虚拟企业的组合，它们在产品销售、产品工艺设计、产品制造及运输方面起着不同的作用（见图 2）。

零时间企业的整体状况会分散决策过程，使其变得更复杂。同时，它对一些企业的管理方法可能会产生重要影响，这就意味着零时间企业面临着重大的变化和挑战。因此，了解这些企业间的信息流是根本所需。以下几节将会试着去描述这些信息流的具体内容。

---

① IDEF0 功能模型是对企业所完成的各项活动及活动之间的相互关系的一种结构化描述，其基本要素是用方块表示的功能活动，活动是一种变换或操作，它接受输入，在某种规则的控制下，利用企业资源将输入转换成输出，如图 3 所示。

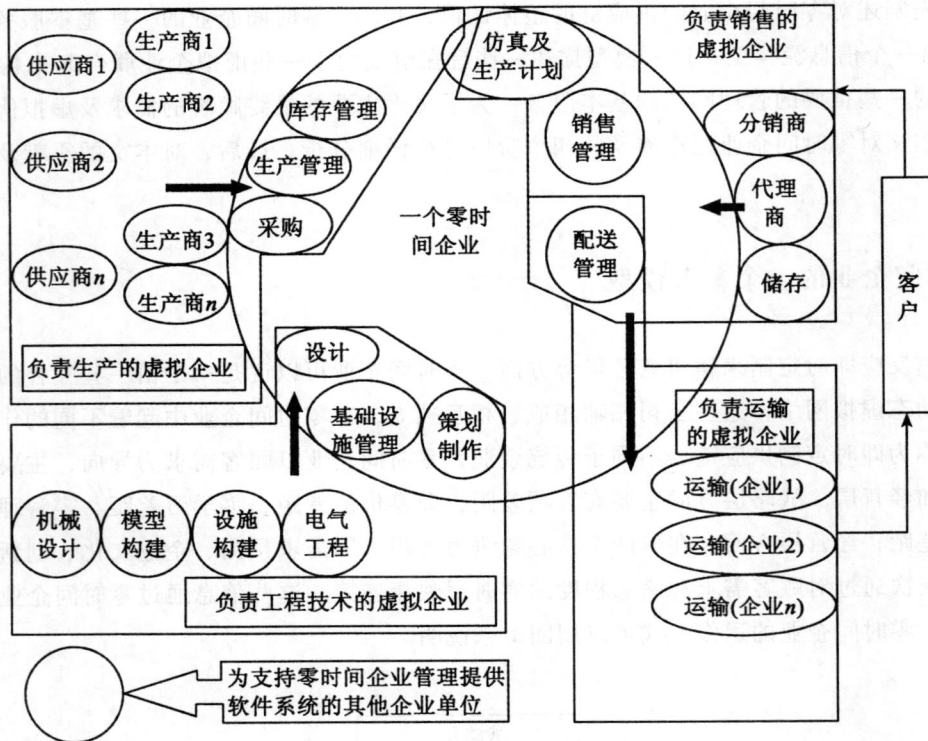

图2 零时间企业的一个参考模型

三、零时间企业的信息流模型

零时间企业旨在管理在地理上分散的经营单位，例如在不同地点的制造业设施、销售办事处及配送中心。通过利用信息技术不但可以实现一体化，而且还可以使 IT 在整合及管理分散经营单位方面起到越来越重要的作用。

由各个虚拟企业成员制定一套精密的行动指南去指导和控制零时间企业各个阶段的信息流对于零时间企业的建立和管理运作是非常必要的。如果能提供一系列的管理服务，这样一个行动指南是可以完成的。下面，本文将基于 IDEF0 表的模型列举一些基本的管理服务。IDEF0 表主要用来描述企业某些方面的功能，这些功能是通过控制事件及输入信息，再由特定方式来实现输出信息的转变（如图3所示）。

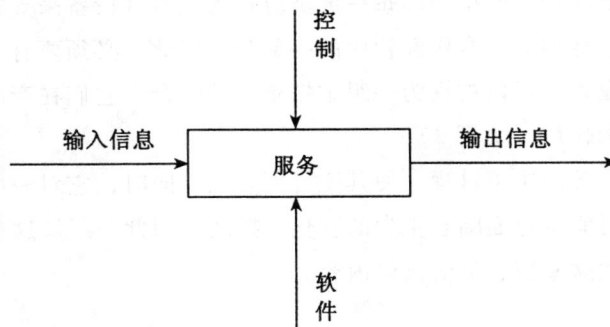

图3 IDEF0 输入与输出

考虑到零时间企业及虚拟企业信息的管理服务，IDEF0 表得到了学者对它们执行的逻辑顺序的确认，它们与一些软件之间的信息流也能够支持 IDEF0 表本身。

作为信息流的根模型，图 4 给出了全部管理服务，以实现零时间企业中虚拟企业间的信息管理。①

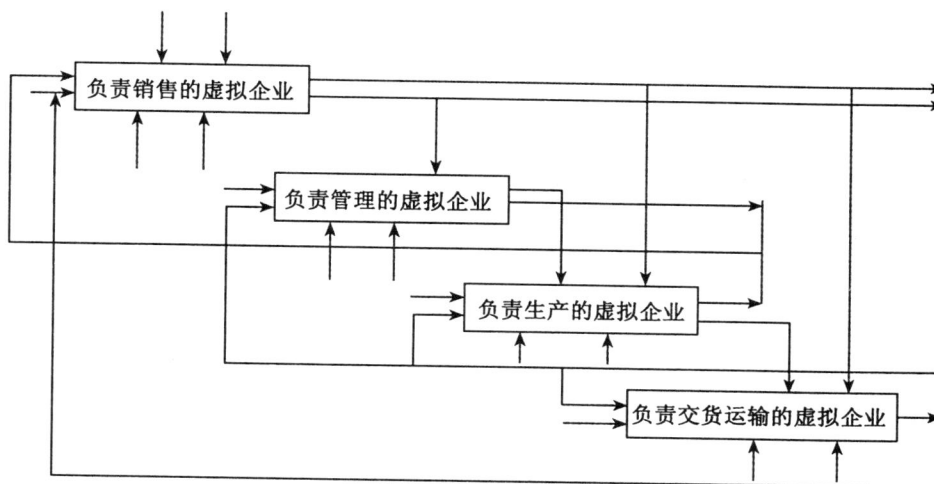

图 4　信息流模型来源

（一）管理虚拟企业销售零时间企业产品的基本信息流

零时间企业包括以下成员：销售管理部门、运输管理部门以及生产规划和仿真部门等。零时间企业外还有以下成员参与：经销商代表及专营店等。销售部门要负责协调各个虚拟企业。表 1 将列举管理这样一个虚拟企业所出现的基本信息，管理虚拟企业销售零时间企业产品的基本信息流如图 5 所示。

表 1　　　　　　　　　　　　管理虚拟企业销售零时间企业产品的基本信息

	信息（数据）
1	库存水平
2	低水平库存发出的订单
3	销售指标/指数
4	由销售指数发出的订单
5	订单
6	订单状况
7	将要模拟/仿真的订单
8	订单模拟/仿真的结果
9	发货请求
10	发货请求状态
11	市场指数

---

①　IDEF0 的另一个特点是其层次分解性，它利用一套完整的严密的规则，将一个复杂的系统层层往下分解，即较高层次的一个活动可以按需要细化成一组较低层次上的活动。因此，IDEF0 方法表达的模型是一组按递阶层次分解的图形。

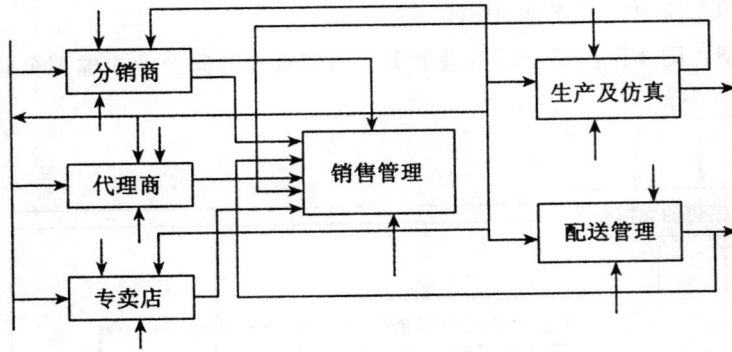

图 5　管理虚拟企业销售零时间企业产品的基本信息流

（二）管理虚拟企业对零时间企业产品进行机械工程设计的基本信息流

这个虚拟企业将以协调的方式负责新产品的机械工程设计及对已有产品进行改进。零时间企业内部可包括以下部门：生产规划部、设计部以及设施管理部。零时间企业外还有以下成员参与：机械设计厂、样机制造厂、建筑公司及电器工程厂等。设计部负责协调虚拟企业。表 2 将给出管理这样一个虚拟企业中产生的一些基本信息，管理虚拟企业设计零时间企业产品中的基本信息流如图 6 所示。

表 2　　　　　　　　　　　管理虚拟企业设计零时间企业产品中的一些基本信息

	信息（数据）
1	新产品需求或旧产品的改进
2	技术规划（方案）
3	改进需求
4	工业安装的制作规格
5	工业安装的项目规格
6	模型建造的项目规格
7	模型建造的地位
8	机械设计的项目规格
9	机械设计的地位
10	建造建筑物规格
11	建造建筑物地位
12	水力电厂规格
13	水力电厂地位
14	电器厂规格
15	电器厂地位

16

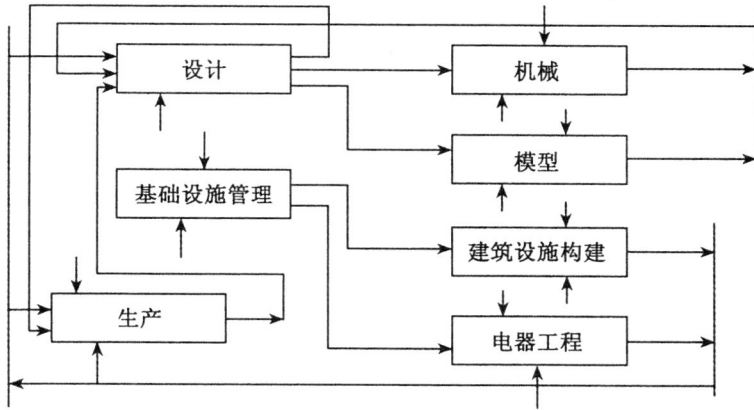

图 6　管理虚拟企业设计零时间企业产品中的基本信息流

（三）管理虚拟企业生产零时间企业产品的基本信息流

本节将涉及零时间企业中的一个虚拟企业生产一种或几种产品的情况。零时间企业内应该建立以下部门：生产经营部、采购部和仓库管理部。零时间企业外包含有：若干材料及辅料供应商及不同产品的生产基地。表 3 将给出管理这样一个虚拟企业中所产生的基本信息，管理虚拟企业生产零时间企业产品的基本信息流如图 7 所示。

表 3　管理虚拟企业生产零时间企业产品的基本信息

	信息（数据）
1	生产计划
2	原材料需求
3	购买订单（每个供应商的不同规格）
4	购买订单状态（因供应商而不同）
5	生产订单（每个单位的不同规格）
6	生产订单状态（各个单位不同）

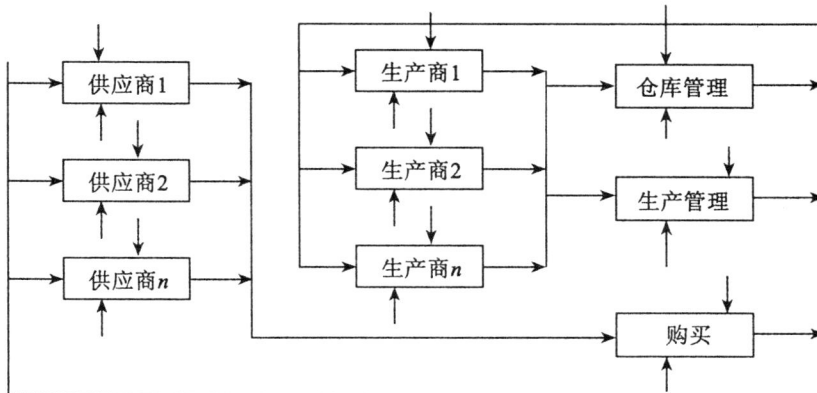

图 7　管理虚拟企业生产零时间企业产品的基本信息流

（四）管理虚拟企业配送零时间企业产品的基本信息流

主要涉及零时间企业内部单位为配送部（虚拟协调员）。零时间企业外只有一个此类伙伴，即运输企业。表4将给出对零时间企业配送部进行管理的基本信息，管理虚拟企业配送零时间企业产品的基本信息流如图8所示。

表4   零时间企业配送部进行管理的基本信息

	信息（数据）
1	配送产品的需求
2	运输清单
3	运输订单的状态

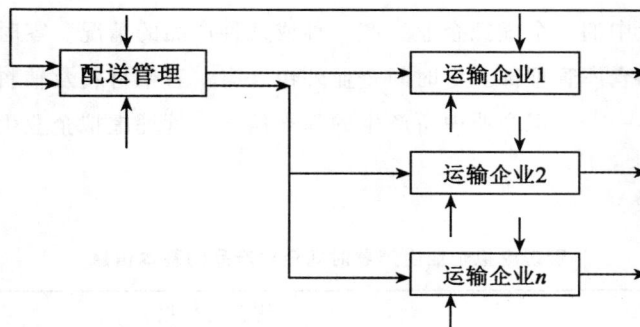

图8　管理虚拟企业配送零时间企业产品的基本信息流

四、结束语

在确定建立及运作一个零时间企业的四个不同阶段的一些基本服务的基础上，本文给出了与零时间企业信息流及信息管理有关的一些具体信息和信息流模型。首先，本文提出了一个以一系列虚拟企业组合而成的零时间企业的参考模型，这些虚拟企业在其中起着不同的作用：有的销售产品，有的设计产品，有的生产及运输产品。然后，给出了与信息流模型有关的一些服务，虽然这些给出的服务并不一定很全面，但却完全可以被用来完成对零时间企业中的信息系统、信息技术及信息管理的分析。本文的主要贡献在于它试图引起相关研究者对零时间企业管理中的信息流模型及信息管理方面做更深入的研究，不足之处在于，本文仅仅是给出了解决此问题的一个模型和研究方向。当然，该模型也将有助于传统企业意识到运用虚拟企业及零时间企业等新观念将给企业带来一些重大变化及挑战。

参 考 文 献

［1］胡蓓，张建林．零时间企业的管理模式探析．管理评论，2005，17（9）.

［2］Camarinha-Matos，L．Lima，C．，and Osorio，A．L．The PRODNET platform for production planning and management in virtual enterprises. Proc. Of the 4th International Conference on Concurrent Enterprising. Nottinghan, UK, 1997, 10.

[3] Spinosa, L. M., Hofmann, A. C. M., Rabelo, R. J., and Pereira Klen, A. A.. Basic services for the management of Virtual Enterprises-A case study. Proceedings of the 3rd IEEE/IFIP international conference on Intelligent systems for manufacturing: Multi-agent systems and virtual organizations, Kluwer Academic Publishers, Norwell, MA, USA, 1998.

[4] Raymond Yeh, Keri Pearlson, and George Kozmetsky. Zero time TM: Providing instant customer value— every time, all the time. Chichester: John Wiley & Sons, 2000.

[5] Zhang Jianlin, Chen Rongqiu, Hu Bei. The research on approach for seeking enterprise loyal-customer. ICMSE', 2004.

网络交易环境下
企业价值链运营模式的局限与改造*

● 卜华白[1,2]　高　阳[1]

（1. 中南大学商学院　长沙　410083；2. 衡阳师范学院　衡阳　421008）

【摘　要】价值链在互联网时代已具有明显的运营局限，价值网是一个用来扬弃价值链的新概念。价值网作为前沿理念，在国内外都正成为一种引领性的理念。本文在分析价值链局限性的基础上，运用当前理论界和实业界对价值网研究的最新成果，提出了网络交易环境下基于价值网改造价值链的概念模型，从而为企业在新的运营环境下快速提升服务速度，响应市场，以及快速提供个性化产品，增加顾客价值等方面的决策提供了理论依据。

【关键词】网络交易　价值链　价值网　局限　改造

一、引言

适者生存是近 200 年生物学研究的结论。这一结论告诉我们，造成生物物种演变的重要原因，是生物物种机体内部的特征要适应外部环境的变化。企业也具有生物特征，企业的生物特征决定了企业也将因环境的作用而不断演化，且同样是"适者生存"。1985 年波特提出了企业价值链运营模式，无可否认，这一模式对企业提升综合竞争力来说扮演着重要的角色，但是时至今日，企业价值链运营模式的环境已发生了深刻的变化，这种深刻的变化使得企业在市场交易和组织关系上面临着一种新的顾客环境因素——顾客交易方式正由传统的店铺式交易转向网络交易，这一新的环境因素为企业价值链的运营模式带来了很大的局限，企业价值链有效运营遇到了难以绕过的"坎"。价值网是由 Mercer 顾问公司的亚德里安·J. 斯莱沃斯基、大卫·J. 莫里森等在《发现利润区》一书中首次提出，并由大卫·波维特进一步发展的一种商业运营模式，至今价值网已成为一个用来扬弃价值链的前沿经营理念，并迅速成为理论研究的热点。IBM 全球高级副总裁琳达·S. 桑福德在其著作《开放性成长——商业大趋势：从价值链到价值网络》中指出，从价值链到价值网是商业发展的大趋势。那么，价值链运营模式具有什么样的局限而被价值网所扬弃，价值链又如何改造成价值网，这是当前理论界和实业界亟需解决的一个现实难题。

二、网络交易环境的出现——企业价值链模式有效运营的"坎"

截至 2009 年 6 月底，中国网民规模达到 3.38 亿人，较 2008 年年底增长 13.4%，上网普及率达到

＊ 本文是湖南省软科学研究计划资助项目（编号：2009KZ3096）和湖南省教育厅科学研究计划资助项目（编号：2009C192）的中期成果。

25.5%。网民规模持续扩大，互联网普及率平稳上升。继 2008 年 6 月中国网民规模超过美国，成为全球第一之后，中国的互联网普及再次实现飞跃，赶上并超过了全球平均水平，其具体变化如图 1 所示。

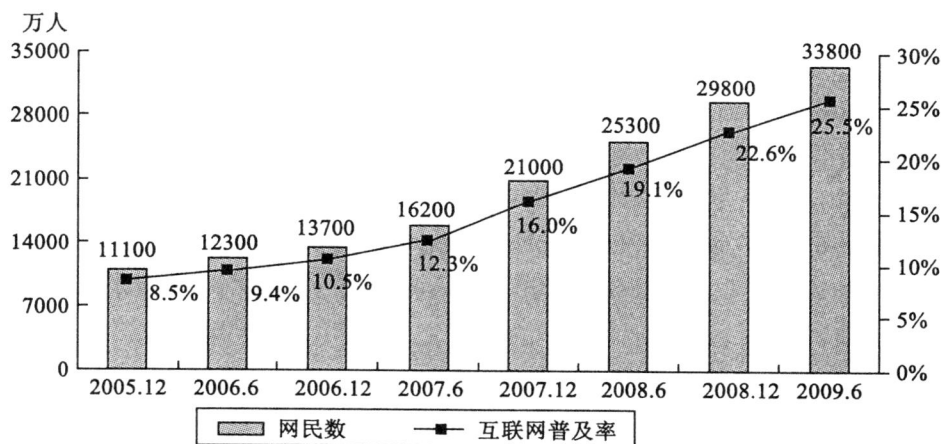

图 1   2005—2009 年中国网民规模与年增长率变化图①

据 2008 年网商发展研究报告统计，近几年网上购物的绝对数量在迅速增加，2007 年年底达到 594 亿元，其年增长率为 90.4%，具体变化如图 2 所示。就此增长速度来看，预计到 2010 年网络购物总额可达到 3000 亿元。

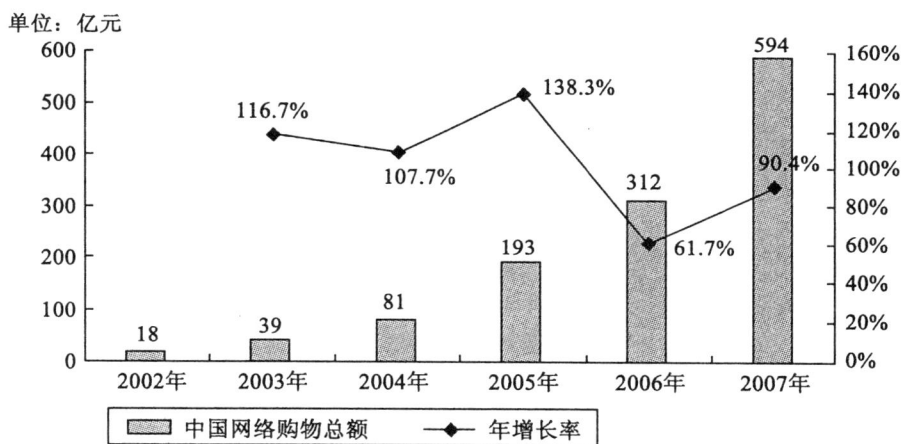

图 2   2002—2007 年中国网络购物总额与年增长率变化图②

从以上网民规模和网络购物数据的变化可以看出，网上交易已日趋普及，网络交易环境正在形成。与此同时，互联网技术的迅速发展进一步加深了这种环境的变化。中国科学院李国杰院士认为，如果说第一代互联网 Internet 实现了计算机硬件的连接，导致了第一次互联网浪潮；第二代互联网 Web 实现了网页的

①   中国互联网络信息中心. 第 24 次中国互联网络发展状况统计报告，2009. http://tech.qq.com/zt/2009/cnnic24.
②   第五届网商大会. 抱团打天下——2008 年度网商发展研究报告，2008. http://www.docin.com/p-2533227.html.

连接，导致了第二次互联网浪潮；那么，第三代互联网 Grid 则能实现网上所有资源的全面联通，① 导致第三次互联网浪潮，其直接结果是"随需应变"商务的现实。"随需应变"商务的现实使得网络交易的环境进一步发生了深刻的变化，这种变化了的环境使得企业价值链的运营模式出现了很大的局限性，企业价值链有效运营遇到了难以绕过的"坎"。

三、网络交易环境下企业价值链运营模式的局限

网络交易的环境相对于过去的价值链运营环境，具体特点如下：（1）顾客个性化需求明显——每一位顾客都有自己的消费偏好和购物习惯，同一产品的大规模生产和销售已成过去，通过网络交易的顾客越来越多，网上交易日趋普遍。（2）企业响应市场需求快速。由于市场竞争的压力增大和产品生命周期的缩短，企业如何快速响应市场以获取先入优势，如何减小库存成本与库存风险等系列问题，使得生产者和消费者都期望对市场需求做出快速反应。（3）竞合关系变化，因为竞争与合作不只是发生在价值链内部，价值链与价值链之间也出现了竞争与合作，而且其关联性也越来越大，这与传统的价值链思想所描述的不完全相同。（4）资源迅速组合与调整，价值链"长度"缩短，因为信息、软件、内容等数字产品或服务，可由网络瞬间配送，各种资源（生产资源、研发资源、渠道资源等）也都能通过网络迅速组合与调整，市场主体之间的市场交易关系和生产协作关系由价值链线性模式转化为价值网非线性模式，销售中间商地位下移，制造商可在网络系统和物流系统的支持下，直接销售产品给最终顾客，批发商的数量也大为减少，重要性也大为降低，价值链"长度"缩短，如此等等。

面对新的运营环境，传统的价值链模式具有以下几个方面的局限性：（1）市场环境的复杂动荡性与不完全可控性，使得任何预测工具和手段都无法准确预测产品市场与要素市场的真实供需，传统企业价值链模式难以做到产品供需之间的真正匹配，顾客的个性化需求无法满足。（2）电子商务技术的普及与使用冲击了产品市场和要素市场的销售模式，冲击了顾客的购物方式，影响了顾客的购物行为，传统价值链模式下的营销模式已不再适用。（3）价值链运营模式只通过单一生产和配销流程提供产品和服务给所有顾客，顾客的独特价值主张难以满足，同时企业内外资源与能力没能有效地协调整合，企业间的核心生产能力无法得到互补，从而使得企业无法快速响应市场的需求。同时价值链分析尽管也考虑到了企业的竞争者，但是却没有考虑在企业价值创造中扮演着越来越重要角色的互补者，传统价值链分析已具有很大的局限。（4）价值链运营模式具有明显的"牛鞭效应"，这种"牛鞭效应"一方面会使价值链信息流、物流和资金流的偏差沿链条放大，导致决策"失真"；另一方面整个链条总的库存成本巨大，企业间的线性关系使得任何突发因素诱发价值链节点"断链"，都可能会使整个链条瘫痪，系统运营风险大。同时，价值链模式刚性的供应结构无法实现弹性产出，无法进行柔性生产，尤其当需求是个性化定制的时候，价值链模式更是显得无能为力。

通过以上的分析可以看到，价值链运营模式在新的企业经营环境中具有局限性，价值网运营模式的出现能够改善这种局限性，因为它比传统价值链更具优势，具体表现在以下三个方面：

（1）顾客主动触发价值网，从而使得企业能得到真实的需求信息

顾客需求直接触发价值网中的下单、生产和配送活动，而非传统的由企业触发价值链，从而改变了顾

---

① 这种资源全面联通所引发的资源共享不仅指一个地方的计算机可以用来完成其他地方的任务，还可以指中间结果、数据库、专业模型库及人力资源等各方面的共享。同时，其目的性已经不是简单的资源互联和单一使用，而是通过互联、组合来协作解决用户需要解决的个性问题，产生具有附加值的新服务、数据、信息等资源，满足用户的新需求，解决在动态、多制度虚拟组织中的问题。

客被动接受价值链输出结果的交易状态，顾客的"上帝"地位得到了肯定，顾客的需求信息得到了确认，这样价值网也就能把了解顾客需求的前端和恰好按前端承诺进行实施的后端融为一体，从而使得企业的生产是基于顾客真实的需求，而不是企业的主观推测，市场风险被降低，顾客的满意度被提高。

（2）整体价值网实时协同，从而使得顾客的需求得到快速响应

在创造价值的价值网中，企业必须与顾客、合作伙伴甚至竞争对手一起合作，企业可以依不同的顾客接触点、不同的活动，指派最合适的合作伙伴与企业各部门通过协同商务系统进行沟通与协调，通过弹性的商流、物流、信息流的设计，确保价值网可以迅速响应顾客需求的改变，从而使整体价值网产生最大的顾客效益。同时整体价值网实时协同，也能降低企业的库存水平，减少"牛鞭效应"的负面影响。

（3）数字化传递，从而使得企业间的资源得到迅速组合与调整

传统的价值链大多是模拟式的传递，而价值网则是数字化传递，从而使得顾客、企业及其他合作伙伴可以及时协调彼此间的资源，顾客下单到企业交货的作业周期明显缩短，企业资金流转速度加快。

总之，企业价值网络具备网络经济、规模经济、风险对抗、粘滞效应、互补效应和速度效应六种基本竞争优势效应，因此在网络交易环境下，企业应从战略的高度改造过去价值链的运营模式。

四、网络交易环境下企业价值链运营模式的改造——一种基于价值网的分析视角

（一）网络交易环境下基于价值网改造企业价值链的概念模型

企业将价值链改造为价值网，一般有三个目的：第一，提升企业快速响应市场的能力；第二，提升企业快速提供个性化产品，增加顾客价值，增加顾客满意度的能力；第三，提升企业适应网络交易的运营环境，增强企业核心竞争力的能力。在网络交易环境下，这三个目的可通过建立如下企业价值链改造概念模型来实现，具体改造内容如图3所示。

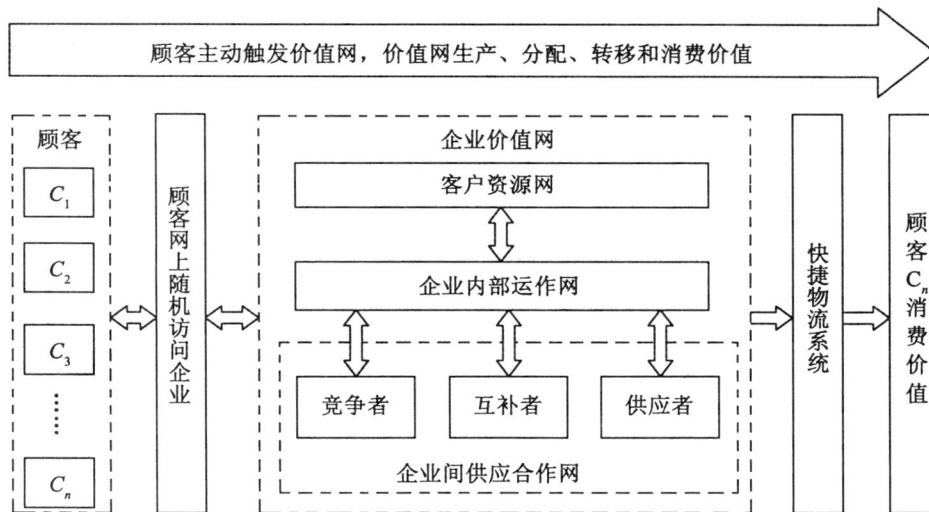

图3　网络交易环境下企业价值链改造的概念模型

从以上的概念模型图中可以看到，企业价值链改造成价值网后主要包括三个核心子网系统，即客户资源网、内部运作网及企业间的合作供应网，这三个子网系统也构成了企业基于价值网改造价值链的核心

内容。

基于这一概念模型改造后的价值网区分于传统价值链的主要特点是：（1）能通过客户资源网体现顾客的真实需求，这样，传统企业价值链模式难以解决的产品供需匹配问题及顾客的个性化需求无法满足的问题在这里就能得到改善；（2）能通过内部运作网实时协同企业的内部运作，从而快速地将顾客需求转换为实际供给；（3）能通过企业间合作供应网进行数字化传递，使得企业间的资源能得到迅速的组合与调整，从而很大程度上将价值链的单行工程改造成了价值网的并行工程，这样企业对顾客需求的响应速度得到了相对提高，同时企业资源的使用也更为充分。

（二）网络交易环境下基于价值网改造企业价值链的对策

上述的网络交易环境下基于价值网改造企业价值链的概念模型为企业改造传统的价值链提供了方法论。在具体的改造过程中，首先企业的高管层必须认清这种改造的客观必然性，从战略的高度重视这种改造，这是改造成功的基础和前提。然后，分别将价值链按价值网的三个子系统（客户资源网、企业间的合作供应网及内部运营网）进行改造，其具体的对策如下：

1. 以顾客价值需求为切入点，改造客户资源网

客户资源网由客户、渠道和客户资源及其相互关系组成，是改造后企业价值网的核心和驱动力。对于客户资源网的改造可以从以下三个方面着手：

第一，研究客户的价值标准，定义市场认定的价值，传递企业的价值主张。

顾客的价值标准体现客户对产品的设计、质量、性能、包装、安全、售后服务等方面的要求，这些要求可以通过让有代表性的客户参加产品价值的生产、分配及转移等各项活动来实现。研究客户的价值标准，目的就是要定义被市场认定的价值，并将这种价值通过正确、快速的方式传递给正确的准顾客和顾客。意大利汽车制造商 Fiat 欲测试一下它的新车 Punto 的设计效果，在 Fiat 网站邀请 3000 多位潜在顾客参与评论打分。结果，Fiat 只用很低的成本就获得了目标顾客关于新车的见解，并设计出了真正反映顾客偏好的汽车。而对于顾客而言，他们也得到了自己真正想要的汽车。

第二，收集网上随机顾客的价值诉求，构建企业网上快速响应系统。

在顾客日益 e 化的环境下，顾客一般都会先通过互联网寻找所有相关的交易信息，向多家企业表达自己个性化的价值需求，作为企业应及时存取客户信息，控制可能的客户接触点，并对客户的价值需求做出快速响应。Dell 电脑公司借助互联网开展直销方式，使顾客可以得到自己真正需要的电脑配置，而 Dell 也创造了零库存生产的神话。

第三，不断优化顾客信息系统，全力维护顾客关系，保护企业顾客资源。

营销理论早已证实，寻找一个新顾客的成本远远高出保持一个老顾客的成本，因此，当交易发生以后，必须维护顾客关系，如果基于价值网的考虑，下面几点应予以重视：（1'）建立客户消费信息反馈系统，及时收集和处理顾客的抱怨和意见，提高顾客的满意度；（2）不断优化顾客信息系统，与顾客保持稳固的合作伙伴关系，让顾客全面参与产品的价值创造过程；（3）相对于其他竞争性产品，为顾客提供更多的消费者价值剩余，如增加消费者价值获得的知觉或者扩大消费者价值获得的评价等。

2. 以增强柔性运作为核心，改造供应合作网

供应合作网是价值网区分于价值链的主要因素，主要包括竞争者、补充者和供应者。这里的竞争者是指企业现有竞争者、潜在竞争者和替代品生产者。补充者是指那些客户可以从他们那里购买补充性产品，供应商也可向他们出售补充性资源的参与者。在价值网模式中引入替代者，有利于企业正确理解商业中的相互依存关系，因为如果将参与者按传统的价值链模式都理解为利润争夺的竞争对手，那么企业就会倾向于关注竞争而不是寻求合作机会，就会倾向于关注"蛋糕的分割"而不是"蛋糕的共同做大"。在价值网

模式中引入补充者，这是对传统价值链模式的一种创新，因为在传统的市场关系分析中，补充者经常被忽视，但它是企业向顾客提供整体服务不可或缺的部分，是企业间相互为顾客创造价值的"共生体"，而且，随着市场环境的不断变化，补充者扮演的角色越来越重要，因此，企业必须以增强柔性运作为核心，把替代者和互补者也融入中间产品乃至最终产品的供应系统，促使企业能通过价值网的实时协同，实现生产调整与市场需求波动的动态匹配。

3. 以提升企业核心竞争力为宗旨，改造企业内部运作网

企业内部运作网是在企业将需求转换为实际供给的系列过程中，由企业的生产网络、信息网络、知识网络等所形成的企业内部运作网络。对于生产网络和信息网络的改造，企业可以通过引进 ERP 等软件进行业务流程重组来完成，而知识网络是一种看不见的却对企业发展起着重要作用的网络，它只能通过建立一种好的机制才能在企业内部形成。企业内部运作网在实际的改造过程中，必须以提升企业核心竞争力为宗旨，明确企业营运范畴，清晰地认识企业资源优势，明确在生产过程中，哪些业务可自行负责，哪些业务可外包或者通过合伙协议进行等，面对众多个性化需求明显的顾客时企业又该如何定位，如何选择，如何交货以增加快速响应能力等，这些都是企业内部网络有效运行的基础，是企业价值链改造的关键点。

五、结束语

从以上的论述可以看到，随着交易网络化的日渐普及，企业价值链运营模式已具有明显的局限，而价值网是一个用来扬弃价值链的前沿概念，是对价值链的继承与发扬，是新的运营环境下企业实现环境、战略和组织结构自适应匹配的最优运营模式，而据我们课题组的调查，尽管许多企业早已意识到了这一问题，但是由于缺乏相应的理论基础和方法，都未能很好地调适自己基于价值网的运营模式，本文针对这一状况，提出了网络交易环境下基于价值网改造价值链的概念模型，从而为企业在这一新的运营环境下将价值链改造为价值网提供了新的方法论，为企业快速提升服务速度，响应市场，以及快速提供个性化产品，增加顾客价值等方面的决策提供理论依据，为企业价值网网内成员间的"共生演化"提供一个自适应动态环境的机制。但是，作为企业的高层，又必须看到，价值网不是一把"万能钥匙"，它在解决价值链运营模式局限性的同时，又面临着新的难题和挑战，如价值网参与者之间的非合作博弈和企业非核心资源过度依赖外源而诱发的外生风险控制等问题，依然是当前理论界和实业界亟需解决的难题。

参 考 文 献

[1]［美］亚德里安·J. 斯莱沃斯基，大卫·J. 莫里森，劳伦斯·H. 艾伯茨，保罗·G. 克利福德著. 发现利润区. 北京：中信出版社，2000.

[2]［美］琳达·S. 桑福德，戴夫·泰勒. 开放性成长——商业大趋势：从价值链到价值网络. 刘曦，译. 北京：东方出版社，2008.

[3] 卜华白，李干. 基于网格技术的企业随需应变商务模式研究. 衡阳师范学院院报，2009，4.

[4] 姜奇平. 从价值链到价值网络——兼论企业的消亡. 互联网周刊，2009，3.

[5] 俞荣建. 构建基于模块化的价值创造网络. 科技进步与对策，2009，5.

[6] 毕新华，李海莉，张贺达. 基于价值网的移动商务商业模式研究. 商业研究，2009，1.

[7] 盛革. 基于模块化的价值网系统构造及运作模式研究. 工业技术经济，2009，5.

[8] 盛革. 模块化价值网及其知识管理研究. 外国经济与管理，2009，4.

[9] 吴海平，宣国良. 需求不确定条件下价值网竞争优势研究. 管理工程学报，2005，1.

［10］江积海，龙勇．基于模块化和动态能力的价值网结网机理研究．科技管理研究，2009，1．

［11］卜华白．企业脆弱性管理．企业管理，2009，8．

［12］Naim，M. M.．The impact of the net present value on the assessment of the dynamic performance of e-commerce enabled supply chains. International Journal of Production Economics，2006，104（2）．

［13］Grubstrom，R. W.，Naim，M. M.，and Wikner. A net present value assessment of make-to-order and make-to-stock manufacturing systems．Omega，2007，10．

［14］Kristian Möller, and Arto Rajala. Rise of strategic nets — New modes of value creation. Industrial Marketing Management，2007，36（7）．

［15］Nancy A. Connelly, Tommy L. Brown, and Jonathan W. Brown. Measuring the net economic value of recreational boating as water levels fluctuate．Journal of the American Water Resources Association，2007，43（4）．

［16］Weimer-Jehle, Wolfgang. Cross-impact balances: Applying pair interaction systems and multi-value Kauffman nets to multidisciplinary systems analysis. PHYSICA A，2008，387（14）．

［17］Muller, Kristian, and Svahn, Senja. Role of knowledge in value creation in business nets. Journal of Management Studies，2006，43（5）．

［18］Dyer. Effective interfere collaboration: How firms minimize transaction costs and maximize transaction value. Strategic Management Journal，2007，18（7）．

基于主成分聚类分析的
中心城市物流系统规划研究

● 王　霞[1]　吴沈辉[2]　关贤军[3]
（1，2，3　同济大学经济与管理学院　上海　200092）

【摘　要】本文在对现有城市物流系统规划方法广泛研究的基础上，发现其存在的不足，提出利用主成分聚类分析的方法对中心城市的物流发展进行综合评价并分类，同时构建相应的物流系统。首先，建立中心城市物流发展评价指标体系，对物流发展实力进行综合评价；其次，根据新得到的综合主成分，对中心城市的物流发展进行聚类分析，得出中心城市物流系统的三种模型，即综合型、外贸型和内贸型物流系统；最后，针对每种模型提出相应的物流系统构建。

【关键词】物流规划　中心城市　物流系统　聚类分析　主成分分析

一、引言

城市物流是通过综合考虑城市货物流通对社会、环境、经济、金融和能源等的影响，使城市物流活动达到整体最优的过程。[1] 城市物流介于宏观物流和微观物流之间，对于宏观物流的接续和延伸，对于微观物流的高效集散，对于城市和区域经济的发展，对于城市竞争力的体现，对于城市及环境的影响，对于城市规划及城市交通系统建设，对于城市中工商业企业的运作及效益都有着十分重要的意义。[2][3][4][5]

中心城市是指在经济、社会和文化活动等方面对其所在区域产生重要影响的特大城市或大城市。[6] 因此中心城市物流系统属于复杂系统或者巨系统，相对于一般的城市物流系统具有以下特点：复杂性、综合性、数量性、突现性、不稳性、非线性、不确定性、不可预测性。同时中心城市商品流通运行呈现如下特征：空间集聚性质，具有聚集经济效益的空间集中性和商品流通空间集中性；流通高效性；开放性与空间扩延性。

对于城市物流系统规划问题，国内许多学者已经进行了大量的研究。汪超、杨东援（2001）分析了我国现代物流业发展亟待解决的问题，提出了中心城市现代物流系统规划的框架，并指出了在实际规划过

---

① Taniguchi, E., and Van Der Heijden R. E. CM.. An evaluation methodology for city logistics. Transport Review, 2000, 20（1）：65-90.
② 陶存新，陈定方. 城市物流能力评价研究. 武汉理工大学学报（交通科学与工程版），2006，30（5）：892-894.
③ 龙江，朱海燕. 城市物流系统规划与建设. 北京：中国物资出版社，2004：118.
④ 郭荣朝. 我国城市物流发展中存在的问题及对策. 物流技术，2003，8：23-35.
⑤ 王平平，龚国华，江从发. 城市物流规划方法探讨. 物流技术，2003，2：28-29.
⑥ 郑睿. 因子分析在中心城市竞争力绩效评价中的应用. 上海理工大学学报，2005，27（6）：554-559.

程中若干亟需解决的课题。① 李磊、孙有望（2004）提出了城市物流体系框架的设计方法和设计步骤。② 李旭宏等（2005）应用增长极理论研究了物流枢纽城市的作用机理和规划原则，然后结合灰色聚类法提出了物流枢纽城市的规划方法。③ 刘南（2007）提出了城市物流枢纽规划选址的模糊综合评价方法，分析了模糊综合评价方法的实际应用。④ 归纳起来，前两位学者提出了在宏观上进行物流系统规划的框架和设计的方法、步骤，但是没有给出具体的实际应用以及结合实例进行验证；后两位学者虽然提出了具体的规划模型，但是其重点是在备选城市确定的条件下，相对最优城市的选择，以达到备选城市所组成系统的整体最优，而对于其他城市则没有考虑，不利于从整体上对不同类型的城市进行物流规划。

本文正是基于上述问题，提出一种基于主成分聚类分析的客观分析方法对全国各中心城市的物流发展进行综合评价并分类，针对不同的类型提出相应的物流规划模式，为制定物流发展规划提供参考和依据。基本思路是，首先建立中心城市发展评价指标体系，再分别利用主成分分析和聚类分析方法进行综合评价并分类，最后在上述基础上给出规划模式。

二、中心城市物流系统

1. 中心城市的选取

中华人民共和国成立初期，我国城市只有 58 个，到 1952 年百万人口以上的城市也只有 9 个。自 1978 年以来，中国城市化进程已进入加速发展的新阶段，城市数量由 1979 年的 193 个发展到 1999 年的 668 个，其中人口在 200 万以上的 13 个，100 万到 200 万之间的 24 个，50 万至 100 万的 48 个，20 万到 50 万之间的 205 个，20 万以下的 378 个。中等城市数量增长较快，小城市数量增长最快。在东部沿海地区，开始形成以特大中心城市为核心的城市群（带），主要有环渤海城市群、长江三角洲城市群和珠江三角洲城市群。改革开放极大地促进了城市综合实力的增强。1988—1996 年，城市国内生产总值以年均 18% 的增幅高速增长，城市的中心地位和作用越来越突出。考虑到中心城市一般是一个地区或区域的中心，对周围的其他城市具有一定的辐射作用，因此参照 2009 年 2 月国务院颁布的《物流业调整和振兴规划》，根据市场需求、产业布局、商品流向、资源环境、交通条件、区域规划等因素，将全国分为九大物流区域，共选取 19 个中心城市作为研究对象，如表 1 所示。

表1　　　　　　　　　　　　九大物流区域和中心城市

区域	中心
华北物流区域	以北京、天津为中心
东北物流区域	以沈阳、大连为中心
山东半岛物流区域	以青岛为中心
长江三角洲物流区域	以上海、南京、宁波为中心

---

① 汪超，杨东援. 中心城市现代物流系统规划框架研究. 城市规划汇刊，2001，2：53-55.

② 李磊，孙有望. 城市物流体系框架设计. 同济大学学报（自然科学版）. 2004，32（1）：54-57.

③ 李旭宏，张永，毛海军，徐永能. 基于增长极理论的区域物流枢纽城市规划方法研究. 公路交通科技，2005，22（9）：150-154.

④ 刘南，陈远高. 基于模糊综合评价的城市物流枢纽规划. 东南大学学报（自然科学版），2007，37（Ⅱ）：289-292.

区　域	中　心
东南沿海物流区域	以厦门为中心
珠江三角洲物流区域	以广州、深圳为中心
中部物流区域	以武汉、郑州为中心
西北物流区域	以西安、兰州、乌鲁木齐为中心
西南物流区域	以重庆、成都、南宁为中心

2. 中心城市物流发展评价指标

根据可比性、完整性、易获取性、非重叠性、定量和定性指标相结合等原则，建立中心城市物流发展评价指标体系。这些指标从不同角度反映了中心城市物流的发展特征：第一，社会经济发展类：包括GDP（C1）、人均GDP（C2）、居民人均收入（C3）。它们综合反映了中心城市物流发展的社会经济基础。第二，生产消费流通类：包括农业总产值（C4）、工业总产值（C5）、建筑业总产值（C6）、社会消费零售总额（C7）、进出口总额（C8）。它们分别从国内生产、国际贸易等不同角度反映了区域物流服务的需求状况和需求规模。第三，物流能力类：包括物流设备制造企业数目（C9）、全社会货运总量（C10）、基础设施情况（综合考虑铁路网密度、高速公路率、船舶吨位数、机场货邮吞吐量、物流中心及物流园区个数（C11））、辐射能力（C12）。它们反映了中心城市物流发展的物质基础。第四，人力资源类：包括物流产业就业人数（C13）、物流从业人员文化素质（C14）。它们反映了物流发展的人力资源支持情况。第五，宏观环境类：包括现代物流发展政策（C15）、地理区位（C16）和城市声誉（C17）。它们对当地物流发展影响很大。对于上述定性指标的评价可划分为七个等级，即：|很好，好，较好，一般，较差，差，很差|，分别对应 [1，7] 区间的 |7，6，5，4，3，2，1|，由专家打分，并结合相关资料给出各指标的得分。

三、中心城市物流发展综合评价模型

由于评价指标较多，尽管经过了仔细遴选，但彼此之间难免存在着一定的相关性，因而反映的信息在一定程度上有所重叠。主成分分析①②利用降维的思想，把原来较多的评价指标用约化后较少的综合主成分指标来代替，综合指标保留了原始变量的绝大多数信息，且彼此间互不相关，能够使复杂的问题简单化。因此，可采用主成分分析对中心城市物流发展进行综合评价。

设有 n 个区域，p 个指标，初始样本矩阵 $X^* = (x_{ij}^*)_{n \times p}$，$i = 1，2，\cdots，n，j = 1，2，\cdots，p$。

（1）对指标进行标准化处理，得到标准化评价矩阵 $X = (x_{ij})_{n \times p}$，即：

---

① Wu, G. F., and Xiang, J. T.. The composite skills on complicated nonlinear system (VI). Application of Statistics and Management, 1995, 14 (6): 52-59.

② Martin, B., and Pierre, D.. Principal component analysis from the multivariate familial correlation matrix. Journal of Multivariate Analysis, 2002, 82 (2): 457-470.

$$X_{ij} = \frac{x_{ij}^* - \bar{x}_j^*}{s_j^*} \tag{1}$$

其中，$\bar{x}_j^*$ 和 s_j^* 分别为第 j 个指标的样本均值和样本标准差。

（2）计算指标间相关系数矩阵 $R_{p \times p}$ 及其特征值 $\lambda_1 \geq \cdots \geq \lambda_p \geq 0$ 和正则化特征向量 e_j。

（3）得到主成分：

$$Y_j = X e_j \tag{2}$$

（4）第 j 个主成分的方差贡献率为 $\alpha_j = \lambda_j / p$。当累计方差贡献率 $\alpha = \sum\limits_{j=1}^{q} \alpha_j$ 达到一定数值（一般不小于 85%）时，取前 q 个主成分 $Y_1, Y_2, \cdots, Y_q$，即认为这 q 个主成分就以较少的指标综合体现了原来 p 个评价指标的信息。

（5）用各主成分的方差贡献率作为权重，线性加权求和得到综合评价函数：

$$z_i = \sum_{m=1}^{q} \alpha_m y_{im} \quad m = 1, 2, \cdots, q \tag{3}$$

z_i 即反映了第 i 个地区物流发展的综合实力，z_i 值越高，说明该地区物流发展综合实力和竞争力越强，反之则越弱。

四、中心城市物流能力聚类分析模型

对中心城市物流发展进行分析和归类，可以按照动态聚类方法进行，但由于指标较多，计算繁琐且容易出错。鉴于前面主成分分析已经得到 q 个能够反映原始变量的绝大多数信息，且为彼此互不相关的综合主成分指标，因此可以采用这 q 个主成分指标对中心城市的物流发展进行聚类分析，这样处理将使问题大大简化。由于在动态聚类法中，K-均值聚类可以对聚类的结果进行评价，并且显示哪几个因素对分类贡献较大。因此本文利用动态聚类法中的 K-均值法。步骤如下：

（1）用主成分分析得到的前 q 个主成分组成一个新矩阵 $Y^* = (y_{im}^*)_{n \times q} (i = 1, 2, \cdots, n; m = 1, 2, \cdots, q)$，以此作为聚类分析的样本矩阵，计算各地区新样本数据之间的欧式距离。

$$d_{ik} = \sqrt{\sum_{m=1}^{q} (y_{im}^* - y_{km}^*)^2} \tag{4}$$

（2）用动态聚类法中的 K-均值法进行聚类，列出聚类表，得到各地区物流发展的分类结果，并进行分析。

五、应用结果

使用上述建立的模型对全国的中心城市进行评价并且根据结果构建不同的模式。全国各中心城市的相关数据如表 2 所示。

1. 中心城市物流综合评价

根据模型给出的计算方式，使用 SPSS 软件进行计算各主成分对应的特征值及方差贡献率如表 3（p.32）所示。

表2

全国各中心城市的相关数据（2006）

名称	GDP (C1) (亿元)	人均GDP(C2) (元/人)	居民人均收入(C3) (元)	农业总产值 (C4) (亿元)	工业总产值 (C5) (亿元)	建筑业总产值 (C6) (亿元)	社会消费零售总额 (C7) (亿元)	进出口总额(C8) (亿美元)	物流设备制造企业数目(C9) (个)	全社会货运总量 (C10) (万吨)	基础设施情况 (C11)	辐射能力 (C12)	物流从业人数 (C13) (万人)	物流从业人员素质 (C14)	现代物流发展政策 (C15)	地理区位 (C16)	城市声誉 (C17)
北京	7861.04	50467.00	40117.00	98.04	2191.43	2167.92	3275.22	1581.77	68	33008.00	6	6	41.50	6	7	6	7
天津	4344.27	41163.00	28682.00	119.23	2488.29	983.93	1356.79	645.73	12	41939.00	5	4	11.58	4	5	6	5
沈阳	2519.63	35940.00	23391.00	135.30	1139.13	391.30	1048.74	52.89	44	17552.00	4	3	11.71	4	4	5	4
大连	2569.67	42579.00	24227.17	208.66	1229.07	546.57	839.30	317.96	21	27526.00	4	3	7.57	5	4	5	5
青岛	3206.58	38892.00	23458.00	184.06	1677.04	580.80	1006.67	390.82	0	39294.00	5	4	5.74	5	4	5	5
上海	10366.37	57695.00	41188.00	93.80	5028.37	2285.38	3360.41	2275.00	14	72381.00	6	6	32.19	6	6	7	7
南京	2773.78	46114.00	32459.49	82.10	1359.98	716.20	1166.85	315.35	17	18392.00	5	5	8.81	5	4	5	5
宁波	2874.44	51460.00	28949.07	139.41	1583.53	716.90	882.54	422.12	2	20305.00	5	4	3.43	6	5	5	4
厦门	1168.02	50130.00	25543.42	18.57	629.21	186.40	314.94	327.90	0	4550.00	4	4	3.46	5	4	5	5
广州	6073.83	63100.00	36769.58	145.16	2430.14	688.30	2182.77	637.58	295	42320.00	5	5	18.96	6	5	6	6
深圳	5813.56	69450.00	35107.89	6.98	3049.79	712.80	1671.29	2372.33	3	11311.00	6	5	10.63	6	5	6	6
武汉	2590.76	29899.00	20633.00	115.81	1195.63	909.15	1293.33	99.62	151	20818.00	4	4	15.10	5	4	5	4
郑州	2013.48	29336.00	18862.00	77.12	1070.97	401.30	822.19	31.79	48	9808.00	4	3	3.25	3	3	4	3
西安	1473.68	18089.00	20475.73	70.74	638.84	416.40	776.20	41.54	12	11832.00	4	3	9.40	4	3	3	3
兰州	638.47	20419.00	19103.06	22.73	290.38	141.10	289.72	7.56	4	6262.00	3	3	3.62	2	3	3	3
乌鲁木齐	654.30	28261.00	23676.84	8.77	245.36	156.80	272.67	23.90	1	14182.00	3	2	5.51	2	3	2	3
重庆	3452.14	12457.00	19215.00	425.81	1500.97	895.10	1403.58	54.70	652	43009.00	4	4	13.18	5	4	4	4
成都	2750.48	25171.00	22563.41	195.01	1211.59	867.80	1155.26	50.77	283	28143.00	4	3	8.61	4	3	3	4
南宁	870.15	13071.00	20651.91	134.35	297.33	203.20	435.51	9.28	26	7871.00	3	3	4.67	3	4	4	3

数据来源：《中国统计年鉴》，2007.

表 3

Total Variance Explained

Component	Initial Eigenvalues			Extraction Sums of Squared Loadings			Rotation Sums of Squared Loadings		
	Total	% of Variance	Cumulative %	Total	% of Variance	Cumulative %	Total	% of Variance	Cumulative %
1	11.641	68.475	68.475	11.641	68.475	68.475	6.483	38.138	38.138
2	2.474	14.550	83.025	2.474	14.550	83.025	5.066	29.801	67.939
3	0.992	5.838	88.863	0.992	5.838	88.863	2.249	13.232	81.171
4	0.547	3.215	92.078	0.547	3.215	92.078	1.854	10.907	92.078

Extraction Method: Principal Component Analysis.

为了减少信息损失,使综合评价和后面的聚类分析最大程度地接近原始状态,本文取前四个主成分,此时累计方差贡献率 α =92.078%,也就是说,这前四个主成分以92.078%的精度体现了原始指标体系。由式(3)和表3得到物流发展的综合评价函数为:

$$Z = 0.68475Y_1 + 0.1455Y_2 + 0.05838Y_3 + 0.05215Y_4 \tag{5}$$

最终得到各中心城市的评价结果如表4所示。

表4   评价结果

深圳	广州	北京	宁波	上海	南京	厦门	青岛	大连	天津
1.14	0.98	0.82	0.64	0.61	0.45	0.44	0.20	0.16	0.06

武汉	重庆	沈阳	成都	郑州	西安	南宁	兰州	乌鲁木齐	
-0.08	-0.16	-0.18	-0.56	-0.66	-0.74	-0.74	-1.11	-1.25	

根据表4的评价结果,可以将全国各中心城市物流综合发展分为三个层级:第一层次($Z>0.6$)为深圳、广州、北京、宁波、上海,其综合实力较强;第二层次($0.6>Z>0$)为南京、厦门、青岛、大连、天津,其综合实力中等;第三层次($Z<0$)为武汉、重庆、沈阳、成都、郑州、西安、南宁、兰州、乌鲁木齐,其综合实力较差。

2. 中心城市物流聚类分析

利用前面主成分分析得到的四个主成分指标数据,选取相关的指标组成聚类分析的样本矩阵,按K-均值法对全国各中心城市的物流综合发展进行聚类分析,聚类结果如表5所示。

表5   **Cluster Membership**

Case Number	City	Cluster	Distance
1	北京	2	9981.941
2	天津	1	3834.130
3	沈阳	1	8492.917
4	大连	1	2732.482
5	青岛	1	5849.495
6	上海	2	5248.854

Case Number	City	Cluster	Distance
7	南京	1	6255.265
8	宁波	1	8038.476
9	厦门	1	6763.808
10	广州	2	3936.628
11	深圳	2	10049.236
12	武汉	3	7886.158
13	郑州	3	7473.077
14	西安	3	4020.743
15	兰州	3	2682.258
16	乌鲁木齐	3	7023.195
17	重庆	3	9925.447
18	成都	3	3806.758
19	南宁	3	9091.952

第一类包括天津、沈阳、青岛、大连、南京、宁波、厦门；第二类包括北京、上海、深圳、广州；第三类包括武汉、重庆、成都、郑州、西安、南宁、兰州、乌鲁木齐。聚类过程中没有缺失值，全部为有效样本。该分类结果与国家计委宏观经济研究院"完善区城性中心城市功能研究"课题组对我国中心城市的分类有部分差别，但这里主要是体现中心城市物流系统的差别，指标选择恰当，统计分析方法合理。

由方差分析的结果（见表6）可知，进出口总额等指标对城市物流的发展能力有极显著的影响。表7给出了三类中心城市的最终类的中心点各统计指标的值，由此可以看出每一类中心值侧重表现的方面不同。第一类城市的进出口总额较大，在三者属于中等，其社会消费品零售总额也较大，属于综合型城市，例如：天津、沈阳；第二类城市进出口总额很大，说明是以进出口为主的城市，属于外贸型中心城市，例如：上海、深圳；第三类则属于内贸中心城市，例如：武汉、重庆。

表6 **ANOVA**

	Cluster		Error		F	Sig.
	Mean Square	df	Mean Square	df		
地理区位	11.249	2	0.475	16	23.660	0.000
基础设施情况	6.146	2	0.271	16	22.662	0.000
辐射能力	8.335	2	0.366	16	22.768	0.000
工业总产值	7531203.758	2	542728.702	16	13.877	0.000
建筑业总产值	1359508.715	2	221119.853	16	6.148	0.010
社会销售零售总额	4879750.056	2	257505.885	16	18.950	0.000
进出口总额	3882067.726	2	132231.684	16	29.358	0.000
GDP	45601531.858	2	1656628.405	16	27.527	0.000
人均GDP	2112314634.457	2	46710618.180	16	45.221	0.000
居民人均收入	415314092.976	2	7233890.133	16	57.412	0.000

表 7

	Cluster		
	1	2	3
地理区位	5.14	6.25	3.50
基础设施情况	4.57	5.75	3.63
辐射能力	3.86	5.50	3.00
工业总产值	1443.75	3174.93	806.38
建筑业总产值	588.87	1463.60	498.86
社会销售零售总额	945.12	2622.42	806.06
进出口总额	353.25	1716.67	39.89
GDP	2779.48	7528.70	1805.43
人均 GDP	43754.00	60178.00	22087.88
居民人均收入	26672.88	38295.62	20647.62

该模型按照一定统计规则将 19 个中心城市分为三种类型，统计变量选取恰当，所得结果为下文的模式研究奠定了科学的理论基础。

3. 中心城市物流模式构建

依据对以上数据的定量分析，我们对三种类型的中心城市规划不同的物流系统，并为每种物流系统制订不同的物流发展模式。由于外贸中 80%~90% 的货物是通过海洋运输的方式来完成的，[①] 所以下文的讨论重点将放在海运上。

(1) 综合型中心城市物流系统的构建

综合型中心城市规模较大、经济实力雄厚，城市商品供应与需求市场均表现活跃，产业结构中第二产业、第三产业齐头并进，制造业和第三产业发展迅速，社会商品零售总额较大。由于城市自身形成了良好的生产、流通机制，与国外的货物交换流通频繁，城市生产的产品需要输出到国外，同时也能满足城市内部和周围城市的需求。因此，物流量巨大，货物流入流出呈现较强的秩序性。综合型中心城市物流系统模型如图 1 所示。

a. 基础设施建设

在物流通道建设上，主要构建以大型的港口为导向，城市间以线运输体系为主、城市内配送线路整体优化网络为辅的通道体系。为外向运输构建通畅的物流通道体系。引进先进运作模式，在大型工业区附近建设综合物流园区，吸引零配件、半成品、成品供应商及物流企业共同入驻，构建供应物流、生产物流与销售物流紧密衔接、快速响应的一体化运作系统。

b. 物流信息平台建设

整合内贸数据信息和出口业务，实现良性的无缝对接。由各地政府牵头规划建设的基于 Internet 的公共物流信息平台，通过对共用数据的采集，为物流企业的信息系统提供信息支撑，满足企业信息系统对公用信息的需求。

c. 人才培养

---

① 杨跃辉. 浅析我国大陆外贸对港口物流发展的影响. 广西财经学院学报，2007，20 (6)：73-76.

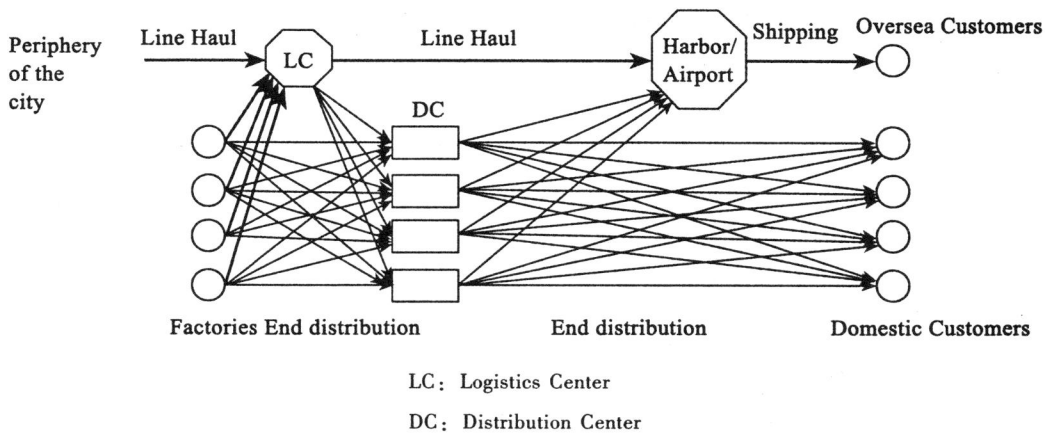

LC：Logistics Center

DC：Distribution Center

图 1　综合型中心城市物流系统构建

培养既了解中国国情，又了解国际发展动态的复合型人才。

（2）外贸型中心城市物流系统的构建

外贸型中心城市制造业较发达，地理区位比较优越，同时进出口比较发达，成为产品流通到国外的重要渠道。因此，物流量较大，流向以输出为主。物流量的大小、物流对象、流向等因素决定了整个城市物流系统功能及物流设施设备建设、物流信息平台建设等情况（见图 2 外贸型中心城市物流系统构建）。

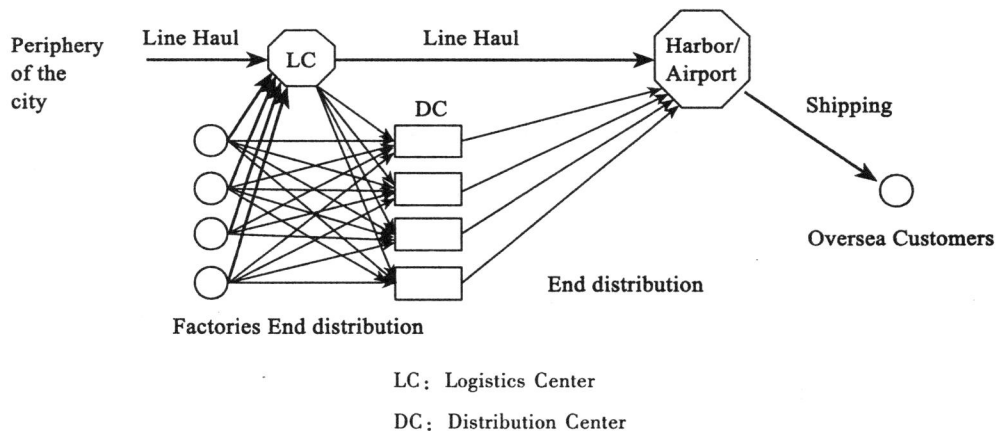

LC：Logistics Center

DC：Distribution Center

图 2　外贸型中心城市物流系统构建

a. 基础设施建设

建设若干大型物流中心，担负将周边城市大批量产品进行集结并起到向港口输出的枢纽作用。位置应设在靠近工业区、交通便利的城市外围地区，通过该物流中心直接将产品运送到要出口的港口/机场。整合港口现有的条件，对港口的配套设施进行技术改造，完善港口集疏运设施，合理安排作业流程，提高设备利用率，增强港口通过能力，缩短船舶货物在港口停留时间；其次，加强集装箱码头数量装卸能力、码头堆场、航道水深等在内的港口基础设施建设。

b. 物流信息平台建设

大力发展电子物流。对运输、仓储、配送等各业务流程中的组织方式、交易方式、服务方式进行电子化，提高物流运行效率。

c. 人才培养

培养能够灵敏把握海内外市场信息以掌握现代物流管理技术的复合型人才，不仅精通外贸理论、谈判技巧而且熟知报关、通关等实际操作。

（3）内贸型中心城市物流系统的构建

内贸型中心城市由于地理位置的原因进出口总额较小，但是城市消费能力较强，工业和建筑业产值也较大，因此各中心城市之间以及周围的城市可以进行商品流通。因此，物流量较大，流向既有输入，也有输出。物流量的大小、物流对象、流向等因素决定了整个城市物流系统功能及基础设施建设、人才培养等情况（见图3 内贸型中心城市物流系统构建模型）。

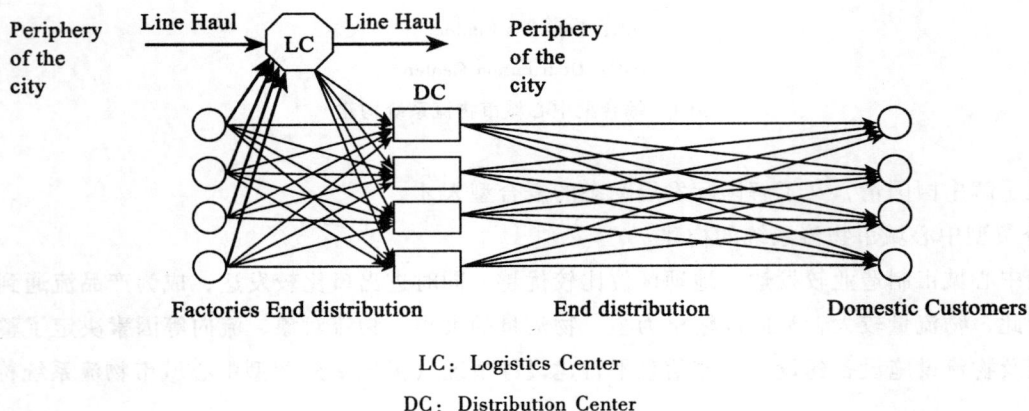

LC：Logistics Center

DC：Distribution Center

图3　内贸型中心城市物流系统构建

a. 基础设施建设

根据需求建设若干大型物流中心，担负将本城市和周边城市生产的大量产品进行集结并向其他周边城市干线运输或者进入城市配送系统的任务。重点建设市内交通网络体系，对市区主要交通线路进行改扩建与合理规划，最终构建城市内配送线路整体优化网络为主、长途干线运输为辅的城市物流通道体系。

b. 物流信息平台建设

根据本地区信息化现状和需求的实际情况，建立物流信息平台的逻辑框架及内容，并制定物流信息平台的建设和运营策略。

c. 人才培养

熟悉国内贸易的通行规则和贸易实务的基本技能，了解国际市场行情，具有从事贸易理论分析和实务操作基本能力的高级专门人才。

六、总结

（1）本文用主成分聚类的定量分析方法对国内各中心城市的物流发展进行综合评价并分类，并对不同类型进行了物流系统规划，为国家制定相应的法律法规提供了重要参考和依据。

（2）本文提出的分析方法对其他国家或地区的物流规划有较好的借鉴作用；在省一级的物流规划中也同样适用，只需适当调整部分指标即可。

动态轮轴模型：以战略的视角探讨 企业文化建设的一个分析框架[*]

● 唐炎钊[1]   汤晓峰[2]

（1 厦门大学管理学院 厦门 361005；2 阳江核电有限责任公司 阳江 529500）

【摘 要】本文针对传统企业文化的层次模型对企业文化的静态考察的现状，从战略管理的视角构建了一个以企业基本理念的构建和企业行为模式的塑造为企业文化建设的战略目标，以流程优化、制度安排、执行力和绩效评估为企业文化建设的战略保障措施的三层次结构的动态轮轴模型，并且认为企业基本理念体系的构建是文化建设的核心，领导行为、员工行为、楷模行为、公关行为等四大行为模式为文化建设的主要着眼点。希望该模型能够为中国企业文化建设的战略管理提供一个系统的分析框架。

【关键词】企业文化建设 动态轮轴模型 战略管理

当今社会，越来越多的企业认识到企业文化对企业管理和可持续发展的重要意义，把企业文化作为企业的核心竞争力。例如，创造了中国驰名品牌"蒙牛"的内蒙古蒙牛股份有限公司董事长牛根生认为，企业文化建设是一项基因工程。"蒙牛"的企业文化之一就是"把学习力转化为生产力，把离散力整合成凝聚力，把创新力提炼为竞争力"。海尔总裁张瑞敏则认为："海尔能够发展到今天，概括起来讲就是两点。内有企业文化，外有企业创新。我们自己内部的企业文化就是能够使所有的人都能够认同。"[①] 企业的实践表明，企业文化建设的战略管理对企业发展显得越来越重要。与此同时，企业文化建设的战略管理理论探索也在逐步展开，但目前大多数还只是对企业文化在企业的战略地位和重要性的论述，论述企业文化在企业发展战略中的地位和作用，强调要树立企业文化战略意识、战略观念，重视企业文化建设的决策和实施。而在企业文化建设具体的实践中，往往按照企业文化的"同心圆说"[②]、"结构层次说"[③][④]等理论来构建企业文化的具体内容和实施方案，而且经常把企业文化建设视为一个有明确计划和结束时限的项目过程来对待。但实际上，企业文化不是僵化的、静态的，而是一个内部各要素相互影响与支持的体系，是一个不断发展的动态过程。因此，企业文化建设的战略管理，也必须是一个动态、长期的过程，必须重视企业文化内部各要素的相互影响，重视它的动态发展。只有这样，企业文化才会成为一个生命力旺盛、

---

［*］ 本文是国家自然科学基金项目（编号：70872094）和福建省新世纪优秀人才支持计划项目的阶段性成果。

① 姜真. 论 21 世纪企业文化的发展与建设. 广东经济，2001，6：62.

② Fred Luyhans, Richard M. Hodgetts, and Jonathan P. Doh. Cross-cultural communication and management. Beijing：Posts & Telecom Press，2008：7.

③ 张德. 企业文化建设. 北京：清华大学出版社，2003：2-5.

④ 张新胜，王湲，Jeff Wrathall, and Michael M. Berrell. 国际管理学——全球化时代的管理. 北京：中国人民大学出版社，2002：155.

发展潜力无限的鲜活系统。但如何从战略管理的高度切实做好企业文化的建设，无论是实际工作者还是理论研究者都缺乏有效的全面系统的分析框架，基于此，本文试图借鉴国内外企业文化建设理论，以战略的视角来构建一个动态的轮轴模型，希望为我国的企业文化建设的战略管理提供一个系统的分析框架。

一、企业文化建设的动态轮轴模型的提出

基于上述分析，考虑到企业文化建设战略管理的动态性和持续性，考虑到文化本身的多层次性①和文化与制度的互动性，结合现有的研究成果，本文构建了包括企业基本理念体系、四大行为模式以及制度保障四大环节在内的动态轮轴模型（见图1）。该动态模型体现出企业文化建设的战略思想，即企业文化建设的战略目标包括：文化基本理念体系的构建和行为模式的塑造两大目标；企业文化建设的战略保障措施就是：流程优化、制度安排、执行力和绩效评估。

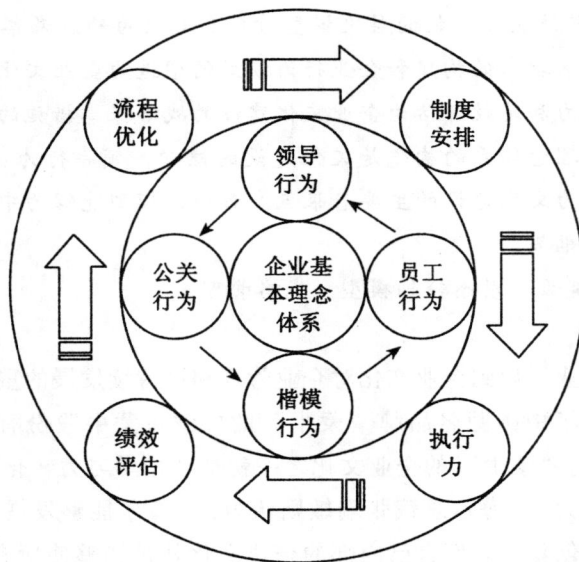

图1　企业文化建设的动态轮轴模型

（一）动态轮轴模型结构及关系

该模型包含内外三层，轴心是企业基本理念体系，中间层是行为模式的塑造，外层是文化建设战略管理的四大保障环节。

处于轴心位置的是企业基本理念体系。它是企业文化完整体系的核心，具体包含企业愿景、核心价值观、企业精神、企业目标、经营宗旨、管理理念和企业伦理等内容，是指导企业所有活动的精神源泉。因此，它是企业文化建设的核心，也是企业文化建设的战略目标之一。

处于中层的是行为模式的塑造，具体包括领导行为模式、员工行为模式、楷模行为模式以及公关行为模式。它们衍生于企业的基本理念体系特别是企业核心价值观，并反过来支撑企业基本理念体系的形成和

---

① 不同学者对企业文化的结构层次的划分不同，通常有两层结构、三层结构和四层结构的划分，本文将企业文化划分为基本理念体系和行为模式两个主要层次。

发展。它是企业文化建设的着眼点，也是企业文化建设的另一个战略目标。

处于外层的是文化保障体系，包含四大循环往复的环节，分别是流程优化、制度安排、执行力和绩效评估。它们在企业基本理念体系和行为模式的思想指导下得以构造，并反过来保障和促进企业基本理念体系和行为模式的形成、发展和完善，因此，它是企业文化建设的战略保障措施。

（二）动态轮轴模型的运动机理

企业文化建设是一个动态的、持续的、循环往复的过程，因此，文化的内涵会伴随着内部与外部环境的变迁而不断发生变化和进行调整，动态轮轴模型就体现出这样的精神，具体表现在以下几个方面。

1. "轴心"的自转

基本理念体系作为企业文化体系的"轴心"，处于不断地自转之中。自转的过程是企业文化基本理念体系不断地吸收外部优秀文化成分、不断地自我积淀和发展、不断向外部辐射精神力量的过程。

2. "行为模式层"的公转和自转

领导行为模式、员工行为模式、楷模行为模式、公关行为模式四个"滚珠"是围绕"轴心"不断运转的。四个"滚珠"在"轴心"的吸引力作用之下做逆时针方向公转，这个公转过程是持续推动、丰富和强化企业基本理念体系的形成、发展和完善的过程。这是因为就文化而言，基本理念和行为是统一的整体。基本理念指导行为，是行为出现的内在原因；行为体现着基本理念，并强化或者重塑基本理念。文化的建设就是要根据企业内外部环境的变化不断对企业的基本理念体系和行为模式进行调整和重塑，使其达成和谐统一的局面，在此过程中，基本理念和行为在一定程度上必须进行调整，这种调整不能单单从其中一个层面着手，而必须使两个层次保持平衡和匹配。二者的关系体现在轮轴模型的核心圈与行为环的互动。同时，四个"滚珠"自身也在进行自转。它们在自转中不断积累、丰富自身的内涵，不断增强自己的文化力量，同时不断熏陶、感染企业的每个员工的观念和行为，影响和塑造着企业的行为风格。

3. 保障体系四个环节的公转和自转①

支撑企业的基本理念体系和行为模式的外围是四大保障措施，也是圆形"滚珠"设计，表示其动态的特性。它们围绕轴心及中层进行顺时针公转，即在运动中保障和支撑着内部基本理念体系和行为模式的有效形成和发展。因此，保障措施必须围绕基本理念和行为模式来执行。其一，保障措施要服从和服务于企业所倡导的基本理念，以基本理念为核心和根本点，基本理念则指导着保障措施的制定、选择和实施；其二，保障措施要着眼于行为模式的塑造和强化，使基本理念得到强有力的体现和保障，而符合基本理念的行为模式得到强化后则可以反过来促使保障措施得到更有力的落实。这种关系在模型中表现为位于外圈的保障措施环与核心圈（基本理念）和行为环（行为模式）的互动。

四大保障措施的公转自流程优化开始，环环相扣。这是因为落实企业的基本理念体系，推进企业行为模式的塑造，必须以创新为动力。而创新首先要做的是流程优化；优化过的流程则需要固化，否则难以持续，这需要相应的制度安排予以保证；好的制度制定出来之后需要执行力来保证制度的严格实施；流程优化、制度安排有了执行力之后，需要对整个过程进行控制，绩效评估能够及时反映前面的过程是否围绕企业目标而展开的，是否与企业的发展目标相适应，与内外部环境的变迁相适应，通过绩效评估不断修正。

同时，保障体系四个环节的"滚珠"同样进行着持续性的自转。这将意味着那些保障措施自身也是不断发展和进步的，是为了更好地适应情况和达到效果而不断调整、完善，做到与时俱进、保障有力。

总之，内圈、中环、外环的互动使企业文化建设与重塑成为一个稳步推进、循环往复的过程，同时每个圆圈又都进行着自转，不断进行自我完善，共同推动了企业文化建设的战略管理的有效实施。

---

① 阳江核电企业文化建设课题组．阳江核电企业文化建设研究报告，2006：86.

二、动态轮轴模型的内容阐释

动态轮轴模型的具体内容体现在图1中的三个层次。具体而言，包括：企业文化建设的两大战略目标——企业基本理念体系的建设、行为模式的塑造；四大战略保障措施——流程优化、制度安排、执行力和绩效评估。

（一）文化建设的战略目标之一 ——企业基本理念体系的构建

企业基本理念体系是企业文化建设的灵魂，在整个企业文化系统中处于核心地位，主导和制约着企业文化的行为模式。它是企业在生产经营过程中，受一定的社会文化背景、意识形态以及企业发展经历影响而长期形成的一种精神成果和文化观念，包括企业愿景、企业使命、企业核心价值观、企业精神、企业伦理等内容，是企业意识形态的总和，是企业的上层建筑。企业的基本理念体系长期存在于企业之中，对整个企业的文化形态产生持久而巨大的作用，并通过行为模式对企业员工产生影响，以此来增强企业的凝聚力，促进企业生产经营的发展。

1. 企业愿景

愿景就是告诉人们"企业是什么"，告诉人们企业将做成什么样子，是对企业未来发展的一种期望和描述。[1] 愿景是架构企业战略与企业文化的桥梁。这是因为，一方面，企业战略最重要的是制定企业未来的发展方向，这个方向长远来看就是愿景，短期来看就是企业的战略目标；另一方面，战略是要解决走对方向、走正确的路以及如何走的问题；文化则是解决在正确方向指导下如何凝聚人心、共同奋斗的问题。因此，企业文化建设的首要任务就是要构建愿景。当然，愿景的构建必须符合企业实际，且具有前瞻性的、挑战性的、宏伟的、激动人心的功效。这样它不仅能激发员工发自内心的感召力量，激发员工强大的凝聚力和向心力，而且还能够极大地影响和塑造员工的行为模式。愿景制定后，企业战略将围绕愿景制定阶段战略指标体系、年度经营计划及辅助相成的关键业绩考核系统，引导着企业员工沿着这些目标而奋斗。

2. 企业使命

使命是企业存在的价值、存在的理由或者说是要解决企业为什么存在的问题。它包括两个方面的含义：第一，企业自身存在的意义；第二，企业存在对于社会的意义。[2] 企业使命的构建关键是要解决企业、股东、员工、客户、合作伙伴、社会等若干利益相关者的价值定位以及企业与它们的关系如何处理的问题。良好的使命能够就组织的整体定位表明态度，从而吸引组织上下充满激情地参与、投入；能够在愿景共识基础上协调分歧，以使命认同来减少内外部矛盾冲突；能够贯彻满意思想，实现由内而外与由外而内两种战略思想的融合；同时使命也确立了组织的社会责任，阐明企业所应遵循的伦理与经济责任。

3. 企业核心价值观

核心价值观是回答"企业如何生存"的问题，它是企业为追求愿景、实现使命而提炼出来并予以实践的指导企业上下形成共同行为模式的精神元素，是企业用以判断企业运行中的大是大非的根本原则，是企业提倡什么、反对什么、赞赏什么、批判什么的真实写照。[3]

在企业文化建设中，企业价值观主要应涵盖企业的市场观念、生存观念、发展观念、经营观念、人才

---

① 时英中编著. 私营公司企业文化管理实务必备手册. 北京：经济科学出版社，2006：40.
② 叶生，陈育辉. 第三种管理模式：中国企业文化战略. 北京：机械工业出版社，2005：64.
③ 叶生，陈育辉. 第三种管理模式：中国企业文化战略. 北京：机械工业出版社，2005：71.

观念、就业观念等六大方面。企业价值观的形成是一项长期的任务，需要长期坚持不懈的努力。《追求卓越》一书的作者托马斯与罗伯特认为，出色公司的价值观是由最高层的经理们以分分秒秒、年复一年的行动表现出来的，而且是全公司上上下下所透彻了解并深入全体员工心中的东西。[①] 因此，企业价值观的构造与形成需要企业的最高领导者高度重视、身体力行，并在日常的生产经营活动中加以贯彻和体现。企业价值观一旦形成并为广大员工所接受，便会对企业及员工的行为起到有力的导向作用。

4. 企业精神

企业精神是企业全体（或多数）员工共同一致、彼此共鸣的内心态度、意志状态、思想境界和理想追求。[②] 它作为企业神圣不可改变的信念，必须成为企业每一个员工的行动指南。一个企业的力量来自全体员工的力量，要把全体员工的力量凝聚起来，只有靠倡导一种共同的企业信念或企业精神。这种共同的企业信念或企业精神将引导全体员工走向一个共同的目标。

企业精神展示了企业价值观，它的塑造不是自发的，也不是行政命令的产物，更不是靠搞"运动"式的方法树立起来的。树立企业精神非一朝一夕之功，需要经过长期努力，做大量艰苦细致的工作，需要企业全体员工共同参与、讨论，对自己所在企业有深刻的认识，有科学的概括、提炼和表达的方法，充分反映出时代特色和企业的个性特点。

5. 企业伦理

企业伦理是指企业处理与"利益相关者"即股东、雇员、顾客、供货商、竞争对手、政府团体及自然环境之间关系的行为准则。企业伦理的构建要遵循公平竞争的原则。这一原则体现在企业行为中的三个方面，一是企业内部职工之间，即企业领导及整个企业内部机制创造一种机会和营造一种环境，让企业职工有一个平等竞争的道德风尚；二是企业与企业之间，即企业之间要坚持这一道德原则，坚决反对以次充好，制造假冒伪劣产品；三是企业与环境之间，即企业的所作所为不能以牺牲环境为代价，要关心环境、保护环境，树立良好的社会公众形象。

（二）文化建设的战略目标之二 ——行为模式的塑造

从行为主体来看，企业文化建设的战略管理需要协调三类主体的行为：领导行为、员工行为和楷模行为。此外，企业的经营活动需要赢得政府、客户、合作伙伴及大众舆论支持，因此需要重视对外的沟通。

关于领导行为。领导行为模式的塑造主要体现在决策风格上，按照罗伯特和坦南鲍姆关于领导风格的连续统一体理论，从绝对专制到完全民主是一个连续的谱系，其中有七种具有代表性的决策风格。[③] 在 Hofstede（1980，1991）的民族文化维度中的"权力距离"的排序中，中国位列 89，[④] 表明中国人的权力距离偏大，企业经营决策时高层领导的思路、观点和主张得到高度体现，而下属的意愿和利益往往受到轻视和压制，体现出明显的家长式、关系导向以及泛家族式的网络取向的行为风格。但是随着国际经济的一体化以及我国企业跨出国门，参与国际竞争等大环境背景下，在领导行为的塑造上，要注意以下几点：一是要学习和适应国际商业文化的"制度信任"意识和法律意识；二是要适应国际通用的制度化、法律化商业交往模式；三是吸收和形成基于制度和契约的信任与合作模式；四是体现出科学管理、民主决策，以人为本、促进人的全面自由发展，关注环境、体现出企业家的风范。

① Thomas J. Peters, and Robert H. Waterman, Jr.. In search of excellence: Lessons from America's best-run companies. New York: Harper & Row Publishers, 1982: 112.

② 时英中编著. 私营公司企业文化管理实务必备手册. 北京：经济科学出版社，2006: 35.

③ Ricky W. Griffin. 管理学. 刘伟，译. 北京：中国市场出版社，2008: 410.

④ Cullen. 多国管理：战略要径. 邱立成，译. 北京：机械工业出版社，2000: 43.

关于员工行为。员工行为的塑造主要体现在合作倾向上。Hofstede（1980，1991）民族文化维度中的"个人主义"对人们的合作倾向具有较强的影响。在他的排序中，中国位列 39，[①] 属于低个人主义。个人主义程度的高低，影响着人们的合作意愿和氛围。另外，不同企业由于创始人的个性、企业发展历程、行业特征等因素也同样会呈现出不同程度的合作倾向。有些企业的员工倾向于合作，团队意识浓厚；另一些企业的员工则倾向于独立工作。对此，在企业文化建设的战略管理过程中，要重点塑造员工的团队意识、合作意愿以及爱团体的主人翁精神。

关于楷模行为。楷模是企业文化在模范人物身上的人格体现，是企业行为规范和行为模式的具体化。在企业行为文化的塑造中，楷模是极其重要的角色。每个企业的楷模所展现出的工作作风、管理风格等都是该企业所倡导的理念、宗旨的集中体现。在一个企业中，由于不同员工的家庭背景、学习教育背景、工作背景等存在差异，他们在企业中所表现出来的行为也不一样，有的行为对企业文化起促进作用，有的起阻碍作用。因此，在企业文化建设中，就必须经常性地褒奖那些符合企业要求的员工，鼓励他们的这些行为，将其树立为企业全体员工共同学习和模仿的楷模，从而在公司中形成积极的氛围。

关于公关行为。公关行为对外实现企业与政府、公众、客户和合作伙伴等的沟通，为企业经营活动创造良好的外部环境；对内实现与内部各个部门及员工的沟通，增强企业的稳定性和凝聚力。公关行为的要旨在于开放、积极。在企业的经营活动中，政府和公众关心税收、环保、国家安全等问题，客户关心能否继续得到可靠的供应，供应商关心能否继续得到稳定的订单和及时的回款，企业员工关心自己的利益能否得到维护，这些问题必须通过有效的公关行为来予以充分有效地解答。为此，公关行为要做到两点。其一要开放，即坦诚与各方利益相关者进行全方位、深层次的沟通，以达到相互理解；其二要积极，即着眼于沟通各方利益的结合点和增长点，积极传达出未来美好的前景以及各方正在采取的努力。

在企业的行为上，上述行为是企业文化建设中最为关键的四个层面，是企业经营管理理念与宗旨的重要体现，是企业文化建设所必须针对和着眼的地方。

（三）文化建设的战略保障措施——四大保障环节的有效实施

四大保障环节包括：流程优化、制度安排、执行力和绩效评估。

1. 流程优化

在 21 世纪，持续的竞争优势将更多地出自新流程技术，而不是新产品技术。所谓流程优化，就是按照"流"的连续性、通畅、简捷原则对流程中的各个活动和环节进行紧密衔接、贯通、有机组合或集成，使之更快捷、更有效率；也就是让相关的要素能够按照既定或者持续改进的程序化方式进行流动。实际上，流程管理是一种管理过程和系统化方法，它以规范化地构造卓越业务流程为核心，以持续地提高组织绩效为目的，本身包含着并同时体现为丰富的技术和工具。进一步将流程管理的本质概括为：顾客或市场导向、自动化、连续化、网络化、模块化（成核化）、集成化。[②]

建立动态的企业文化是企业流程管理的深层次和隐性的目标，也是企业管理的基础。实质上，它构成了整个流程管理的深层内核，是流程优化的基本原则。

2. 制度安排

所谓制度安排，就是通过建立健全优化的制度体系，形成良好的机制，保证经济整体的内部通畅、协调运转；完善制度安排的实施机制，提高制度的经济绩效；根据经济整体运行的实际状况，通过减少或提供、修改或创新相关制度，对经济运转进行有效的调控，达到成功驾驭经济全局的目的，实现经济整体的

---

① Cullen. 多国管理：战略要径. 邱立成，译. 北京：机械工业出版社，2000：43.
② 岳澎. 流程管理的定义、本质和战略目标. 商业研究，2006，9：47.

正常运转和理想运行状态。①

良好的制度安排具有凝聚功能、管理功能、激励功能、信用功能、投入功能。

企业的制度安排是有形管理部分，制度管理多强调理性化，重视科学标准和规范的作用，制度管理可以造就一个结构框架合理、运转程序规范、制度严格的标准化企业。

3. 执行力

企业执行力是指企业的各个管理层次、各个经营单位、各个岗位的员工贯彻执行经营者制定的战略决策、方针政策、制度措施、方案计划和实现企业经营战略目标的意愿和能力。意愿就是工作的责任心和主动性，能力就是工作的技能、技巧。思路决定出路，执行决定结果，没有执行力就没有竞争力。只有不断强化企业的执行力，才能培育和塑造出企业核心竞争力。

加强执行力建设是一项复杂的系统工程，具体需要：推进企业战略管理，形成执行目标体系是基础；明确岗位责任，优化管理流程是保证；提高执行能力，增强执行责任心，建设高效执行团队是核心；强化绩效考核，形成合理的激励引导机制是关键；培育和建设自动自发、精细高效、追求唯美的执行文化是最终目标。②

4. 绩效评估

绩效评估是企业管理人员或相关人员从企业总体战略着眼，以提高企业整体业绩为目的，从员工个人业绩出发，对员工工作行为表现和工作结果进行考核的业绩管理制度。绩效评估是把双刃剑。绩效评估做法得当，可以活化整个企业，成为促进员工改善业绩和素质，促进企业实现经营战略和目标，获取竞争优势的重要措施。绩效评估做法不当，就会出现评估偏误，使评估的正确性和导向性大打折扣，从而削弱评估的作用。

绩效评估大体上可以从三个方面开展：（1）成绩评价，包括工作质量、工作负荷、改革创新及模范表率；（2）能力评定，包括基础能力和业务能力两个方面；（3）工作态度评定，包括纪律性、协调性、积极性、责任感等。绩效评估要重视导向性，要围绕企业的基本理念体系、战略等因素进行。

此外，还要特别重视反馈。此处的"反馈"包括两个方面。一是要对员工和部门的绩效进行反馈，促使他们保持和改进绩效水平；二是要对四大保障环节的前面若干环节进行考量，评价所制定的流程和制度是否合理科学，评价执行力的建设水平，并不断反馈改进。

总而言之，企业文化基本理念体系和行为模式的落实需要外围的保障，需要流程的优化、制度的安排、有效的执行力以及合理的绩效评估，它们构成了一个完整的体系。

三、结论

传统企业文化的层次模型是对企业文化的静态考察，而真实情境中的企业文化则是动态的、不断发展的，企业文化内部诸要素是相互影响的。基于此，本文从战略的视角构建了一个动态轮轴模型，为中国企业文化建设的战略管理提供一个分析的框架。

其一，动态轮轴模型包含内外三层：轴心是企业基本理念体系，是指导企业所有活动的精神源泉；中间层是企业的行为模式，它们衍生于企业的基本理念体系，并反过来围绕和支撑企业基本理念体系的形成和发展；外层是文化建设的四大保障环节，它们在企业基本理念体系和行为模式的思想指导下得以构造，并反过来保障和促进企业基本理念体系和行为模式的形成、发展和完善。内圈、中环、外环的互动使企业

---

① 颜虹. 驾驭经济全局与经济整体制度管理. 决策管理. 2006，9：44.
② 和民锁. 强化企业执行力塑造核心竞争力. 理论学习与探索，2006，3：52-54.

文化建设与重塑成为一个稳步推进、循环往复的过程，同时每个圆圈又都进行着自转，不断进行自我完善，共同推动着企业文化的建设。

其二，企业文化的建设必须从战略管理的高度来考虑，企业基本理念的构建和企业行为模式的塑造是企业文化建设的战略目标，流程优化、制度安排、执行力和绩效评估是企业文化建设的战略保障措施。

其三，企业基本理念体系是企业文化建设的核心，它包括企业愿景、企业使命、企业核心价值观、企业精神、企业伦理等内容；行为模式的塑造是文化建设的着眼点，它着重于领导的决策行为、普通员工的合作行为、楷模人物的支持性行为以及公关活动的开放性、积极性；保障措施包括流程优化、制度安排、执行力和绩效评估四大方面，它们是循环往复的，不是"项目式"的活动，同时，保障措施必须始终围绕着基本理念和行为模式来实施。

职业成功标准研究的新发展[*]

● 叶晓倩

（武汉大学经济与管理学院　武汉　430072）

【摘　要】 职业成功标准可以区分为主观职业成功标准和客观职业成功标准两类，近年的研究呈现出强调客观标准与主观标准相结合评价职业成功、改进对主观职业成功标准的界定和测度以及运用以自身为参照的和以他人为参照的两类标准评价职业成功的趋势，而人们在评价职业成功时标准的选用，将受到所处的社会背景、个人因素、组织特征以及职业类型等因素的影响。

【关键词】 职业成功　标准　发展趋势　影响因素

一、职业成功标准观的二元视角

长期以来，如何认识职业成功都是学者和人力资源管理工作者十分关心的问题，并对"什么是职业成功"和"如何帮助人们获得职业成功"的问题进行了大量的理论和实证研究，[①] 特别是对性别、个性、教育状况、与领导的关系、就业策略等变量与职业成功之间的关系更是做了大量的实证研究。

相比较而言，分析职业成功特征的文献则要少一些。[②] 对职业成功特征的研究最早可以追溯到 Hughes，Hughes 第一个在理论上将职业成功区分为主观职业成功和客观职业成功两类，而且将客观职业成功定义为能够被公正的第三方直接观察到的，以及可测度的职业成就。[③] 因此客观职业成功主要是由薪酬、晋升以及职业状况等工作成就所决定的，如今这些方面已被普遍认为是职业获得成功的标志。[④]

Hughes 将主观职业成功定义为人们对其职业经历发展的感知，其成功与否只有人们自身才能加以判断，是不可观测的。[⑤] 而最早认识到主观职业成功重要性的是 Thorndike，他认为判别职业是否成功的标准应该包括工作满意度等主观标准，以及收入、工作状况等客观标准。[⑥] 虽然在此后的有关职业成功的文献中，职业成功的客观标准成为研究的主要方面，但是近十年来，主观职业成功标准越来越多地被引入有

＊ 本文是 2007 年国家社科基金重点项目"中国特色的人才强国战略实施与动力机制研究"（项目编号：07AJY023）的阶段性研究成果，同时本文还是教育部人文社会科学研究项目"基于职业生涯成功标准识别的创新型人才激励、开发机制研究"的研究成果。

① Robbins, A.. Giant steps. New York：Simon & Schuster. 2003.

② Wolff, H., and Moser, K.. Effects of networking on career success：A longitudinal study. Journal of Applied Psychology, 2009, 94：196-199.

③ Hughes, E. C.. Institutional Office and the person. American Journal of Sociology, 1937, 43：404-413.

④ Nicholson, N.. Motivation-selection-connection：An evolutionary model of career development. In M. Peiperl, M. Arthur, R. Goffee, & T. Morris (Eds.), Career Frontiers：New Concepts of Working Life. Oxford：Oxford University Press, 2000：54-75.

⑤ Hughes, E. C.. Institutional Office and the person. American Journal of Sociology, 1937, 43：404-413.

⑥ Thorndike, E. L.. Prediction of vocational success. New York：Oxford University Press, 1934：45.

关职业成功的研究之中。① 然而，对于这些研究而言，测度主观职业成功的方法的有效性，从根本上说，受到这些方法解释主观职业成功所应包含的真正内容的程度的限制。

二、职业成功标准研究的发展趋势

在多数有关职业成功的研究文献中，一般隐含四个假设：其一，作为职业发展的客观性成果，薪酬和晋升是衡量职业成功的代表性指标，并被广泛应用于许多有关职业成功的研究之中；其二，工作或职业满意度足以反映人们对其职业的主观评价；其三，相较主观方面而言，对于在客观方面所取得的成功，人们的认识是相似的；其四，有关职业成功的研究文献大多假定人们仅根据诸如职业期望等以自身为参照的标准来评判职业是否获得成功。

从近年的研究发展来看，越来越多的研究都试图突破上述四个假设的约束，并表现为如下三种趋势：一是致力于主、客观职业成功标准之间相关性的研究，从而发现具有广泛应用意义的评价职业成功的标准；二是超越对主观职业成功的传统定义和测度方法，探寻更合理的主观职业成功评价标准；三是根据比较社会学的理论观点，证明人们在运用以自身为参照的标准同时，也运用其他标准来评价其职业是否成功，而职业成功标准的选择正是有关主观职业成功研究的分歧所在。②

（一）强调客观标准与主观标准相结合评价职业成功

在 20 世纪 90 年代初期之前，职业成功评价标准虽然有客观和主观的划分，但是大部分文献关注的都是客观成功，而不是人们对自身成功所做出的评价。这说明薪酬和晋升已经成为衡量职业成功的最有效的指标，是人们普遍追求和认同的职业成功标准。因为客观标准能够通过人们的工作成就等方式表现出来，易于在实际工作中取得和应用，特别是因不用通过人们的描述就可以获得相关信息，不会受到人们的主观因素以及测度方法变动的影响，便于人们对职业成功与否进行评价。然而，随着时代的发展，客观标准越来越表现出其所存在的不足。

1. 无边界职业生涯时代的到来使得传统的客观标准渐失其代表性

20 世纪 80 年代以后，市场竞争的加剧使组织生存的外部环境变得越来越难以预测，组织不仅常常采用减薪的措施应对竞争，而且组织结构日趋扁平化，而组织层级减少、小规模化以及外购的发展趋势降低了组织内晋升的规模和可能性，③ 致使越来越多的人过早地进入职业高原。最近进行的一项对 13 年中 116 位从事管理工作的 MBA 毕业生的研究显示，他们中三分之二的人的职业发展都没有遵循典型的管理类职业发展的轨迹。④ 人们不再认为只有一系列相关的职务提升才能称为职业成功，越来越多的人不再终身就业于一家公司，而是从自己的个性、兴趣出发来设计自己的职业生涯，自愿地进行横向的工作变动（包括组织内外的变动）以及不断的职业变更。⑤ 在这种情况下，Defillppi 和 Arthur 提出了无边界职业生涯的

① Wolff, H. , and Moser, K. . Effects of networking on career success: A longitudinal study. Journal of Applied Psychology, 2009, 94: 196-199.

② Heslin, P. A. Conceptualizing and evaluating career success. Journal of Organizational Behavior, 2005, 26: 13-37.

③ Arthur M. B. , Khapova S. N. , Celeste P. M. , and Wilderom. Career success in a boundaryless career world. Journal of Organizational Behavior. Chichester. 2005, 26: 177-203.

④ Vermeulen L. , and Schmidt H. G. Learning environment, learning process, academic outcomes and career success of university graduates. Studies in Higher Education. 2008, 33: 431-435.

⑤ Inkson, K. , Heising, A. , and Rousseau, D. M. . The interim manager: Prototype of the 21st-century worker. Human Relations, 2001, 54: 259-284.

概念，指出人们不再是在一个或两个组织中完成终身职业生涯，而在多个组织、多个部门、多个职业、多个岗位实现自己的职业生涯目标。职业生涯的易变和不稳定，使得薪酬、晋升作为职业成功的代表性指标的作用逐渐削弱。①

2. 客观标准也会因受到某些不可控因素的影响而扭曲

客观职业成功标准也会因不可控因素的影响而扭曲，从而无法有效地反映其所应反映的核心内容。这些不可控因素包括一个国家的权力结构、税收体制、生活标准等，② 即人们所处的社会环境等非个人可控因素对客观职业成功标准有着重要影响，其客观标准也缺乏可比性。据 Hollenbeck 和 McCall 的研究，对于全世界的经理人来说，他们的客观职业成功在很大程度上就受到其所在国家的权力结构、税收体制、经济和社会层次、地位标志、储蓄标准等的影响；而且，即使在相同的社会里，诸如护士、管道工以及出租车司机等不同行业的人所认为的客观职业成功标准，同样也会受到诸如行业薪酬标准、劳动力市场状况以及竞争状况等因素的强烈影响，这些因素都是从业的人们所无法控制的。③ 而且，正如 Thorndike 所观察到的，对于薪酬、晋升等被相关制度严格规定的职业（如职业军人）而言，客观职业成功标准的意义是十分有限的。④

3. 客观的工作成果不是人们所追求的唯一的职业目标

传统的以薪酬、晋升为代表的客观职业成功标准另一个明显的不足在于，客观的工作成果不是人们所追求的唯一的职业目标。例如，教师通常根据其研究成果的价值及学生的成就来衡量他们的职业是否成功；与之相似，公交巴士和出租车司机的职业成功则是基于无事故驾驶的年限，设计师的职业成功则是基于同行对其创造性的认同，医生的职业成功则是基于患者的治愈率。即使持续地取得上述工作成就并不能带来薪酬的提高、职位的晋升或者职业状况的改变，他们对职业成功度的评价也不会因之降低。Friedman 和 Greenhaus 选取 800 多位商务人士进行了相关研究，他们要求这些人对与其职业成功相关的 15 个相对重要的潜在指标进行评价，通过因素分析，他们发现职业成功具有地位、自我支配的时间、挑战性、安全性以及社会性等五个维度。除了地位之外，这一结果所强调的都是主观职业成功标准，主观职业成功标准的重要性已然超越了声望、权力、薪酬、晋升等客观职业成功标准。⑤

而且，得到高薪和晋升也并不是使人们感到骄傲和成功所必需的，虽然在一定的环境下，客观职业成就可以使人产生主观的职业成功感。事实上，高薪和晋升还会使人们疏远工作和他人，从而使人产生失望的情绪。⑥ Breland 等描述了"空降"管理者如何在上任不久就感到受打击和沮丧，并导致在主客观两个方面都感到不成功的情况。⑦ 这种客观的工作成就并不必然带来主观成功感的案例说明，研究主观职业成

① DeFillippi, R. J., and Arthur, M. B.. The boundaryless career: A competency-based perspective. Journal of Organizational Behavior, 1994, 15: 307-324.

② Van Yperen N. W.. Why some make it and others do not: Identifying psychological factors that predict career success in professional adult soccer. The Sport Psychologist. 2009, 23: 317-345.

③ Hollenbeck, G. P., and McCall, M. W.. Not in my wildest imagination: The global effect. In P. A. Heslin, and M. J. Evans (Chairs), Conceptions of Career Success. Symposium conducted at the annual meeting of the Society for Industrial/Organizational Psychology, Orlando, FL., 2003: 67-83.

④ Thorndike, R. L.. The prediction of vocational success. Vocational Guidance Quarterly, 1963, 11: 179-187.

⑤ Friedman, S. D., and Greenhaus, J. H.. Allies or enemies? How choices about work and family affect the quality of men's and women's lives. New York: Oxford University Press, 2000: 115-123.

⑥ Sutin A. R., Jr Costa P. T., Miech R., and Eaton W. W. Personality and career success: Concurrent and longitudinal relations. European Journal of Personality. Chichester. 2009, 23: 71-73.

⑦ Breland J. W., Treadway D. C., Duke A. B., and Adams G. L.. The interactive effect of leader-member exchange and political skill on subjective career success. Journal of Leadership & Organizational Studies. 2007, 13: 1-15.

功特点以及主客观成功之间的因果关系具有重要意义。

实际上早在 40 多年前，Hilton 和 Dill 就发现"为人所熟知的将薪酬作为衡量人们职业成功的标准的观点存在着不足"，① 然而，令人困惑的是，在许多研究中，薪酬、晋升仍然被当做测度职业成功的唯一标准。② 为了改进这一状况，一方面需要根据人们的职业意愿以及职位层级等因素来界定客观职业成功的评价标准，提高其在具体应用中的可比性；另一方面需要将客观职业成功与主观职业成功两者结合在一起，来评判人们职业的成功度。

（二）改进对主观职业成功标准的界定和测度

不同于客观职业成功标准，主观职业成功标准并不能轻易地通过人们的职业经历观察得到，公正的第三方也难以对其进行评价。在实际工作中，主观职业成功一般被看做工作或职业满意度，Judge、Higgins、Thoresen 和 Barrick 认为对自己工作的许多方面不满意的人是不可能认为其职业是成功的，工作满意度是主观职业成功最为重要的一个方面，这一观点得到了许多学者的认同。③ 不过，在许多情况下工作或职业满意度并不能代表主观职业成功：其一，一个拥有相当成功的职业经历的人，当他开始承担一项他认为并不满意的工作时，他也必定认为他的职业是成功的；其二，一个人可能对其现在的工作非常满意，然而对之前的职业成就并不满意；其三，一项令人满意但未来发展机会有限的工作将难以使人有职业成功感；其四，人们可能会厌恶其正在从事的职业；其五，当需要人们在健康、家庭关系以及其他人们认为重要的方面付出高昂代价的时候，即使较高的工作满意度也不能一定会使人们感到主观职业成功。

因此，主观职业成功包括对实际工作状况的反应以及对与职业相关的成就的预期两个方面，这说明在时间维度上，主观职业成功是一个比即时的工作满意度更为宽泛的概念。虽然工作满意度在概念结构上非常清晰，有助于对主观职业成功的评判，但是仍应避免将工作满意度视同主观职业成功，毕竟二者在概念上存在显著差异。20 世纪 90 年代以来，Greenhaus 等提出的职业满意度量表已被广泛用于评价人们的职业满意度，④ 虽然这种标准化的方法在内部一致性方面是可以接受的，但是并不足以对每个受访者的主观职业成功进行妥当评价，例如测度晋升方面满意度的标准化评分法，对下列人员是有欠中肯的：合同制员工、个体工商户、对于其高级职位感到满意的人员等，而这些人员占到了就业人员的相当大一部分。

有鉴于此，为了进一步对主观职业成功所包含的具体内容进行准确界定，并改进对主观职业成功的测度，相关研究指出需要在三个方面有所发展：一是更多地利用关于员工需求的相关研究成果，Cangemi 和 Guttschalk 基于对 35000 名员工的调查发现，员工最希望通过工作获得的与管理者认为员工应获得的，两者之间存在相当大的差异，⑤ Finegold 和 Mohrman 也对人们的需求模式进行了研究，他们对八个国家的 4500 名知识性员工和管理者进行了调查，研究发现"工作—生活"之间的平衡是衡量职业成功的最为重

---

① Hilton, T. L., and Dill, W. R.. Salary growth as a criterion of career progress. Journal of Applied Psychology, 1962, 46: 153-158.

② Kuijpers, M., Schyns, B., and Scheerens, J.. Career competencies for career success. The Career Development Quarterly. Alexandria. 2006, 55: 168 -179.

③ Judge, T. A., Higgins, C. A., Thoresen, C. J., and Barrick, M. R.. The big fve personality traits, General mental ability, and career success across the life span. Personnel Psychology, 1999, 52: 621-652.

④ Boudreau, J. W., Boswell, W. R., and Judge, T. A.. Effects of personality on executive career success in the United States and Europe. Journal of Vocational Behavior, 2001, 58: 53-81.

⑤ Cangemi, J. P., and Guttschalk, G. E.. What employees really want from their jobs. Psychology: A Journal of Human Behavior, 1986, 23: 57-61.

要的一个方面,① 这些研究成果无疑都拓展了传统的主观职业成功所包含的内容;二是关注职业背景对主观职业成功标准选用的影响,Brooks、Grauer、Thornbury和Highhouse对1481人所做的一项调查指出,职业背景与人们所选用的评价主观职业成功的标准之间存在着相关性,需要根据评价对象来设定主观职业成功的评价标准;② 三是更多地运用定性的方法进行研究,应该说近十年来有关职业成功的定性研究非常少,在许多方面都需要进行深入的定性研究,正如Punnett等所作的关于"职业成功意味着什么"的研究所反映的,定性研究有助于揭示许多迄今在研究中被忽视的有关主观职业成功的问题。③

(三) 运用以自身为参照的和以他人为参照的两类标准评价职业成功

人们所取得的职业成就是否能使之感受到职业成功,取决于对职业成功进行评判的标准。人们既可以选用个人自身的标准为参照(即以自我为参照)进行评价,也可以选用他人所取得的成就或职业经历为参照(即以他人为参照)进行评价。以自我为参照的职业成功标准通常反映的是人们自身对职业设定的标准和期望,④ 对于能够稳定地保持某种职业期望的人来说,若这一期望能够得以实现,其可能会认为自己获得了职业成功;若其期望难以实现,则通常会认为其职业是不成功的。正如Breland所指出的,人们的自我满足感更多地是通过与自身所设定的标准进行比较得到的,而不是来源于所获取的物质收益。⑤

相比较而言,以他人为参照的职业成功标准则反映的是与他人的比较,例如是否获取了高于或低于行业平均水平的收入,是否具有与同类人相似的职位等。⑥ 根据比较社会学理论,人们都有评价自己工作成果的动机,而当有关其工作和成果的客观信息难以获得的时候,则会通过与相似的人的工作和成果的比较来获取相关信息。比较社会学理论的这一基本观点为后来的研究不断证实和发展,Giannantonio等认为,当组织运用比较模糊的标准对人们进行考评时,将强有力地激励人们按照比较社会学的模式在相似的人之间进行比较。⑦ Griffeth和Gaertner所做的案例研究证实,人们通常参照他人所取得的职业成就来评价自己的职业是否成功;⑧ Heslin对加拿大某大学71名在职MBA学生所做的一项研究结果显示,68%的参与者运用以他人为参照的职业成功标准评判职业成功。⑨

① Finegold, D., and Mohrman, S. A.. What do employees really want? The perception vs. the reality. Paper presented at the annual meeting of the World Economic Forum, Davos, Switzerland, 2001.

② Brooks, M. E., Grauer, E., Thornbury, E. E., and Highhouse, S.. Value differences between scientists and practitioners: A survey of SIOP members. The Industrial-Organizational Psychologist, 2003, 40: 17-23.

③ Punnett, B. J., Duffy, J. A., Fox, S., and Gregory, A.. Career success and satisfaction: A comparative study in nine countries. Women in Management Review, 2007, 22: 371-376.

④ Glick, W. H., Miller, C. C., Cardinal, L. B.. Reality check on career success and weak paradigms: Chance still favors the hearty soul. Journal of Organizational Behavior, 2008, 29: 715-721.

⑤ Breland, J. W., Treadway, D. C., Duke, A. B., and Adams G. L.. The interactive effect of leader-member exchange and political skill on subjective career success. Journal of Leadership & Organizational Studies, 2007, 13: 1-15.

⑥ Hollenbeck J. R., Mannor M. J.. Career success and weak paradigms: the role of activity, resiliency, and true scores. Journal of Organizational Behavior, 2007, 28: 933-941.

⑦ Giannantonio C. M., Hurley-Hanson A. E. Applying image norms across super's career development stages. The Career Development Quarterly. 2006, 54: 318-321.

⑧ Griffeth, R. W., and Gaertner, S.. A role for equity theory in the turnover process: An empirical test. Journal of Applied Social Psychology, 2001, 31: 1 017-1 037.

⑨ Heslin, P. A. Conceptualizing and evaluating career success. Journal of Organizational Behavior, 2005, 26: 13-37.

三、影响职业成功标准选用的因素评析

如前所述，人们主要从主客观两个方面，运用以自身为参照的标准和以他人为参照的标准对职业成功进行评价。而这种评价通常都会受到人们所处的社会背景、个人因素、组织特征以及职业类型等因素的影响，社会背景因素包括人们工作于其中的市场的特征以及国别文化特征两个方面，个人方面的因素则包括工作追求和工作目标两个方面。

（一）社会背景因素

1. 市场特征

市场经济是以高绩效、高报酬为特征的，而随着全球竞争的不断加剧，各个领域获得成功的难度在不断增加，组织的发展在很大程度上取决于少数关键人员的工作表现，如 CEO、首席咨询师、电影导演等，给予这些职位从业人员的报酬将远远超过其他人。这说明现有市场的特征之一是，高额薪酬仅为表现最出色的少数人所获取，因而天赋或努力程度上的微小差异将导致收入以及其他奖励方面的巨大差别。① 而时尚出版物和电视节目努力宣扬物质主义、奢侈的消费、独享的尊荣才是成功的标准，特别是各个领域的明星们获取巨额财富的报道，对大多数社会成员形成了巨大的诱惑。在这样一种社会环境中，人们趋向于采纳市场所认同的价值观和成功的标准。因而，对于工作于其中的人们而言，将更多地运用客观的以及以他人为参照的职业成功标准来评判职业是否成功。

2. 国别文化特征

各国之间不同的文化特征也会影响到人们的职业成功观，一般认为，在以个人主义文化为特征的国家中，影响人们工作满意度的各因素依重要性排序如下：（1）提高工作价值与提高个人职业价值之间的均衡；（2）职业角色与其他生活角色之间的冲突；（3）其他人（诸如父母、配偶以及朋友等）对工作角色的认同度等。而在以集体主义文化为特征的国家中，影响人们工作满意度的各因素依重要性排序如下：（1）具有重要意义的关系人（诸如父母、配偶以及朋友等）对工作角色的认同度；（2）职业角色与其他生活角色之间的冲突；（3）提高工作价值与提高个人职业价值之间的均衡。② 因而，在以个人主义文化为特征的国家中，人们更多地运用以自身为参照的职业成功标准来评价职业是否成功；而在以集体主义文化为特征的国家中，人们更多地运用以他人为参照的职业成功标准来评价职业是否成功。

（二）个人特征因素

1. 工作追求

人们在工作中的追求是不一样的，社会学和心理学的相关研究指出，对多数人而言工作追求可分为三类，即将工作视为一种谋生手段、一项职业或一生的事业。将工作视为谋生手段的人在工作中关注的是能够获得的物质收益，而不是工作本身所带给他的快乐与满足感。由于工作的主要目标是取得收入，所谓职业成功也就表现为赚取尽可能高的薪资收入。对将工作视为职业的人而言，职业成功不仅包括金钱收益，而且包括他们在职业方面所取得的进步，正如 Wrzesniewski 所说，"将其工作视为职业的人其最大的目标

---

① Gelissen，J.，De Graaf P. M.. Personality, social background, and occupational career success. Social Science Research. . 2006，35：702-705.

② Brown，D.. The role of work and cultural values in occupational choice, satisfaction, and success：A theoretical statement. Journal of Counseling and Development，2002，80：48-56.

就是，在其职业生涯中获得更高的收入、社会地位、权力以及威望"，[①] 他们将主要运用客观的以及以自身为参照的职业成功标准来对其职业进行评价。而将工作视为事业的人，则能够通过工作体验到成就感，工作不仅成为了生活的一部分，而且已经成为生活所追求的目标之一，而不仅仅是借以获取收入、得到晋升的一种手段。White 的研究发现，将工作视为事业的人一般都具有较高的工作以及生活满意度，他们所关心的是对于他们而言更为重要的主观职业成功，如在工作中所感受到的意义以及成就感，而且不会受其所工作的组织的有关职业成功的标准的影响，有着自成体系的评价职业成功与否的标准，[②] 也就是说，他们将主要运用主观的以及以自身为参照的职业成功标准来对其职业进行评价。

2. 工作目标

人们在工作中所希望实现的目标是存在着差异的，对于将工作目标设定为不断提高工作绩效的人来说，其工作的目的在于展现、运用其能力，避免其能力得到负面的评价；而对于将工作目标设定为不断提高自身技能的人来说，其工作的目的则在于获取更多的知识或技能。Robins 和 Pals 的研究证实，对自身技能提高的追求源于内生增长理论，即认为人的能力是可以培养的，只要坚持不断地努力就能得到提高；而对工作绩效的追求则源于这样一种观点，即认为人的能力在很大程度上都是固定不变的，并且是与生俱来难以提高的，[③] 这两种不同的能力观必将影响到人们对职业成功评价标准的选择。Abele 等研究发现，与工作目标是不断提高自身技能的人们相比，工作目标为不断提高工作绩效的人们更关注的是，根据其"固有能力"所能实现的工作绩效，并趋向于将其自身的工作成就与他人的进行比较。[④] 也就是说，工作目标是不断提高绩效的人们，将运用以他人为参照的标准来评价其职业是否成功，特别是对那些认为其职业是成功的人来说，情况更是如此。

（三）组织特征因素

组织特征也将影响到人们对职业成功标准的选择，Wisman 和 Goldenberg 的研究指出：[⑤] 在注重竞争的组织中，人们与组织之间是一种契约关系，相互之间的责任由契约明确界定，即作为对工作所取得的绩效的回报，人们从组织获取某一公允水平的薪资收入，薪资与绩效之间明晰的对应关系以及组织成员之间的相对独立，使得人们趋向于选择以自身为参照的标准来评判职业是否成功；而在注重合作的组织中，内部化的趋于一致的价值观使得组织与人们之间的互利以及默契比契约条款更为重要，个人相对模糊的绩效标准以及组织成员之间更为紧密的关系，使得人们趋向于选择以他人为参照的标准来评判职业是否成功。

（四）职业类型因素

一般认为在决定何种职业成功标准得以运用方面，组织具有比职业类型更为重要的作用。但是近年

---

① Wrzesniewski, A.. "It's not just a job": Shifting meanings of work in the wake of 9·11. Journal of Management Inquiry, 2002, 11: 230-235.

② White, B. J. Addressing career success issues of African Americans in the workplace: An undergraduate business program intervention. The Career Development Quarterly, 2009, 58: 71-77.

③ Robins, R. W., and Pals, J. L.. Implicit self-theories in the academic domain: Implications for goal orientation, attributions, affect, and self-esteem change. Self and Identity, 2002, 1: 313-336.

④ Abele, A. E., Wiese, B. S. The nomological network of self-management strategies and career success. Journal of Occupational and Organizational Psychology, 2008, 81: 733-737.

⑤ Wisman, A., Goldenberg, J. L.. From the grave to the cradle: Evidence that mortality salience engenders a desire for offspring. Journal of Personality and Social Psychology, 2005, 89: 46-68.

来，一些学者提出，职业类型在其中所起的作用已经渐渐地超过了组织。① 在现有研究文献中，职业主要被划分为线性职业与非线性职业两类。所谓线性职业指的是在传统的层级组织中以谋求不断升迁为特征的职业，这就说明线性职业的发展具有某种竞争性，人们将通过与其他人（如组织中的同类型人等）的比较来评价其职业成就，也就是说运用以他人为参照的标准来评价其职业是否成功。而非线性职业则包括许多类型，如无边界职业、专家性职业等，这类职业意味着从业者需要在特定领域不断提高自身的技能，其职业生涯具有实现个人价值的职责。因此，非线性职业的从业者们更趋向于制定自身的职业发展规划，并将之作为测度其职业是否成功的标准，正如 Heslin 的研究所指出的，非线性职业从业者将更多地运用以自身为参照的标准来评价其职业是否成功。②

综上分析，在市场经济环境下，由于社会分工高度发达，对于大多数的人来说，都必须以一个讲求内部合作的组织作为职业发展的平台，在市场以及由市场传导至组织内部的"绩效指挥棒"的指挥、调度下工作，并为科层文化所影响，以逐级升迁作为职业发展道路，这也就是说，将更多地运用客观的以及以他人为参照的职业成功标准来评判职业是否成功，以薪酬、晋升等作为职业是否获得成功的标志。同时，随着社会经济的发展，工作对于许多人来说已不再仅仅是谋生的手段，而已经是一种毕生的事业追求，特别是随着无边界职业、专家性职业从业者的大量涌现，越来越多的人运用主观的以及以自身为参照的职业成功标准来评判职业是否成功，即需要考虑更多因素对职业成功与否进行判断。

四、结束语

职业成功标准观的研究其实质就是探讨职业成功的标准问题，虽然薪酬、晋升等客观职业成功标准如今已被普遍认为是职业获得成功的标志，但是职业成功作为一种经济、社会现象，人们在价值判断上是存在着差异的，不可能运用一种不加任何主观判断的客观标准来衡量职业是否成功，而且主观职业成功的判断也不仅仅局限于职业满意度。如今，对职业成功的评判越来越需要将客观标准和主观标准两者结合起来，并需要将对实际工作状况的反应以及对与职业相关的成就的预期两者结合起来对主观成功进行判断；评判的标准也将不仅仅限于自身，还将受到所处社会环境中他人的影响。而具体到每一个人，这种评判通常会受到所处的社会背景、个人因素、组织特征以及职业类型等多种因素的影响。

因而，在对企业员工的职业成功标准观进行研究时，要从客观与主观、以自身为参照和以他人为参照这样两种角度切入，并将上述影响因素引入，设计相应的控制变量，具体考察社会背景、个人因素、组织特征以及职业类型等因素对客观成功和主观成功的影响，从企业员工对成功标准的理解中找出一般的、带普遍意义的看法，关注人们在特定的环境中是如何看待成功的，以及这种成功标准观是如何影响其职业行为的。这对于组织而言，有助于在不断变化的社会环境、市场环境中，建立有针对性的激励机制，为组织成员提供适宜的职业发展空间，有效提高成员忠诚度，实现组织与其成员的和谐发展；而对于作为个体的组织成员而言，有助于树立正确的成功价值观，不盲从，不彷徨，认清自己在职业生涯中所应追求的目标，正确看待成功，积极规划职业生涯，实现事业、家庭和生活的和谐发展。

---

① Sturges, J.. What it means to succeed: Personal conceptions of career success held by male and female managers at different ages. British Journal of Management, 1999, 10: 239-252.

② Heslin, P. A. Conceptualizing and evaluating career success. Journal of Organizational Behavior, 2005, 26: 13-37.

金融危机期上市公司高管薪酬研究

● 李　斌[1]　张新美[2]

（1　武汉大学经济与管理学院　武汉 430072；2　武汉生物工程学院　武汉　430415）

【摘　要】高管薪酬制度是现代公司治理中的一个重要议题，其目标在于降低公司的代理成本、提升公司价值。本文通过对金融危机期上市公司高管薪酬变动的研究，发现企业规模、CEO是否在董事会兼职等因素都对薪酬出现"逆市增长"现象产生了显著的影响，这一结论为未来建立健全高管薪酬制度提供了相关的参考依据。

【关键词】金融危机　上市公司　高管薪酬

美国次贷危机引发的全球金融危机在 2008 年给各国金融领域和实体经济带来了沉重的打击。据 WIND 数据库统计，我国 A 股 1542 家上市公司 2008 年度主营业务收入较 2007 年度下降了 12.35%，净利润下降了 25.91%，上证指数同期跌幅达 60%。而与此同时，高管薪酬涨幅却为 23.11%，这种"逆市增长"现象引发了社会的广泛不满。高管是上市公司的"核心力量"，缺乏合理的薪酬和绩效考核机制，就难以激励和约束高管在危机期维持公司业绩、保护投资人和股东利益。在此背景下，上市公司高管薪酬究竟受何种因素影响，是当前公司治理需要重点研究的问题。我国关于公司高管薪酬的实证研究始于魏刚（2001）和李增泉（2001），此后的文献多集中于高管薪酬同公司业绩之间的关系，股票年收益率和净资产收益率常被作为解释变量加以引入，以研判高管薪酬方案的制定与实施是否既与股东利益一致，又实现了企业的增长目标。[①] 这些研究很少与金融危机联系到一起，对业绩以外的影响因素也关注得较少，例如普通员工薪酬变动、董事会费的变动、企业规模、高管兼职状况等。因此，本文试图通过引入上述变量，来分析金融危机期上市公司高管的薪酬变化状况，以拓展此类研究的视野。

文献综述

国外高管人员薪酬与企业绩效之间关系的问题已经被众多学者加以研究（Petra 和 Dorata，2008；Keasey，2006；Heaney，2005；Miller，1995；Gerhart 和 Milkovich，1990）。薪酬和业绩之间的联系要么不显著，要么只有微弱的相关性，薪酬往往被确定得过高（Ciystal，1991；Loomis，1982），与公司的业绩无关（Redling，1981），或者只是与短期绩效相关（Rappaport，1978）。其他研究则显示，与首席执行官薪酬密切相关的是企业规模（销售额或资产）而不是利润。也就是说，销售额被认为是一个比净利润更有效的预测经理人员薪酬的指标，首席执行官薪酬的变化并未充分反映企业的总体业绩。[②]

---

① 杨敬儒. 房地产上市公司高管薪酬与公司业绩的实证研究. 西部金融，2009，3：56-57.

② Gibbons，R.，and Murphy，K. J.. Relative performance evaluation for chief executive officers. New York：ILR Press，1990：30-49.

传统研究多集中于大型上市公司，而对中小企业研究得较少，且未考量薪酬调整与宏观经济形势之间的相关性。在企业如何通过调整管理层薪酬以节省经济萧条期的运营成本方面，也缺乏系统的检验。事实上，人力成本控制是企业成本管理的重要组成部分，被广泛运用于企业日常经营中，多数研究证明了降低生产营运成本，可有效提高企业在衰退期的收益状况。① Robbins 和 Pearce（1992）曾建立了一个在衰退期和复苏期的企业收益模型，并且证实了公司治理对企业人力成本节约的重要性。② 为区分管理者在危机期的表现，Bibeault（1982）研究发现，优秀管理者会通过削减企业人力成本、强化运营管理把业绩恢复到危机前的水平，平庸管理者在危机期则企图通过扩大生产规模以维护自身收入的稳定，而这只会导致效益的进一步恶化；③ Slatter（1984）的研究表明，在萧条期，热衷于人力成本节约的企业往往在业绩上超过竞争对手。另一方面，企业高管拥有的股权比例也会影响到他们在危机期解困经营策略的选择。④ 根据 Gomez、Tosi 和 Hinkin（1987）等人的统计，如果 CEO 拥有的股权超过 5%，那么业绩就是影响 CEO 薪酬的一个重要因素。与此相反，如果 CEO 拥有的股权低于 5%，那么 CEO 薪酬就主要由企业规模决定。拥有股权比例较高的经理人员更愿意使自身的薪酬状况与公司业绩保持一致，而拥有股权比例较低的高管人员则会倾向于通过扩展企业规模以维持自身收入状况不变。

国内对金融危机期高管薪酬问题的研究不多，李维安（2009）曾论述了美国政府对接受资金救助的金融公司实施的"限薪令"是否适用于中国；肖楚琴（2009）认为高管薪酬的设计与实施最终应服务于企业危机管理战略；诸葛晓岚（2009）描述了如何消除高管免费期权所导致的风险隐藏的反激励问题。这些研究均属定性分析，缺少数据上的支撑，没有对危机期我国高管薪酬变动的影响因素展开深入的探讨。

研究假设

国家统计局数据显示，2002 年国企高管实际平均薪酬与企业职工平均工资差距是 12.7 倍，而 2008 年这一差距已扩大到 27.6 倍。高管薪酬与普通职工的收入差距不断拉大是一个不争的事实。造成该现象的原因一方面是 CEO 等高管比中低层经理人员和普通员工拥有更多的专有性知识，人力资本价值更高，而可替代性较低。另一方面，高管由于处在薪酬金字塔的顶点，是企业薪酬政策的制定者，便于运用权力维持自己的收入稳定。迄今为止我国对企业高管薪酬还没有提出完整的制度设计，即使是针对国企高管制定的年薪实施办法，很多时候也是以行政命令而不是以法规的形式来推行。我国目前对上市公司高管薪酬信息披露进行规范的三个法规（《上市公司股权激励管理办法》、《上市公司信息披露管理办法》、《公开发行证券的公司信息披露内容与格式准则第 2 号——年报的内容与格式》）在强制披露的内容和呈报具体格式上，相对于美国 SEC 的《高管薪酬披露 2006 规则》都显得较为粗线条，难以解决高管与股东、普通员工之间的信息不对称问题，薪酬制定容易成为管理层内部控制的游戏。因此，我们的第一个假设是：

假设 1：在金融危机时期，CEO 等高管的薪酬的变动比率不受普通员工薪酬的变动比率的影响。

随着我国《上市公司治理准则》的贯彻落实，上市公司董事会的运作水平有所提升。越来越多的上

---

① Gerard, A., and J. Dominiquini. Innovating in a recession: A low-cost guide. Strategy & Leadership, 2009, 37 (3): 40.

② Robbins, D. K., and J. A. Pearce II.. Entrepreneurial retrenchment among small manufacturing firms. Journal of Business Venturing, 1993, 8: 301-318.

③ Bibeault, D. G.. Corporate turnaround: How managers turn losers into winners. New York: McGraw-Hill, 1982: 110.

④ Slatter, S. St. P.. Corporate recovery: Successful turnaround strategie and their implementation. Singapore Penguin, 1984: 56.

市公司设立了专门的薪酬委员会，并建立独立董事制度以解决上市公司股权分散、管理层内部控制所带来的股东权益被侵害问题。我国公司法中关于股东大会管理层薪酬决定权的定义以及薪酬诉讼制度，并不利于股东对管理层薪酬的监督。理论上高管的薪酬协议需经过股东大会批准才能生效，但实践中极少有公司将高管的具体薪酬方案提交股东大会表决。事实上，由于管理层薪酬设计的技术复杂性，其具体事宜往往由股东大会授权董事会决定。根据国外相关文献的研究，董事收入越独立于 CEO 等高管人员的收入，就越能带来高管薪酬激励机制的改善。① 因此：

假设2：在金融危机时期，董事会费的变动独立于 CEO 等高管的薪酬的变动。

在小企业中，由于公司高管往往也是企业的创始人和大股东，他们的收入受企业市场价值的影响较大，因此在危机期，相对于大型企业，小企业的高管人员更愿意降低自身薪酬以便使企业渡过难关（Heaney，2005）。② 我国资本市场的一个显著特征就是大型国有企业占多数，国企中所有者缺位问题长期存在，致使管理层实施利益侵占的动机强烈，而薪酬委员会由于风险和法律责任较轻，容易顺从公司高管的意志。在中小型的民营上市公司中，大股东选择独立董事的出发点多是希望利用其社会资源网络。因此，独立董事对高管薪酬的设定有一定的发言权与影响力。此外，中小型民营控股公司的大股东掏空动机较高，在一定程度上会约束代理人利用薪酬实施利益侵占的行为。基于上述分析，我们提出以下假设：

假设3：在金融危机时期，小企业高管人员的薪酬变动比率与大型企业高管人员的薪酬变动比率有显著不同。

公司高管是否同时兼任董事会成员，也会影响到他们的薪酬变化。国外研究认为，公司治理结构与薪酬水平的合理制定密切相关。当总经理同时担任董事长时，内部控制系统将失去作用（Miller，1995）。③ 我国上市公司董事长、总经理两职合一的现象十分突出，由于上市公司经理层的薪酬由董事会决定，所以当董事长兼任总经理的时候，有可能倾向于支付给经理层更高的报酬。同时兼任董事会成员的高管人员，作为企业经营状况的知情者，享有相对于其他董事会成员更大的信息优势。他们会提前制定或支持有利于在危机期维护自身收入稳定的薪酬政策，以实现个人利益最大化。因此：

假设4：在金融危机时期，兼任董事会成员的 CEO 薪酬变化比率与没有兼任董事会成员的 CEO 薪酬变化比率有显著不同。

样本选择和研究方法

本文所收集的数据来自深交所中小企业板和上交所主板市场的数据，时间跨度是 2008 年至 2009 年。由于我国相关法规要求将董事与高管人员的薪酬一并披露，其披露内容也较为简单，只需披露薪酬总额（含基本工资、奖金、津贴、补贴、福利费和各项保险费、公积金、年金以及其他），当期被授予的股权激励的价值和在职消费无需披露。因此我们从众多的上市公司中，挑选出了能满足研究假设的 331 家公司，样本数远少于上市公司总数。同时根据公司在样本期 CEO 不发生变化这一原则，剔除了 86 家。之所以采取这个标准，是为了确保不混淆因 CEO 的人力资本存在差异而造成薪酬的市场对价不同的问题。最

---

① Kevin Keasey. Executive compensation in the U. K.. Journal of Financial Regulation and Compliance，2006，14（3）：26.

② Richard Heaney. Executive valuation of simple compensation packages：The interaction of risk aversion，leverage and volatility. Managerial Finance，2005，31（7）：42.

③ Miller，D. J.. CEO salaiy increases may be rational after all：Referents and contracts in CEO pay. Academ of Management Journal，1995，38（5）：1 361-1 385.

终，挑选了 245 家公司，其中来自中小企业板的 131 家，来自主板的大型企业 114 家。我们对其进行了为期 18 个月的观测，考虑到次贷危机的影响传递到中国存在一定的时间滞后性，同时出于简化研究的考量，我们假设 2008 年 10 月之前的数据代表金融危机前的状况，其后的数据则反映金融危机时期的状况。

上市公司高管的薪酬可以从两个方面定义。狭义的衡量包括基薪和奖金。广义的计算则还要再加上行使股票期权实现的部分净收益或已持有的股票增值额。如果 CEO 通过组织获得了其他的任何的现金捐款，则也包含在广义的薪酬里。长期激励作为高管薪酬的重要组成部分，能起到着眼长期、捆绑经营者和股东利益的重大作用，同时在一定程度上体现为分批的跨年支付，对于企业控制当期成本能起到一定的调节作用，在经济形势不确定的环境下作用和重要性更为彰显。但在金融危机期，由于二级市场的一路下行和剧烈波动，当期权行权价格高于股价时，长期股权激励计划就将处于失效状态。例如据 WIND 数据库统计，在 2009 年 1 月 6 日，经过董事会预案公告期权激励计划的 95 家上市公司中，有近 80% 的公司股价低于期权的行权价格，即这些公司期权目前没有内在价值。因此本文采用了狭义的高管薪酬计算模式，凡是缺乏相关数据的公司都被从样本中予以剔除。

在因变量选择上，我们采用相邻两年（2009 年与 2008 年）CEO 平均月收入的变动率来反映金融危机期上市公司高管薪酬的变化（CCR）。在自变量的选择上，我们采用财务报告信息中"直接人工"在同一时期的平均月变动率来反映金融危机期普通员工薪酬的变化（DLCR）；以样本公司来自中小板或主板来区分中小型公司与大型公司（Size）；董事收入变动状况（BCCR）与高管是否兼任董事会职务（ID）的信息直接查询自上市公司财务报告。据此建立了以下回归模型：

$$CCR = \beta_0 + \beta_1 DLCR + \beta_2 BCCR + \beta_3 Size + \beta_4 ID + e$$

统计结果

上市公司高管报酬继 2007—2008 年度的大幅度上升之后，金融危机以来呈现了一定程度的下跌趋势。从人均报酬水平来看。CEO 的人均报酬水平为 67.68 万元，上升了 23.7%，但增幅已明显放缓，且标准差较此前一年度有所扩大。全体董事会成员的平均报酬水平 35.54 万元，基本与上一年度 36.92 万元的水平持平。执行董事人均报酬为 119.45 万元，比上年度上升了 9.9%，非执行董事和独立董事的人均报酬水平则出现了一定程度的下降。这种总体上的下降趋势反映了金融危机对上市公司的严重冲击，体现了企业在成本削减与公司治理方面的改进。具体数据如表 1 所示。

表1	描述性统计	
高管层平均年度薪酬收入	均值 （万元）	标准差 （万元）
1. 全体 CEO 人均狭义薪酬	67.68	24.96
2. 董事会成员的平均薪酬	35.54	17.57
3. 执行董事人均薪酬	119.45	42.14
3. 非执行/独立董事人均薪酬	12.46	4.88

表 2 是相关系数矩阵，该矩阵显示了较高的相关性，而多重共线性问题并不显著。

表2

表2 的内容如下：

Variables	1	2	3	4	5
4. CCR	X				
5. DLCR	−0.07	X			
6. BCCR	0.21	0.09	X		
7. Size	0.13	0.05	0.17	X	
8. ID	−0.16	−0.07	0.11	−0.35	X

表2 相关系数矩阵

线性回归分析的统计结果列在表3。模型决定系数为0.73，F值为57.700，显著性水平为0.01。除了普通员工薪酬的变化（DLCR）变量外，其他变量都显示出了预期的统计特征：高管是否兼任董事会职务（ID）对其薪酬变化有最高的标准化贝塔值，这支持了兼任董事会成员的高管人员可以利用其信息优势，制定有利于在危机期规避自身收入波动的薪酬政策的假设4。它也意味着CEO在董事会中兼职将不利于企业制定反映其管理绩效的薪酬政策。企业规模（Size）显示了对高管薪酬变动的显著影响，这支持了小企业高管相对于大型企业的高管有更强的动力去控制公司人力成本的假设3。同时，董事收入变动状况（BCCR）在统计上并未显示出对CEO薪酬变化的影响，这说明了我国上市公司董事会制度的相对完善，确保了董事的收入与高管的收入彼此独立性，这有利于董事会成员应有作用的发挥。但是，通过统计检验我们也发现，普通员工薪酬的变化（DLCR）因素并未出现假设1所预期的无关效应，其原因可能是：在危机期，尽管企业由于市场需求普遍萎缩，普遍倾向于缩小生产规模，但新劳动法对裁员或薪酬调整的实质性约束，导致直接人工费产生了短期内的刚性。

表3 线性回归统计结果

	B	Beta	T
1. DLCR	0.547	−0.120	−1.496 **
2. BCCR	3.017	0.129	0.159
3. Size	−1.059	−0.201	2.120 **
4. ID	−9.337	−0.528	3.094 **
N	245		
R-square	0.730		
F	57.700		

* $p < 0.05$ ** $p < 0.01$

结论与政策建议

本文对已往的研究主要有两个方面的贡献。第一，分析了公司规模、普通员工薪酬变动等因素与金融危机期高管薪酬变动之间的相关性。其中，公司规模和董事会兼职因素显示了对高管薪酬的负相关关系，这体现了小企业在削减人工成本方面的优势，而高管兼职董事会不利于薪酬委员会的独立运行。此外，研究结果也显示我国上市公司基本可以实现董事收入相对于高管收入的独立性。第二，探讨了公司治理体制对企业在金融危机期进行人力资源成本控制的意义。削减成本是企业在危机期一个普遍的举措：样本中超过三分之二的企业在 2008 年度的管理层分析与预测中提到了成本削减计划与已实施的效果。由于人工成本是企业的一项重要开支，CEO 薪酬的调整可以作为整个企业成本控制战略的一个重要指标加以分析，它反映了高管阶层厉行节约的决心与能力。

现行的薪酬制度建立在两个假定之上：董事能够代表公司平等地和高管谈判；高管薪酬标准可以独立于其他利益关系人的薪酬而确定。前者与本文的统计结果不相一致，而后者得到了部分支持。这意味着现行薪酬制度需要从程序上进行反思和重构，以确保其反映社会公正与经济效率：首先，应扩大薪酬披露范围，提供更完整的总额数字和明细信息（如当期授予的期权价值和在职消费数额），并加入表格等披露工具，以提高明晰性与可比性；其次，要赋予股东、债权人等投资人话语权，削弱高管在薪酬设计程序上的控制权力；再次，应加强独立董事产生程序和运作的独立性，落实薪酬委员会的责任，同时引入职工董事制度，防止管理层在薪酬分配上自肥而罔顾职工利益；最后，应完善外部监管制度，建立对不合理高管薪酬的诉讼机制，发挥注册会计师、律师等独立第三方在信息质量审核方面的作用，并加强惩罚力度。如此方可实现公司治理的两个目标：吸引有能力的管理人员为公司工作，进而降低代理成本，使管理人员的利益和公司利益最大限度地保持一致。

参 考 文 献

[1] 李维安. 金融危机凸显高管薪酬决定机制问题. 资本市场，2009，3.

[2] 肖楚琴. 高管薪酬和激励的最终目的是为了支持企业战略达成. 上海国资，2009，2.

[3] 诸葛晓岚. 上市公司高管薪酬缘何逆流而上. 中外管理，2009，6.

[4] Crystal. In Search of Excess. New York：W. W. Norton and Company, 1991.

[5] Gerhart, B., and Milkovich, G.. Organizational differences in managerial compensation and financial performance. Academy of Management Journal, 1990.

[6] Hatfield, L., and J. A.. Pearce II.. Goal achievement and satisfaction of joint venture partners. Journal of Business Venturing, 1994, 9.

[7] Rappaport, A.. Executive incentives vs. corporate growth. Harvard Business Review, 1978, 56.

[8] Redling, E. T.. Myth vs. reality：The relationship between top executive pay and corporate performance. Compensation Review, 1981, 13.

[9] Steven T. Petra, and Nina T. Dorata. Corporate governance and chief executive officer compensation. Corporate Governance, 2008, 8（2）.

跨境上市、股权结构与公司绩效关系的实证研究[*]
——基于在美上市的中国国有企业经验证据

● 周 建[1,2]　程 斌[1,2]　刘小元[2]　孟圆圆[1]

（1 南开大学 商学院　天津　300071；2 南开大学 公司治理研究中心　天津　300071）

【摘 要】股权结构是公司治理的主要决定因素，不同的股权结构影响着公司绩效，因此，关于两者关系的研究一直是理论界研究的热点问题。本研究尝试以在美上市国有企业为研究样本，基于国际化的角度，从境外上市的影响出发进行实证研究。研究中采用了股权集中度、国家股比例、外资股比例衡量股权结构，公司绩效的衡量采用了综合指标。实证结果表明：在美上市国有企业股权高度集中，与公司绩效负相关；国家股与公司绩效成负相关；而外资股与公司绩效关系不显著。

【关键词】在美上市国有企业　股权结构　公司绩效

引言

随着全球化趋势的影响，不管企业本身是否愿意，实际上都已主动或被动地参与到了国际竞争中，并且直接受到全球竞争的冲击。在国际化的大环境中，企业必然采取国际化的战略。自 20 世纪 80 年代以来，离岸金融市场的发展壮大增加了国际资本在世界范围内的流动性，跨境交叉挂牌上市，跨境股权融资开始频繁出现。对于具备实力的中国企业来讲，登陆国际资本市场成为其实现国际化战略的一条途径。1993 年 7 月 15 日青岛啤酒在中国香港市场发行 H 股，开创了我国企业境外发行股票并上市的先河。随着近年来我国股票市场对外开放步伐的加快，越来越多的国有企业开始选择在境外市场发行股票并上市。国有企业实施境外上市不仅为了充分利用外资，更重要的是通过这一途径建立现代企业制度，改善公司治理机制，进而提升国有企业的综合竞争力，推动国际化战略。国内理论和实务界逐渐认识到，公司治理机制的不合理是中国上市公司不够规范和绩效低下的主要根源之一，而决定公司治理机制的核心便是股权结构。本研究也将股权结构与公司绩效关系作为所要研究的问题，但与以往研究不同的是本研究基于国际化的大背景，选择在美上市国有企业作为样本。结合国际化、境外上市研究国有企业股权结构与公司绩效的关系是本研究所体现的一个新的研究视角。

＊ 本文是国家自然科学基金重点项目（编号：70532001）；国家自然科学基金项目（编号：70872048）；教育部新世纪优秀人才支持项目（编号 NCET-08-0302）；教育部人文社科重点研究基地重大项目（项目编号：04JJD630004）；2007 年度天津哲学社会科学规划项目重点课题（编号：TJGL07-83）；南开大学"985 工程"、"中国企业管理与制度创新基地"项目（编号：1050821210）的阶段性成果。

一、文献回顾

（一）国外研究文献回顾

对股权结构与公司绩效的研究始于 20 世纪 30 年代，Berle 和 Means（1932）首先研究了关于股权集中度对公司绩效影响的问题，指出如果股东过多且股权比例高度分散，那么每一个股东都不会因自己对企业经营者的监督努力而获得太多的收益，理性的选择只能是"搭便车"。[1] 然后，Jensen 和 Meckling（1976）对不同性质的股权进行了分类，他们将公司股东分为两大类，一类是公司的内部股东，一般是指董事会的成员及公司的高层经理人员，他们直接负责对公司的管理，负责制定和执行公司的各项经营决策，另一类是公司的外部股东，他们无法控制公司。[2] 随着理论和实证研究的不断深入，国外对于股权结构与企业绩效的关系的研究重点开始集中于管理层持股对公司绩效的影响以及股权集中度对公司绩效的影响两个方面。由于我国国有企业中不存在管理层持股的问题，所以本研究集中回顾股权集中度与公司绩效的关系。

1. 股权集中度与公司绩效正相关

Shleifer 和 Vishny（1986）指出，大股东在某些情况下直接参与经营管理，解决了外部股东和内部管理层之间在投资机会、业绩表现上"信息不对称"的问题，同时股价上涨带来的财富使控股股东和中小股东的利益趋于一致，因而控股股东具有足够的激励去收集信息并有效监督管理层，从而避免了股权高度分散情况下的"搭便车"问题。[3] 可见，控股股东既有动机又有能力对企业管理层施加足够的控制以实现自身利益，因此，股权集中型公司相对于股权分散型公司具有较高的盈利能力和市场表现。以英国公司为例，Cubbin 和 Leech（1983）的研究认为公司的股价和股权集中度之间存在正相关关系。[4] 从全球企业界来看，Lins 等（2004）对 18 个新兴市场国家的企业研究获得了相似的结果：大股东在公司治理中扮演着重要角色，具有积极的作用。[5] Thomsen 和 Pederson（2000）通过对欧洲 12 国的 435 家样本公司的研究发现，在控制了行业、资本结构等差异变量之后，股权的集中度与股东财富、公司业绩之间存在着正相关关系。[6] 此外，Claessens 和 Djankov 等（2000）对东南亚地区企业的股权结构与公司绩效关系进行了研究，发现这些国家和地区的企业股权高度集中，并且与企业价值正相关。[7]

2. 股权集中度与公司绩效负相关

Demsetz（1983）认为股权结构不影响公司绩效，相反是公司绩效影响股权结构，即股权结构是内生

---

[1] Berle. A. , and Means. Modern corporate and private property. New York：Macmillan, 1932：56-70.

[2] Jensen, M. , and W. Meckling. Theory of the firm：Managerial behavior, agency costs, and ownership structure. Journal of Financial Economics, 1976, 3（4）：323-329.

[3] Shleifer, and Vishny. Large shareholders and corporate control. Journal of Political Economy, 1986, 94（3）：461.

[4] John Cubbin, and Dennis Leech. The effect of shareholding dispersion on the degree of control in british companies. Economic Journal, 1983, 93（370）：351-369.

[5] Lins, Karl V. , Warnock, and Francis E.. Corporate governance and the shareholder base. Working Papers—US Federal Reserve Board's International Finance Discussion Papers, 2004：1-40.

[6] Steen Thomsen, and Torben Pedersen. Ownership structure and economic performance in the largest European companies. Strategic Management Journal, 2000, 21（6）：689-699.

[7] Claessens, Stijn, Djankov Simeon, and Lang, Larry H. P.. The separation of ownership and control in East Asian corporations. Journal of Financial Economics, 2000, 58（1/2）：81-112.

变量，不断分散的股权结构可能比集中的股权结构能更好地服务于公司股东。① 后来，Leech 和 Leahy（1991）选取了英国的企业作为样本进行研究，结果显示了股权集中度与企业价值及利润率之间存在显著负的联系。② 此外，Laporta（1999）认为，由于公司控股大股东的利益在很多时候是与外部小股东的利益不相一致的，甚至有可能存在比较严重的冲突。因此，控股股东在某些情况下可能会忽视其他股东的利益，只盲目追求自身利益最大化而不是公司价值最大化。因此他认为股权分散的公司会获得比股权集中的公司更好的业绩。③

除了以上的主要结论外，Demsetz 和 Lehn（1985）通过对 511 家美国大公司的实证研究，发现股权集中度与企业业绩（以净资产收益率为指标）并不相关。④ 总体来看，国外研究大多数认为股权集中度与公司绩效之间存在相关关系，但是结论尚未统一。

（二）国内研究文献回顾

国内研究主要从两个方面进行研究：一是对股权集中度的分析（对目前上市公司股权结构的弊端进行定量分析；对上市公司股权结构优化；上市公司股权结构优化的可操作性进行论证并探讨具体的实现形式）。二是股权结构中不同性质的所有权成分对企业绩效的影响分析。

1. 股权集中度与公司绩效

一直以来，国内开展的关于上市公司股权结构与绩效关系的研究结果是不一致的。许小年和王燕（1997）首次采用实证分析的方法进行了研究，他们以沪深两市上市公司为样本，发现股权集中度与公司经营绩效正相关。⑤ 此后，徐二明和王智慧（2000）通过对 1998 年的 105 家上市公司的分析，得出大股东的存在以及股权集中与公司绩效（以公司价值成长能力表示）具有显著的正相关关系。⑥ 另外，从具体行业来看，杜亚军和周亚平（2004）从电子、化工和公用事业三个行业中选取 140 家上市公司为样本，在将其划分为国有和民营两大类后，对这些公司的数据进行分析，得出民营上市企业股权集中度与公司绩效正相关。⑦

除了正相关关系，部分研究也得出了相反的结论。施东晖（2000）以 1999 年沪市 440 家上市公司作为样本，采用多元回归的方法对股权结构与经营绩效的关系进行了实证分析，研究结果表明股权分散型公司的盈利能力和市场表现都要好于股权集中型公司。⑧ 另外，胡国柳和蒋国洲（2004）通过采用市场业绩和财务业绩两种方式衡量绩效，结果显示，第一大股东持股比例、前五大股东持股比例及前五大股东持股比例的 H 指数均与公司业绩显著负相关。⑨

---

① H. Demset Z. . The structure of ownership and the theory of the firm. Journal of Law and Economics, 1983, 26 (2): 906-925.

② Leech Dennis, and Leahy John. Ownership structure, Control type classifications and the performance of large British companies. Economic Journal, 1991, 101 (409): 1 418-1 437.

③ La Porta, Robert W. , and Vishny. Investor protection and corporate governance. Journal of Financial Economics, 1999, 58 (3): 3-27.

④ Demsetz, H. , and Lehn, K. . The structure of corporate ownership: Causes and consequences. Journal of Political Economy, 1985, 93 (6): 1 155-1 177.

⑤ 许小年，王燕. 以法人机构为主体建立公司治理机制和资本市场. 改革，1997，5：26-37.

⑥ 徐二明，王智慧. 我国上市公司治理结构与战略绩效的相关性研究. 南开管理评论，2000，4：4-14.

⑦ 杜亚军，周亚平. 论股权结构与公司绩效的关系——对中国部分上市公司的实证研究. 管理科学，2004，4：52-58.

⑧ 施东晖. 股权结构、公司治理与绩效表现. 世界经济，2000，12：37-44.

⑨ 胡国柳，蒋国洲. 股权结构、公司治理与企业业绩——来自中国上市公司的新证据. 财贸研究，2004，4：35-43.

部分学者获得了其他一些研究结论。孙永祥和黄祖辉（1999）以 1998 年底沪深两市 503 家上市公司为样本，研究公司绩效（托宾 Q 值衡量）与公司第一大股东控股比例的关系发现，随着第一大股东持股比例的提高，公司的公司绩效先是上升，当第一大股东的持股比例超过 50% 后，公司绩效开始下降，第一大股东持股比例与公司绩效呈倒 U 型关系。① 从个别行业看，朱武祥和宋勇（2001）以家电行业上市公司为样本的实证研究结果表明，在竞争比较激烈的家电行业，股权结构与企业价值之间并无显著的相关关系。②

综上所述，实证研究显示股权集中度是影响企业绩效的重要因素，但是研究结论并未达成一致的观点。

2. 国家股、法人股、流通股与公司绩效

由于我国股权结构复杂的特点，将股权按照性质分为国家股、法人股、流通股三部分成为了研究股权结构的常用分类方法，针对三种股权与公司绩效关系的研究也是同时进行的。

许小年和王燕（1997）的研究结果表明：国家股比例对公司绩效有负向影响，法人股比例对公司绩效有显著的正向影响，流通股比例对公司绩效无显著影响。施东晖（2000）研究发现国有股和流通股持股与公司绩效（以净资产收益率、市净率衡量）之间并没有显著关系，而法人股东在公司治理中的作用则根据其持股水平而定。随后，陈晓和江东（2000）进一步细分到行业进行研究，他们以净资产收益率（ROE）和主营业务利润率为公司绩效指标，选择了电子电器、商业和公共事业三个行业的 92 家上市公司作为样本，实证结果表明国有股比例与公司业绩负相关，法人股比例与公司业绩正相关，流通股比例与公司绩效正相关。③

另外，吴淑琨（2002）通过对上市公司 1997—2000 年数据的实证分析，发现国家股比例、境内法人股比例及流通股比例与公司绩效呈显著 U 型曲线关系。④ 杜莹、刘立国（2002）采用总资产收益率（ROA）、市净率作为绩效指标，发现国家股比例与公司绩效显著负相关，法人股与公司绩效显著正相关，流通股不存在显著相关性。⑤

因此，国内针对国家股、法人股、流通股与公司绩效关系的研究还未形成定论，但是可以看出国家股、法人股与公司绩效存在关系的结论居多，而流通股的作用不显著。本研究选择在美上市国有企业作为研究对象，根据企业特点将股权按性质分为国家股与外资股两大部分分别进行研究。

二、在美上市国有企业股权结构特点分析

中国企业境外上市的融资方式主要有内地的企业法人在境外直接上市（IPO），除此之外，还可以通过境外买壳上市或境外上市公司反向兼并中国内地或内地之外的企业法人这种方式上市。目前在美上市的国有企业均登陆纽约证券交易所，普遍采取存托凭证方式（ADR）即美国存托凭证实现境外上市。

1. 股权集中度

在美上市国有企业股权集中度如表 1 所示。

---

① 孙永祥，黄祖辉. 上市公司的股权结构与绩效. 经济研究，1999，12：23-30.

② 朱武祥，宋勇. 股权结构与企业价值——对家电行业上市公司实证分析. 经济研究，2001，12：66-72.

③ 陈晓，江东. 股权多元化、公司绩效与行业竞争性. 经济研究，2000，8：28-35.

④ 吴淑琨. 股权结构与公司绩效的 U 型关系研究——1997—2000 年上市公司的实证研究. 中国工业经济，2002，1：80-87.

⑤ 杜莹，刘利国. 股权结构与公司治理效率：中国上市公司的实证分析. 管理世界，2002，11：124-133.

表1

表1　　　　　　　　　　　　在美上市国有企业第一大股东持股比例

年份	均值	中位数	标准差	最小值	最大值
2003	63.21%	59.91%	15.44%	42.39%	90.00%
2004	62.43%	64.32%	14.02%	42.14%	90.00%
2005	61.99%	64.32%	13.49%	42.14%	88.21%
2006	59.04%	58.60%	14.72%	40.46%	86.29%

数据来源：根据 2003—2006 年公司年报数据整理得到。

Leech 和 Leahy（1991）的研究表明，如果第一大股东的表决权比例超过 20%，则在表决权争夺中，就比较容易赢得大多数其他股东的支持，处于优势表决权地位。而当第一大股东的持股比例达到 50% 以上时，就对公司具有绝对的控股权。

表 1 表明，在美上市的国有企业第一大股东持股比例均值除了 2006 年略低于 60% 外，其余年份均值都保持在 60% 以上，远远大于 50% 的绝对控股比例。随着公司治理结构的日趋完善，第一大股东持股比例均值有逐年下降的趋势。此外，从行业分布来看，石油化工、信息通信领域的企业第一大股东持股比例较高，均在 70% 以上。

另外，Z 指数作为衡量股权集中度的另一个指标也能够提供一定的参考信息。Z 指数是指第一大股东与第二大股东持股比例的比值，该指标主要反映了公司控股股东的控股程度即指数越大，两大股东之间的力量悬殊越大，控股股东的实力优势越明显，控股股东对公司运作及本公司股票在证券市场上的表现会有很大影响。

表 2 表明，在美上市的国有企业第一大股东与第二大股东的持股比例的比值逐年呈现出下降的趋势，而且下降幅度比较大，从 2003 年的 23.2716 下降到 2006 年的 13.0315，体现了加强股权制衡的公司治理改革方向。但由于国企的历史原因以及政策影响，第一大股东的持股比例远远大于第二大股东的持股比例，Z 指数均值始终在 10 以上。

表2　　　　　　　　　　　　在美上市国有企业 Z 指数

年份	均值	中位数	标准差	最小值	最大值
2003	23.2716	4.8754	48.9693	1.6405	173.4884
2004	21.4424	4.6385	40.0113	1.3661	138.1481
2005	17.1721	4.7024	25.5713	1.3677	72.9684
2006	13.0315	2.7445	21.3041	1.3309	65.8200

数据来源：根据 2003—2006 年公司年报数据整理得到。

2. 不同性质股权比例

对在美上市的国有企业来讲，它们股权结构的一大特点就是吸收了大量境外资本，外资股占有了一定的比例，形成了国际化的股权结构，因此，本研究将在美上市的国有企业股权进行进一步的合并划分，从国家股、外资股两个方面进行分析。

表 3 显示，在美上市的国有企业国家股比例均值在 2003—2006 年这一区间维持在 60% 以上，虽然均值呈现出了国家股逐步减持的迹象，但是从个体样本来看，大多数企业的国家股比例在 50% 以上，形成

了国家股在公司股份中占有绝对优势的局面。作为全球最大市值的国有企业中国石油，国家股比例达到了80%以上。

表3 在美上市国有企业国家股比例

年份	均值	中位数	标准差	最小值	最大值
2003	68.97%	70.35%	12.52%	50.30%	90.00%
2004	68.00%	68.65%	12.30%	50.30%	90.00%
2005	67.97%	69.71%	11.26%	50.30%	88.21%
2006	64.66%	61.69%	13.91%	41.00%	88.21%

数据来源：根据2003—2006年公司年报数据整理得到。

表4显示，在美上市国有企业的外资股比例在2003—2006年期间比较平稳，均值维持在24%左右。虽然国家股比例在这一区间有下降的趋势，但是外资股并没有出现明显的增长趋势，本研究认为国家在国有企业股权结构改革方面还是十分谨慎的。

表4 在美上市国有企业外资股比例

年份	均值	中位数	标准差	最小值	最大值
2003	24.44%	25.65%	8.51%	10.00%	35.54%
2004	25.67%	26.09%	8.42%	10.00%	39.82%
2005	24.14%	28.36%	10.94%	2.30%	39.82%
2006	22.75%	23.10%	10.45%	2.30%	39.82%

数据来源：根据2003—2006年公司年报数据整理得到。

从总体上来看，在美上市的国有企业股权结构有以下突出特征：

（1）股权向单个股东集中，第一大股东常常处于绝对控股地位。第一大股东持股比例均值大于绝对控股的比例50%，与第二大股东的持股比例差距显著，形成了一股独大的局面。

（2）国家股及国有法人股比重大，占主体地位。虽然实施境外上市目的之一是为了完善骨干国有企业的公司股权结构，提升治理水平，但是处于对国家经济安全的考虑，国家在股权改革上还是比较谨慎，从政策层面上进行了严格的规定，造成国家股始终占有国有企业的绝对控制权。

（3）外资股比例过低。虽然国家化的资本运作使外资可以进入骨干国有企业，但是外资股比例受到了政策层面的极大限制，其持股比例维持在24%的平均水平，这对于发挥外资所拥有的先进管理理念形成了一定的限制，外资作用的发挥受到了质疑。

三、研究假设

股权集中度主要是指公司的各个股东因其拥有的不同持股比例而使上市公司表现出来的股权集中还是分散的状况。股权集中度是评价一家公司股权分布的状态以及该公司的发展状况是否稳定的重要指标。Grossman 和 Hart（1986）的模型表明，在股权过度分散的情况下，单个小股东缺乏监督公司经理层、参与公司治理的积极性，因为他们的监督成本会超过其从中获得的收益。因此，小股东一般将会采取"搭便车"的策略,放弃对公司决策的参与,因为参与是有成本的。① 同中小股东相比,大股东在技术、信息渠道等各方面都具有优势,监督的实施成本相对较低,所能获得的监督收益也相对较高。刘霞和林燕(2003)的研究表明,与股权高度集中和股权高度分散相比,有一定集中度、有相对控股股东,并且有其他大股东存在的股权结构,总体而言最有利于公司治理机制作用的发挥,她们以 2002 年在上海证券交易所上市的公司的中报为研究样本,采用赫芬达尔指数(H5)作为指标,结果证实股权集中度与公司绩效显著正相关。②

由于我国市场经济的发展时间比较短,购并市场、控制权市场、职业经理人市场等尚不完善,而且缺乏对投资者的保护措施和相关法规,这就很难从外部形成有效制约公司经营管理层的力量,因此徐二明和王智慧(2000)认为在市场经济国家,高度集中的股权结构对于减少公司经理人的机会主义和自利行为,促进他们对于长远目标的追求总体来看是积极的。综上所述,股权集中在中国上市公司治理中具有相对优势,适当的股权集中有利于上市公司绩效的增长。因此提出假设 1。

假设 1:在美上市国有企业股权集中度与公司绩效呈正相关关系。

从产权性质来看,持有国家股的机构或部门代表的是国家即全民的利益。其终极的所有权应该是属于全体人民。因此,国有资产在运作过程中,无论是直接由国家的政府机关来运作,还是由国有资产管理公司或集团公司来运作,他们都只是国有资产的代理人,而不是所有人。因此何浚(1998)认为这使国家股的有效持股主体出现缺位现象,出资人的权利只能通过特殊的多级委托代理关系由政府官员代为行使,形成了一个相当长的委托代理链条,存在着严重的代理问题。政府机关对公司控制表现为行政上的"超强控制"和产权上"超弱控制"。③ 同时,杜莹和刘立国(2002)认为居于控股地位的国有股不能流通,使得来自于经理市场的制约力量无法形成,从而缺乏对上市公司管理层的有效监督。根据委托代理理论,在国有大股东拥有绝对控股权的情况下,所委托的代理人不可能在与他人争夺代理权的过程中失利,除非他已不被控股股东所信任,这就造成了经理层的更替与公司业绩之间缺乏必然联系。即使企业处于困境,经理层也没有压力和动力去改进公司治理,提高公司价值。因此提出第二个假设。

假设 2:在美上市国有企业国家股与公司绩效呈负相关关系。

在美上市的国有企业股权结构中外资股成为了一个重要组成部分,在美国纽约证券交易市场,外资股主要由两部分构成,一部分为机构投资者,一部分是个人投资者。易宪容和卢婷(2006)通过研究国外投资者认为,对于某些行业来说,国外市场的投资者相对于国内市场的投资者来说,能够更好地了解行业背景和发展前景,对于公司的发展能够提供比较长期的支持,而不会因为一些短期性的因素导致公司上市之后的市场价格出现较剧烈的波动。④ 以上从积极的影响方面分析了外资股对于在美上市国有企业公司绩效的促进作用,但本研究认为外资股的持股产生正向刺激作用必须建立在一个基础上,即能够在管理决策中发挥作用,上述的研究均从动机上进行了分析,但是缺乏实际操作可行性的分析。从国内的相关研究来看,孙菊生和李小浚(2006)的研究表明有无外资股对公司绩效无显著影响。原因有:上市公司股东大会功能不健全,内部人控制现象严重使得外资股股东参与公司治理的积极性受到限制;B 股市场的长期低迷而导致的外资股退出以及境内资金的变相进入,使得 B 股股东也具备了 A 股股东的许多特征;发行外资股的上市公司大多属于传统产业,或者属于具有某些垄断特征的行业,公司治理所产生的边际收益相对

---

① Grossman, Sanford J., Hart, and Oliver D.. The costs and benefits of ownership: A theory of vertical and lateral integration. Journal of Political Economy, 1986, 94 (4): 691-719.

② 刘霞,林燕. 股权结构与公司绩效. 华中科技大学学报(社会科学版), 2003, 5: 101-105.

③ 何浚. 上市公司治理结构的实证分析. 经济研究, 1998, 5: 50-57.

④ 易宪容,卢婷. 国内企业海外上市对中国资本市场的影响. 管理世界, 2006, 7: 4-14.

较低，这也削弱了外资股股东参与公司治理的热情。

从国外学者研究来看，外资股在在美上市的国有企业中持股比例较低，无法形成影响决策的主要力量。McGuinness 和 Ferguson（2005）在研究中国香港上市的国有企业股权结构与绩效关系时发现，尽管外资已经持有了相当数量的国企股份，但是外资股权对于绩效的影响作用不显著，一方面由于外资持股比例还比较低，缺乏刺激外资股东行使权力的吸引力；另一方面由于文化差异以及信息不对称的问题，造成国外投资者对国有企业经营情况不了解，导致其决策也可能不适合中国企业的经营。[1] 因此提出假设3。

假设3：在美上市国有企业外资股与公司绩效关系不显著。

四、研究设计

（一）样本选择与数据来源

本研究选取在纽约证券交易所上市的国有企业作为研究样本，以 2003—2006 年为研究的时间区间，剔除了金融类公司以及所涉及指标不全的公司，得到 12 家公司的 48 组数据。有关股权集中度、不同性质股权比例的数据是从各公司年度财报以及 CCER 经济金融数据库获得的，部分缺失数据根据年报信息计算得出。样本公司各年度的财务指标以及控制变量数据是通过 OSIRIS——全球上市公司分析库获得的。

（二）变量设计

1. 因变量。目前，衡量公司绩效的方法有两种：一种是基于会计的公司绩效衡量法；另一种是基于市场的公司绩效衡量法。本研究将采用基于会计的绩效衡量方法，因为基于市场的研究方法多使用托宾 Q 值，但是其计算方法有多种，容易引起混淆。国内研究中衡量公司绩效多采用的有净资产收益率 ROE、总资产收益率 ROA 等指标。如许小年、王燕（1997）同时采用了 ROE、ROA；陈晓和江东（2000）采用了 ROE；施东晖（2000）使用了 ROA 等。同时，基于陈小悦和徐晓东（2001）对绩效指标的对比研究，为了尽量避免人为因素的操控，本研究还采用主营业务资产收益率 CROA。[2]

2. 自变量。股权结构的反映将从股权集中度和不同性质股权比例两个角度展开。股权集中度的衡量选取第一大股东持股比例（孙永祥、黄祖辉，1999；陈小悦、徐晓东，2001；吴淑琨，2002），该指数越大说明股权集中度越高。另外，本研究还采用赫芬达尔指数（Herfindahl）从另一个角度对股权集中度进行稳健性验证。Herfindahl 取前五大股东持股比例的平方和，该指标的效用在于对持股比例取平方后会出现马太效应，即比例大的平方后与比例小的平方后之间的差距拉大，从而突出股东持股比例之间的差距。许小年和王燕（1997）、吴淑琨（2002）分别采用了该指标。本研究也采用 Z 指数，即公司第一大股东所有持有的股份份额与第二大股东所持有的股份份额的比值，Z 指数越大，说明第一大股东受到的制约越小，其控制权越大。

不同性质股权方面，由于在美上市国有企业年度报表部分信息的缺失，本研究只能获得国家股（国家股持股数/总股数）、外资股比例（国外投资者持股数/总股数）相关数据。结合美国上市的国有企业股权结构显著特点，这两个变量显得尤为重要。

3. 控制变量。根据 Morch（1988），Manocell（1990），陈晓和江东（2000）、张红军（2000）等人的

---

① McGuinnessm, P. B., and Ferguson, M. F.. The ownership structure of listed Chinese state-owned enterprises and its relation to corporate performance. Applied Financial Economics, 2005, 15: 231-246.

② 陈小悦，徐晓东. 股权结构、公司绩效与投资者利益保护. 经济研究，2001，11：3-11.

研究，选取了反映公司规模、资本结构以及成长能力方面的三个代表性的指标。指标变量汇总如表5所示。

表5　　　　　　　　　　　　　　　　　　　　　　实证变量以及定义

	变量	变量含义	变量符号
因变量	净资产收益率	净利润/股东权益	ROE
	总资产收益率	净收入/总资产	ROA
	主营业务资产收益率	主营业务利润/总资产	CROA
自变量	第一大股东持股比例	第一大股东持股数/总股数	L1
	前两大股东持股比	第一大股东持股数/第二大股东持股数	Z
	Herfindahl5 指数	前五大股东持股比例平方和	H5
	国家股比例	国家股持股数/总股数	State
	外资股比例	国外投资者持股数/总股数	Foreign
控制变量	资产规模	总资产自然对数	LnAsset
	资本结构（财务杠杆）	负债/总资产	Leverage
	公司成长能力（主营业务增长率）	（本年主营业务收入－上年主营业务收入）/上年主营业务收入	Growth

资料来源：本研究整理而成。

五、实证研究

（一）描述性统计分析

本研究首先采用SPSS13.0对样本公司四年间的公司绩效指标进行描述性统计分析。表6显示，ROE、ROA、CROA的均值共同表明在美上市的国有企业的绩效在2003—2006年间出现了一个折线变化趋势。从2003年到2004年绩效出现了明显的上升，之后开始逐步下降，一直持续到2006年，如图1所示。从数值来看，不同国有企业的经营状况存在差距，部分国有企业的ROE、ROA、CROA在不同年份均出现了负值，而其他的国有企业绩效较高。究其原因，一方面是国有企业经营管理能力的差别所致，一方面由于行业因素的影响，不同的行业背景有着不同的市场机遇。

表6　　　　　　　　　　　　　　　在美上市国有企业公司绩效描述性统计

变量	年份	平均值	中位数	最小值	最大值	标准差
ROE	2003	0.0566	0.0927	－ 0.2562	0.2009	0.1372
	2004	0.1361	0.1614	－ 0.0041	0.2421	0.0895
	2005	0.107	0.1378	－ 0.1848	0.2588	0.1284
	2006	0.0168	0.1012	－ 1.1771	0.2656	0.3852

变量	年份	平均值	中位数	最小值	最大值	标准差
ROA	2003	0.0461	0.0490	−0.0619	0.1309	0.0574
	2004	0.0770	0.0706	−0.0008	0.1720	0.0618
	2005	0.0676	0.0677	−0.0259	0.1714	0.0557
	2006	0.0563	0.0543	−0.0542	0.1631	0.0594
CROA	2003	0.0588	0.0563	−0.0999	0.1849	0.0793
	2004	0.1016	0.0783	0.0035	0.2549	0.0874
	2005	0.0924	0.0795	−0.0260	0.2491	0.0802
	2006	0.0791	0.0758	−0.0591	0.2284	0.0803

资料来源：基于上市公司年报数据经本研究统计分析得到。

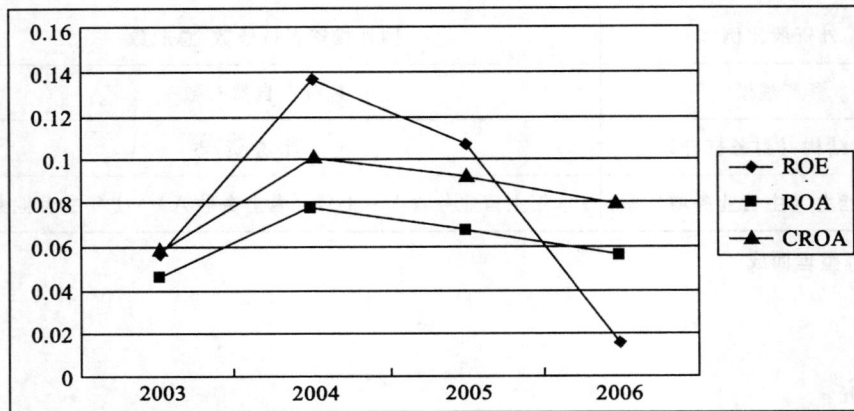

图 1 在美上市国有企业公司绩效综合指标均值变化趋势

（二）回归结果分析

国内学者在论证股权结构与公司绩效关系的实证研究中，均构建了多元线性方程，采用回归分析的方法检验结果（张红军，2000；陈晓和江东，2000）。本研究也将采用多元回归的方法。为了全面研究股权集中度对公司绩效的影响，本研究还采用稳健性检验的方法，分别以第一大股东持股比例、Herfendial5 指数为指标变量分别进行回归。以总资产报酬率（ROA）、净资产收益率（ROE）、主营业务资产收益率（CROA）分别为因变量，控制变量为总资产对数（LnAsset）、资本结构（Leverage）、主营业务增长率（Growth），各股权结构变量为自变量建立多元回归模型。使用 SPSS13.0 进行回归的结果如表 7 所示。

反映股权集中度的第一大股东持股比例（$L1$）与公司绩效存在着显著的负相关关系，$L1$ 与 ROA 在 5% 的显著性水平上显著负相关，$L1$ 与 ROE 在 1% 的显著水平上显著负相关，$L1$ 与 CROA 在 5% 的显著性水平上显著负相关，三个模型均通过了检验，说明了在美上市的国有企业股权集中度与公司绩效负相关，这与假设 1 相反。但是，Z 指数作为衡量前两大股东相互制衡的变量在三个模型中均没有通过显著性检验。

表7 模型回归结果

因变量	ROA	ROE	CROA
模型	1	2	3
Constant	-0.311（-2.045）	-0.623（-1.802）	-0.391（-1.741）
LnAsset	0.026^{**}（2.873）	0.056^{*}（2.763）	0.033^{*}（2.514）
Leverage	-0.212^{***}（-7.111）	-0.388^{***}（-5.715）	-0.295^{***}（-6.686）
Growth	-0.000（-0.138）	-0.080^{***}（-11.480）	0.001（0.148）
Z	0.000（-1.082）	0.000（-0.398）	0.000（-0.615）
$L1$	-0.149^{*}（-2.415）	-0.490^{**}（-3.489）	-0.199^{*}（-2.185）
State	-0.134（1.495）	-0.349^{+}（1.717）	0.170（1.283）
Foreign	0.066（0.669）	-0.080（-0.358）	0.112（0.775）
Adjusted R^2	0.658	0.874	0.617
F 值	10.991^{***}	39.631^{***}	9.210^{***}

注：（ ）内为各指标变量的 t 值，* 表示5%的显著水平，** 表示1%的显著性水平，*** 表示0.1%的显著水平，+ 表示10%的显著水平。

国家股与ROE在10%的显著性水平上成负相关，系数为 -0.349，但是在模型1与模型3中，国家股自变量均没有通过显著性检验，说明国家股对于ROA以及CROA两个绩效指标没有明显的影响作用，实证表明假设2部分得到支持。外资股在以上三个模型中均没有通过显著性检验，验证了假设3。

通过SPSS13.0对稳健性检验组变量的回归结果如表8所示。

表8 股权集中度稳健性检验回归结果

因变量	ROA	ROE	CROA
模型	4	5	6
Constant	-0.328（-2.027）	-0.732（-1.997）	-0.401（-1.679）
LnAsset	0.025^{*}（2.671）	0.056^{*}（2.664）	0.032^{*}（2.291）
Leverage	-0.212^{***}（-6.782）	-0.393（-5.537）***	-0.293^{***}（-6.345）
Growth	-0.001（-0.163）	-0.080^{***}（-10.965）	0.000（0.087）
Z	0.000（-1.515）	0.000（-0.886）	0.000（-1.063）
$H5$	-0.071（-1.468）	-0.309^{**}（-2.838）	-0.277^{*}（-2.293）
State	-0.086（0.954）	-0.245（1.202）	0.093（0.702）
Foreign	0.071（0.684）	-0.040（-0.173）	0.114（0.746）
Adjusted R^2	0.628	0.863	0.584
F 值	9.651^{***}	36.049^{***}	8.010^{***}

注：（ ）内为各指标变量的 t 值，* 表示5%的显著性水平，** 表示1%的显著性水平，*** 表示0.1%的显著水平，+ 表示10%的显著水平。

稳健性检验的结果表明，反映股权集中度的变量 Herfendial5（$H5$）指数在模型5与模型6中通过了检验，$H5$ 与ROE在1%显著性水平上显著的负相关，$H5$ 与CROA在5%的显著性水平上显著负相关，再一次验证假设1不成立。但是 $H5$ 并没有通过模型4的检验，同时 Z 指数作为衡量前两大股东相互制衡的变量在三个模型中也均没有通过显著性检验，这与上一部分实证结果保持一致。

国家股在含有 *H5* 代表股权集中度的三个模型中均没有通过显著性检验，只是存在微弱的负相关，假设2没有通过验证，而外资股在三个模型中均没有通过显著性检验，验证了假设3。

综合上述实证分析，所有回归模型均通过了整体性检验，股权集中度在两组模型中都通过了检验，使得假设1并没有得到支持，而且使用第一大股东持股比例作为衡量指标优于 Herfendial5 指数，*L1* 在前一组模型中的显著性高于验证组。国家股这一变量在模型2中通过了显著性检验，但是在其他模型中均未通过，部分验证了假设2，大部分回归结果表现出了微弱的负相关。外资股在所有的模型中都不显著，充分验证了假设3。

六、结论与建议

本研究通过对在美上市中国国有企业股权结构与公司绩效关系的理论与实证分析，初步得出以下基本结论。

1. 在美上市国有企业股权结构表现出了非常高的股权集中度，相对集中于第一大股东，而且实际上是高度集中于国家股。在美上市国有企业股权集中度与公司绩效负相关，说明目前的股权集中度并不能带来绩效的明显改善，股权处于过于集中的状态，而股权的适度分散可能会有利于公司绩效的提高。从纯粹经济效益的角度来看，说明了我国上市公司进行的股权分置改革的必要性，需要增强股票的流通性，分散股东的控股权，解决"一股独大"等不合理股权结构给公司治理效率带来不利影响。但是从骨干国企所担当的任务和角色来看，这种高度集中的股权结构也是非常必要的，可以降低国有资产意外流失的风险，提高国家对整个经济的控制能力。

2. 整体上看，国家股不利于公司绩效的提高，这与许小年和王燕（1997）、陈晓和江东（2000）、孙菊生和李小俊（2006）的研究结论一致。从产权性质来讲在美上市国有企业属于国家所有，但国家是抽象概念，产权的最终所有权属于全体人民，政府及主管部门只是国家资产的代理人，而非所有人。在这种产权虚置情况下，对于国有资产的运作在本质上是一种委托代理关系，代理人有可能会出现不称职或者侵害委托人利益的现象。政府通过多级委托任命管理者形成的委托代理链条较长，更加容易形成代理风险。其次，国家股东的目标代表着国家的政策导向，不仅要满足经营性目标的要求，还要与社会责任目标（社会就业、平衡地区经济差异等）结合，相关利益者复杂。这样，造成国有企业经济目标与其他社会责任目标的结合，而经济目标与社会责任目标经常是相互冲突的，在这种情况下，国家股东为了完成社会责任目标，有可能会以放弃一定的经济利益为代价，从而不利于公司绩效的提高。

3. 外资股比例与公司绩效的相关性不显著，只是存在微弱的正相关，说明了外资股具有潜在的积极意义，但是对于绩效的影响作用不明显，这表明外资股应有的作用没能完全发挥。本研究认为，首先目前在美上市国有企业的外资股持有者大多为中小股东，他们没有机会或能力参加公司的治理活动，可能基于成本的考虑具有严重的"搭便车"心理。其次，在美上市的国有企业作为我国的大型骨干企业，享受着国家各种优惠政策，其经营即便出现了问题最终也会由国家出面加以解决，破产的可能性较低，这使得外资股东比较放心上市国企的经营问题，他们只需坐收分红，从而失去了参与监督决策的动力。

结合上述研究的结论，提出以下政策建议：

1. 骨干国企登陆美国股票市场，虽然从一定程度上表明这些企业的股权分置改革取得了一定的成效，能够为外国投资者所普遍认可，但是很难实现流通股股东和非流通股股东的利益趋同，更难以提高投资者特别是第一大股东对上市公司的责任心。调动大股东真正关心上市公司的股票价格，努力提高上市公司绩效的积极性，形成多边共赢的局面还需要对股权进行进一步的调整，尤其是国有股比例的减持，形成适当的股权集中度。

2. 注意培养股东的长期经营意识，提高其积极性，使越来越多的股东对其投资做出理性选择，而不是仅仅追求短期股票价差。这时流通股东会积极地行使其投票权，从而加强对管理者的外部监督和约束，促进公司治理效率的提高，改善公司绩效，这一目的可以通过制定股票限售期限等相关措施。

3. 通过股权制衡形成适合的股权集中度。股权制衡是指通过各大股东的内部利益牵制，达到互相监督、抑制控股股东掠夺的股权安排模式。在对投资者保护不完善的情况下，通过由少数几个大股东分享控制权，使得任何一个大股东都无法单独控制企业决策，起到限制掠夺行为的作用，形成适合的股权集中度。在美上市国有企业可以通过增加更多的国家法人股东来分散股权，保证国家股的绝对控制。

4. 对外资股东有所选择，提高外资股比例。由于在美上市的国有企业均为骨干企业，应该在保证国家股控制力的前提下进一步提高外资股比例，使其积极参与到公司治理中来，注意发挥其监督作用。此外，注意利用美国市场发展机构投资者，机构投资者可作为上市公司股权优化引入的股东之一，使其在公司治理中发挥积极作用。由机构投资者代表中小股东监督上市公司，维护中小股东的利益，是解决"一股独大"、"所有者缺位"的一个有效的途径，不失为实现股权制衡和改善公司治理的有效对策。

参 考 文 献

[1] 胡芳肖，王育宝. 国有股减持与上市公司绩效的关系实证研究. 南开管理评论，2004，7.

[2] 孙菊生，李小俊. 上市公司股权结构与公司绩效关系的实证分析. 当代财经，2006，1.

[3] 姜昊清，董迎迎. 股权结构与公司绩效的实证分析. 重庆工商大学学报，2006，2.

混合组织的合同治理机制研究

● 赖丹馨[1]　费方域[2]

（1，2 上海交通大学安泰经济及管理学院　上海　200030）

【摘　要】企业之间相互紧密合作与联系的网络关系以各种形式广泛存在于现实之中，如战略联盟、分包组织、特许经营等。在这种介于市场和科层制组织之间的中间型组织中，拥有独立产权的参与人之间通过资源分享和长期合作，进行一定的责任分担和风险分享，从而实现更高的准租金。本文从缔约视角，分析了混合组织关系治理的合同框架及特征，强调在合同不完全的环境下，通过各种正式或非正式的缔约机制来促进长期合作关系的有效协调和延续，减少机会主义风险，并最终对合作关系所创造的准租金进行有效的分配。最后提出了未来混合组织经济学研究的发展方向。

【关键词】混合组织　网络　联盟　合同　治理机制

作为对传统交易成本经济学的一种扩展和应用，混合组织研究是近年来在经济学和管理学领域日益升温的一个课题。尤其是在组织经济学领域，学者们的研究视角逐渐从分散化或一体化的组织转移到了广泛且多样的混合组织上。交易成本经济学的鼻祖 Williamson 在他 1985 年所发表的代表著作《资本主义经济制度》一书中就指出："虽然我早先认为中间类型的交易组织起来非常困难，因此是不稳定的⋯⋯但我现在确信，中间范围的交易要更加广泛得多。"[①] 事实上，Richardson（1972）已经对传统的"公司—市场"二分法忽视一整类产业活动的做法提出了质疑，他所指的这类产业活动就是企业间相互联系与合作的联盟网络关系。[②] 正由于现实的产业活动中充满了各种纷繁复杂的组织安排，而理论上对其又缺乏统一的研究框架，混合组织便成为学者们关注的一个新的焦点问题。

一、混合组织的概念与特征

（一）混合组织概念的建立

为混合组织研究建立统一的概念和理论框架并非易事。正如 Masten（1996）所指出的那样，"由于混合组织在形式上的多样性，这类组织的本质、优缺点以及影响其形式的规则，都必须基于具体案例来进行考察"。

为了从混合组织纷繁复杂的表现形式中总结出规律，Menard（2004）将混合组织定义为法律上独立的机构之间开展合作，对技术、资本、产品和服务进行分享或交易，但没有统一的产权，相互之间的调整

---

①　Williamson, O. E.. The economic institutions of capitalism. New York: The Free Press-Macmilla, 1985：83.

②　Richardson, G. B.. The organisation of industry. The Economic Journal, 1972, 82：883-896.

基本不依赖价格机制的组织。① 而 Richardson（1972）则认为，这种企业间的合作模式必然涉及一定的责任分担，即合作各方必须对自身未来的行为做出一定的承诺或保证，但对承诺或保证的范围及正式化的程度则没有严格的规定。与此不同，纯粹的市场交易是不需要承担这样的责任的。也就是说，纯粹的市场交易没有具有延续性的治理机制，只有各自独立的买卖行为，最典型的例子就是证券市场的交易。

混合组织之所以存在，一方面是因为市场无法对所需的资源和能力进行适当的配置（Teece 和 Pisano，1994），另一方面是因为一体化的科层制组织由不可违背的权威所领导，使得组织中的激励效应被削弱，组织的灵活性也被降低。由于混合组织中的合作和资源分享能够使参与者共同获得更多的租金，因此混合组织的出现也是由激励效应所推动的必然结果。

（二）混合组织的三个普遍特征

总体来说，混合组织的参与者之间虽然存在相互依赖的关系，但都各自拥有分离的产权，保留独立的剩余索取权。在这个基础之上，各种不同形式的混合组织具有资源分享、缔约和竞争等以下三个普遍存在的特征。

首先，不管混合组织采取何种形式，其参与者之间都倾向于通过协调和合作来开展活动，并共同做出所涉及的投资决策。由于资源分享容易产生机会主义行为，因此，不管参与者之间的合作是为了提供互补性资源还是产生乘数效应，合作伙伴的事前选择都显得尤为重要。同时，由于合作各方之间对重要资源的分享，信息问题显得至关重要。在混合组织中建立适当的信息系统，有助于解决资源分享过程中的信息不对称问题。为此，有学者将混合组织视为一种"存在伙伴专用性沟通的合作博弈"。还需要强调的是，由于对资源的分享，产权独立的各方必须牺牲部分的自主权与控制权，只有通过相互之间的协作才能使合作关系得以延续，目的是为了创造和分享尽可能多的租金。

其次，缔约是混合组织的第二个一般特征，即混合组织成员之间的关系必然以一定的正式合同为纽带。合同主要用来规范参与者之间的关系，以实现"交易互惠性"。通过合同关系的缔结，参与者可以实现市场份额的增长、能力的转移、稀缺资源的分享。然而，由于合同存在不完全性，在专用性投资和不确定性同时存在的环境下，合同往往需要进行不可预见的修正，从而面临机会主义风险。合同之所以不完全，一方面是由于缔约成本过高，从而导致传统的合同理论中的"最优合同"概念在实证研究中受到质疑。另一方面，现实中混合组织所缔结的合同并不一定根据交易者或交易本身的特征来确定，往往只为混合组织的关系治理提供一个相对简单和一致的参照系。因此，为了填补合同的不完全性所留下的空缺，混合组织的治理必须通过其他机制加以补充，比如关系或声誉的作用。

最后，竞争可作为混合组织的第三个特征。虽然在其他制度环境下同样也存在竞争，但是，混合组织中的竞争具有自己的特点：混合组织的合作伙伴保留着独立的剩余索取权，即使混合组织没有实现其期望目标，各合作伙伴仍然能够行使自身完全的决策权，因此混合组织的稳定性问题便出现了。混合组织中的竞争一方面指的是合作各方之间的相互竞争，另一方面也是混合组织本身与其他形式的组织之间的竞争，当然也包括一种混合组织形式与其他混合组织形式的竞争。在这种情况下，如何在混合组织中建立内部管理和控制机制，对于其在高度不确定的环境下保持自身的稳定性，显得尤为重要。已有的研究表明，混合组织的合作各方往往在事前并不能确定合作关系的专用性投资的性质和规模，它们之间的相互依赖程度到事后才能完全确定，这就需要进行事后的调整，也往往容易成为冲突的根源。由于竞争会引发不稳定性和冲突，因此需要设计相应的治理机制来解决这些问题。

---

① Ménard Claude. The economics of hybrid organizations. Journal of Institutional and Theoretical Economics，2004，160：347.

（三）基于交易成本的混合组织选择原则

从以上三个特征可以看出，混合组织是一种合作与竞争相互融合、作用的中间型组织，而这种组织的运行状况取决于是否有合适的特定机制能够协调合作各方这种在法律上独立但彼此之间又相互依赖的关系。交易成本经济学认为，任何一种组织形式的选择都是为了最大限度地降低交易成本，而其中一个选择的原则就是治理结构必须与交易特征相适应。因此，混合组织所具有的特征使得这类组织比较适于它们所组织的交易的属性。于是，另一个问题就产生了：具有何种特征的交易适合采用混合组织的形式？

一方面，正如交易成本经济学中所强调的那样，专用性投资是决定治理形式的一个关键因素。专用性投资会导致合作伙伴之间的相互依赖，因此也容易导致搭便车等机会主义行为。[①] 而合作伙伴之所以维持相互依赖的状态，是因为合作能够创造更多的租金——通过事先对合作伙伴的选择以及事后的协调治理机制的作用，混合组织能够确保实现更多的租金。因此，如果合作伙伴之间出于对准租金的考虑而需要进行相互依赖的投资，那么，由此产生的协调要求即成为混合组织产生的关键，而混合组织的治理正是要有效地解决协调问题。另一方面，交易的不确定性是选择混合组织形式的另一个重要的影响因素。不确定性可能存在于交易的每一个环节，如市场份额、产量变化、需求变化等，由此产生的事后调整和控制问题则成为影响治理形式选择的重要因素。混合组织犹如一种对不确定性的缓冲装置，能够促进合作各方分摊风险。因此，由于交易中相互依赖的专用性投资以及交易不确定性的存在，由此产生的机会主义风险及协调要求，是促成混合组织治理结构选择的主要原因。

二、混合组织的常见形式及相关研究

混合组织的表现形式多种多样。那么，哪些是比较常见的形式呢？

首先，与技术分享和转让有关的组织形式是一类重要的混合组织表现形式。[②] 通过签订技术协定，这种混合组织往往涉及专利许可或共享。在建立混合组织关系的过程中，不仅涉及硬知识通过信息、图纸、设备和人员等的转移，而且还伴随着软知识的转移。技术发展的不确定性和知识产权保护制度是影响这种混合组织的重要因素，它往往涉及对商业自由的约束，如价格协定、市场分占等。从目前的研究来看，技术联盟、战略联盟是最受关注的混合组织形式。[③④⑤] 技术联盟这种混合组织可分为资产性联盟（即合资企业）、非资产性联盟和纯粹的技术许可或转让合同等。对于联盟的称谓目前也没有统一，有的称为"联盟"（alliance），而有的则称为"合伙企业"（partnership）。[⑥]

其次，除了战略联盟、合资企业等研究热点之外，以建筑行业为代表的分包形式是另一类典型的混合组织形式。分包是复杂产品或工程项目常用的一种组织形式，这方面的研究尤以 Eccles（1981）最为著

① Williamson, O. E.. Markets and hierarchies: Analysis and antitrust implications. New York: The Free Press, 1975: 35.

② Teece, D.. Competition, cooperation, and innovation: Organizational arrangements for regimes of rapid technological progress. Journal of Economic Behavior and Organization, 1992, 18: 1-25.

③ Baker, G. P., R. Gibbons, and K. J. Murphy. Strategic alliances: Bridges between islands of conscious power. Working Paper, Massachusetts Institute of Technology, Cambridge, M. A., 2004: 210.

④ Hagedoorn, John, and Hesen Geerte. Contract law and the governance of inter-firm technology partnerships—An analysis of different modes of partnering and their contractual implications. Journal of Management Studies, 2007, 44: 342-366.

⑤ Oxley, J. E.. Appropriability of hazards and governance in strategic alliances: A transaction cost approach. Journal of Law, Economics and Organization, 1997, 13: 387-409.

⑥ Khanna, T.. The scope of alliance. Organization Science, 1998, 9: 340.

名。Eccles 在考察建筑总承包商和分包商的关系后发现，80% 的分包商是总承包商通过谈判方式来挑选的，其余部分才是通过正式的竞争性投标来确定。[1] 虽然总承包商与分包商之间一般是签订针对特定项目的短期合同，但他们之间的关系通常是长期的。也就是说，总承包商常常为不同的项目选择相同的伙伴进行合作。具体而言，他们之间的合作关系基本上都持续五年以上，最长的达到 37 年。这方面的已有研究表明，基于长期关系的分包策略相对市场形式而言更有利于进行有效的协调，并且能够避免一体化的科层制负担。

再次，企业间网络是一种备受管理学界关注的混合组织形式。[2] 企业间网络的涵盖范围非常广泛，常被理解为自主单位之间的一系列循环合同关系。企业间网络可以是供应系统，由于它需要同时进行量与质方面的协调，因此产生的稳定性成为关键，从而推动了合作关系的建立。企业间网络也可以是分配渠道，此时的重点是合作伙伴如何进行协调以使成本最小化。有趣的是，促进混合组织研究兴起的，从很大程度上说并不是经济学研究成果，而是那些发表在管理学期刊上受到交易成本经济学影响的论文。[3] 比如，Grandori 和 Soda[4]（1995）对 167 篇研究企业间网络的论文进行了统计，只有 16 篇发表在经济学期刊上。而在所有这些关于企业间网络的论文中，有相当一部分受到了交易成本经济学的启发。Ghosh 和 John 在 1999 年发表了一篇颇有影响的企业间网络论文，也强调了交易成本经济学在企业间关系的管理学和营销学研究中所起的突出作用。

最后，特许经营是另一种在现实中得到广泛采用，并成为学者们乐于研究的一种混合组织形式。[5][6] 为了维护商标声誉，特许经营者必须确保质量、服务和产品方面的透明度以及监督权，以监管有强烈搭便车动机的被特许经营者。特许经营这种混合组织形式存在突出的代理问题和复杂的治理问题（Lafontaine，1992）。这些问题可以通过程序的正规化、产出的标准化以及职能的集中化（统一的会计、人员培训和信息体系）来加以解决。

除了以上所述的混合组织形式以外，还有其他很多不同的形式或者名称，如"共有商标"、"虚拟企业"（virtual firms）等。此外，复杂合同也是学者们研究的重点。Dyer（1996）就美国和日本汽车制造商如何治理供应商关系这个问题展开了一项值得关注的研究，以分析混合组织形式对绩效的影响。美国汽车制造商与他们的供应商之间大多采用市场或科层制的组织形式，而日本汽车制造商则主要依靠混合组织这种治理形式来管理企业间的分工合作。Dyer 认为，日本汽车制造商所采取的混合治理形式既可以从分权和相互竞争中获益，又不会影响各种资产的相互协调和分工。因此，与美国汽车制造商相比，日本汽车制造商承担的交易成本较低。Dyer 发现，在技术不确定性日益增大的环境下，混合组织是一种比较可取的组织形式。

---

① Eccles, R.. The quasifirm in the construction industry. Journal of Economic Behavior and Organization, 1981, 2: 345.

② Oliver, A. L., and M. Ebers. Networking studies: An analysis of conceptual configurations in the study of inter-organizational relationships. Organization Studies, 1998, 19: 549-583.

③ Klein, P., and H. Shelanski. Empirical research in transaction cost economics: A survey and assessment. Journal of Law, Economics and Organization, 1995, 11: 335-361.

④ Grandori, A., and G. Soda. Inter-firm networks: Antecedents, Mechanisms and forms. Organization Studies, 1995, 16: 183-214.

⑤ Lafontaine, F.. Contractual arrangements as signaling devices: Evidence from franchising. Journal of Law, Economics and Organization, 1993, 9: 256-289.

⑥ Rubin, P. H.. The theory of the firm and the structure of the franchise contract. Journal of Law & Economics, 1978, 21: 223-233.

三、混合组织的合同治理机制分析

（一）混合组织中合同治理机制的重要性

混合组织作为一种治理结构，缔约是其最基本的特征，其中涉及合同的谈判、订立、监控、修正、执行和终止等环节。因此，合同风险（contractual hazards）成为混合组织治理过程中需要处理的首要问题。合同风险产生的原因有很多种，如合作伙伴之间的相互依赖，绩效度量的困难，交易环境的变化，产权的不明确，或制度环境的缺陷等。由合同风险所引发的机会主义行为大致分为两类，一类是不考虑对合作的总体收益造成的负面影响而降低自身成本的行为（即"偷懒"）；另一类是通过对交易伙伴施加成本而获得对自身更有利的收益分配份额的行为（即"敲竹杠"）。为了限制这些机会主义行为，除了事前对合作伙伴的谨慎选择之外，混合组织必须设计相关的合同条款来进行治理。只有通过合同机制的作用及其他治理机制的必要补充，混合组织才能够对合作伙伴之间的交易进行有效的协调，使得这些合作伙伴从相互依赖的关系中共同获益，并且有效地控制其中的机会主义风险。由于合同设计是混合组织中控制风险的重要手段，因此有必要对混合组织的合同特征、结构及作用展开细致的分析。

（二）混合组织中合同治理的基本构架

就一般定义而言，合同指的是法律上有约束力的承诺。由于混合组织所处的复杂环境中资产专用性、度量困难及不确定性的存在，详细合同的签订受到限制。与此同时，有限理性和不可验证的信息约束更增加了交易成本，这使得合同无法根据未来所有的相机情况对各交易方的责任进行有效的配置。因此，基于合同不完全的基本假定，混合组织必须通过正式或非正式的合同保护（contractual safeguard）来协调各方的激励和利益。在混合组织的缔约过程中，灵活性对于合同关系的治理非常重要，缔约各方通过一些正式或非正式的机制来进行有效的调整，以促使合作关系得以延续，这些机制包括正式合同中的豁免原则、修订条款、内部解决纠纷协定等。① 从这个意义上说，混合组织的缔约过程所遵循的是关系治理的原则。在混合组织中，正式合同是规范互惠的合作伙伴关系的重要工具，是它们用于分享风险的机制，这与传统上合同用于分配风险的出发点有着本质的区别。

合同在混合组织治理中所起到的作用通过合同的几个基本组成部分得以体现：（1）界定产权及控制权。正如 GHM 理论模型所证明的，产权是安排事前投资激励，缓解机会主义风险的重要工具（Grossman 和 Hart，1985；Hart 和 Moore，1990）。因此，不同的混合组织形式通过一定的产权结构安排来协调各方的激励及风险。例如，合资企业作为一种典型的混合组织形式一经建立，新的科层组织将由母公司共同治理，而母公司本身则在法律和经济上保持独立。母公司通过入股而在合资企业中共同拥有产权，从而对合资企业开发项目所固有的风险进行事前的分配。（2）制定支付方案。根据可验证的行动和状态而进行相应支付的方案为混合组织确定了最基本的激励计划。（3）确定合作持续期限的长度。这里涉及两个不同

---

① 本文所说的这种以关系治理为原则的合同与我们一般所说的关系合同概念并不相同，容易引起理解上的混淆。通常我们所说的关系合同（relational contract）是基于未来关系价值的以"隐性"（implicit）和"自我实施"（self-enforced）的方式存在的合同。而本文所指的混合组织以关系治理为特征的合同是指在合同不完全的情形下，为了促进各方的合作关系能够得到有效的协调和延续，通过正式或非正式的合同形式来对长期交易进行治理的方式。就正式合同而言，混合组织合同与传统型合同的区别在于前者的灵活性和适应性。

的概念：合同与合同关系的持续期限。以前面所提到的分包组织结构为例，合同关系的期限与协调的强度之间有着密切的关系。（4）规定产品的数量及质量标准等。为了达成三个相互联系的目标——尽可能以可观察的方式承担责任；以标准化的生产与分配来进行质量控制；通过统一的规格来降低监控成本——这使得这类合同条款非常重要，因为价格在混合组织中无法起到协调的作用，同时由于各方的独立性，也无法通过一体化的科层制形式来进行协调。

（三）混合组织的调整性合约设计

以上所述的合同框架主要通过规定控制权的分配、支付方案和合同期限等来降低交易风险（exchange hazards），这是合同经济学通常研究的重点。然而，学者近年来发现，这些安排虽然有助于协调长期的合作行为，但是当机会主义风险提高时，规定违约后果、合同终止条件、纠纷解决机制的调整性条款在现实中的重要性与日俱增。① 这种合同保护措施是混合组织合同治理机制的重要组成部分，它体现了混合组织关系治理的原则，即如何通过有效的调整使得缔约各方的合作关系在复杂的交易环境中得以延续。这种调整性条款大致分为修订条款（revision clauses）、困难及不可抗力条款（hardship and force majeure clauses）、赔偿条款（damage measures）、保证条款（warranties）及解决纠纷的机制等：（1）修订条款一般规定当合同面临修订时，各方应开展善意的谈判，占优方则有义务接受公正的调整方案，由此缓解未预见的相机情况的不利影响。（2）困难及不可抗力条款规定当混合组织面临困境时，缔约各方在进行补救时应付出"最优努力"，即通过再谈判来适应变化并寻求公正的补救方法，而合同终止则是谈判最终失败后的选择。（3）赔偿条款规定的是当违约行为发生时，哪一方承担无法履约的风险以及如何进行赔偿金的支付，由此促进各方的合作行为。（4）保证条款是一种信息机制，用于缓解由参与人特性或产品质量的信息不对称问题所带来的合同风险，并通过法律的实施以确保承诺的可置信性。由于双方确切的特性对于建立长期伙伴关系至关重要，因此关于合作伙伴特性的保证条款在混合组织中显得尤为必要。（5）在解决纠纷的机制方面，混合组织往往倾向于优先通过内部的协商来解决纠纷。内部解决纠纷的方式一般通过缔约各方善意的合作来实现，而仲裁作为具有法律约束力的机制，与其他的外部解决方式相比具有更快、更经济、更高效的优点。然而，当知识产权保护和资源控制是混合组织各参与方的主要利益时，合同一般规定必须通过诉讼来解决纠纷。

（四）混合组织合同治理与信任机制的关系

必须强调的是，仅仅通过正式的合同机制来控制混合组织中存在的机会主义风险可能会导致合同的设计及执行成本过高。基于交易成本最小化的原则，正式合同的局限必须由其他治理机制加以补充，而这些机制往往是基于关系或声誉的价值的。通过缔约各方之间重复的合作，信任这一关键要素的存在能够大大地降低混合组织的机会主义行为。此外，混合组织治理中另一个重要的问题是准租金的分配。由于合作伙伴建立混合组织的基本激励在于互补性的资产投资能够获取更高的准租金，因此对它的分配问题相比它的创造来说更为重要。可观察的准租金当然可以通过可执行的合同条款进行分配，但不可观察的部分在混合组织中的作用非常显著，因此不容忽视。除了遵循公平原则之外，以合作关系的持续为基础的信任机制同样可以促进准租金在合作伙伴之间的有效分配。

---

① Hagedoorn, John, and Hesen, Geerte. Contract law and the governance of inter-firm technology partnerships—An analysis of different modes of partnering and their contractual implications. Journal of Management Studies, 2007, 44: 342-366.

四、对混合组织治理的总结及未来研究展望

混合组织作为介于市场与科层制之间的一种中间型组织，以各种形式广泛存在于现实之中，其治理方式既有别于市场环境中通过价格的自发调整实现有效配置的机制，也有别于科层制组织内部有计划的权威与命令机制。一方面，混合组织与科层制的不同源于它没有统一的产权，即使合作各方可能有共同的投资，但是它们本身是独立的，因此对自身的决策可以实施完全的权利。另一方面，与市场的交易不同，混合组织中独立的参与人为了获取更高的准租金，有进行相互之间的资源分享与长期合作的激励，通过一定的责任分担和风险分享，实现总体利益的最大化。由于准租金的创造与参与人之间资源的分享及进行共同的投资决策密不可分，因此在混合组织的整个治理过程中，各合作伙伴之间的沟通和协作显得至关重要。

正是由于混合组织所具有的特殊性，它的治理机制相对来说更加复杂，所面临的机会主义风险也尤其突出。为了使合作关系能够得到有效的协调和延续，混合组织必须依托正式与非正式的合同进行关系治理。由于混合组织旨在建立长期的合作关系，因此所缔结的合同具有有别于传统合同的灵活性和适应性。混合组织合同的特征分别通过合作伙伴间所签订的正式合同及其他非正式的隐性合同形式得以体现。首先，通过正式合同的签订，混合组织合作伙伴之间的合作关系建立了规范，以规避由于相互依赖关系和不确定性所带来的机会主义风险。正式合同中的调整性条款是混合组织缔约机制中的重要部分，它体现了混合组织在合同不完全的环境下如何尽可能地通过各种合同保护来促进合作关系在事后的有效协调及延续。其次，由于受到复杂环境与缔约成本的限制，合作各方在现实中所签订的正式合同往往只提供一个相对简单而统一的治理框架，对于风险的控制也无法在正式合同中实现面面俱到，因此，通常以非正式形式存在的隐性合同对于混合组织治理的作用不可忽视。凭借合作各方维持合作关系的隐性承诺，混合组织能够建立一种可置信的威胁机制，从而建立信任，减少机会主义风险，并实现有效的调整。非正式的合同机制因而成为混合组织合同的另一个重要组成部分。从这个意义上说，正式合同与非正式合同在混合组织关系治理中的作用是相辅相成的。①

总而言之，不管混合组织采取何种具体形式，它应当通过合同及其他治理机制的必要补充，在其内部建立私人秩序（private order），以有效协调和关系延续为目标，减少机会主义风险，并最终对由资源共享或交易所创造的准租金进行有效的分配。

从混合组织的研究现状来看，针对特定混合组织形式的研究已取得不少的成果，但是将不同的混合组织形式统一起来的理论体系尚未建立，因此仍存在很大的发展空间。具体来说，未来值得关注的研究方向包括：

首先，本文在前几部分中已经对混合组织的概念和表现形式进行了阐述，透过各种纷繁复杂的混合组织形式，我们不禁要问：混合组织是否只是一个抽象的概念，或是经济学家人为创造的一个时髦名词？之所以会产生这样的疑问，很大程度上是因为混合组织的研究与市场理论和企业理论相比，缺乏能够表征所有混合组织特征的具有一致性的连续变量，因而阻碍了统一清晰的混合组织理论框架的构建。因此，这成为目前顶尖的组织经济学家所关注的问题，也是深化混合组织研究的难点。Baker、Gibbons 和 Murphy（2004）在 GHM 理论的基础上首次尝试通过一个统一的理论模型来分析不同的战略联盟形式在静态及动态环境下的相对效率。② 在这个模型中，不同的战略联盟被定义为通过特定的产权或合同安排来分配决策权和收益权的治理结构，而合同则是维系联盟关系的桥梁，且长期的合作关系能够促进联盟各方在事后进

---

① 在此，可以沿用的另一种常用说法是显性合同（explicit contract）与隐性合同（implicit contract）。

② 事实上，他们所说的战略联盟就是本文中所分析的混合组织。

行协调。虽然这一模型对于混合组织治理的理论研究具有重要的突破，但是它只考虑控制权只能由一个联盟成员单独享有的情况，即排除了联合控制权的存在。而合资企业却是一个非常重要的混合组织形式。因此，为了使得混合组织的连续性分析更加深入，经济学家还需要在合同理论领域做进一步的创新。

其次，混合组织形式的优化问题。为什么对于同样的产品、技术和资产，相同的部门内部却长期存在不同的制度安排，而且还相互竞争不休？如果说交易属性决定组织形式，那么，混合组织的混合共存性是传统的交易成本经济学所无法解释的。例如，特许经营这种混合组织形式中公司制和特许加盟制并存的问题就引起了学者们的普遍关注。① 更重要的是，当几种混合组织形式相互竞争时，不同制度安排的绩效如何进行比较？为了解释这些现实存在的问题，目前的理论必须进行扩展。

再次，混合组织的最优合同设计问题。在混合组织形式既定的情况下，如何对其进行最优的关系治理？本文对混合组织治理机制的缔约框架进行了探析，但没有从正式的理论方面展开讨论。在混合组织的缔约机制中，笔者认为较为有趣的是正式合同和非正式合同之间的关系。虽然这是一个经典的理论问题，但是通过目前已有的实证研究所表明的结果却并不一致，在某些情况下两者之间表现出互补性的关系，而在另一些情况下两者之间却是替代关系。② 那么，这些现象如何通过理论加以解释？为此，在动态环境下研究最优的混合组织合同治理机制将大有可为。

最后，随着时间的推移，混合组织的具体形式会发生变化，缔约机制也会发生变化，那么，混合组织的动态发展如何解释？这也是一个富有挑战性的理论问题。此外，由于混合组织形式的选择必须建立在既定的制度环境之下，不同的国家和不同的法律体系都会对混合组织的选择产生影响，因此，在宏观的制度特征对混合组织安排的影响方面，学者可以对此展开进一步的实证及理论研究。

---

① 相关的文献包括 Kalnins 和 Lafontaine（2004）；Penard，Raynaud 和 Saussier（2004）；以及 Dnes 和 Garoupa（2005）。
② 参见 Poppo 和 Zenger（2002）及 Corts（2007）。

基于学习效果差值视角的
企业战略联盟稳定性研究[*]

● 郝云宏[1]　陈　豪[2]　钱　晨[3]

(1，2，3　浙江工商大学工商管理学院　杭州　310018)

【摘　要】以联盟为平台，通过学习来获取技能、提升实力、维持自身的竞争地位成了不少企业缔结联盟的出发点。但是现实中有些联盟的表现却不尽如人意，表现出高不稳定性。本文基于学习竞赛理论，从扩展学习效果和横向比较视野分析了联盟稳定性，得出了联盟企业学习效果差值与联盟稳定性负相关的结论。同时提出了一些建议以维持联盟稳定，实现共赢局面。

【关键词】战略联盟　稳定性　学习效果　学习竞赛

一、导言

兴起于 20 世纪六七十年代的战略联盟，作为企业积极响应复杂多变环境的应对方式，以不同于以往的经营模式，展现出提高企业的资源配置水平、改善运营能力等诸多方面的优点，极大地震撼了企业界。战略联盟的出现为企业引入一种全新的发展模式，给人一种焕然一新的感觉。管理大师德鲁克曾盛赞战略联盟是 20 世纪末最重要的组织创新之一。[①]然而大量研究表明，伴随着战略联盟的高速发展的并不是高成功率而是高不稳定性。[②] 斯皮克曼根据战略联盟统计数据，预测联盟失败率高达 60%，威德曼甚至宣称近 70% 的战略联盟以失败告终。[③] 郑胜华对国内 147 家联盟进行的调研结果表明联盟的平均失败率在 70% ~ 85%。[④]

一方面企业组建战略联盟的活动正如火如荼地进行，另一方面联盟的高失败率却严重威胁着联盟各方的最终成功。预期与现实间存在着巨大的差距，联盟的前景并非一片光明。隐藏在联盟合作冲突背后的原因到底是什么？怎样才能实现联盟成功，使参盟企业在竞合中有序、稳健地培育自身的核心竞争力？这些联盟实际运作中暴露出来的问题，成了困扰每个关注联盟的企业和学者的难题。蔡继荣认为对上述问题进行追溯，最终都将汇总到联盟不稳定性的研究上来。[⑤]

Inkpen 和 Beamish 于 1997 年提出了联盟不稳定性的经典定义，即合作伙伴关系的重大转变，这种转

＊ 本文是国家自然科学基金项目"基于利益相关者理论的企业经营绩效综合评价系统研究"（编号：70472076）；教育部人文社会科学研究项目"创新集群条件下知识网络的动态演化模型研究"（编号：06JA630065）的阶段性成果。

① 史占中. 企业战略联盟. 上海：上海财经大学出版社，2001：130.
② 陈菲琼，范良聪. 基于合作与竞争的战略联盟稳定性分析. 管理世界，2007，7：45.
③ 吴海滨，李垣，谢恩. 战略联盟不稳定的研究现状与展望. 科研管理，2004，9：26.
④ 郑胜华. 透视企业联盟能力——基于动态能力的 S-IPL 分析框架. 北京：中国社会科学出版社，2007：232.
⑤ 蔡继荣，胡培. 国外战略联盟稳定性研究评析. 外国经济与管理，2006，6：72.

变不是事先计划好的，是至少一方合伙人没有事先预料到的①。早期学者们利用资源依赖理论、博弈论等相关理论解释联盟不稳定性。随着知识技能对企业生存、发展的作用越发重要，企业通过学习以获取伙伴的知识、技术诀窍以及能力等关键资源，开始被视为企业缔结战略联盟的最终动机。在此背景下，研究者的研究视角也发生变化，开始从组织学习来认识稳定性问题，逐渐形成了解释联盟不稳定性的学习竞赛理论。

尽管学习竞赛理论正确地指出学习竞赛结果影响了联盟稳定性，但更多地只是基于狭隘的联盟企业学习效果来分析稳定性。本文认为其对联盟稳定性的研究还存在一些不足，至少是在扩展学习内容的基础上和横向比较上需要进一步探讨联盟企业的学习效果与联盟稳定性的关系。

二、学习竞赛理论回顾及述评

（1）主要观点

Hamel 是最早提出学习竞赛（learning race）观点的学者之一。在他看来当联盟中存在学习现象时，机会主义风险更加难以控制，因此他强调在学习过程中一方面要尽可能效率高地向对方学习，另一方面还要保护自身的核心技术、核心资源不被对方学习和模仿。② 只有赢得了学习竞赛才能在联盟中获得支配的权利。当联盟企业以这种学习心态参与联盟时，彼此间相互竞争并依据学习效果来决定联盟今后的去留，因此，这种竞争关系会破坏双方的合作关系，导致联盟的不稳定。

Inkpen 和 Beamish 以国际合资企业为研究对象，研究联盟中学习和不稳定性间关系，认为如果一个合资企业的建立是为了对合资双方的不同资源加以利用的话，当合资企业形成之后，总是会存在一方合伙人力图获取其缺少的知识的可能性。③ 在 Inkpen 和 Beamish 看来，现实中不少企业结成联盟的动机就是为了直接获取知识。当联盟企业获取了所需求的知识和技能后，伙伴企业尽管依然掌握这些知识，但是相对来说其重要性就不再像先前那么举足轻重，因为联盟企业完全可以抛开伙伴企业，自行在市场竞争中运用所学知识技能创造独享性的价值。

Khanna 等人的研究进一步拓展了学习竞赛理论的内容。企业在联盟中学习是基于企业对未来回报的预期，希望通过联盟内学习可以为企业参与今后更为激烈的竞争事先做好准备。④ 但是企业在联盟中的学习不仅涉及自身的学习期望，同时还取决于伙伴企业提供的可供学习的资源。伙伴企业提供的学习可能性取决于伙伴企业的期望，因此，这种联盟的学习具有相互依赖、动态的特征。袁健红分析联盟中冲突和学习关系时，考虑到 Khanna 等人的观点，指出联盟中的学习开展并不总是很顺利，联盟企业出于保护自身知识技能，防止伙伴企业学到知识技能，会尽可能地降低学习可能性。⑤ 当伙伴企业同样持这种态度，那么就可能激发联盟冲突，严重的将导致联盟稳定性遭致损害。周玉泉基于学习竞赛理论分析联盟稳定性，认为联盟中学习竞赛是一种动态平衡，是看谁能学得更多、学得更快，这种平衡是极不稳定的，当这种平

① Inkpen, A. C., and Beamish, P. W.. Knowlege, bargaining power, and the instability of international joint ventures. Academy of Management Review, 1997, 22（1）：177-202.

② Hamel. Competition for competence and inter-partner learning within international strategic alliance. Strategic Management Journal, 1991, 12：83-103.

③ Inkpen, A. C., and Beamish, P. W.. Knowlege, bargaining power, and the instability of international joint ventures. Academy of Management Review, 1997, 22（1）：177-202.

④ Khanna Tarun. The dynamics of learning alliances：Competition, cooperation, and relative scope. Strategic Management Journal, 1998, 19：461－477.

⑤ 袁健红，施建军. 技术联盟中的冲突、沟通与学习. 东南大学学报（哲学社会科学版），2004，7：32.

衡被打破时，就导致了联盟的变化。①

（2）联盟企业学习效果

学习竞赛理论以学习效果为切入点，突出了知识经济时代组织学习对企业发展的意义，同时也表明联盟内部合作和竞争的最终表现形式是各个联盟企业所取得技能知识的多寡。因此，尽管学习竞赛理论没有明确指出联盟企业学习效果的定义，但是沿着其分析思路，本文对联盟企业的学习效果做如下定义：联盟中的企业于联盟运作期间，在学习内容上获得的实现程度。

学习竞赛理论所理解的学习内容仅限于伙伴企业技能知识，并不包括联盟成立后创造的新技能、跨文化交流能力、联盟管理能力等维持联盟自身良好运作的知识。联盟作为一种合作形式，其本身的管理技能同样需要联盟企业学习。事实上，联盟企业能迅速学到伙伴企业技能或者联盟创造新知识的企业，前提是联盟高效运作成为一个真正的学习平台。Doz认为要促使一个成功的合作持续发展下去，联盟企业需要学习、认识合作本身，基于此，Doz提出一个经典的联盟企业学习内容模型，指出一个成功的联盟是如何通过学习、重新评估和重新调整的相互作用而实现的。在Doz的模型中，联盟企业需要学习五个方面的知识技能：联盟运作的环境、执行的任务、合作的过程、伙伴的技能以及预定目标和伴随目标。② 这五个方面的学习内容，除了伙伴的技能是学习竞赛理论中理解的传统学习内容外，其他几个方面基本上涉及联盟本身运作有关的知识。

Doz有关学习、重新评估和重新适应循环过程的模型加深了人们对联盟企业学习内容的认识。不少学者沿着Doz的逻辑思路，对联盟企业学习内容进行了富有成效的研究，并取得了丰硕的成果。Soekijad和Andriessen认为联盟内的学习和知识共享可以分为三种：（1）联盟企业通过与伙伴企业的知识共享，学习伙伴企业的知识和技能从而改进自身的运作、战略、技能或能力；（2）联盟企业通过联盟中的运作，学习处理联盟事物的知识和技能；（3）联盟企业以联盟作为学习对象，获取管理联盟的知识和技能。③

在前人的研究基础上，本文认为联盟企业学习效果应该涵盖如下五个方面，即环境方面、过程方面、目标期望方面、技能知识方面、关系方面。

联盟在面对不确定的情况下，希望能够更加稳固并对不断变化的环境有更强的适应能力，这需要联盟伙伴共同学习掌握联盟当前和未来可能的环境。联盟伙伴共同研究分析掌握竞争环境、技术环境和市场环境有助于伙伴间相互信任、统一认识，同时降低产生分歧的风险。

尽管在缔结联盟之初，参盟企业关于联盟中注意事项就已经做了大量的工作，并且也制定了一些相应的机制来协调合作中的可能出现的争端，但是最合适的合作过程只有通过合作才能在实施中不断加以提炼和完善。联盟成员必须愿意突破自身组织的决策机制和业务流程，包括沟通机制建立、企业内部流程调整和合作的态度。

加强企业自身地位的巩固、获取资源综合利用的杠杆作用、提升竞争实力等是参盟企业缔结联盟的动机，企业希望通过联盟实现上述目的。联盟企业实现上述目的的具体体现，主要表现在知识的获取方面，包括研发知识、营销知识、管理知识和制造知识/服务知识等部分。

联盟企业忽视与伙伴企业构建良好关系的重要性，不利于联盟的稳定性。大量联盟案例表明，伙伴之间关系的牢固对于联盟成功至关重要。承诺、信任和伙伴经营模式的认知有助于形成类似Kale等人强调

---

① 周玉泉，邓志能，李垣. 联盟的稳定性基于"学习竞争"的分析. 特区经济，2006，2：44.

② Yves L. Doz. The evolution of cooperation in strategic alliances: Initial conditions of learning processes?. Strategic Management Journal Special Issue, 1996, 17（Summer）：64.

③ Soekijad Maura, and Andriessen Erik. Conditions for knowledge sharing in competitive alliances. European Mangagement Journal, 2003, 21（5）：52.

的关系资本，进而实现联盟成功①。

三、学习效果差值与联盟稳定性分析

葛京深入研究了联盟企业的学习效果，指出联盟中企业的学习效果存在全局性和局部性两种差异性。如果大多数企业没有实现学习目标，则学习效果的差异性就是全局性的。如果仅有个别企业没有实现学习目标，则学习结果的差异性就是局部的，也称为学习效果的不对称。②

学习竞赛理论研究学习效果与稳定性关系，主要从学习效果局部差异性出发，认为学习效果的不对称，会导致合作伙伴之间在联盟内外的相对竞争地位变化和优势转移。当一方迅速学到了需要的技能后，有可能在不考虑其他伙伴企业的需求前提下，提前退出联盟。学习竞赛理论无疑解释了那些学习能力远强于伙伴企业的联盟企业在快速掌握伙伴企业的核心知识技能后抛弃昔日盟友所造成的联盟不稳定现象，但是这种观点的局限性也是显而易见的，即只是从联盟企业一方角度出发考虑自身所取得的学习效果是否实现预期目标，未意识到联盟中伙伴企业同样会关注其学习效果。

本文认为联盟企业不仅纵向比较学习效果，还将在联盟内部进行横向比较，即联盟企业一方面关注自己的学习效果是否较参盟前有较大提高，另一方面重视伙伴企业的学习效果，一旦认为自己的学习效果远较伙伴企业的差，出于保护本企业的利益，极可能退出联盟，取消伙伴企业继续学习的机会。现实中，这种可能性比学习竞赛中所描述的情况更大。原因在于对联盟企业间学习效果失衡给企业造成的风险考虑，联盟内的企业不会坐视学习效果与联盟伙伴企业相差过大。

（1）培育竞争对手的风险

Hennart 等人指出，战略联盟就是合作一方通过损害另一方的利益来增强自身竞争地位的协定。③ 在这些战略联盟中，伙伴企业在向联盟做出贡献和从联盟中获得的资源方面，存在着很大的不平衡性，有可能出现一方受益、另一方受损的情形。在极端情况下，甚至会出现一方将另一方排挤出产业市场的严重局面。此外，李东红还指出联盟会促使潜在竞争者、替代品生产者更快地向现实竞争者转变，进而改变行业竞争格局。④

（2）核心技能流失的风险

缔结联盟的一个好处就是可以获取协同效应，资源和能力的互补性是寻求长期共生或者双赢的伙伴企业能够获得长久协同效应的基础。但是 Dussauge 和 Garrette 认为，关于互补性更具战略性的观点是：迟早有一天，其中的一个伙伴企业会通过获得原来缺少的能力降低对对方的依赖性。⑤ 因此，该伙伴企业会想方设法学习另一伙伴企业在联盟中展现出来的技能。形成联盟之后，伙伴企业间的合作变得紧密起来，技术上的协作情况必不可少。随着时间推移，伙伴企业利用组织学习获取了具有优势技术企业的核心知识，导致彼此间的竞争地位发生改变。

（3）贡献失衡的风险

一旦企业在与理想的伙伴企业的合作中获得了协同效应，一个随之而来的问题就是每个伙伴企业向联

① Kale Singh, and Perlmutter. Learning and protecting of propriety assets in strategic alliances: Building relational capital. Strategic Management Journal, 2000, 21: 18.

② 葛京. 战略联盟中组织学习效果的影响因素及对策分析. 科学学与科学技术管理, 2004, 3: 23.

③ Hennart, Jean-Francois, Thomas Roehl, and Dixie S. Zietlow. "Trojan Horse" or "work horse"? The evolution of U. S. - Japanese joint ventures in the United States. Strategic Management Journal, 1999, 20 (1): 15-29.

④ 李东红. 企业联盟研发：风险与防范. 中国软科学, 2002, 10: 34.

⑤ 皮埃尔·杜尚哲, 贝尔纳·加雷特. 战略联盟. 李东红, 译. 北京: 中国人民大学出版社, 2006: 48.

盟提供的贡献是否平衡。比如，在增强本企业产品线的过程中，有可能帮助竞争对手增强竞争地位，这样做是否代价太高？在当地销售本企业产品以扩大市场的同时，强化了伙伴企业的市场竞争地位，代价是否太高？① 徐锐结合公平理论对此分析到，联盟中伙伴可能在评估它们的关系时更多的是看重公平而不是效率，当联盟企业的不平等感越强，它们就越可能采取纠正措施来改变这种局面。②

（4）过分依赖合作伙伴的风险

缔结联盟之初，各个企业可能拥有一些竞争优势或者核心技能，希望能借助联盟扩大企业影响范围。随着联盟活动逐渐开展，联盟取得了一定成就，但是创造联盟价值的关键技能很可能只是为联盟中某一方企业所掌握，而伙伴企业在其中只是扮演越来越次要的角色，甚至有可能被边缘化。全球最大的纯闪存解决方案供应商 Spansion 曾一度将许多业务交由联盟伙伴企业来完成，借以减少大规模的固定资产投入，但是这也导致了对伙伴企业的过分依赖，其自身的制造能力、测试能力都出现了不同程度的下降，并且逐渐动摇了企业的领先地位。为了避免企业自身对伙伴企业的依赖越来越强，同时维持在纯闪存领域里的领导者地位，Spansion 重新加大在产品制造、测试等方面的投入，并取得一定成效。

综上所述，学习竞赛理论认为联盟企业取得具有优势的学习效果后导致联盟不稳定，但是相比这种一方企业取得完全学习优势的联盟例子，现实中更多的情况是联盟企业为维护自身利益，不会允许联盟企业彼此间的学习效果相差过大，否则的话，将以提前退出联盟等形式规避上述风险的出现。因此，本文认为联盟稳定性与联盟企业学习效果的差值负相关，当差值越大时联盟越不稳定。

四、提示性建议

企业在战略联盟中的学习效果是多种变量的函数。企业在组织学习过程中是否有效率在于它自身的知识水平和所采取的学习策略。联盟企业彼此间学习效果存在差异，与企业自身的态度存在很大关系。对联盟中传递的知识，企业若不具有相应的学习能力或者采取消极学习态度，那么学习效果可想而知。尽管联盟企业能否取得良好的学习效果和自身内部因素相关，但是联盟企业的学习是通过联盟这个公共平台进行，涉及组成联盟的多家企业，因此联盟企业的学习效果不仅取决企业本身，还同合作伙伴有关。

针对影响联盟企业学习效果局部性差异的因素可以考虑采取如下的一些措施来改进并协调联盟内各方学习效果，避免因学习效果差异过大导致联盟不稳定性。

（1）合适的伙伴企业

联盟涉及多方企业，各企业间的匹配性有助于提高联盟企业间的知识转移，有助于联盟的正常运行。选择合适的合作伙伴是避免联盟失败风险的重要因素。通过选择适合的伙伴企业可以降低联盟企业彼此间学习效果局部性差异。

经过长期研究后，一些学者提出了合适伙伴企业的一般性标准，即 3C 标准：兼容性（compatibility）、能力（capability）和承诺（commitment）。陈菲琼认为与伙伴企业间良好的合作史，企业在联盟或者伙伴关系发展方面的投入与承诺的多少，以及目标的一致性，都有助于加深合作伙伴间的理解，增加合作的默契。③ 冯辛酉强调文化适应也是联盟企业选择伙伴的一个需要考虑的方面。企业的经营方式体现了企业文化，相适应的企业文化有助于联盟企业彼此间合作顺利进行。④ 与伙伴企业间的企业文化相融合，不仅可

① 皮埃尔·杜尚哲，贝尔纳·加雷特. 战略联盟. 李东红，译. 北京：中国人民大学出版社，2006：49-52.
② 徐锐. 战略联盟知识共享的关系风险及其控制方式. 情报杂志，2005，8：51.
③ 陈菲琼，范良聪. 基于合作与竞争的战略联盟稳定性分析. 管理世界，2007，7：31.
④ 冯辛酉. 企业战略联盟中合作关系的建立和维护. 中国合作经济，2004，12：25.

以避免无谓的误解与冲突，且可以迅速高效地解决已经产生的冲突和矛盾。

选择合适的伙伴企业能够为联盟的合作顺利开展提供一定基础，一方面有助于联盟内学习交流，普遍提高各方企业的学习效果；另一方面又能通过有效沟通和默契配合，合理地协调联盟内企业学习进展，从而降低某一联盟企业单方面拉开与伙伴企业的学习差距的风险。

（2）交互式学习

林忠礼等人提出了交互式学习的概念，即联盟各方愿意交换对方想要的技术、技能等知识资源，并确保双方相匹配的收益。① 主要是通过对联盟的合作内容调整来协调各方间的知识技能交流，避免学习方面上的正面冲突。

交互式学习模式的实质是避开损害联盟稳定性的内容，使联盟企业更多关注加强联盟新创造的技能上。从这个角度来看，交互式学习模式是希望联盟企业获得熊彼特租和准租。谢恩、李垣基于互补性资源分析了联盟的价值创造活动，认为合作创造的价值包括理查德租、熊彼特租和准租，其中理查德租的获取是当企业能以较低的成本（例如该资源低于在企业内的边界生产率价格）取得某一资源时所创造的价值，而后两种经济租的获取更多地与合作相联系。因此联盟企业若单纯考虑自己的利益，不顾及伙伴企业的收益，那么很可能导致心生不满的伙伴企业提前结束合作，最终联盟的结局就不是共赢而是多输了。②

（3）高层的参与及推动

联盟的成立是由企业的战略目的所决定的，但是这种战略目标可能仅存在于企业高层的头脑中，企业内部其他人员并没有深刻认识缔结联盟的意义。对结盟目的不了解或认识不深，将影响这些人员在联盟合作过程中采取忽视或不积极的态度，不利于联盟中知识转移，妨碍企业学习效果提升。因此需要高层管理者不断对员工讲解联盟的意义，强调联盟作为平台是给组织学习提供了一个契机，增强员工的学习意识和学习欲望，从各方面确保联盟企业处于组织学习状态中，避免出现企业在联盟中被动学习或者不积极学习的尴尬。

此外，按照巴特雷特和戈绍尔观点，联盟在组织学习中需要加强界面管理，其中界面是指企业与合作伙伴发生互动的部分，在界面上的人员被视为界面管理者。界面管理者在联盟内学习过程中扮演重要角色。界面管理者不一定直接是知识技能使用者，但是他们影响了知识在联盟内的流动。因此，葛京强调加强界面管理，其实质是加强界面管理者的管理。企业高层需要不断推动界面管理者的积极性，充分发挥界面管理者在联盟内学习的作用，即了解并掌握企业需要从联盟中的合作伙伴那里获取什么知识，以及如何转移该知识。这也印证了 Yoshino 和 Rangan 的观点，在 Yoshino 和 Rangan 看来高层积极向下面的经理和其他工作人员灌输联盟的重要性，有助于为联盟关系设定积极的发展基调，使员工更好地投入联盟组织学习中来。③

① 林忠礼，张喜民. 基于战略联盟稳定性的交互式学习模式的构建. 山东师范大学学报（人文社会科学版），2005，1：19.

② 谢恩，李垣，吴海滨. 战略联盟中组织价值创造活动的互动关系分析. 系统工程理论方法应用，2003，12：41.

③ 迈克尔·Y. 吉野，U. 斯里尼瓦萨·朗甘. 战略联盟：企业通向全球化的捷径. 雷涅邻等，译. 北京：商务印书馆，2007：220.

环境视角下的战略选择观

● 孙慧敏

（武汉大学经济与管理学院　武汉　430072）

【摘　要】战略管理理论的发展进程是不断对环境及其影响的认识过程，环境、战略和组织结构之间是密切互动的。本文从环境的视角分析了战略匹配观、种群生态观、基于资源观这几个主流基础战略选择观，探讨在不断变化的环境压力下企业战略选择的基础。战略匹配观说明战略就是在企业所处环境中能够决定其地位的机遇与限定条件之间的匹配。种群生态观强调了环境的需要会作用于公司的"物种群体"，组织与环境之间的关系遵从进化论的规律。基于资源观突破了产业组织理论，其核心思想是公司及其竞争优势建立在公司所拥有的独特资源的基础之上，战略选择要建立在公司特定的竞争环境中以配置资源的独特方式的基础之上。

【关键词】动态环境　战略选择机理　战略匹配　种群生态观　基于资源观

引言

在今天瞬息万变的商业环境中，企业的生存与发展越来越受到动荡环境的影响。企业管理者们所要承受的种种压力中，最大的莫过于环境变迁带来的挑战。战略管理理论的发展强烈地受到战略环境改变的影响，组织的战略行为完全取决于它所处的生存环境。当组织环境的发生改变时，组织是否能够做出反应，是主动出击应对还是静观等待，或者是束手就擒。这实际上是组织对环境的认识观以及基于不同战略的选择观。环境学派断言，有"一种最好的办法"可用于管理组织。按偶然性理论家的说法，"这种办法完全要依组织的大小、组织的技术、组织（发生事情的）环境的稳定性、外部的敌对性等而定"。这种最好的办法其实就是，如果组织能够适应其生存的环境，它就能有好的发展，否则就会受到桎梏或失去存在的价值而遭到淘汰。偶然性理论阐述了环境的独特方面和组织特别属性间的联系，企业在不同的环境下会产生不同的行为，这也"使得更系统地描述环境成了必要的环节"。①

构成组织环境的要素，既包括组织的边界之外的所有因素，也包括组织之内的各种资源因素。用经济学的理论解释，这些因素是由影响组织的一切内生变量和外生变量所形成的综合力量。② 组织的内生变量是指由企业内部结构决定的、由组织内部运作所形成的组织力量，包括组织的各种资源、技术、管理制度与手段。组织的外生变量是指由外部因素决定的变量，包括行业、竞争和市场等经济力量；政党、政策、法律、政府等政治力量；社会、技术、人口等社会力量。组织的内生变量如果能够满足外生变量的要求，组织就具有较好的适应性。组织环境通过各种途径影响着企业的活动，不仅影响了企业投入产出的转换过程本身，而且也影响了资源的获取过程、产出的创造和消费过程。战略选择始终要求组织在不确定的、复

---

① Henry Mintzberg. 战略历程：纵览战略管理学派. 刘瑞红等，译. 北京：机械工业出版社，2001：196.
② Penrose，E. T.. The theory of the growth of the firm. New York：John Wiley & Sons，1959：88-152.

杂的环境下实现有利的竞争地位而采取行动。然而并不存在一种普遍适用的企业组织模式，只有能保持环境、组织和战略的动态适应的企业，才能持续发展。

早在 20 世纪 30 年代末，美国电信业的高管 Barnard 就世界经济危机对企业的影响，提出企业组织的决策机制，从有关企业的各种要素中分离出战略因素的构想。在此之后各种公司战略的不同观点，都说明了战略管理理论是随着企业环境的改变而不断发展的过程（见表 1）。

表 1   公司战略的主要观点①

观点	公司战略的概念	组织结构	多角化	业务组合计划	基于价值的战略	通用的公司战略	基于资源的观点	财务与经济
作者代表	Ansoff, 1965 Andrews, 1971	Chandler, 1962 Bower, 1970 Vancil, 1978	Wrigley, 1970 Rumelt, 1974 Hill, 1988	BCG 公司, 1968 Haspeslagh, 1982	Jensen, 1985 Copeland, 1990 Schmalensce, 1985 Rumelt, 1991	Porter, 1987 Goold 和 Campbell, 1987 Mckinsey, 1989	Wernerfelt, 1984 Prahalad 和 Hamel, 1990 Barney, 1991	H. P. Lang 和 M. Stulz, 1994 Berger 和 Ofek, 1995 Villalonga, 2003
关心的问题	普通管理者的角色	组织结构	多角化经营的程度与模式	资源分配	公司对战略业务单位的贡献	公司优势的来源	公司特质与成长	股东价值
贡献	公司与竞争战略的最初陈述	结构服从于战略、适合性、分权化	把一系列业务视为战略变量协同效应	资产/业务组合管理	公司价值的有限证据、公司控制市场	公司优势类型学	有形与无形的资产和能力	多角化低估的实证证据
产出或结论	公司愿景规划独特能力SWOT 分析	M 型多项式事业部组织结构	相关性的测量、绩效分析	增长/市场份额矩阵	自由现金流和价值增值战略	公司角色	富有价值资源的特征	公司隶属关系的价值

本文通过归纳以上观点，认为主要有战略匹配观、种群生态观、基于资源观这几个主流基础战略选择观。

1. 战略匹配观

战略匹配观主要体现在战略管理理论的形成初期，对组织环境影响组织的行为的一种认识上，把战略的形成看做组织对环境的反应的过程。管理者通过审视环境，认识环境，从组织与协作理论的角度，认为"组织行为可以看做对环境条件的反应"，"组织的存在取决于协作系统平衡的维持。这种平衡开始时是组织内部的，是各种要素之间的比例，但最终和基本的是协作系统同其整个外界环境的平衡"。② Chandler 为了说明环境、战略和组织结构之间的互动关联，在研究了美国大企业的成长以及它们的管理组织结构如何被重新塑造以适应这种成长之后指出，组织受到了强大的（外在的）压力，这种压力就是环境。组织此时所能做的就是调整组织的内部结构。所以"战略起源于对机会和需求的识别，以便更有利可图地利用现有的或新增的资源。新的战略要求建立新的或至少更新了的结构，才能使扩大了的企业更有效地运

① David J. Collis, and Cynthia A. Montgomery. Corporate strategy: A resource-based approach. Columus: The McGraw-Hill Companies, 2005: 14.

② Chaster I. Barnard. 经理人员的职能. 孙耀君，译. 北京：中国社会科学出版社，1997：67-157.

营"。① 但是，不论是 Barnard 还是 Chandler，他们只是代表了 20 世纪 60 年代前的战略匹配观，把战略的形成看做组织对环境的反应的过程。②

战略匹配就是在组织外部机遇和组织自身能力之间保持基本平衡。在钱德勒研究的基础上，早期的战略管理理论：Ansoff 的《公司战略：成长和扩张的企业政策的分析技巧》，Andrews 等学者的《企业政策：原理与案例》（1965），以及 Andrews 的《战略管理思想》（1971）形成了战略管理应从企业的外部环境和内部要素两个方面进行研究的思路，奠定了战略管理理论体系，同时 Andrews 深入地研究了高层管理者在战略制定与实施中的地位与作用（Andrews，1980，17-46）。③ 战略决策主要关注公司的外部问题和公司生产与营销的产品组合，即在公司和环境之间建立某种联系，决定公司进入何种行业并从事何种经营。公司面临的事实是所有重大决策必须基于有限资源的基础上做出，从而涉及资源的分配选择问题。Andrews 充分吸收了 Barnard 的组织与环境相"匹配"的观点，提供了构成战略管理中说明性的学派基础的核心观点，即"战略就是在外部机遇和自身能力之间保持基本平衡"。所以"确定匹配"（Establishfit）成为了设计学派的座右铭。④ 由于企业环境的变化，企业的反应是选择与其自身条件相匹配的战略方案，以求得在未来的市场竞争中不断发展。

战略匹配要在公司和环境之间建立某种联系。20 世纪 70 年代，公司战略思想的主要源泉开始发生变化，逐步从学术界过渡到管理咨询公司。以 Boston 咨询公司为代表的一批专家公司成长起来，他们创造了"增长/市场份额矩阵"的一种突破性的分析工具，成为帮助多元化公司进行资源分配的主要方法,⑤ 同时他们也丰富了战略匹配的认识观。

战略匹配说明战略形成于社会经济环境。在 Ansoff 的进一步研究中，他系统地提出了战略管理模式，即企业战略行为模式，也即"组织—战略—环境"这三者的协调一致和相互适应,⑥ 这也形成了他的战略管理的核心内容。这说明战略行为是一个组织对其环境的交感过程，以及由此而引起的组织内部结构变化的过程。随着环境的变化，这一点显得日益重要，它们代表了经典的企业战略，实质是一个组织对其环境的适应过程以及由此带来的组织内部结构变化的过程。Andrews 等学者认为战略形成于社会经济环境："通过分析外部环境的复杂性和多样性，评估公司的强项和弱项，经济战略就可看成是基于公司在产品和市场环境方面能力和机会的匹配选择。我们将尝试将公司的经济战略看成内部能力和外部市场需要组合的产物。"其强调公司战略必须"将机会与资源相联系"。⑦ 这种匹配观被进一步强调，"经济战略就是在企业所处环境中能够决定其地位的机遇与限定条件之间的匹配"。⑧

战略匹配就要选择实现公司的独特能力与行业竞争要求之间相匹配的战略。Porter 将产业组织理论中结构（Structure）—行为（Conduct）—绩效（Performance）这一分析范式引入企业战略管理研究之中，

① Alfred D. Chandler. 战略与结构：美国工业企业成长的篇章. 孟昕，译. 昆明：云南人民出版社，2002：17.

② Henry Mintzberg Ahlstrand B., and Lampel J.. 战略历程：纵览战略管理学派. 刘瑞红等，译. 北京：机械工业出版社，1998：193.

③ Andrews, K. R.. The concept of corporate strategy. New York：Ricgard D. Lrwin, Homewood, Irllinois, 1980：17-46.

④ Henry Mintzberg Ahlstrand B.. Lampel J.. 战略历程：纵览战略管理学派. 刘瑞红等，译. 北京：机械工业出版社，1998：5.

⑤ David J. Collis, and Cynthia A. Montgomery. Corporate strategy：A resource-based approach. Columus：McGraw-Hill Companies, 2005：15.

⑥ H. Igor Ansoff. Strategic management. New York：John Wiley and Sons, 1979：105.

⑦ Learned, E. P., Roland Christensen, C., and Kenneth Andrews. Business policy：Text and cases. Burr Ridge, IL：Irwin, 1965：209；Andrews, K. R.. The concept of corporate strategy. Ricgard D. Lrwin, Homewood, Irllinois, 1980：48-82.

⑧ Christensen, C. M., Andrews, K. R, Bower J. L., Hamermesh, and Porter M.. Business policy：Text and cases. New York：Harvard Business School Press, 1982：164.

认为许多战略规划过程都把重点放在有组织、有系统地提出这些问题，而没有放在解决问题上。进行战略分析并提出竞争行为模式是 Porter 战略理论的重点，战略形成过程就是对建立在现有分析计算基础上各种战略的一种选择"。① Porter 在《竞争战略》(1980)、《竞争优势》(1985) 中成功地提出业务单位层面上的通用战略的概念之后，又提出了四种公司战略：业务组合管理、重组、转移技能、共享活动，且这四种公司战略紧紧围绕着公司对各个业务单位经营活动的参与程度的不断增加而逐渐展开。② 这种以产业（市场）结构分析为基础的竞争战略理论，形成了定位学派。企业盈利能力主要取决于选择有吸引力的、高潜在利润的产业；在已选择的产业中确定自己的优势竞争地位，并选择相匹配的竞争战略。Porter 在以后的研究中从企业内在环境出发，提出以价值链为基础的战略分析模型。试图从企业内部价值创造过程中寻求竞争优势来源，并弥补对企业内部因素不够重视的缺陷。将企业内部因素也纳入环境的因素中，作为环境的一组变量。但是组织的战略选择还是一种被动的去做竞争条件所要求的事情，实际上这是一种相当宿命的定位学派的观点。其核心观点还是要实现公司的独特能力与行业竞争要求之间的匹配。③

2. 种群生态观

生态学是一种研究生物与其所处环境（包括与其他生物）之间关系的生物学分支。从达尔文的"自然选择、适者生存"的角度来看待生物的进化，可以发现，传统的自然选择理论假设：两代物种之间发生的变化结果就是使成功存活下来的个体繁殖得更频繁，并且使新一代携带最优秀的基因。④ 当 Lawrence 和 Lorsch（1967）20 世纪 60 年代将环境因素纳入组织模式的研究之中时，他们就用进化理论说明了优秀公司为什么能够保持优秀，使其成为了战略管理理论的一个重要里程碑。⑤ 以 Hannan 和 Freeman（1977）为代表的种群生态学的观点认为，"一个组织种群是那些依赖相同的物质和社会环境、依赖共同资源的组织的集合，组织能否适应和生存主要取决于环境对组织形式的选择"。⑥ 他们的研究强调了环境的需要会作用于公司的"物种群体"，组织与环境之间的关系遵从进化论的规律：如果公司不再适应环境，它就无法生存。

组织与环境的关系体现了这样一种现象，即组织是群集在原来所处的独特生态学意义的活动范围中，直至资源变得稀少或条件变得恶化、敌对，最终组织消失灭亡。⑦ 这种独特的生态学意义的活动范围就是组织环境。战略作为组织与环境连接的一种工具，追求组织与环境的适应性成为战略管理的核心概念。任何一次的组织变革都是来自外界环境的压力，"当组织面临环境变化时，一些组织进行了调整，获得了成功；而另一些组织却未能进行调整，最后消失了"。⑧

根据种群生态学，我们可以认为一切战略的选择都是依环境的变化以至于给企业带来了极大的阻力和

① Minzberg, H., Ahlstrand, B., and Lampel J.. Strategic safari. New York: the Free Press, 1998: 103-122.

② Michael E. Porter. Form competitive advantage to corporate strategy. Harvard Business Review, 1987, May-June: 43-59.

③ David J. Collis, and Cynthia Montgomery, A.. Corporate strategy: A resource-based approach. Columus: McGraw-Hill Companies, 2005: 42.

④ Arie Geus. 长寿公司：商业"竞争风暴"中的生存方式. 王晓霞，译. 北京：经济日报出版社，哈佛商学院出版社，1998：165.

⑤ Peters, T. J., and Waterman, R. H.. 寻求优势：美国最成功公司的经验. 管维立，译. 北京：中国财政经济出版社，1985：54-59.

⑥ Hannan, M. T., and Freeman, J. H.. The population ecology of organizations. American Journal of Sociology, 1977, 82: 929-964.

⑦ Minzberg, H., Ahlstrand, B., and Lampel, J.. 战略历程：纵览战略管理学派. 刘瑞红等，译. 北京：机械工业出版社，2001：195.

⑧ David J. Collis, and A. Cynthia Montgomery. 公司战略：基于资源的观点. 王永贵等，译. 北京：机械工业出版社，2006：55-56.

威胁而导致的，组织的发展表现了具有"变异—选择—保留"的那种自然生态发展进化模式。"变异"即在环境的压力下，通过革新给组织创造有利的生存条件并会产生一些新的组织，如新技术的变革摧生了许多网络公司、管理咨询公司等，组织由小变大，业务领域不断增加。"选择"是当组织在环境的压力下，做出应对决策，这是组织的一种权力，即使这种选择是偶然的，组织通过选择可以最大程度地适应环境，有时也可以让环境有利于组织的发展。选择可以是基于这种假设，组织并不总是只能适应环境的变化，在一定条件下企业也可以反作用于环境，因为环境并不全是"不可控制的"。① 1978 年，进化理论的研究学者 Jeffrey Peffer 和 Gerald Salancik 的《组织的外部控制：依赖资源的前景》；Marshall Meyer 的《环境与组织》都提出了企业对外部环境因素的管理和控制，比如企业通过对经营领域的变化、政治性活动和组织加入贸易协会等，都可以在一定程度上达到对外部环境因素的管理和控制。② 组织为了达到一定的目的，而对环境的扰动有所反应，组织就有可能"适应并影响变化的环境"。③ "保留"，是依据"适者生存"的道理，组织在种群中能够较其他组织更有实力或更能有效地支配资源，这种组织就能生存下来，反之则会被淘汰进而消失。组织成功的关键因素就是有能力选择那些能保持与环境扰动相一致的战略方案，如收购与兼并，联盟与收缩等方案。20 世纪 80 年代，随着资本市场的发展，要使股东价值最大化的目标，就要对股东价值进行全盘管理，使经理人员集中精力对公司资本进行审慎管理。然而在这期间，许多非常明显的多元化战略的失败问题变得更加突出，如埃克森公司涉足办公用品市场和可口可乐公司收购哥伦比亚图片公司。结果，"坚持本业可能是最理想的公司战略"这一观念日益受到重视并得到广泛传播。④ 20 世纪 90 年代，以 Lang 和 Stulz 为代表的学者运用资本市场测试来研究多元化经营的价值，更加关注多元化的绩效含义。结果发现存在着大约 20% 的"多元化低估"。⑤ 同时，金融财务领域的研究也表明：强调公司业务组合的公司重组活动，如业务剥离，可以提高股票市场价值，而且至少一部分"低估"是由多业务把资源分配给那些表现出不良绩效的业务单位所造成的，即在单业务公司中绝对不会存在的补贴现象。实际上公司在实施扩张或者收缩业务战略中，不仅仅只有适应，还有主动地影响不断变化的外部环境以有利于组织的发展方向，组织才能生存（保留）下来。

组织生态学理论的代表 Hannan 和 Freeman 以新制度理论和种群生态理论为基础，分析了在技术变革的环境扰动下，组织的设立、存在、成长的变化情况。提出了组织密度依赖模型，揭示出组织死亡率与组织种群密度之间的关系，⑥ 他们的研究使种群生态观发展到了一个新的理论阶段。

在壳牌集团进行研究的 Arie Geus 的研究证明了这一点，一个跨国公司的平均寿命周期是 40～50 年，例如 1970 年跻身美国《财富》500 强的跨国公司到 1982 年有 1/3 销声匿迹了，不是被兼并，就是四分五裂。其也发现了一些寿命超过了 200 年的公司。其中，Stora 公司有 700 多年的历史，另外还有 1590 年创建的 Sumitomo 集团等。研究认为公司长寿的四个原因是：对周围环境的敏感：不断创新与适应的能力。具有凝聚力及认同感：建立社区与人际关系的内在能力。宽容：分权，与公司内外部建立关系的能力。保

① 赵锡斌. 企业创新与环境控制. 武汉大学学报（哲学社会科学版），2005，4：438-443.

② Peters, T. J., and Waterman, R. H.. 寻求优势：美国最成功公司的经验. 管维立，译. 北京：中国财政经济出版社，1985：54-59.

③ Daft, R. L.. 组织理论与设计. 王凤彬，译. 北京：清华大学出版社，2003：16.

④ Peters, T. J., and Waterman, R. H.. 追求卓越——美国杰出企业成功的秘诀. 殷允芃，译. 北京：中国展望出版社，1984：204.

⑤ Larry H. P. Lang, Rene M. Stulz, Tobin's q.. Corporate diversification, and firm performance. The Journal of Political Economy，1994，102（6）：1 248-1 280.

⑥ Hannan, M. T., and Freeman, J. H.. Organizational ecology. Cambridge：Harvard University Press，1989：22.

守的财政：有效控制增长与进化的能力。①

　　3. 基于资源观

　　基于资源与能力理论应该追溯到 Marshall 所提倡的企业内部成长观点和他所提出的企业知识基础理论。由于专业化分工导致企业内部出现新的协调问题，技能、知识和协调不断增加产生新的内部专门职能，企业内部会发生伴随生产进程的公开知识积累，从而推动企业不断进化。同时每个行业是由一系列异质企业所组成的，单个企业的成长、衰退是经常性的，但一个行业则可以经受长期的波动平稳地向前发展。② Chamberlin 重点研究了企业的异质性（heterogeneity），③ 认为，特有的资产或能力是使企业处于不完全竞争状态，并获取经济租金的重要因素。Chamberlin 列举了企业的几种关键资源，如技术能力、品牌知名度、美誉度、管理者独立工作能力、与他人合作能力、商标和专利等，被广为引用。④

　　20 世纪 50 年代末，Penrose 的"企业内在成长理论"，极大地发展了马歇尔"内部经济"的思想。她认为被新古典企业理论视做"黑箱"的企业资源和能力是构成企业经济效益的稳固基础。企业是一个生产性资源的集合体，而非古典经济学理论所认为的仅仅是产品/市场的集合。⑤ 企业内部存在着通过知识积累以拓展生产领域的机制，而且这种知识积累是一种内部化的结果，节约了企业稀缺的决策能力资源，新的管理者才能释放出解决新问题、促进企业成长的能量。20 世纪 80 年代中期，一些学者摒弃产业经济学的方法，在以 Penrose 倡导的"企业内在成长论"的基础上提出了基于资源基础的公司战略理论，Wernerfelt 从资源的角度来分析企业，同时在分析工具上他发明了用资源位置壁垒（Resource position barrier）来代替进入壁垒，用"资源—产品"矩阵来代替"增长—份额"矩阵，⑥ 从企业内部来寻找企业差异的原因这一角度导致了战略管理界革命性的变化。人们才开始把目光投入作为受企业自身历史限定的资产和资源的积聚，关注企业内部的竞争优势来源和资源的不对称性。Barney 1986 年和 1991 年撰文提出只有具有价值性、稀缺性、不可模仿性的资源才能成为企业长期获取持续竞争优势的源泉。⑦ Dierickx 和 Cool 通过一个存量和流量分析模型说明了企业核心知识和能力积累过程的特殊性。⑧ 从动态的视角来透视组织的竞争优势，对于持久竞争优势而言，存量比流量更为重要。

　　随着公司战略的发展，理论界出现了基于资源的理论，以及在 20 世纪 90 年代以后出现的动态能力学说（Teece，Pisano and Shuen）等。⑨ 使人们更广泛、更准确地界定了能够发挥核心竞争能力作用的资产，并识别出这些资产可能成为多项业务的价值源泉所必需的条件。⑩ 特别是基于资源的理论解释了为什么一家公司不仅能够拥有单个业务领域的竞争优势，而且还能够创造跨业务领域的公司优势。

　　1990 年，在追忆 Andrews 有关独特能力的原始著作的基础上，Prahalad 和 Hamel 在对世界上优秀公司

　　① Arie Geus. 长寿公司：商业"竞争风暴"中的生存方式. 王晓霞，译. 北京：经济日报出版社，哈佛商学院出版社，1998：11.
　　② Marshall, A.. Principle of economics. London：Macmillan，1925：25-65.
　　③ Chanberlin, Edward H.. The theory of monopolistic competition. Cambridge：Harvard University Press，1933：33-50.
　　④ 安景玲，齐二石，李中阳，李钢. 基于资源与能力的竞争力理论研究综述. 天津大学学报（社会科学版），2003，10：336-340.
　　⑤ Penrose, E. T.. The theory of the growth of the firm. New York：John Wiley & Sons，1959：89-125.
　　⑥ Wernerfelt, B.. A resource-based view of the firm. Strategic Management Journal，1984，5（2）：171-180.
　　⑦ Barney, J.. Strategic factor markets：Expectations，luck and business strategy. Management Science，1986，32：1231-1241；Firm resources and sustained competitive advantage. Journal of Management，1991，17（1）：99-120.
　　⑧ Dierickx L., and Cool, K.. Asset stock accumulation and the sustainability of competitive advantage. Management Science，1989，35：1504-1513.
　　⑨ 许德音，周长辉. 中国战略管理学研究现状评估. 管理世界，2004，5：76-87.
　　⑩ David J. Collis, and Cynthia A. Montgomery. Competing on resources：Strategy in the 1990s. Harvard Business Review，1995，July-August：118-128.

的经验进行研究时也发现，这些优秀公司的竞争优势真正来源"将取决于企业能否以比对手更低的成本和更快的速度构建核心竞争力，这些核心竞争力将为公司催生出意想不到的产品。管理层将公司范围内的技术和生产技能合并为使各业务可以迅速适应外部变化机会的能力，这才是优势的真正所在"。① 这为公司经营的各项业务提供了"主线"的能力或技能，正是这条主线把公司的各项业务紧密地编织成一个整体。他们的研究将资源基础理论向实践方向推进了一大步，从而使得资源基础理论逐渐红火，同时，产业分析的弊端逐渐被认识。企业竞争优势的获得及战略管理的观念也就从企业的外部转向企业的内部。1991年 Grant 对资源基础论做了较为精辟的总结与诠释。他把企业资源划分为六类，即：财务资源、物质资源、人力资源、技术资源、商誉资源和组织资源。尤其对战略的制定过程建立了一个实践构架。② Langlois（1992）提出的"能力论"，Foss（1993）的"核心能力论"，以及 Hamel 和 Hally（1994）的"企业能力基础竞争论"等。③ 1995 年 Collis 和 Montgomery 系统地阐述了基于资源的理论，对企业的资源和能力的认识更进了一步。企业是实体资产、无形资产及能力三大资源要素的组合，企业的资产与能力决定企业的效率与成效，拥有最佳且最适当资源的企业比竞争对手表现得更佳或成本更低，从而更成功。④ 当企业对多变的环境应接不暇时，Teece 等提出了一种更高层次的动态能力的观点，并将其视为一种不同的、更好的资源。他们认为，"用于培养新的能力"的动态模式比"单纯复制旧任务"的静态模式或能力更优越，因为这种动态能力使企业易于适应变化的战略需求。⑤

基于企业资源学派的战略管理理论突破了产业组织理论，认为企业绩效差异源于企业内部的要素，而并不依赖于企业外部的产品市场结构。促使人们由公司的核心竞争力更加转向了资源基础理论，以企业特有的资源和能力为出发点，并强调了资源在具有价值、稀缺性与难以模仿性时对企业持续优势获得所起的作用。战略管理理论在其发展中也开始重视企业所依存的竞争性环境，并拥有产业分析中的一个重要特性，也信赖于经济推理。尽管它把企业资源和能力看做企业竞争的核心，但是它仍重视需求、稀缺性与专有性这三种基本市场作用力的动态相互作用，正是这三种作用力才决定了资源和能力的价值。因此，公司的竞争优势就取决于其拥有的有价值的资源。公司可以看做各种资源的不同组合，由于每个企业的资源组合不同，即资源的非对称性，因此不存在完全一模一样的公司战略，这才是战略的实质，是持久竞争优势之本。2005 年 Collis 和 Montgomery 再次合作，将他们的 10 多年来的研究成果系统地展现在理论界，出版了《公司战略：基于资源的观点》。其核心思想是：公司及其竞争优势建立在公司所拥有的独特资源的基础之上，建立在公司于特定的竞争环境中配置这些资源的独特方式的基础之上，同时鉴于有关公司的边界选择和促使战略获得预期成功的组织机制等因素也至关重要。

以上所述的战略选择的三个主流观，并不是全部。战略匹配观、种群生态环境观、基于资源观在人们的认识中不断充实与完善。特别是在当今世界，经济全球化等复杂的因素形成的环境压力在更大程度上对各种组织的影响正改变着组织的行为，改变着行业的竞争态势，将促使各行业重新洗牌。

---

① Prahalad, C. K., and Gary Hamel. The core competence of the corporation. Harvard Business Review, 1990, May-June: 79-93.

② Grant R. M.. The resource-based theory of competitive advantage: Implications for strategy formulation. California Management Review, 1991, 33（3）: 114-135.

③ 杨浩，戴月明. 企业核心专长. 上海：上海财经大学出版社，2002：37.

④ David J. Collis, and D. J.. Cynthis Montgomery. Competing on resource strategy in the 1990s. Harvard Business Review, 1995, 7（8）: 118-128.

⑤ Teece D. T., Pisano G., and Shuen, A.. Dynamic capabilities and strategic management. Strategic Management Journal, 1997, 18（7）: 509-533.

参 考 文 献

［1］ Andrews, K. R.. The concept of corporate strategy. New York: Ricgard D. Lrwin, Homewood, Irllinois, 1980.

［2］ Barney, J.. Strategic factor markets: Expectations, luck and business strategy. Management Science, 1986, 32 (10).

［3］ Barney, J.. Firm resources and sustained competitive advantage. Journal of Management, 1991, 17 (1).

［4］ Chanberlin, Edward H.. The theory of monopolistic competition. Cambridge: Harvard University Press, 1933.

［5］ Christensen C. M. , Andrews, K. R , Bower J. L. , Hamermesh, and Porter M.. Business policy: Text and cases. New York: Harvard Business School Press, 1982.

［6］ C. K. Prahalad, and G. Hamel. The core competence of the corporation. Harvard Business Review, 1990, May-June.

［7］ David J. Collis, and Cynthia A. Montgomery. Competing on resources: Strategy in the 1990s. Harvard Business Review, 1995, July-August.

［8］ David J. Collis, and A. Cynthia Montgomery. Corporate strategy: A resource-based approach. New York: The McGraw-Hill Companies, Inc. , 2005.

［9］ Dierickx, L. , and Cool, K.. Asset stock accumulation and the sustainability of competitive advantage. Management Science, 1989, 35.

［10］ Teece, D. T. , Pisano, G. , and Shuen, A.. Dynamic capabilities and strategic management. Strategic Management Journal, 1997, 18 (7).

［11］ Learned, E. P. , Roland Christensen, C. , and Kenneth Andrews. Business policy: Text and cases. New York: Burr Ridge, IL: Irwin, 1965.

［12］ Grant R. M.. The resource-based theory of competitive advantage: Implications for strategy formulation. California Management Review, 1991, 33 (3).

［13］ H. Igor Ansoff. Corporate strategy: An analytic approoch to business policy for growth and expansion. New York: McGraw-Hill, 1965.

［14］ H. Igor Ansoff. Strategic management. New York: John Wiley and Sons. Inc. , 1979.

［15］ Hannan M. T. , and Freeman, J. H.. The population ecology of organizations. American Journal of Sociology, 1977, 82.

［16］ Ian Worthington, and Chris Britton. The business environment. London: Pearson Education Limited, 2003.

［17］ Marshall, A.. Principle of economics. London: Macmillan, 1925.

［18］ Michael E. Porter. Form competitive advantage to corporate strategy. Harvard Business Review, 1987, May-June.

［19］ Minzberg, H. , Ahlstrand, B. , and Lampel, J.. Strategic safari. New York: The Free Press, 1998.

［20］ Penrose, E. T.. The theory of the growth of the firm. New York: John Wiley & Sons Inc. , 1959.

［21］ Wernerfelt, B.. A resource-based view of the firm. Strategic Management Journal, 1984, 5 (2).

［22］ Ian Worthington, and Chris Britton. 企业环境. 徐磊等, 译. 北京: 经济管理出版社, 2005.

企业社会责任履行度影响因素的实证研究

——来自上证 A 股的经验证据

● 李四海

（中南财经政法大学会计学院　武汉　430073）

【摘　要】企业主动承担起应承担的社会责任，是构建和谐社会的应有之举。本文选取 2006—2007 年我国沪市 A 股上市公司 803 样本点就企业社会责任履行度影响因素进行了研究，研究证据表明企业的盈利能力、财务风险和来自政府、银行、社会公众的压力以及企业的成长性是企业社会责任履行度显著的影响因素，但是对于不同规模的企业来说影响因素又有差异，大规模企业社会责任的履行具有稳定性和战略性，而规模小的企业更容易受短期机会左右。本文希望通过研究来为提高我国企业社会责任的相关政策的制定提供理论依据。

【关键词】社会责任履行度　盈利能力　公共压力　成长性

在社会学领域，一个始终被强调的概念是社会的和谐性。按照社会组织理论的说法，构建和谐社会涉及各个主要社会组织的社会责任，包括政府的社会责任、企业的社会责任、民间社团的社会责任和城乡基层社区的社会责任等。其中企业的社会责任非常重要，在整个社会组织的责任体系中发挥着重要作用，社会和谐，企业有责。社会的和谐离不开企业，企业的发展也离不开社会。企业在处理与社会的关系中决不能只盯住经济效益，要主动承担起应承担的社会责任，把企业的发展融入社会的发展之中。对企业社会责任（Corporate Social Responsibility，简称 CSR）的研究理论可上溯到 20 世纪初，早在 1924 年就被美国学者谢尔顿提出，但没有引起多少关注。1953 年，霍华德·鲍恩出版了《企业家的社会责任》一书，使公司社会责任正式走进人们的视野，但真正对其进行系统研究则是最近几十年的事，我国学者对企业的社会责任研究主要是 20 世纪 90 年代以后开始的。目前国内外关于企业社会责任主要有狭义和广义两种观点，其中狭义社会责任观的代表人物为美国学者布鲁梅尔（Brummer），他认为企业责任可划分为经济责任、法律责任、道德责任和社会责任四种，其中社会责任是企业责任的一个组成部分，广义社会责任观的代表人物为美国学者卡罗尔（Carroll），该观点认为企业社会责任等同于企业责任，包括经济责任、法律责任、伦理责任、自由裁量责任等全部责任，广义的社会责任观是企业社会责任问题的泛化，容纳了各种对企业社会责任的一般性认识，它将企业与自然、经济和社会融于一体进行考察，它体现的是一种企业的价值观念或商业行为模式，而非仅是一种责任。相比于狭义的企业社会责任观将企业社会责任区别于其他企业责任，广义的社会责任观更具有理论价值与实践指导意义，它将企业置于整个经济社会系统中予以考察，把社会责任的基本思想、方法与企业的商业行为模式相结合，并贯穿于每个经济活动的环节，以达到企业持续创造价值的目的。

在经历了 2008 年这个多事之年，中国的企业和公众深切的感受到了企业社会责任的意义，1 月份的南方特大冰雪灾害、"5·12"四川汶川里氏 8.0 级地震，以及后来的"三鹿奶粉"事件都是对中国企业承担社会责任的重大考验。目前国内对企业社会责任研究的文献已经比较丰富，但主要集中在对企业社会责任的理论以及企业社会责任与财务绩效、企业价值的相关性研究，对现实中企业履行社会责任存在着显著差异的影响因素的研究文献还是比较少，尤其是定量研究，本文选择对企业社会责任履行度影响因素来进行实证研究，希望通过研究为那些提高我国企业社会责任的相关政策的制定提供理论依据。

一、文献回顾

以诺贝尔经济学奖获得者西蒙以及弗兰奇为代表的伦理学派认为公司在具有独立法人地位的同时也具有道德人格，应该履行道德义务，承担对社会整体利益应尽的责任，主张伦理先于利润。但究竟是哪些因素导致了企业社会责任行为表现的差异，目前还没有得到系统的研究。但一些学者已经开始关注这方面的问题。国外学者在研究时往往关注于企业高层管理人员个体因素，如 Thomas 和 Simerly（1995）研究发现，企业高层管理人员的职业背景对企业社会责任表现具有显著影响，任职期限尽管也有显著影响，但受产业类型的调节。Norcia 和 Tigner（2000）从一般意义上讨论企业社会责任的动机。他们认为，在企业决策中同时存在多种动机，包括财务的、实践的、管理的、技术的、经济的、竞争的、公司的、组织的、社会的、个人的、伦理的，等等。Browne（2003）在其博士论文中运用多元线性回归检验了高层管理人员人口统计变量、薪酬、权力对企业承担社会责任的影响。Rashid 和 Ibrahim 对企业管理人员的社会责任态度及影响因素进行了实证研究。结果发现，企业社会责任态度最重要的影响因素是家庭教养，其他依次是传统信仰与习俗、产业惯例、宗教方面的训练、同事的行为、上司的行为以及学校或大学训练。与国外的研究不同，国内学者的研究更多的是从企业的层面来进行的，如《上海企业诚信与社会责任研究》课题组（2005）通过对上海企业的调查得出结论，企业实施社会责任的程度受企业的成立时间、企业所有制形式、企业所处行业和企业规模等因素影响。李立清（2006）在构建企业社会责任评估体系的基础上，以湖南省 293 家企业为研究样本，以单因素方差分析为主要分析技术，研究了企业履行社会责任状况在行业属性、规模属性和所有制属性上的差异性。结果表明，企业履行社会责任的状况在这三个变量上都具有显著性差异。陈留彬以问卷调查得到的数据进行实证研究，发现企业行业特征、企业规模特征、企业盈利能力与企业社会责任状况具有显著的相关性。[①] 唐志、李文川通过对浙江民营企业的调查，应用排序多元离散选择模型，对浙江民营企业社会责任的经济影响因素进行了实证研究，发现企业规模、企业类型、企业发展阶段是现阶段影响浙江民营企业承担社会责任的主要影响因素。[②] 国内学者李双龙通过理论分析把企业社会责任的影响因素归纳为以下几个方面：（1）一国的历史、文化、制度与社会发展水平；（2）发达国家和跨国公司对企业社会责任的态度；（3）各利益相关者对企业社会责任的需求；（4）企业的所有制性质；（5）预期心理；（6）企业规模。[③] 整体上来看，国内对企业社会责任行为表现的差异的研究更多是规范研究，经验研究也主要是基于局部范围的调查数据，具有很大的局限性。本文拟在上述文献的基础上，选取 2006—2007 年我国沪市 A 股上市公司为研究样本，侧重于从企业的盈利能力、公共压力、内

---

① 陈留彬. 中国企业社会责任评价实证研究. 山东社会科学, 2007, 11: 145-150.
② 唐志, 李文川. 浙江民营企业社会责任影响因素的实证研究, 浙江工商大学学报, 2008, 3: 75-79.
③ 李双龙. 试析企业社会责任的影响因素. 经济体制改革, 2005, 4: 76-79.

部治理、财务风险以及企业的成长性来分析其对企业社会责任履行的影响。

二、理论基础与假设发展

（一）盈利能力与企业社会责任

企业的本质是各种生产要素所有者通过一系列合约关系联结而成的特殊组织，通过这种结合能够形成某种"集体生产力"，创造出一个大于单个成员从事生产经营活动净收益的剩余，这个剩余称为"组织租金"。现实中由于组织租金的概念十分抽象，现有的会计方法无法准确地计量和表达，因此我们采用反映企业盈利能力的财务指标进行衡量企业创造组织租金的能力和大小。企业盈利能力大小对企业各方面的行为都产生着不可低估的影响，那些盈利能力强的企业的创造的组织租金高，有更多的精力和实力去承担社会责任，盈利能力是企业履行社会责任的基石。美国学者 Keith Davis 等人（1975）认为盈利能力强的大企业对诸如平等就业和环境保护等重大社会问题有重大影响力，运用这种影响力来解决这些社会问题也就理所应当。盈利能力强的企业更加注重与利益相关者的长期合作，这些企业通常拥有稳定的发展战略，企业战略要求企业与利益相关者尤其是关键利益相关者建立起长期稳定的合作关系，为企业发展创造良好的环境，规避风险，创造机遇。要建立与利益相关者的长期合作关系，必须充分考虑它们的利益要求，这恰恰是企业社会责任的固有含义。Mcwillimas 和 Siegel 还提出了一种新的解释：企业社会责任是企业实施差异化战略的一种工具，是本企业区别于其他企业的一种产品属性。企业要向市场提供这种产品属性，必须进行专门的投资。这种投资的数额通常较大，而且伴有可观的后续成本。只有在盈利能力强的企业中，才有充分的资源和实力进行这些投资，并且只有在盈利能力强的大企业中才能实现投资的规模经济，这对那些盈利能力差的企业来说都是不可能的。因此，只有盈利能力强的企业才有能力向社会提供这种特殊的产品属性，其社会责任行为表现当然要好于盈利能力差的企业。据此，我们提出假设 1：

假设 1：盈利能力越强的企业，社会责任履行状况越好。

（二）公共压力与企业社会责任

企业作为社会公民要参与各种社会交换活动，企业参与社会交换的目的在于赢利，能否赢利在很大程度上取决于企业能否得到社会的认同，而企业社会责任是企业赢得社会认同的利润的一种不可或缺的资源（Aronson，WilsonandAkert，2005）。企业在进行社会责任投入时（资源付出），得到了社会大众的认可（如形成了负责任的品牌个性）和赞许（如顾客满意），这种认同和赞许是社会大众对企业社会责任的回报。企业的这种社会责任的投入与社会大众对其品牌个性的认可和满意，一旦形成良性互动后，就会建立起一种基于信任的隐性契约（Hum and Reilly，1992）。由于社会交换遵循的是互惠和公平原则，这种基于信任的隐性契约形成后，社会公众就自然对有隐性契约关系的企业产生期望和要求，而影响社会公众对企业社会责任期望的因素主要有：企业实力、品牌的社会责任个性、民族中心主义。根据经典的认知—态度—行为理论，社会公众会依据对企业实力、品牌的社会责任个性的感知，对企业社会责任付出产生期望，并对企业社会责任的期望与企业社会责任履行度的感知进行比较，如果不相匹配，社会公众就会对企业社会责任履行度表示不满意，并产生抵制性的大众行为，对企业施加公共压力（Walden 和 Swartz，1997）。如在汶川地震捐款中，同样是捐款 1000 万元的联想和中国石化，社会公众对二者的评价却是截然相反的。

对企业施加公共压力的主体除了社会公众外还包括政府、供应商、债权人等利益团体。如政府不满意企业的纳税行为和环保政策，债权人不满意企业的信用表现和社会公众形象，这些不满意的情绪将转换成压力，促使企业更好地履行社会责任，如政府基于社会管理和发展的需要，会对企业施加压力，要求企业改进环保措施、积极合法纳税；作为债权人如银行，为了避免坏账损失，可能要求企业提高贷款利率并对贷款提供担保甚至对那些社会形象不很差的企业拒绝贷款。企业履行社会责任与公共压力存在联系，企业通过履行社会责任，缓解公共压力，维持其与社会公众、政府、债权人等各方的良好关系，以免陷入公众抵制、政府处罚、债权人停止合作、股东反对等重重危机中，树立企业良好的社会形象，给企业带来长期的、潜在的利益。据此，我们提出假设2：

假设2：公共压力越大的企业，企业社会责任履行状况越好。

（三）内部治理与企业社会责任

内部治理是影响企业经营效率的主要因素，内部治理越完善，投资者的利益保护程度也就越高，企业的经营越有效率，更能有效地处理企业利益相关者之间的关系，使企业处于与社会和谐共生的状态，促进企业的可持续发展。独立董事是内部治理的重要力量，独立董事比例越高，董事会独立性越强，对管理层的监督效果更好，可以有效地防止管理层的机会主义行为和道德风险，促使企业管理层为维护企业利益相关者利益勤勉工作，使管理者的行为更加与投资人利益以及其他利益相关者的利益一致。同时，独立董事比例越高，独立董事越能发挥相关专业技能，为企业的发展提供服务，提高企业的业绩，从而为企业履行社会责任提供物质基础，潭劲松等（2003）研究独立董事人数及薪酬与公司业绩（ROA 和 ROE）的关系发现，独立董事人数与公司业绩粗略正相关。据此，我们提出假设3：

假设3：独立董事比例越高，企业社会责任履行状况越好。

（四）财务风险与企业社会责任

财务结构不合理、融资不当使得企业可能丧失偿还到期债务的能力，从而产生财务风险，企业财务风险越大，企业出现财务危机的可能性也越大，因此企业为了防止财务危机的出现，会对企业的资源进行合理有序的安排，在企业资源有限的情况下，企业会优先安排扩大再生产所需资源，而会忽视对企业社会责任所需资源的投入。Prestonetal（1997）提出的"提供资金假说"认为，好的财务状况使企业有更宽裕的资源投入企业社会责任（CSR）中去，而不好的财务状况会使企业无心也无力来承担更多的社会责任（CSR）。这其中的财务状况就包括了企业的财务风险。据此，我们提出假设4：

假设4：财务风险越大的企业，社会责任履行状况越差。

（五）成长性与企业社会责任

企业不同的成长阶段对社会责任的承担不同，对企业社会责任的认识也不同，企业根据自己的发展阶段去调整和适应社会对自己的要求（孙为民，2008）。Sethi 提出了一个企业社会责任行为的三阶段模型：社会义务阶段（Social-Obligation）—社会责任阶段（Social-Responsibility）—社会响应阶段（Social-Responsiveness）。在社会义务阶段，企业行为由市场力量和法律法规推动，企业处于被动、强制地位，态度消极；在社会责任阶段，企业行为与主流的社会规范、价值观和社会期望相一致，企业基本接受这些约定性、惯例性的内容，消极态度逐渐缓解，但也不会主动采取更多的措施；在社会响应阶段，企业不是对眼前社会压力做出反应，而是从长远发展角度考虑自己在动态社会系统应当扮演的角色，其行为是预测性和预防性的，企业不但没有消极态度，而且会积极主动承担一些当前社会规范没有期望的社会责任。[①]

在企业的成长时期，由于企业资源的缺乏，同时自身处于成长时期需要大量的资源，企业社会责任意

---

① Sethi, S. P.. A conceptual framework for environmental analysis of social issus and evaluation of business response patterns. Academy of Management Review, 1979, 4（1）: 63-74.

识往往不太自觉，大多数企业仍抱着"企业的唯一社会责任就是创造利润"的信条，对企业与人、环境、社会的关系认识不清；即使有的企业已经有所认识，但仍处于朴素阶段，对企业社会责任的认识停留在"慈善"的认识上，往往对企业社会责任持消极的态度。而当企业进入成熟稳定阶段后，企业规模扩大，品牌形成，履行更多社会责任的条件也已具备，社会也自然而然对企业有很多的期望和要求，同时企业必须满足社会的这种期望和要求（孙为民，2008），通过积极履行社会责任树立良好的社会形象，带来长期的、潜在的利益。有的学者认为，一个企业的发展大致会经历三个阶段：纯粹的挣钱阶段、追求规模阶段、企业社会公民时期。据此，我们提出假设5。

假设5：企业处于成长阶段，社会责任履行状况越差；企业进入成熟稳定阶段，社会责任履行状况越好。

三、研究设计

（一）变量定义

（1）企业社会责任履行度

在广义的社会责任观下影响最大的两种定义框架分别是 Carroll（1979）的四责任概念框架和利益相关者框架。前者根据责任属性对企业社会责任进行划分，后者根据责任对象对企业社会责任进行划分。Carroll（1979）的四责任概念框架认为企业的社会责任包括经济责任、法律责任、伦理责任和自愿责任后来改为"慈善责任"。而利益相关者框架认为公司并非简单地被视为属于股东们的实物资产的集合体，而是一种具有治理所有在公司的财富创造活动中作了专用投资的主体的相互关系功能的法律框架结构。国内外学者在研究企业社会责任影响因素时往往基于利益相关者框架。对于究竟哪些主体是企业的利益相关者，Freeman（1994）给予利益相关者的经典定义为："企业的利益相关者是指那些能够影响企业目标的实现或被企业的目标的实现所影响的个人或群体"。这种影响可能是单向的也可能是双向的，包含了关系、交易或合约等形式，合约边界遍及社区、政府、供应商、客户等在内的所有利益关系人。本文根据Freeman 的经典定义，将企业的利益相关者界定为：股东、债权人、员工、供应商、客户、政府以及社会大众。本文以这七类企业利益相关主体来评价企业的社会责任履行度，并主要以对相关利益者社会责任履行过程中的实际现金支出来体现社会责任履行程度，陈玉清等（2005）也认为，上市公司对利益相关者承担的真实社会责任，表现为上市公司在既定的收入条件下已经对各利益相关者支付了多少现金，具体评价方法如表1所示。

表1 企业社会责任评分体系

利益相关者	评分指标
股东	分配股利所支付的现金/营业收入
员工	支付给职工以及为职工支付的现金/营业收入
债权人	利息保障倍数
供应商	应付账款周转率
客户	营业收入/营业成本
政府	（支付税费－收到的税费返还）/营业收入
社会大众	捐赠支出/营业收入

确定了利益相关者的评分指标后，对具体指标进行评分的步骤是：第一步，划分等级。将同一年样本公司该指标的值从高到低排序，平均划分为四组，依次定为第一、二、三和四等级。第二步，划分级别，设定级别基础分。分别计算这四个等级的平均值，指标值大于第一等级平均值的为优秀级别，基础分为80分；小于第一等级且大于第二等级平均值的定为良好级别，基础分为60分；小于第二等级且大于第三等级平均值的定为中等级别，基础分为40分；小于第三且大于第四等级平均值的定为较差级别，基础分为20分；小于第四等级平均值的定为差级别，基础分为0分。第三步，计算各指标得分。优秀级别指标得分＝优秀级别基础分＋（样本指标值－第一等级平均值）／（优秀级别最高值－第一等级平均值）×20；其他级别指标得分＝所在级别基础分＋（样本指标值－所在等级平均值）／（上一等级平均值－所在等级平均值）×20。

在企业社会责任履行度的评价中对于各利益相关主体权重的设定目前国内外研究还没有得到一致的结论。国内学者沈洪涛通过建立在公司财务报表基础上的"相关利益者识别与权重"方法来识别我国公司的相关利益者并赋予相应的权重，得到的权重数：股东为46.37%、债权人为25.16%、客户为15.39%、供应商为11.38%、员工为1.17%、政府为0.53%。但员工所占权重为1.17%很难让人信服。[1] 徐光华结合"卡罗尔结构"设计了社会责任各利益相关者权重模型。"卡罗尔结构"认为，企业社会责任可定义为经济责任、法律责任、伦理责任和自愿责任四大部分，权重分别为4-3-2-1。徐光华认为企业在社会责任方面的总支出是一定的，在经济、法律、伦理及自愿四个方面责任的支出按"卡罗尔结构"权重进行分配，并且在各利益相关者之间进行再次分配。在各方面责任支出时遵循的原则是：经济、伦理和自愿责任支出在内部利益相关者与外部利益相关者之间分配的权重分别为0.6和0.4，同时在内部或外部利益相关者内部分配时采用平均分配方式；法律责任在所有利益相关者之间平均分配。根据上述方法得到各利益相关者权重：股东为28.29%，员工为22.29%，债权人为12.29%，供应商为8.29%，客户为18.29%，政府为4.29%，其他利益相关者为6.26%。[2] 从各利益相关者权重数来看具有一定的合理性，在一定程度上代表了企业社会责任中各相关利益主体的地位，本文参照此权重数来评价企业社会责任的履行度，社会责任履行度的得分计算公式：

$$企业社会责任履行度得分 = \sum 利益相关者得分 \times 利益相关者权重$$

（2）公共压力

如果企业履行的社会责任没有达到公众与利益相关者的期望，将会产生公众与利益相关者对企业的不满，对企业施加公共压力。对企业来说，来自外部的公共压力主要有：政府压力、债权人压力、社会公众压力。一般来说，国有股比重越大，政府对企业的控制力越强，政府越能实现通过企业贯彻政策、主张的愿望，也就是政府干预企业行为的影响力更大，对企业来说压力也就越大。因此，本文采用国有股比例作为政府对企业施加压力大小的替代变量。公司的债权人可以分成两种，一种是商业信用往来形成的债权人，另一种是因借贷关系形成的债权人，商业信用债权人分散，容易有搭便车的动机，而借贷主要来自银行，债权人集中，随着银行系统监管力度的加大，为了保证资金安全，银行对企业的监督也越来越多，对企业能施加重要影响，因此，本文采用银行贷款占贷款比重作为债权人压力的替代变量，该比重越大，银行在该公司的相对利益越大，银行对企业的压力和影响就越大。社会公众对企业施加的压力主要来自公众对企业社会责任履行度的期望，公众期望值越大对企业的公共压力也就越大，影响社会公众对企业社会责任期望的因素主要有企业的实力与企业所处行业的盈利水平，如果企业所处行业是暴利行业，那么公众会

---

① 沈洪涛. 公司社会责任与公司财务业绩关系研究. 厦门大学博士学位论文，2005：150.

② 徐光华，张瑞. 企业社会责任与财务绩效相关性研究. 财会通讯，2007，12：70-73.

对企业社会责任表现施加更大的压力。因此，本文采用资产规模和营业收入净利率作为公众对企业施加压力大小的替代变量，资产规模越大，反映企业的实力越雄厚，企业的营业收入净利率越高，反映企业所处行业的获利水平比较高。

综上所述，公共压力替代变量包括：国有股比例、银行贷款比例、营业收入净利率、企业资产规模。

（二）研究模型

为了研究企业社会责任履行度的影响因素，本文采用了下述 OLS 线性回归模型。模型 1：

$$ER = a + \beta_1 ROE + \beta_2 SOE + \beta_3 CRED + \beta_4 ROR + \beta_5 LNSIZE + \beta_6 OUTSIZE + \beta_7 LEV + \beta_8 GROWTH + \varepsilon$$

在考虑了成长性与国有股比例、财务风险与营业收入净利率交互影响后设定模型 2：

$$ER = a + \beta_1 ROE + \beta_2 CRED + \beta_3 LNSIZE + \beta_4 OUTSIZE + \beta_5 ROR \times LEV + \beta_6 SOE \times GROWTH + \varepsilon$$

ER，为社会责任履行度，是模型的被解释变量，根据表 1 的评分体系计算得出。ROE、SOE、CRED、ROR、LNSIZE、OUTSIZE、LEV、GROWTH 为解释变量，分别代表净资产收益率、国有股比例、银行贷款占负债的比例、营业收入净利润、资产规模、独立董事比例、财务杠杆、成长性。其中 SOE、CRED、ROR、LNSIZE 是公共压力的替代变量。各变量的详细含义如表 2 所示。

表 2　　　　　　　　　　　　　　　　　　变量定义表

变量	预期符号	变量说明
被解释变量：		
ER		社会责任履行度，其计算方法见定义
解释变量		
ROE	+	净资产收益率，度量经营盈余业绩
SOE	+	国有股股数除以总股数
CRED	+	短期借款和长期借款之和除以负债总额
ROR	+	净利润除以主营业务收入
LNSIZE	+	总资产的自然对数
OUTSIZE	+	独立董事人数除以董事总人数
LEV	−	负债总额除以所有者权益
GROWTH	−	本年主营业务收入减去上年主营业务收入再除以上年主营业务收入

（三）样本来源

本文选取 2006—2007 年我国沪市 A 股上市公司为研究样本，剔除变量数据记录不全的以及变量中存在极端异常值的上市公司，最终得到的研究样本数为 803 个样本点，研究中的样本数据主要来自 CSMAR 数据库以及巨潮资讯网站，并通过必要的计算得到所需的变量数据。结果由 SPSS17.0 运行得到。

（四）研究结果和分析

（1）描述性统计

表 3 列示了描述性统计结果。从表中可以看出企业社会责任得分总体上并不是很理想，得分均值为 48.2269，说明我国企业社会责任的履行度还有待提高。从样本公司总体的得分来看，有五家上市公司 2006 年度和 2007 年度得分均位列前十位，2007 年度社会责任得分位列第二位的中国神华（股票代码：601088）在由中共中央党校学习时报、中华民族品牌协会、中华企业社会责任研究会等多家权威机构与主流媒体联合举办的评选活动中获得 2007 年"20 大中华社会责任奖"，在 2006 年度社会责任得分位列第

五位的招商轮船（股票代码：601872）被评为 2006 年度"最具责任感上市公司"，并且得分位列前十位的中国神华和福建高速（股票代码：600033）是我国上市公司中较早实施企业社会责任报告和建立社会责任制度。这些在一定程度上说明本文采用的社会责任评分方法所得到的结果具有一定的代表性。从表 3 得知，上市公司国有股比例的均值为 29.27%，说明上市公司国有股比例仍然比较大。银行贷款比例的均值为 50.02%，最大值为 93.32%，说明银行贷款的比重较大，有的公司的负债基本上都来自银行贷款。此外从表 3 还可知独立董事比例平均为 35.44%，基本上达到了证监会的要求：独立董事占总董事会人数的 1/3。财务杠杆的均值为 1.6063，负债是权益的 1.6 倍，反映我国上市公司的负债比例比较高，财务风险比较大。

表 3　　　　　　　　　　　　　　　　　　　　　描述性统计量

	N	最小值	最大值	均值	标准差
ER	803	19.1670	79.4671	48.2269	12.5130
ROE	803	-1.0824	1.2407	0.0952	0.1672
SOE	803	0.0000	0.8629	0.2927	0.2275
CRED	803	0.0269	0.9332	0.5002	0.1880
ROR	803	-7.6790	0.6375	0.0521	0.3084
LNSIZE	803	19.3448	27.6251	21.9018	1.0870
OUTSIZE	803	0.1111	0.6000	0.3544	0.4497
LEV	803	0.2680	9.9069	1.6063	1.1732
GROWTH	803	-0.8684	3.7745	0.2719	0.4497

表 4 列示的是变量之间的 Pearson 相关系数。从表 4 可知，企业社会责任履行度 ER 与净资产收益率 ROE、国有股比例 SOE、银行贷款比例 CRED、营业收入净利率 ROR 呈正相关，且均在 1% 水平上显著，这些结果初步表明，盈利能力越好，公共压力越大的公司社会责任履行度越高。企业社会责任履行度 ER 与财务杠杆 LEV、成长性 GROWTH 呈负相关，且都在 1% 水平上显著，与假设的预期一致，与独立董事比例 OUTSIZE 正相关但不显著。从各自变量之间的相关系数来看都不是很高，说明不存在严重的共线性问题。表 4 的结果仅是初步的结论，更稳健的结果还需要做多元回归分析。

表 4　　　　　　　　　　　　　　　　　Pearson 相关系数

	ER	ROE	SOE	CRED	ROR	LNSIZE	OUTSIZE	LEV	GROWTH
ER	1	0.129**	0.139**	0.292**	0.163**	0.067	0.019	-0.174**	-0.102**
		0.000	0.000	0.000	0.000	0.057	0.594	0.000	0.004
ROE		1	0.031	-0.137**	0.383**	0.241**	0.066	-0.221**	0.276**
			0.383	0.000	0.000	0.000	0.062	0.000	0.000
SOE			1	-0.009	0.094**	0.316**	-0.078*	-0.025	0.095**
				0.800	0.008	0.000	0.027	0.471	0.007
CRED				1	-0.018	-0.078*	-0.058	-0.050	-0.113**
					0.603	0.028	0.100	0.155	0.001
ROR					1	0.125**	0.033	-0.123**	0.128**
						0.000	0.349	0.000	0.000

续表

	ER	ROE	SOE	CRED	ROR	LNSIZE	OUTSIZE	LEV	GROWTH
LNSIZE						1	0.063	0.062	0.148 **
							0.076	0.079	0.000
OUTSIZE							1	-0.001	-0.021
								0.972	0.551
LEV								1	0.062
									0.080
GROWTH									1

** 表示在 0.01 水平（双侧）上显著相关，* 表示在 0.05 水平（双侧）上显著相关。

（2）多元回归结果

进行多元回归的结果列示在表 5。表 5 中模型 1 未考虑交互影响的结果，模型 2 考虑了交互影响的结果。从模型 1、模型 2 的结果可以看出，盈利能力 ROE 与企业社会责任履行度是显著正相关，企业盈利能力越强，企业社会责任履行度越高。国有股比例 SOE 与企业社会责任履行度显著正相关，说明国有股比例越高，政府对企业社会责任的履行具有显著的促进作用；银行贷款比例 CRED 也在模型中显著为正，说明银行贷款比例越高，企业社会责任履行度越高；营业收入利润率 ROR 与企业社会责任履行度显著正相关，企业规模 LNSIZE 与企业社会责任履行度正相关，但不显著。这些结果说明社会公众压力、政府压力、作为债权人的银行压力是促使企业提高社会责任履行度的重要因素。财务杠杆系数 LEV 与企业社会责任履行度显著负相关，表明企业财务杠杆系数越大，企业财务风险越大，社会责任履行度就越低。成长性与企业社会责任的履行度呈显著负相关，表明企业在成长时期，并不太关注社会责任的履行，企业成长性越大，需要更多的资源来支撑自身的发展，社会责任履行就越差。独立董事比例的系数在模型中为正但不显著，表明独立董事比例在企业社会责任履行中没有发挥显著作用。

表 5　　　　　　　　　　　全样本 OLS 回归结果

	模型 1		模型 2	
自变量	回归系数	t	回归系数	t
INTERCEPT	27.737 ***	3.022	20.349 **	2.191
ROE	9.543 ***	3.331	10.497 ***	3.682
SOE	7.147 ***	3.766		
CRED	19.761 ***	9.034	21.108 ***	9.387
ROR	4.279 ***	2.999		
LNSIZE	0.332	0.810	0.648	1.611
OUTSIZE	8.285	0.911	6.119	0.656
LEV	1.162 ***	-3.226		
GROWTH	-3.510 ***	-3.691		
RORLEV			0.876	1.276
SOEGROWTH			0.945	0.471
N	803		803	
F-statistic	20.717 ***		18.058 ***	
Adj. R^2	0.164		0.113	

在考虑变量间交互影响后的模型 2 中可以发现，财务杠杆系数和营业收入利润率的交叉项与企业社会责任履行度正相关，表明在能获取较高利润的行业中，企业因受社会公众压力比较大而不会因为自身的财务风险而降低社会责任履行度。国有股比例和成长性的交叉项与企业社会责任履行度也是正相关，表明企业在政府的引导下能够在一定程度上正确处理成长性与社会责任履行的关系。

考虑到不同规模的企业，社会责任履行度影响因素是否也不同，表 6 列示了大规模企业和一般规模企业回归的结果。表 6 显示，在一般规模公司样本中，国有股比例 SOE 与企业社会责任履行度显著正相关，而在大规模公司样本中正相关但不显著，表明政府对规模小的企业社会责任履行度的影响要比大规模公司显著，小规模企业社会责任的履行更容易受政府政策和行政的影响，而大规模企业对社会责任的履行更具有稳定的、长远性战略规划，没有小规模企业那么容易受政府政策和行政的影响。财务杠杆系数 LEV 与一般规模企业社会责任履行度显著负相关，而与大规模企业社会责任履行度负相关，但不显著，表明大规模企业社会责任履行度受企业自身财务风险的影响没有一般规模企业显著，小规模企业社会责任履行度更容易受自身财务状况的影响。从表 6 中还可以发现，一般规模企业社会责任履行度受自身成长性的影响比大规模企业显著，大规模企业社会责任履行更具有稳定性。这些结果说明大规模企业拥有稳定的发展战略，更注重与利益相关者建立起长期稳定的合作关系，为企业发展创造良好的环境，规避风险，创造机遇，因此企业社会责任的履行也更具有稳定性和战略性。相比之下，规模小的企业更容易受短期机会左右，与利益相关者的合作具有临时性，社会责任的履行容易受外部政府的压力和自身财务风险以及成长性的影响。

表6 子样本回归结果

自变量	大规模公司回归结果		一般规模公司回归结果	
	回归系数	t	回归系数	t
INTERCEPT	29.490 ***	5.891	38.922 ***	7.837
SOE	3.674	1.473	6.449 **	2.534
CRED	22.314 ***	7.711	13.085 ***	4.323
ROR	44.973 ***	9.468	2.868 **	2.114
OUTSIZE	11.900	0.958	8.937	0.726
LEV	-0.322	-0.600	-1.110 **	-2.421
GROWTH	-1.862	-1.525	-4.204 ***	-3.268
N	347		456	
F-statistic	33.344 ***		8.695 ***	
Adj. R^2	0.359		0.092	

四、研究结论及政策意义

本文以上证 A 股 2006 年和 2007 年横截面数据为基础研究了盈利能力、公共压力、内部治理、财务风险以及企业的成长性对企业社会责任履行的影响。研究发现，企业的盈利能力、财务风险和来自政府、银行、社会公众的压力以及企业的成长性是企业社会责任履行度显著的影响因素，但是对于不同规模的企业来说影响因素又有差异，大规模企业社会责任的履行具有稳定性和战略性，而规模小的企业更容易受短期机会左右。

因此在企业社会责任履行中要注重发挥国有股以及银行贷款的显著影响意义，加强政府对企业社会责任履行的引导，特别是在企业成长初期的引导，对于那些社会责任履行积极、社会形象比较好的企业，银行可以适当放宽贷款条件、降低贷款利率，刺激和促进企业社会责任的履行。要强化那些垄断行业以及获取高额利润行业的企业社会责任履行的意识，促使他们承担更多的企业社会责任。同时那些为提高我国企业社会责任履行度的相关政策制定也要有针对性，对于大规模企业应重在引导，而对中小规模企业重在规范，通过制定相应的规范，减少其在社会责任履行中的机会主义行为，使其社会责任的履行具有稳定性和长远性。当然企业的盈利能力是履行社会责任的基石，只有把企业经营好，企业经济效益提高了，才有能力和精力去履行更多的社会责任。企业的社会责任在整个社会组织的责任体系中发挥着重要作用，促使企业积极履行社会责任，强化企业的社会责任意识是构建和谐社会的重要内容。

参 考 文 献

[1] 陈小林. 环境信息披露质量：公共压力、社会信任与内部治理. 会计动态，2008，7.

[2] 郭红玲. 国外企业社会责任与企业财务绩效关联性研究综述. 生态经济，2006，4.

[3] 高敬忠，周晓苏. 经营业绩、终极控制人性质与企业社会责任履行度——基于我国上市公司1999—2006年面板数据的检验. 财经论丛，2008，6.

[4] 黄敏学，李小玲. 企业被"逼捐"现象的剖析：是大众"无理"还是企业"无良". 管理世界，2008，10.

[5] 马力，齐善鸿. 公司社会责任理论述评. 经济社会体制比较，2005，2.

[6] 王怀明，宋涛. 我国上市公司社会责任与企业绩效的实证研究——来自上证180指数的经验证据. 南京师大学报（社会科学版），2007，2.

[7] 吴树畅. 论企业社会责任：一种可持续增长的价值观. 财会通讯，2008，8.

[8] 杨瑞龙. 论利益相关者合作逻辑下的企业共同治理机制. 中国工业经济，1998，1.

[9] 郑海东. 企业社会责任行为表现：测量维度、影响因素及对企业绩效的影响，浙江大学博士学位论文，2007.

[10] Cornell, and Shapiro. Corporate stakeholders and corporate finance. Financial Management（Spring），1987.

[11] Freeman et. al.. Corporate social responsibility: A critical approach. Business Horizons，1991，7-8.

[12] Weisbach, M.. Outside directors and CEO turnover. Journal of Financial Economics，1988，20.

[13] Margarita Tsoutsoura. "Corporate social responsibility and financial performance" center for responsible business. Working Paper Series，2004.

[14] Aronson, E., Timothy D. Wilson, and Robin M. Akert. Social psychology. Prentice Hall，2005.

[15] Hum, John C., and KevinT. Reilly. Testing Intertemporal substitution, implicit contracts, and hours restriction models of the labor market using micro dato. American Economic Review，1992，4.

"内生外促"成长模式
研究——海信集团的案例*

● 赵长祥

（中国海洋大学法政学院　青岛　266100）

【摘　要】紧随日韩企业之后，中国家电企业也成了"追赶成长"模式的典范。本文通过对素以"技术立企"著称的海信集团成长过程的分析，发现海信集团是通过综合利用企业内部（技术力）与外部资源（行政支持），最终形成了独特的"技术力多重利用模式"，并凭借这一模式的复制在短期间内得以迅速成长。本文从理论角度而打破了传统"单一内部资源"或"单一外部资源"成长的局限，不仅对中国企业，而且对众多发展中国家而言，利用"内生外促"成长模式促成大型企业集团的形成从而提高国际竞争力，具有极强的借鉴意义。

【关键词】企业资源论　技术立企　技术力多重利用　内生外促

引言

自 1978 年实施改革开放政策以来，经过近 30 年的发展，中国经济获得了举世瞩目的发展。其中电子信息产业作为牵引中国经济的支柱产业之一，更是获得了飞速成长，从而成为后发压缩性成长的典型产业，备受产业界和研究领域的关注。特别是家电、摩托车等很多产品的产量都位居世界第一位（各种家电产品的产量在世界总产量中的百分比请参照表 1），中国正在成为"世界工厂"的话题也时常被世界各种媒体所议论；另一方面，中国作为快速成长的市场国家，也正在形成一个巨大的市场（Emerging Market）。就是在这个发展的过程中，中国国内主要形成了三个大的电子家电产业集群（珠三角、长三角、山东半岛），其中又以山东半岛的产业群知名度最高，海尔集团（以下简称"海尔"）、海信集团（以下简称"海信"）等都是中国最知名的家电品牌。海尔素以独特的经营模式（OEC、SST、SBU 等）① 享誉海内外，海信则以其"技术立企"的方针著称于国内外家电业。关于中国家电企业经营方面的研究，特别是对海尔的研究，存在着众多的研究方式，各种报道也是铺天盖地；而对于海信的相关研究，尽管各种报道也是多如牛毛，但是比较成型的研究则少之又少。尽管这些报道和研究对于让世人了解中国的本土企

＊ 本论文受中国海洋大学文科发展基金资助（编号：H08YB07），特此致谢！

① OEC—Overall Every Control and Clear，海尔最基本的经营管理基石；SST—是中文 Suopei、Suochou、Tiaozha 的字母缩写，主要用在海尔的市场链导入方面；SBU—Strategic Business Unit，主要用于海尔的整体组织结构塑造方面；关于海尔快速成长的原因分析和研究众多，笔者通过对前人研究的总结，结合对海尔相关部门人员的采访，最后把海尔的快速成长归结为"经营力多重利用模式"，具体有关海尔的经营管理方法，成长模式的详细研究，请参考笔者的相关论文（赵，2004；2005；2006）。

业在短时间内通过引入国外的技术，逐渐形成自己独特的经营管理方法，成长为国际性知名品牌这一点上具有重要意义，但同时这些研究也忽略了很多重要因素，本文将结合最新的相关数据，基于企业内部资源（技术力—充分条件）和企业外部资源（行政因素—必要条件）这一成长模式的组合框架，对海信得以快速成长的原因与模式进行分析，以期通过分析对学术研究和国内外类似行业的发展提供具有理论和实践性的借鉴意义。

表1　　　　　　　　　　　　　中国家电产品产量占世界家电产品总产量的比重

2007 年	冰箱	空调	洗衣机	微波炉	彩电
中国产量（万台）	4397	8014	4005	6289	8478
世界产量（万台）	6155	13623	5406	10691	12717
所占百分比	40%	70%	35%	70%	51%

资料来源：根据国家统计局 2008 年及电子信息产业部的数据整理制作。

相关理论综述和研究框架

● 相关文献和理论综述

关于海信的报道会经常见诸各种媒体，特别是自 2005 年研发成功中国第一块具有自主知识产权的视频处理芯片之后，素以"技术立企"著称的海信更是声名鹊起。但对于海信的成型研究除了迟宇宙（2003a；2003b）和邵兴东（2003）之外，几乎没有。迟宇宙主要通过采访和媒体资料对海信的成长史及发展经验做了详细记述，他认为海信的经验是企业如何由做大规模向做强转换，如何由慢鱼转化为有竞争力的快鱼。尽管他的研究从某种程度上阐述了海信的发展过程，但并未形成理论性的总结。而邵兴东的研究也仅从海信国际化战略的角度，通过与海尔、TCL 的比较分析，提出了中国家电企业国际化的建议，也未形成深层次、多角度的剖析。

对中国家电产业的研究，则有从组织论、制度论的视角对中国彩电产业快速成长的实态所做的分析（松崎，1996）；还有从中国彩电企业如何引进日本的生产系统并消化吸收的角度，对彩电企业的快速成长原因所做的研究（郝，1999）；另外从国际分工和竞争优势变化的视角，对中日家电产业做出比较分析的研究（天野、范，2003）；欧阳桃花则从后发优势、市场主义原理、架构理论等（2002；2004；2008）角度对海尔的发展经营模式做了持续性研究。再有借助实例分析验证了中国企业是如何通过对内和对外国际化路径而开拓国际市场的研究（John Child and Suzana B. Rodrigues，2005）。

关于企业竞争力理论的研究，大体分为三种方式：以彭罗斯为首的企业内部资源竞争力说（Penrose，1959；Purahalad and Hamel，1990），以波特为首的企业外部环境资源竞争力说（Porter，1985；1996），以巴内为首的综合了企业内外部视角的企业资源论（Barney，1991）。企业资源论（the Resource-based view of the firm）将企业内部核心竞争力和企业外部环境结合起来，通过运用清晰的管理语言，从 VRIN（Valuable，Rare，Imperfectly imitable，Non-substitutability）的角度分析资源的价值性。但这些资源竞争力论大多是以发达市场经济国家的企业为研究基础的，都忽视了像中国这样的发展中国家，由传统计划经济向市场经济过渡中所体现的行政与企业关系的重要性。

● 研究框架与研究方法

从上述对中国家电产业以及具体到对海信的研究内容来看，大多是从某一方面或者几个角度所做的研究，几乎没有从结合企业内部资源（核心竞争力部分—充分条件）和外部资源（行政促进要素—必要条件）的视角进行研究的。即便是有些对于企业内外部资源的整合研究，但这些研究也基本是把外部的行政支持纯粹看做一种"内部关系"，而非从建立在一定制度框架下的企业与行政关系的角度进行分析。本论文将结合海信的最新数据和采访资料，从其技术立企、技术孵化产业所形成技术力（内部资源）以及青岛市政府的产业政策支持（外部资源）的角度，对海信得以在短时间内发展为大型跨国企业的过程进行分析，从而提炼出海信独特的技术力多重利用的成长模式，从理论补充和实践两个方面提供研究启示。本论文主要采用定性和案例研究的方法，结合对海信相关部门和人员的采访所获得的第一手资料、数据，基于上述理论框架，进行实证分析和研究。

本文的研究命题主要有三个：（1）海信为何能在短短 30 年内迅速成长为国际性的大型企业集团？（2）海信的成长模式（Growth Pattern）是什么？（3）通过海信的成长模式如何总结出一个普适性的"内生外促"模式？基于这些命题和上述研究方法，本论文的研究框架如图 1 所示。

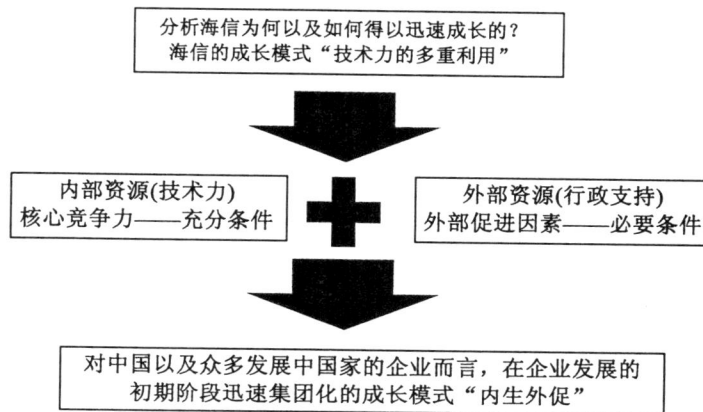

图 1　本文的理论研究框架

中国家电产业的发展和青岛市政府的家电产业政策

如上所述，中国家电产业经过最初的完全依赖进口、进口替代、完全国产化、与跨国企业同台竞争四个阶段，到今天已经初步具备了与世界跨国企业抗衡的实力，并且正处在由中国制造向中国创造转型的过程之中。山东半岛作为中国家电产业的集聚地之一，聚集了中国目前综合家电企业 Top3 中的 No. 1——海尔和 No. 3——海信。青岛市的家电企业之所以获得如此发展，与青岛市在企业不同阶段所采取的产业政策或支援有着莫大的关系。青岛市的家电产业政策可归结为以下三点。

第一，在 20 世纪 80 年代早期就较全国其他城市更早地制定了培育本地企业和重视质量、品牌的政策。当时中国各地正处在引进外资的热潮中，各地的本土品牌不断被跨国企业所吞并，而青岛市政府在积极引进外资的同时，把从青岛啤酒、食品等轻工业中积累的成功经验应用到了家电产业政策的制定、实施和管理中，对家电产业的发展给予大力扶持。

第二，进入 20 世纪 90 年代，青岛市政府对于已经形成规模、具备独特经营资源和成长潜力的企业，通过积极斡旋这些企业对中小国有企业的并购，或实施融资、现金支持，使得企业迅速形成集团化，并把中央政府分配的上市名额优先分配给这些企业，如青岛啤酒、海尔、海信等。

第三，在本土企业实施国际化的过程中，青岛市政府以第三方的名义积极帮助它们寻找技术合作企业，并为双方的成功合作进行交涉。

就这样，在企业不同的发展阶段，青岛市政府通过采取不同的产业政策或支援，为青岛家电企业的发展创造了必要条件。

海信集团的技术力多重利用模式

● 海信集团发展概要

海信的前身国营青岛无线电二厂诞生于 1969 年，由国营青岛五七工厂更名而来，是当时只生产"红灯"牌收音机，员工十几人，总资产十几万元的土生家族式工厂。其后经过青岛电视机总厂、青岛电视机厂多次更名，最终于 1994 年伴随着现任董事长周厚健的上任而定名为海信集团，为青岛市属国有企业。周氏上任之后，为海信制定了"高技术、高质量、高水平的服务，创造国际名牌"的方针和"技术立企"的发展战略，其后海信获得了飞速成长，销售额由 1994 年的 5 亿元提升到了 2007 年的 469 亿元（海信的销售收入和利润率如图 2 所示，利润率的下降与全球及国内的激烈竞争程度相一致，但由于技术的积累近年来利润稳步回升），年均增长速度 40% 以上，形成了多媒体、家电、通信、IT、房地产和服务六大产业板块，在 2008 年由中国电子信息产业部评出的百强企业中位列综合第七位，在家电领域位列综合第三位，是中国最早开始实施 3C（Consumer electronic，Communication，Computer）融合的企业。

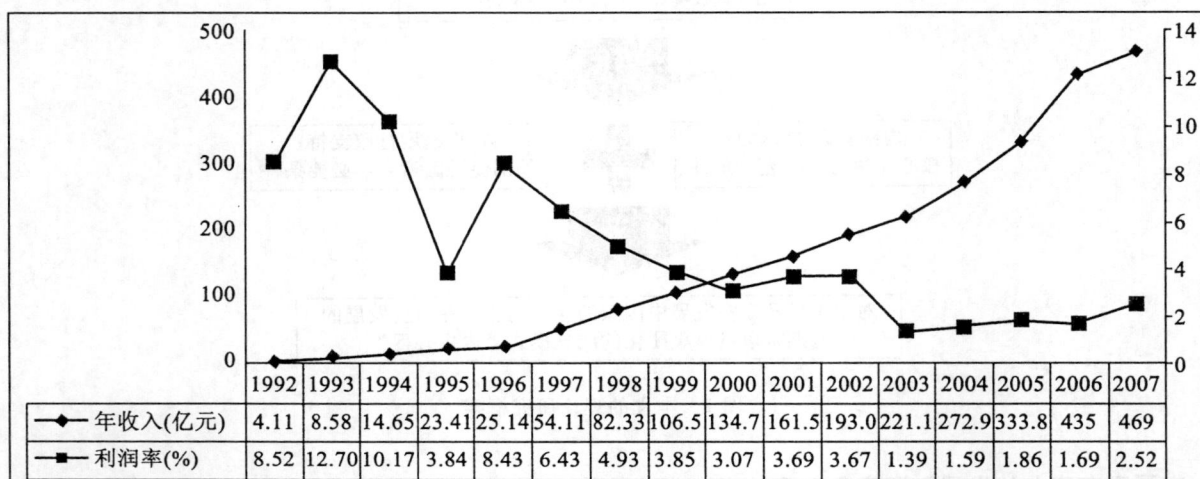

	1992	1993	1994	1995	1996	1997	1998	1999	2000	2001	2002	2003	2004	2005	2006	2007
年收入(亿元)	4.11	8.58	14.65	23.41	25.14	54.11	82.33	106.5	134.7	161.5	193.0	221.1	272.9	333.8	435	469
利润率(%)	8.52	12.70	10.17	3.84	8.43	6.43	4.93	3.85	3.07	3.69	3.67	1.39	1.59	1.86	1.69	2.52

图 2　海信集团的年收入及利润率变化图（1992—2007 年）

纵观海信的发展过程可以分为四个阶段：第一阶段（1969—1984 年），自力更生期，产品种类单一、规模小，后期由收音机转向彩电生产。第二阶段（1985—1993 年），技术引进期，以高价引进松下电器高质量的彩电生产线和生产技术，结合青岛市政府的品牌战略，确立了制造技术和"青岛"牌彩电的品牌。第三阶段（1994—2000 年），快速成长期，在青岛市政府的支持下，通过技术力的多重利用模式，大量实施 M&A 和多元化，实现快速成长。第四阶段（2001 年至今），国际化阶段，在南非、匈牙利、法国、阿尔及利亚、埃及等地拥有生产基地，在青岛、深圳、顺德、美国、荷兰等地建有研发中心。

● "技术立企"的象征

整体：截至 2008 年海信的技术研发人员共 2000 多人，约占全体员工的 20% 以上，是中国家电业内最高的比率；海信投入 R&D 的平均费用约占其销售额的 5%，大大高于国内同行业企业，基本与国际水平持平；[①] 发明专利 389 项，次于海尔 1736 项位居国内家电业第二位。

彩电：截至目前连续三年超越索尼、三星等品牌，位居中国平板电视占有率第一（11.3%）；260 多

---

① 针对中国家电企业平均占销售额 1.7% 的 R&D 投入，海信以 5% 的投入鹤立鸡群，世界大型跨国家电企业的 R&D 投入率约为 6%～8%。

项平板电视核心领域的专利位居国内行业榜首；2005 年 6 月研发并批量投产成功中国音视频领域第一款具有自主知识产权、产业化的数字视频处理芯片"信芯—Hi View"，结束了中国彩电全部依赖进口芯片的历史；2007 年 9 月液晶模组生产线一期建成，结束了平板电视上游产业链依赖国外厂家的现状；2007 年 11 月海信设计的"蔚蓝海岸"家庭影院获得全球工业设计界奥斯卡之称的德国 iF 工业设计大奖，50 多年来中国彩电品牌首次问鼎此奖项；2008 年 7 月推出完全具有自主知识产权的超薄（55mm）LED 液晶电视，全球仅五家企业能生产，引领"中国制造"向"中国创造"转型。

冰箱：研发成功世界最先进的 180 度矢量变频冰箱，中国冰箱第一次站在世界技术前沿。

移动通信：建立了拥有自主知识产权的 CDMA 终端设计平台，于 2004 年率先推出符合 3G 标准的 WCDMA 手机并通过国家权威测试，TD-SCDMA 手机研发也处于领先地位。

数字多媒体技术：参与闪联（IGRS）标准（国家智能互联标准协议）的制订工作，是闪联标准组五家发起企业之一；2007 年 7 月推出"DNet-home"数字家庭系统标准，中国第一个数字多媒体技术国家级重点实验室在海信成立。

● 制造技术的确立与发展

20 世纪 80 年代中国家电企业的发展始于从国外引进先进的生产技术和设备，海信也不例外。① 在获得山东省和电子工业部的批准之后，经过对东芝、松下、香港康力等多家世界领先家电业企业的分析比较，最终于 1984 年以 288 万美元的价格引进了松下世界一流水平的生产线和技术，当年谈判、签约、生产、显效，海信以最快速度引进的松下的技术和设备，不仅使得海信确立了国内同行业第一的位置，而且通过与松下的合作（联合设计与研修，最初一万台以松下品牌销售）确立了生产高质量产品制造技术的基础。制造技术成为其技术力的主要组成部分之一。

以与松下合作确立的高质量生产管理体制为基础，其后，海信不断对其制造技术和质量管理体系实施改进。2002 年聘请以韩国三星电子常务尹氏为首的七人到海信空调公司指导 TPM（Total Productivity Maintenance）、TPI（Total Productivity Innovation）的导入，成立经营革新部，进一步对生产性、产品质量和制造技术进行改善。通过推行新的生产管理方法，目前位于青岛经济技术开发区海信产业园内的 10 条彩电生产线（内 PDP、LCD、PTV 生产线 2 条）的平均良品率达到 99.7%，手机良品率达到 99.9%，其他产品的良品率也都得到不同程度的提高。海信的制造技术和质量管理体系不断得到强化。

● R&D 的发展轨迹

中国家电企业的发展瓶颈一直被认为是 R&D 投入少、核心技术缺乏，而在销售渠道、成本管理和售后服务方面处于相对优势（大原，1999；范，2003 等）。但海信却是例外，自企业成立伊始就重视技术研发，特别是基础研究。海信技术部门的发展轨迹如表 2 所示。

海信之所以具有较强技术力的背景，除了其制造技术的强大和制造技术的多样性之外，对基础研究的重视也是原因之一。通常基础研究投资大、回收时间长，失败率高，因此国内只有极少数企业在从事基础研究。海信重视基础研究的原因如下：第一，允许每年申请的研发项目有 30% 的失败率；第二，由于海信的技术研发中心被认定为国家级技术研发中心，每年得到青岛市、山东省及中央政府数千万元的科技支援经费，大多数被用于基础研究；第三，对积极投资研发的企业，政府有税收优惠措施，可以从企业所得税中扣除 10% 的研发经费；第四，海信的高层管理者一开始就制定了"技术立企"的战略，一贯重视技

---

① 当时各地政府竞相引进国外的生产技术和设备，导致重复引进和外汇浪费，因此中国政府从 1985 年开始加强了对技术和设备引进的控制（技术引进许可制度），只保证天津 712 厂引进 JVC、南京熊猫引进松下、上海金星引进日立、北京牡丹引进松下几家，海信也是赶上了末班车，经山东省政府和电子工业部批准于 1984 年引进了松下的生产技术和设备。长虹是最后一家被批准的技术引进彩电企业（1985 年引进松下技术和设备）。

表 2

海信技术部门的发展轨迹

时间	部门名称	主要职能和研发内容	激励措施
1970 年	青岛无线电二厂/技术组	收音机和黑白电视的开发和试作	
1979 年	青岛电视机总厂/研究室	黑白电视的电路、工艺流程、制图、相关技术管理	
1982 年	设计科	彩电的国产化和工艺流程的改进	
1989 年	设计科	真正的彩电研发、设计开始	
1992 年	青岛电视机厂/研究室	彩电的开发设计	对技术部门实施倾斜政策,技术人员的工资是普通员工的 4 倍,技术部门地位最高
1993 年	海信集团/技术研究开发中心	应用基础研究、中长期研究开发—数字显示、智能多媒体、智能家电、移动通信、网络安全、数字电视等技术功能;与政府对接,获取政府研发信息的功能;工业设计中心功能,接受外部订单;试验阶段的检查平台功能;知识产权服务平台功能;技术资料中心功能;技术培训中心的功能	
1995 年至今	国家级技术研究开发中心	同上	对技术人员实施等级评价激励机制、设立科技创新奖、特别贡献奖、技术革新奖、合理化建议奖、实施下位 10% 淘汰制

术研究,对技术部门实施倾斜政策,把技术人员分为六个等级,引入竞争激励机制,实施差别工资,下位 10% 淘汰,设立海信集团科技创新奖(最高 50 万元,最低四万元)、海信特别贡献奖等奖项,提高技术人员的积极性,缩短研发周期,提高研发效率。在上述内因和外因的结合下,海信成为国内家电企业中最重视基础研发的企业,从而大大提升了海信的技术能力。

● "技术立企"战略和"技术孵化产业"模式

自周厚健执掌海信以来,因其制定的"技术立企"发展战略,素以技术革新力强而著称,海信素被称为中国的"索尼"。海信把自己的创新体系和市、省、国家创新体系结合起来,① 在基础研究方面,根据青岛市、山东省、中央政府的研究课题而决定自己的研究课题,积极与大学、研究机构开展产学研合作,同时与之竞争各级政府课题,因企业的基础研究更易产业化,因此更容易获得政府资金支持,这样海信在研发方面与各级政府构建了 Win-Win 的关系。

海信是国内家电企业较早建立自己的技术创新体系的企业之一,2002 年把企业的整体开发流程标准

---

① 中国的创新体系分为三层:第一层,国家级的高科技创新体系,如国家科技攻关计划、863、973、火炬计划等;第二层,地方政府(各省、市级)高科技创新体系;第三层,大型企业的自主创新体系。

化，分为四个层级：第一，直属于技术研发中心的机构，主要进行中长期、基础研究和关键技术的研发；第二，直属于各子公司的研发部门，主要进行短期和实用方面的研发；第三，技术研发中心的专门研发平台，如工业设计中心、品质检查保证中心等；第四，全体员工的革新活动。海信通过把自家创新体系与各级政府创新体系结合，不仅完善和提升了自己的研发体系，而且把自己的重点研究课题转换成了国家级的重点研究课题，例如，数字网络多媒体技术、移动通信技术等。

从上述海信的创新体系来看，其技术志向与各级政府的支持有着莫大的关系。在社会主义市场经济的中国，行政与企业的关系较资本主义社会更为紧密，而海信的"技术立企"战略也非常适合中国的国情。在研发需要的投资大、回报周期长，国内大多数企业宁可放弃高端利益，也不愿意投资R&D，缺乏危机意识的情况下，海信从早期就结合青岛市重视质量和品牌的政策，从20世纪80年代就重视技术研发，对技术部门实施倾斜政策，长年累月地在企业内部渗透一种重视技术的文化，因而形成了业内独特的技术能力。

海信在实施多元化，进入任何一个新的领域时，首先会在其技术研发中心设立信息收集小组，彻底对相关领域的研发信息、市场信息进行收集，收集到一定程度，就会在技术研发中心内部设立研究所，配备专门技术人员，进一步对该领域研发信息进行跟踪，待万事俱备，就会通过成立新的公司或实施M&A进入各领域，海信内部把这种方式叫做"技术孵化产业"，研发中心承担了孵化器的任务，这种模式可总结为如图3所示的内容。不管是哪种方式，都是凭借其长期累积的技术力而执行的。海信运用技术孵化产业的模式实施扩张的具体案例有：1998年开始着手收集信息，2005年研发成功的中国第一块具有完全自主知识产权的视频处理芯片Hi View-信芯；1993年设立研究所，2001年研发成功的符合3G标准的CDMA手机；1994年开始研发，1997年推向市场的变频空调等。①

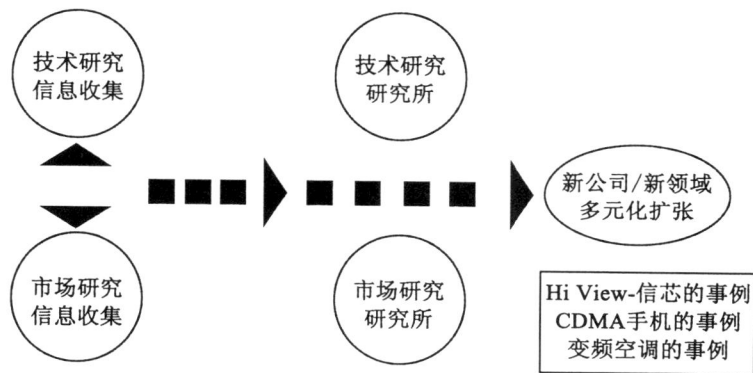

图3　海信的"技术孵化产业"路径模式

● 技术管理模式的形成与扩张

通过1984年引进松下的生产技术、设备以及与松下的技术合作，海信确立了基础的制造技术，其后又在不断吸收国外的先进生产技术和管理方式（三星电子的TPM、TPI）的同时，不断改进，丰富了其制造技术的多样性。同时海信也凭借一贯重视技术研发，技术立企的战略，结合青岛市重视品质和品牌的政策，积极获得各级政府支持（如海信在研发信芯时共投入近5000万元，其中来自各级政府的资助近2000万元），重视基础和中长期技术的研发，从而在国内同行业内形成了强大的技术力，并且进一步形成"技

---

① 关于这三个通过"技术孵化产业"模式进入不同领域的事例，其详细内容请参考"中国家电企业的成长过程——以海尔和海信的事例为中心"（赵长祥，2006）。

术孵化产业"这一独特的技术力扩张模式。

在上述海信的成长过程中的快速成长期内，短短六年时间其销售额从五亿元增加到了135亿元，笔者仔细分析这一过程，发现其快速成长是在通过有效利用各级政府的支持（行政支持的外部要因），大量对相关领域国有企业实施 M&A，在并购整合过程中通过移植和多重利用自己长期积累的技术管理模式（内部核心竞争力要因）的基础上实现的。这种扩张模式可以体现在以下几个案例上：①

1. 山东淄博电视机厂的兼并：中国电子工业部定点生产的淄博市国有企业，1985 年从日本 NEC 引进并不先进的彩电生产技术和设备，加之市场渠道没有拓展，无法形成有效产量规模，到 1994 年亏损近8000 万元，面临破产的边缘。淄博市政府为了挽救国有资产，想通过具有品牌力的海信的兼并帮助淄博电视机厂走出泥潭，而青岛市政府和海信也同样希望扩大规模，提升竞争力，因此在双方政府的斡旋下，海信提出以"股权换债权—剥离债务"的方式对淄博电视机厂实施兼并，并通过移植自己的制造技术和生产管理方式，迅速在 1995 年使得淄博电视机厂扭亏为盈，取得了极好的社会效益和经济效益。

2. 贵阳华日电器有限公司的兼并事例：1980 年代贵阳华日是中国主要的电视机生产厂之一，但由于产品研发无法满足市场需求，加之经营管理不善，1996 年负债 5700 多万元，面临破产。于是试图用兼并的途径挽救企业，通过对多家电视机厂的比较分析，选择了与海信的接洽，由于双方都是国有企业，必须经过双方政府批准方可实施并购。在双方政府的支持下，海信以少量现金和技术入股（51%），对方以厂房和生产设备入股（49%）成立合资公司，于 1997 年并购六个月后盈利。

3. 青州无线电变压器厂的兼并事例：山东省青州市国有企业，产品经营单一，规模不大，是海信的分供方。由于海信需求不断增大，青州变压器厂提出了并入海信的建议，经过双方政府的协商，采取"资产异地划拨"的形式，实施了并购。海信在变压器技术开发、生产技术及工艺流程方面进行全面技术移植，实现了并购后的大规模盈利。

通过这种外因与内因的结合，移植和多重利用其长期积累的技术力管理模式，海信在六年内并购了14 家硬件相对较好、软件较差的国有企业，实现了快速成长。

结论

在上述对海信成长过程的分析中，重点分析了海信内部能够移植和多重利用的技术力是如何形成的，并且对海信如何充分利用外部因素（各级政府的政策、资金支持）和内部因素（技术力）短期内实现快速成长的过程也做了分析，并最终把海信的集团化（Conglomeration）模式归结为"技术力多重利用的成长模式"。海信的这种成长模式具有以下三点重要启示。

第一，对于包括中国在内的发展中国家，在企业的初期发展阶段，政府与企业的联动对于促使企业实现规模经济和范围经济，提升国际竞争力具有重要作用，同样对于快速实现企业的现代化也是不可或缺的因素。这一点从日本政府对其电子、电机产业中的大型 LSI、IC 开发时所采取的贸易保护和产业政策支持不难看出，同样的发展趋势在韩国企业的快速成长过程中也得到了充分体现。对众多发展中国家而言，各级政府不只是为国内企业提供容易发展的环境，还应该向青岛市政府那样，根据企业的不同发展阶段采取不同的支援或政策。而这一点也不仅是单靠自由贸易论或保护政策论能够论述清楚的。

第二，政府的支援或政策固然重要，但能够充分利用这种外部要因，形成自己的不可模仿性的独特经营资源才是前提和充分条件。而且，如何进一步有效地多重利用企业积累的这些不可模仿的经营资源也是

---

① 这里仅是案例的概括，详细信息请参考"中国家电企业的成长过程——以海尔和海信的事例为中心"（赵长祥，2006）。

企业是否能够快速集团化的关键。当然这种多重利用的成长模式可能是多种多样的，如海信的技术力多重利用，又如海尔的经营力多重利用。

第三，对于众多后发的资本主义国家和正处在社会主义向完全市场经济转型的企业而言，只有把此前并未被重视过的外部行政资源（必要条件）和企业内部不可模仿的经营资源（充分条件）有机地结合起来，才是快速实现国内企业集团化，提升国际竞争力的关键。

参 考 文 献

［1］ David J.. Collins, and Cynthia A. Montgomery. Competing on resource：Strategy in the 1990s, Harvard Business Review, 1995, July-August.

［2］ Collis, D. J.. A resource-based analysis of global competition：the case of the bearings industry. Strategic Management Journal, 1991, 12.

［3］ John Child and Suzana B. Rodrigues. The internationalization of chinese firms：A case for theoretical extension?. Management and Organization Review, 2005.

［4］ C. K. Purahalad, and G. Hamel. The core competence of the corporation. Harvard Business Review, 1990, May-June.

［5］ Barney, J. B.. Firm resources and sustained competitive advantage. Journal of Management, 1991, 17.

［6］ Barney, J. B.. The resource based view of strategy：Origins, implications, and prospects. Editor of Special Theory Forum in Journal of Management , 1991, 17.

［7］ Wernerfelt, B.. A resource-based view of the firm. Strategic Management Journal, 1984, 5.

［8］ Penrose, E. T.. The theory of the growth of the firm. Wiley, New York, 1959.

［9］ 天野倫文，範建亭. 日中家電産業発展のダイナミズム（上）（中）（下）. 経営論集（東洋大学）58，59，60 号，2003.

［10］ 欧陽桃花，吉原英樹. 中国企業の市場主義管理―ハイアールのケース―. グローバル経営，2002.

［11］ 大原盛樹. 中国家電産業の優位性―エアコン産業組織と海爾ハイアールグループの事例から―. アジ研ワールド・トレンド，1999.

［12］ 趙長祥. 中国最大の総合家電企業―海爾集団公司の圧縮成長の要因分析（1）、（2）（社）. 経営労働協会編集『経営労働』，2003，38（7，8）.

［13］ 趙長祥. "中国のソニー"を目指す家電企業―海信（Hisense）集団（社）. 経営労働協会編集『経営労働』，2004，39（5）.

［14］ 趙長祥. 青島市におけるブランド経済発展の要因考察（社）. 経営労働協会編集『経営労働』，2004，39（8）.

［15］ 趙長祥. 技術開発志向の人本主義家電企業―海信（Hisense）集団の発展要因分析―（社）. 経営労働協会編集『経営労働』，2005，40（2）.

［16］ 西口敏宏，天野倫文，趙長祥. 中国家電企業の急成長と国際化～海爾集団の研究. 『一橋ビジネスレビュー』東洋経済新報社，2005，53（1）.

［17］ 西口敏宏，天野倫文，趙長祥. 中国家電企業の急成長と国際化～中国の青島の家電企業の研究を通じて. 東京大学 COE ものづくり経営研究センター（MMRC）ディスカッションペーパー，2004，（18）.

［18］ 郝燕書. 中国の経済発展と日本的生産システム. ミネルヴァ書房，1999.

[19] 松崎義．中国の電子・鉄鋼産業——技術革新と企業改革．法政大学出版局，1996.

[20] 渡辺真理子．中国家電企業のビジネスモデル．『アジア研ワールド・トレンド』日本貿易振興会、アジア経済研究所，2001.

[21] 迟宇宙．海信史——十年再造的关键时刻．海口：海南出版社，2003.

[22] 迟宇宙．海信经验．海口：海南出版社，2003.

[23] 谢洪明，蓝海林，叶广宇，杜党勇．动态竞争：中国主要彩电企业的实证研究．管理世界，2003，4.

[24] 吴晓云，袁磊．中国家电行业的发展态势及营销战略选择．管理世界，2003，3.

[25] 邵兴东．中国家电企业国际化战略研究：海尔、海信、TCL 的国际化比较．青岛：中国海洋大学出版社，2003.

"元"与"维"的演化：
企业成长理论的模型化解读

● 张玉明[1]　段升森[2]

（1　山东大学　管理学院　济南　250100；2　山东师范大学　人口·资源与环境学院　济南　250014）

【摘　要】"元"是因素，是根源；"维"是联系，是动因。文章将"元"与"维"的哲学辩证纳入企业成长理论的演化过程中，从模型化角度剖析企业成长的影响因素、动因和成长性表现，梳理企业理论之间的内在逻辑关系及适用性边界，试图构建新的企业理论解读框架，为企业理论的发展提供新的哲学思维范式和模型化分析视角。文章指出，企业是具有生命体特征的复杂系统，对其成长过程的研究应基于复杂性科学的理论，运用非线性方法分析"维"对"元"的混沌和分形作用特征；从企业与环境互动、内生与外生机制结合的角度，遵循企业人文生命特征演化规律，构建更符合实际的企业成长机制模型。

【关键词】企业成长　　"元"与"维"　　趋势展望　　人文生命特征　　非线性与复杂性

"元"的本义是"头"，可引申出起端、根源及基本因素、根源性因素等意思。古人有"元，始也"（《说文》）、"元，体之长也"（《左传·襄公九年》）等说法；道家释"元"为其道，所谓"元，无所不在也。人能守元，元则舍之，人不守元，元则舍之"（《子华子·大道》）；"元"的数学含义通常指未知数，如一元二次方程。"维，系也"（《广雅》），其动介词性有维系、由于等含义，"四方是维"（《诗·小雅·穀风》）、"维子之故"（《诗·郑风·狡童》）均做此解；作为名词，"维"在几何学上指空间独立而互相正交的方位数，通常的空间有三维，平面或曲面有二维，直线或曲线只有一维。"元"是因素，是根源；"维"是联系，是动因。从哲学意义上讲，"元"是影响事物发展的主要因素，是主要矛盾或矛盾的主要方面；"维"是事物发展的动因，是打破平衡引发质变的内生性突变或外力作用。两者相互作用、不可分割地统一于事物的发展过程，对两者作用方式及内容演化的剖析可深刻地揭示事物发展的时空表现形式及本质规律，从而更好地指导实践。

企业成长理论是关于企业成长因素（即"元"）、动因（即"维"）及成长性表现的规律总结，企业的成长过程就是"元"与"维"的作用过程，企业成长模型则可以直观地展现这种"元"与"维"的作用特征。纵观企业成长理论的发展过程，不难发现其研究呈现出从外部分析向内部分析、从同质性向异质性、从静态分析向动态分析、从企业是生产函数到企业是契约再到企业是自然的生物体的演进特征，"元"与"维"的作用性质由线性和简单性转向非线性和复杂性；而企业成长模型也在外观上由线、面、体转变到网络形态。文章将"元"与"维"的哲学辩证纳入企业成长理论的演化过程中，沿着企业理论的发展历程，从模型化角度剖析企业成长的影响因素、动因和成长性表现，梳理企业理论之间的内在逻辑关系及适用性边界，试图构建新的企业理论解读框架，为企业理论的发展提供新的哲学思维范式和模型化分析视角。

一、传统企业成长理论中的"元"与"维"

以亚当·斯密（Adam Smith，1776）① 的理论为代表的古典经济学诞生于 18 世纪，它认为企业的存在是为了获取规模经济利益，企业成长取决于市场范围和分工程度，可以用企业雇佣人数和分工程度作为企业成长的度量标准，这实际上是从企业外部来看待企业成长，把企业看做一个生产函数，而 19 世纪的新古典经济学将这一观念普遍化。马歇尔（Marshall，1890）② 在坚持规模经济决定企业成长古典观点的同时，认为企业成长是内部经济和外部经济共同作用的结果，而企业家是制约企业成长的关键因素，企业成长是竞争作用下的优胜劣汰的结果，即物竞天择，适者生存；在这之后，新古典经济学家则用"代表性企业"的概念排除了实际企业之间存在的各种差别，抽象掉企业内部的复杂安排使企业成为一个同质的"黑箱"、一个生产函数。

旧新古典经济学流行于以牛顿力学和经典物理理论为主导的时代，理论背景的限制使其在理解和处理经济问题时不可避免地带有本体论和机械论的痕迹，这也隐含着其对企业成长因素（即"元"）和企业成长动因（即"维"）的分析只能在静态、机械性、线性、均衡的条件下展开。企业被函数化后，新古典经济理论中也就不存在相对独立的企业成长理论了，仅有的企业成长思想只能是作为其成本分析理论中的一个附属内容。

旧新古典经济理论均认为企业成长的动因"维"是对规模经济或范围经济的追求，即边际收益与边际成本相等的利润最大化均衡条件；而企业成长的基本因素"元"则是包括劳动力数量、企业家能力、分工、市场结构等在内的一切生产性资源；"元"在"维"的引导和支配下实现企业的成长，达到最优规模边界。如图 1 所示，Q 代表产量或规模，L 代表企业家能力等要素，即"元"；MC 表示边际成本曲线，MR 表示边际收益曲线，TP 代表生产函数曲线。在"维" $MR = MC_1$ 的条件下，出于对最大利润的追求，企业会选择 (L_1, Q_1) 的规模进行生产，除非外部条件发生变化，企业不会对规模进行调整。外部经济情况的出现导致企业成产成本降低，边际成本曲线从 MC_1 右移到 MC_2，企业规模扩大为 (L_2, Q_2)，从而实现企业的成长。可以看出，企业成长的过程就是企业通过产量调整，实现从非最优规模向最优规模水平转变的过程；而且这个过程是在利润最大化目标既定，企业可以充分地获得有关生产的各种可能性及价格变化的知识的情况下，根据最优化规则进行的被动选择，企业无任何主动性的余地。③

20 世纪初，作为对新古典经济学的重要补充和完善，新制度经济学打开了企业"黑箱"的大门，而科斯（Coase，1937）④ 第一个拿到了钥匙，开创了交易费用理论的先河，他认为企业成长的动力是对节约市场交易费用的追求。后来威廉姆森（Williamson，1975）⑤ 用资产专用性理论来解释企业的规模或边

① 亚当·斯密. 国民财富的原因和性质研究. 北京：商务印书馆，1997：1-25.

② 马歇尔. 经济学原理. 北京：商务印书馆，1981：267-280，17-19.

③ Nelson, Richard R., and Winter, Sidney G.. Organizational capabilities and behavior. Chapter 5 of An Evolutionary Theory of Economic Change. Cambridge, Mass.：Belknap Press of Harvard University Press, 1982：32.

④ Coase, R. H. The Nature of the Firm. Economic, 1937, 4（4）：386-405.

⑤ Williamson O. Markets, and Hierarchies. Analysis and anti-trust implications. New York：The Free Press, 1975：267-278.

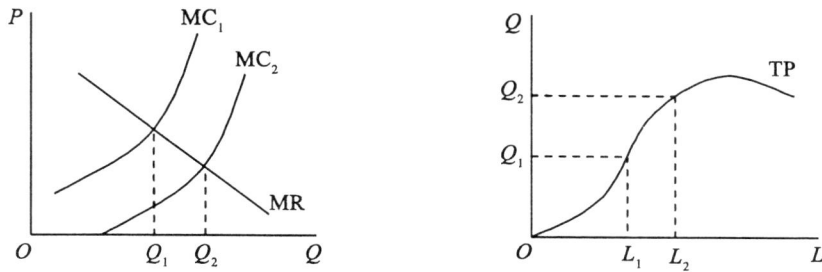

图 1 基于古典经济理论的企业成长模型

界问题，企业边界的扩张或收缩服务于最大限度节约交易成本的目的。格罗斯曼和哈特（Grossman & Hart，1986）① 通过强调资产所有权重要性进一步明确了纵向一体化的含义。我国学者汪建和周勤（2007）② 从新制度经济学的视角探讨了网络环境下企业的快速成长问题，认为管理约束是企业成长的主要约束。这些学者的研究充实了该学派的理论，企业不再是生产函数，而成为一个契约的集合体。

新制度经济学家们对于企业的边界并没有形成统一的观点，但是他们都认为企业的规模和交易费用有关。企业成长的动力（即"维"）是对节约市场交易费用的追求，而企业规模的调节则成为减少交易费用的途径，换句话说，企业成长的基本因素（即"元"）是企业规模，这就忽视了企业的生产属性，未能探讨企业成长的根本问题。此外，该理论未考虑企业的动态演化和与环境的互动，是一种静态或比较静态分析。因此，新制度经济学的企业成长理论还处于线性分析范式的框架下，其成长模型仍可用上述函数模型形式表示，只不过字母所表达的含义有所改变而已。

二、现代企业成长理论中的"元"与"维"

20 世纪 50 年代以后，彭罗斯（Penrose，1959）③《企业成长理论》一书的问世，正式奠定了现代企业成长理论的基础，她对企业成长理论进行了严密、全面的系统分析，建立了企业资源—企业能力—企业成长的分析框架。企业被认为是基于管理框架下的资源集合体，尤其是现有人力资源的集合，其本身的持续成长依赖于其生产机会，即"企业家"所注意到并利用的所有生产可能性，而不是"最优规模"，企业规模只是成长过程的副产品，任何规模的企业都存在成长经济。可以看出，彭罗斯理论中企业成长的基本因素（即"元"）是企业的生产可能性，而企业成长的动因（即"维"）则是企业对生产性机会的追求。

卢伟航、贺小刚（2005）④ 曾根据彭罗斯的理论构建了如图 2 所示的企业成长模型。企业是随着生产性机会的扩张或收缩而成长或下降的（A）。"元"的基本内容是指那些能为了企业的利益而被协调和配置的资源服务（B），这些资源包括那些可由企业继承的部分（C）及源于企业外部环境的有用的部分（C'）。而最影响"维"的因素是继承性资源的质量（C）和经营组织的凝聚力（D）。外部环境的影响是通过资源的竞争进行的，资源和服务的竞争压力促使企业去追求那些外在于企业的生产性机会，或迫使它

---

① Grossman, Hart. The costs and benefits of ownership: A theory of vertical and lateral integration. Journal of Politic Economy, 1986, 94 (4): 691-719.

② 汪建，周勤. 网络、管理约束与企业成长. 世界经济与政治论坛，2007，3：100-106.

③ Penrose, E. T.. The theory of the growth of the firm. Oxford: Oxford University Press, 1959: 225-230.

④ 卢伟航，贺小刚. 彭罗斯企业成长内生论及其现实意义. 南方经济，2005，1：77-79.

们面临资源转移到更具有生产性的外部机会（*B′*），因为这些资源的不同配置限制了它们获取资源（*C′*），不仅影响了其成长方向还限制了它的成长潜力。

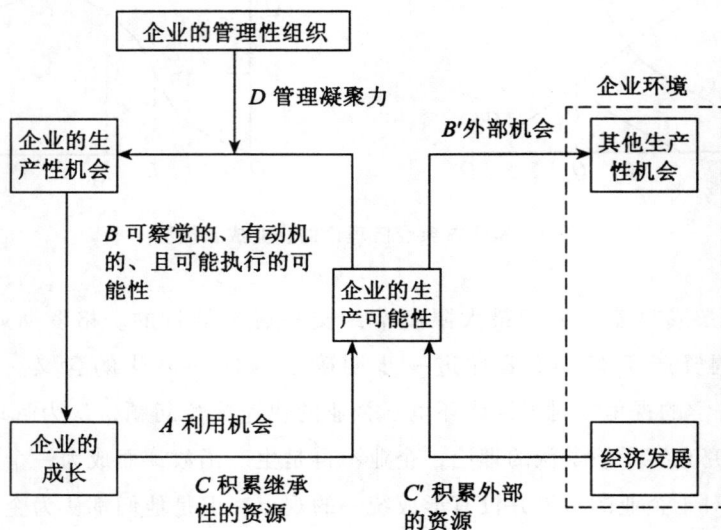

图2　基于彭罗斯理论的企业成长模型

我国学者杨杜（1996）① 从经营资源的数量、性质、结构和支配主题特性四个侧面来考察企业成长，认为企业是一个由多种具有不同特性的经营资源构成的集合体（"元"），企业追求大规模生产、不断扩张和多样化经营这是企业最基本的成长行为，企业成长不仅是经营资源的蓄积、扩张过程，而且是其结构调整和特性革新的过程（"维"）。杨杜认为，在企业由小到大的成长过程中，规模大小、专业化和多样化之间存在着密切的联系，可以从企业规模和事业结构两维空间来观察它们之间的关系特性，并把这种关系特性叫做企业的成长模式。从企业的长期发展过程看，成长模式呈现如下一般规律（见图3）。

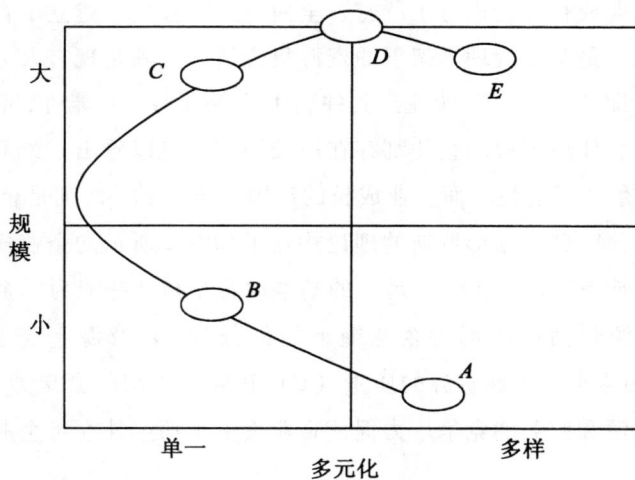

图3　杨杜的二维企业成长模式模型

---

①　杨杜．企业成长论．北京：中国人民大学出版社，1996：230-231.

在现代企业的初始阶段，企业主要以手工或简单的工具进行生产，规模较小但产品是变化多样的（A点）。随着企业的成长，大规模机械设备的采用逐渐增多，生产规模不断扩大并趋向于单一产品的生产，即专业化（B点）。专业化大规模生产极大地促进了生产能力的提高，使企业规模急速扩大，其结果是生产和需求越来越接近平衡，企业开始转向依靠产品多样化和开辟新事业追求成长的道路（C点）。多样化促使企业持续成长，但由于规模巨大的主业市场的成熟化，在企业没有寻找到新的成长事业的情况下，尽管企业的多样化程度可能不断上升，但生产规模可能呈停滞或下降趋势（D点、E点）。张林格（1998）①在此基础上引入企业竞争能力维度，建立了三维空间的企业成长理论模型，即规模、多样化和竞争能力。如图4所示，随着规模的扩大和多样化程度的提高，竞争能力也逐渐变强，但当多样化程度超过最优多样化率之后，企业的竞争能力可能呈现停滞或下降趋势。

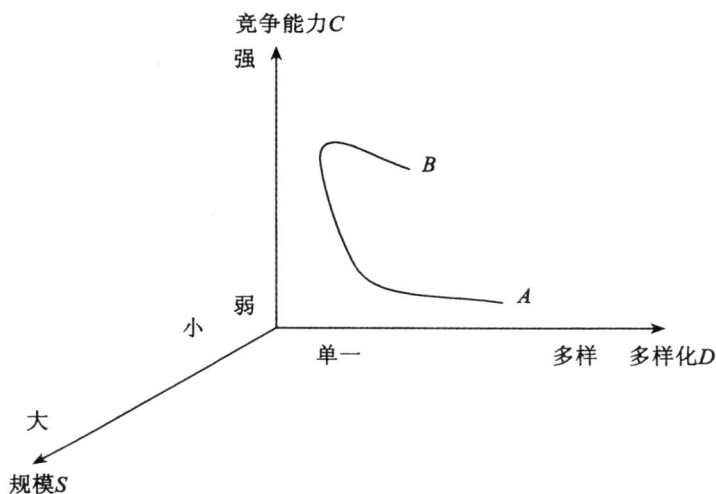

图4　张林格的三维空间企业成长模式模型

以彭罗斯为代表的资源基础学派将以往理论所忽视的管理因素引进企业成长理论的分析框架中，从企业资源（"元"）与企业管理（"维"）互动的角度解释企业成长，自此之后理论研究从企业外部转向内部，从而更有利于从根源上揭示企业成长之谜。普拉哈拉德和哈默（Prahalad & Hamel，1990）②在分析大量电子和机械制造业的基础上提出核心能力理论，该理论认为企业成长的动因（即"维"）在于其核心能力，核心能力在企业成长中的作用就像根在树成长中的作用一样重要：核心能力可以为企业打开多种潜在市场，拓展新的行业领域；核心能力对企业最终产品中顾客最为看重的、核心的、根本的价值形成起着关键的贡献作用；核心能力是难以模仿的，因此可以为企业提供持续竞争力等。但该理论并未对企业成长的基本或关键因素（即"元"）做具体阐述。针对上述不足，我国学者康荣平和柯银斌（2000）③根据中国企业的实际情况对企业核心能力理论进行了扩展，把企业成长抽象成权力、动力和能力三种力量的综合（"元"），认为中国长期成长型企业未来成长的关键是如何培育、发展和提高企业在较大范围和深层次上的成长能力，而核心能力（"维"）的培养可作为其新的战略。蒋恩尧和逄红梅（2004）④则认为企业成长

①　张林格．三维空间企业成长模式的理论模型．南开经济研究，1998，5：45-49．

②　Prahalad，C.K.，and Gary Hamel．The core competence of the corporation．Harvard Business Review，1990，68（3）：79-91．

③　康荣平，柯银斌．核心能力：中国企业成长新战略．企业改革与管理，2000，2：23-25．

④　蒋恩尧，逄红梅．基于核心能力的企业成长研究．商业研究，2004，5：14-16．

的关键影响因素是（即"元"）核心能力与经营领域是否建立了相互依赖、相互作用和促进的循环成长关系以及这个循环关系是否有效运行。根据他们的观点，企业成长的过程，就是核心能力形成（专业化战略）、扩展（相关多元化战略）和建立新的核心能力（不相关多元化战略）的过程（"维"）。

基于资源基础和核心能力的企业成长论是一种内生成长论，打破了传统的"企业黑箱论"，从企业内部管理和竞争能力视角探讨企业成长的本质，这种从本质上认识和分析企业的方法对企业成长的深入研究具有重要意义。但遗憾的是上述理论过分强调了内生因素的作用，弱化或忽视了外界环境对企业成长的影响；虽然摆脱了企业是生产函数或契约集合体的机械论断，也对企业的成长做了类似生物体的比喻，但仍未涉及企业成长的"生命性"，企业还是一个不折不扣的"物"。企业生命周期理论开启了企业仿生化研究的先河，它建立在系统理论和生态理论基础之上，从企业与环境互动的视角，将企业的成长过程划分为结构不同的阶段，重点研究企业成长的发展阶段和路径，分析影响企业成长的关键要素。

葛雷纳（Greiner，1985，1998）[1] 在大量案例资料研究的基础上，提出了成长五阶段论。他认为企业成长到一定阶段，就会遇到某种危机，如果企业能够克服这一危机，它将进入一个新的发展阶段。但任何事情都不可能是一帆风顺的，企业成长过程中难免会出现停滞、迅速发展以及波浪式前进等态势，在这些过程中，企业家、技术创新、管理等要素起着重要的作用（"元"），它们促进企业成长过程中演变和变革的交替进行。葛雷纳用组织的规模和年龄两个方面的不同表现描述企业成长，他认为企业成长是企业规模扩大和年龄增长的过程，并以组织年龄为横轴，以组织规模为纵轴建立了组织发展模型，企业的成长过程被分为创业、指导、分权、协调、合作（"维"）五个阶段（见图5）。

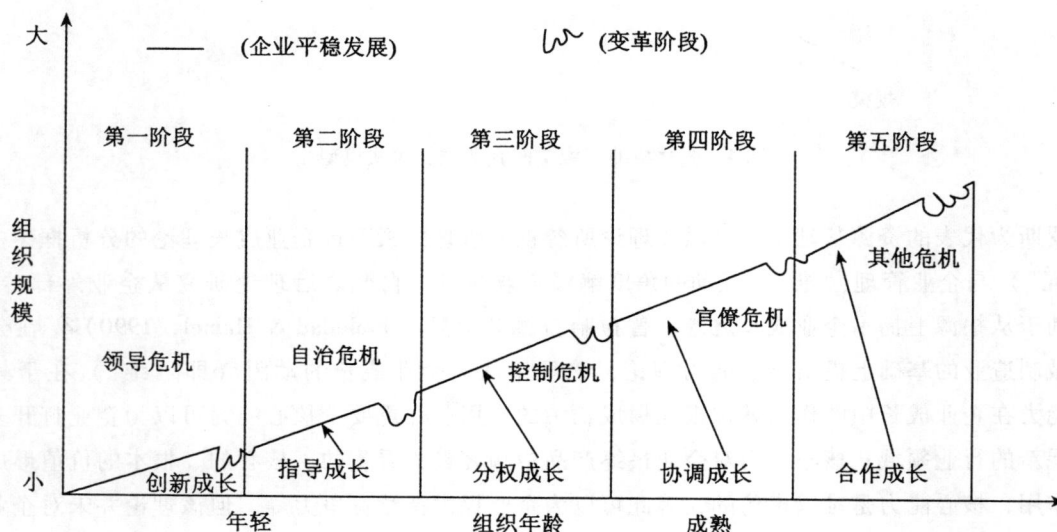

图5　葛雷纳的企业成长五阶段模型

创业阶段的企业主要以制造和销售为管理重点，这一阶段的企业主要面临创业者因缺乏规范管理经验而造成的领导危机（"元"）。指导阶段的企业主要以提高运作效率为重点，虽然企业通过雇佣有能力的管理者（"维"）而解决了领导危机，但企业可能会因集权管理而出现自主权危机（"元"）。分权阶段由于企业实行分权管理（"维"）而解决了自主权危机，提高了企业成员的积极性，但企业很容易因为分权过度而

① Greiner, L. E.. Evolution and revolution as organizations grow. Harvard Business Review. 1998, May-June: 55-66.

面临控制危机（"元"）。协调阶段企业为了解决控制危机必然会通过完善管理体制（"维"）来加强协调和整合，但繁杂的管理体制和控制制度又会使企业面临官僚作风危机（"元"）。模型认为企业的每个成长阶段都是由前期的演进和后期的变革或危机组成，而后期的变革正是由企业所面临的主要管理危机所致，企业能否顺利成长取决于变革能否顺利进行。

爱迪斯（Adizes，1997）① 将企业生命周期划分为成长阶段、再生与成熟阶段、老化阶段三个阶段，具体又可细化为 10 个阶段。企业在生命周期中所处的位置取决于自控力和灵活性（"元"），而灵活性和自控力取决于企业如何组织制定决策和贯彻实施（"维"）。灵活性和自控力是创新精神（E）和 CAPI（即职权、权利及影响的结合）的函数，高度的创新精神（E）和 CAPI 可以使得企业既灵活又可预测，使企业行为处于可控状态。只有企业制定和实施决策的能力提高了，提供服务（P）、行政管理（A）、创新精神（E）、整合能力（I）四大角色发展成熟并制度化了，企业所要照顾的各种利益也得以整合并融为一体了，盛年期才会出现。受其影响，周可、顾力刚（2006）② 则把企业生命周期划分为 18 个阶段，企业当前所处的生命周期阶段是通过企业系统的六大子系统相互协调共同决定的（"维"）。企业系统的六大子系统（"元"）是指战略决策系统、员工学习系统、流程优化系统、客户响应系统、财务控制系统、环境适应系统。企业系统的函数表达方式为 $S = \langle \{S_1(\text{战略}), S_2(\text{员工}), S_3(\text{流程}), S_4(\text{客户}), S_5(\text{财务}), S_6(\text{环境})\}, R \rangle$，企业的六大子系统之间的关系通过三维坐标系来表现（见图6）。

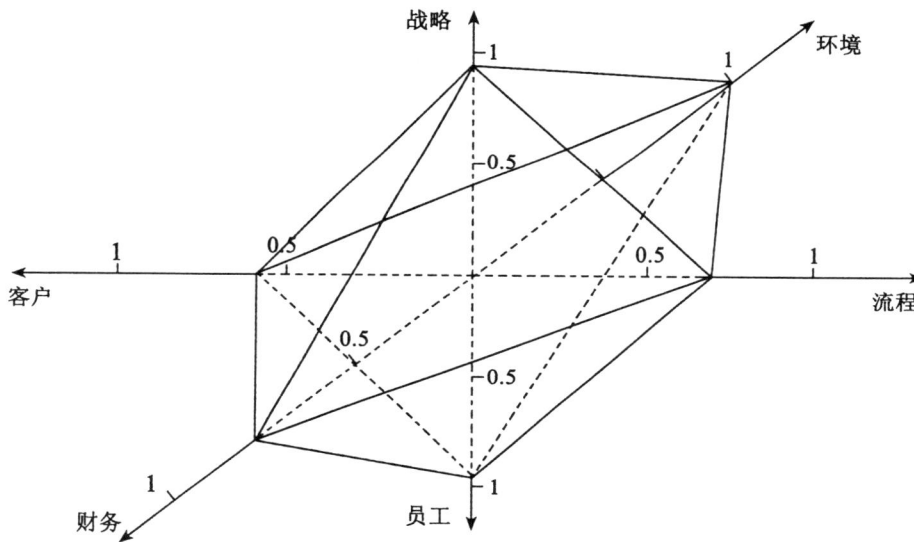

图6 周可、顾力刚的三维八面体企业成长模型

奎恩与卞莫恩（Quinn & Cameron，1983）③、丘吉尔和刘易斯（Churchill & Lewis，1983）④ 及我国学者陈佳贵（1995）⑤、单文和韩福荣（2002）⑥ 等也分别建立了各自的企业生命周期模型。企业生命周期

① 伊查克·爱迪斯. 企业生命周期. 北京：中国社会科学出版社，1997：76-80.

② 周可，顾力刚. 基于生命周期的企业成长模型研究. 商业现代化，2006，3：23-24.

③ Robert E. Quinn, and Kim Cameron. Organizational life cycles and shifting criteria of effectiveness: Some preliminary evidence. Management Science, 1983, 29: 33-51.

④ Churchill, N. C., and Lewis, V. L. The five stages of small business growth. Harvard Business Review, 1983, 3: 30-50.

⑤ 陈佳贵. 关于企业生命周期与企业蜕变的探讨. 中国工业经济，1995，11：5-13.

⑥ 单文，韩福荣. 三维空间企业生命周期模型. 北京工业大学学报，2002，1：117-120.

理论把企业作为一个生命体来看待，将其成长轨迹根据"元"与"维"的性质及作用特征的不同划分为不同的阶段，且突破了内生成长论即"内元"的限制，强调外部环境因素即"外元"对企业成长的影响，这有助于对企业成长和发展做出更符合现实的解释。但是，像其他现代企业成长理论一样，企业生命周期是将企业作为一个整体来考察的，注重的是企业发展的阶段性和作为整体的生命有限性，所以常见的企业生命周期模式就是有限增长曲线，对企业发展过程中所呈现出来的多样性、不确定性、复杂性和企业发展未来可能遵循的路径，尚缺乏相应的理论，现代企业成长理论仍处于线性研究范式之下。作为理论的反映，现代企业成长模型的形式由线状转变为面再到体状的外观特征，意味着"元"与"维"本身内容的丰富和两者作用关系的复杂化。

三、新近企业成长理论中的"元"与"维"

从生产函数到生命系统，虽然丰富了"元"与"维"的内容及两者的关系，但仍将企业视为一个简单的整体性生命物性系统，从线性的角度分析"维"对"元"的作用，否认了企业成长各因素间的非线性作用本质，当然难以令人信服地解释企业的成长演化问题。从 20 世纪 70 年代起，随着耗散结构论、协同论和突变论、混沌理论、分形理论、超循环理论以及其他新系统理论的诞生与发展，学者们开始将企业系统理解为复杂适应系统，并运用复杂性科学的理论和方法，从不同层面分析企业系统内部各要素以及企业系统与外部环境之间的非线性作用，从而探求和研究企业的成长过程。

圣吉（Senge，1990）① 提出了九个企业成长的系统动力学基模，包括成长上限、舍本逐末、成长与投资不足等，大大启发了学者们如何运用系统动力学方法研究企业的成长问题。他认为企业也是一个不断反馈的环路系统，并与其外在的更大系统构成一个整体，他所面临的许多问题往往是系统内外部多因素共同作用的结果。企业只有不断认识并改变限制因素，才能突破限制、保持成长。文章选取成长与投资不足基模解释"元"与"维"的作用（见图 7）。

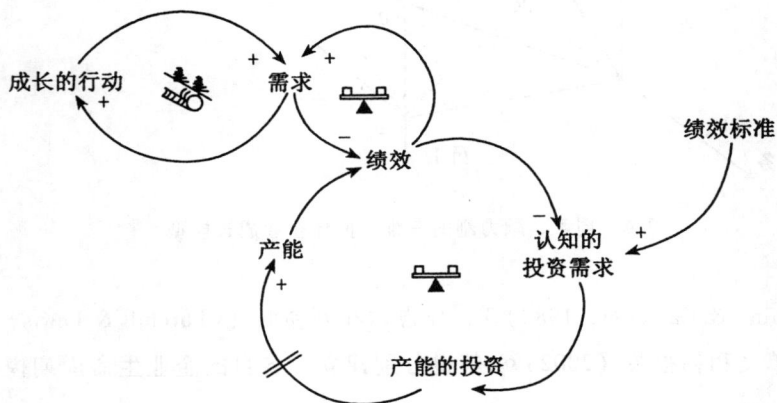

图 7　圣吉的系统动力学企业成长模型

根据成长与投资不足基模，当企业的成长接近上限时，可以在成长降低之前，积极地投资在"产能"

———————————

① 彼得·圣吉．第五项修炼．上海：上海三联书店，1997：100-140．

的扩充上（"维"），以突破成长的上限，降低目标或绩效标准来使投资不足"合理化"的做法是不合理的，可能会使成长逆转而使需求大幅下滑。圣吉认为应该采取的管理方针是：如果确实有成长的潜能，应在需求之前尽快扩充产能，作为创造未来需要（"元"）的一个策略。坚持远景，特别是关键绩效标准的衡量，仔细评估产能是否足够支持未来潜在的需求。如果成长已经开始减缓，此时切忌再努力推动成长环，应致力于扩充产能并减缓成长的速度。

刘兴国（2001）① 分析了耗散结构理论对现代企业管理的影响并建立了企业熵流的一般模型（见图8）。

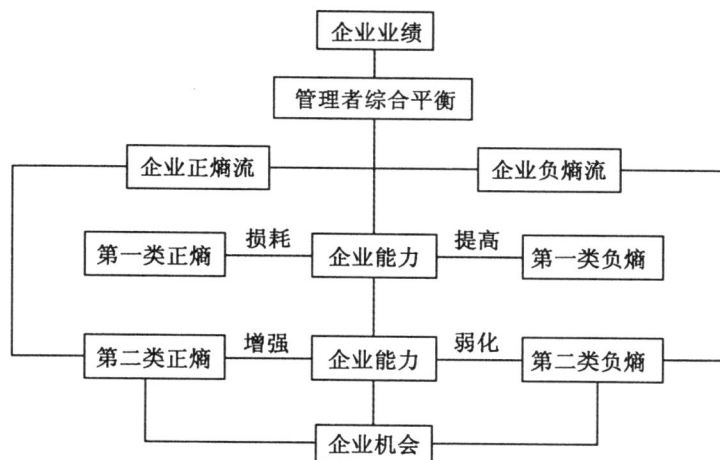

图 8　刘兴国的企业熵流模型

企业熵流模型清晰地说明了企业正熵流与负熵流（"元"）对企业经营业绩的决定性影响，同时表明了企业熵流的基本作用机制、作用过程。刘兴国认为作为一个企业的管理者，管理的任务就是根据企业熵流模型来完成三个方面的工作（"维"）：第一，弱化企业第一类正熵对企业能力的损耗，同时增强企业第一类负熵对提高企业能力的有利作用。第二，严格控制第二类正熵所导致的外部威胁的增加，并借助于第二类负熵来有效抵消企业外部威胁的增加。第三，利用对第二类负熵的控制有效增强企业的生存与发展机会，尽量减少第二类正熵对企业机会的不利影响。

万良杰、李晓翠（2005）② 利用混沌经济学的思想建立了企业成长的混沌模型（见图9），揭示了非线性条件下企业成长的规律，即从相对平衡态到近平衡态再到远离平衡态的过程。

他们认为，企业由目标、活动、技术、制度与人这五个基本要素组成（"元"），目标是企业整体结构的"灵魂"，技术是企业形成的关键，制度则起着"粘着"的作用，活动是其他要素得以发挥作用的载体，所有这些都需要人去完成，它们缺一不可。他们建立的企业成长混沌模型中，企业成长过程中对利益相关者目标集成度受其控制参数的作用（"维"），控制参数（u）是科技投入增长率、企业产出的科技含量、劳动力年增长率和企业管理层对企业目标控制力度参数的函数。他们通过把控制参数函数代入Logistic方程，建立了企业成长的控制模型。$1 < u < 3$ 时，企业处于相对平衡态；$3 < u < 3.57$ 时，企业处于近平衡态；$u > 3.57$ 时，企业处于远离平衡态，目标集成出现多点性"混沌状态"。处于"混沌状态"时，企业经营风险很大，任何一种变革的微小失误都有可能给企业带来致命的失败。但企业的机遇也在增加，需要企业管理者把握影响企业发展的控制要素，确保企业向正常预定目标发展。

---

① 刘兴国. 企业耗散结构模型分析. 工业工程与管理，2001，3：33-36.
② 万良杰，李晓翠. 非线性条件下企业成长的规律分析. 企业经济，2005，6：85-87.

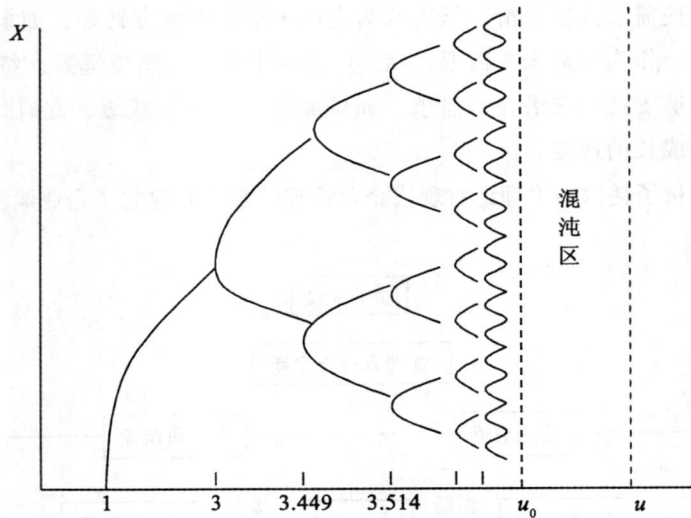

图 9　万良杰、李晓翠的企业混沌成长模型

杨淑娥、韩志丽（2006）① 把高科技企业的成长过程看成是一个复杂性自适应系统，认为高科技企业成长系统是由技术创新、企业家才能、创业孵化、风险投资和虚拟制造五个关键因素（"元"），以高度柔性和相互间的互动构成的一个整体系统，并构建了高科技企业适应性成长机制模型（见图 10）。从该模型可以看出，企业系统的外部环境包括技术环境、市场环境、政策环境、信息环境、文化环境等。企业的生命周期划分为种子期、初创期、扩展期、成熟期、蜕变期、衰退期。在高科技企业的成长过程中，有三个决定性的环节（"维"），即系统内各适应性主体间非线性作用所产生的协同和放大效应；系统与外部环境间的非线性互动下，自适应所产生的融合效应；系统实现自演化的直接诱因"涨落"——扰动因子。

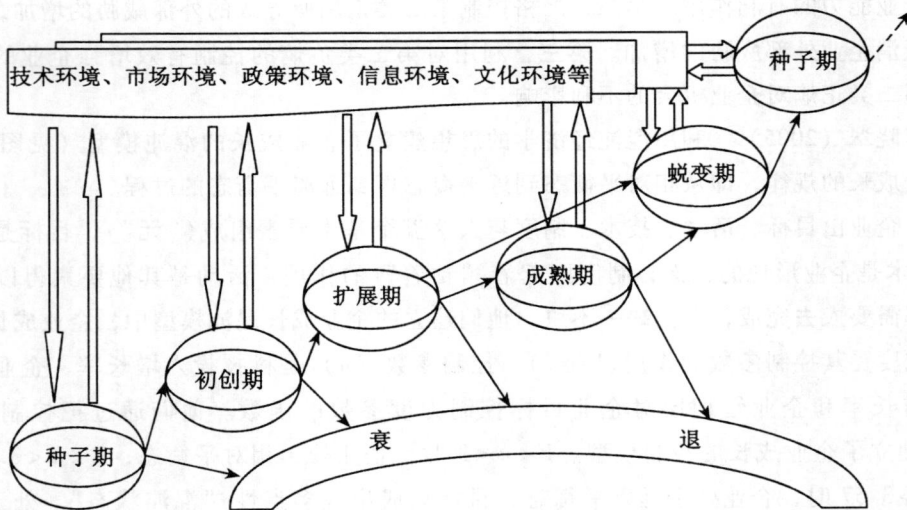

图 10　杨淑娥、韩志丽的高科技企业适应性成长机制模型

---

① 杨淑娥，韩志丽．复杂性科学观下的高科技企业成长机制与成长指数设计．经济管理·新管理，2006，6：13-18．

复杂性科学之所以能够引起人们的普遍兴趣，在于它给我们提供了一种崭新的世界观：完美的、均衡的世界不存在了，取而代之的是复杂性的增长和混沌边缘的繁荣（潘旭明，2007）。① 它将企业阐述为一种复杂性适应系统，企业成长的"元"在于主体复杂的应变能力以及与之相应的复杂的结构，"维"则是一种"学习"或"积累经验"，能够从经验中提取有关客观世界的规律性的东西作为自己行为方式的参照，并通过实践活动中的反馈来改进自己对世界的规律性的认识。"维"对"元"的作用是非线性的，各适应性主体处在相互依赖、相互协作的非线性互动网络中，企业成长系统在一定的时间、空间维度上涌现特定功能的自组织结构，为避免封闭系统造成的熵增现象，主体与外部环境进行物质、能量和信息的交换产生负熵流，熵与负熵力量的对比过程彰显企业成长过程的本质，如果二者没有明显的力量悬殊，则整个系统将处于一种混沌边缘状态，涨落成为打破这种动态平衡的有效途径。

四、未来发展的"元"与"维"

以生命系统及其演化机制为视角和方法的现代企业成长理论虽然较之传统理论在解释企业成长方面颇具新意，但仍然远未能解开企业成长之谜（钱辉、项保华，2006），② 一个重要的原因就是，前述企业演化研究单纯从"生命物性"的视角，将企业视为完全的自然生命系统，纯粹用生命系统及其进化的原理与规律来分析企业的成长，忽视了企业的人文生命性质即"生命人性"（田奋飞，2008）。③ 包括基于复杂性科学的企业成长研究成果在内，目前企业成长研究虽然把企业作为一个生命体来看待，但其生命性仅体现在调节适应功能和个体本身的稳定性，这显然将企业性质局限于一般自组织性系统，忽视了企业具有的以价值观意识为核心的文化或人文系统性质。而两者在成长的物质基础、途径、速度等方面存在着本质上的区别：一般自然生命系统的进化是以生物基因的自然遗传和变异为主线，强调环境选择的作用，而作为人文系统的企业成长演化则带有明显的文化传衍与变革的痕迹，是以文化传变为主线的（康慧，2006）。④ 因此随着企业成长理论的不断发展，企业文化积淀将列入"元"的范围之内，成为影响企业成长的重要因素之一，企业已有文化积淀所形成的企业行为方式对其成长的影响将成为企业成长理论的重要内容。

根据复杂适应系统理论（CAS 理论），企业已有的文化积淀相当于一个"规则集"。图 11 是 CAS 理论中的执行系统模型，该模型说明了主体在某个时刻对环境的反应能力。复杂适应系统的执行系统包括三个部分：一个"探测器"、一个"效应器"和一组 IF/THEN"规则集"。"探测器"用来接收和处理外部输入的信息，代表了主体从环境中接收信息的能力，它决定了主体存在的条件。"效应器"用来输出消息，按给定控制产生输出并更新内部状态，代表了它作用于环境的能力，是主体的功能所在。IF/THEN 规则集合实际上就是一个刺激一反应模型，规定了对何种刺激做出何种反应，但它又不同于通常意义下的一一对应的 IF/THEN 规则，它代表了处理"探测器"所接收到的信息的能力。这三种元素都是抽象的，已经剔除了特定机制的细节，所以可应用于不同种类的主体。对于企业这个复杂适应系统而言，通过往期的成长经历，企业已经具有了自身的成长规律，包括已成型的战略决策体系、组织结构体系、信息传输体系等人文特征，这就是企业的一个规则集，规则集的优化和完善意味着企业成长能力的增强，而优化和完善的动力来自于"内部突变"和"外部刺激"。"内部突变"是指企业这个复杂适应系统中某个或多个主体通过"适应性学习"而使自身在系统中的"位置"和可获取"资源"相对提升，打乱了原先的排列秩

① 潘旭明.复杂性科学研究评述.自然辩证法研究，2007，6：37-40.
② 钱辉，项保华.企业演化观的理论基础与研究假设.自然辩证法通讯，2006，3：46-49.
③ 田奋飞.企业演化研究：从"生命物性"到"生命人性".社会科学家，2008，1：59-60.
④ 康慧.企业文化变异——从演化理论的视角.技术经济与管理研究，2007，6：47-49.

序和规则,从而使整个系统的结构发生改变,即规则集的变动,最终影响企业的成长。比如企业中的研发系统,由于自身的不断试验和对先进技术的引进,使总体科研水平提高,产品科技含量升高,增加了企业收益,从而促进了企业成长。对于"外部刺激",正如执行系统模型所显示的,如果环境条件发生变化,企业的信息部门("探测器")会感应到这种变化,经过企业内部的讨论,依照已形成的一般企业行为方式("规则集"),企业会对此环境变化做出相应的调整,这种调整很快通过市场("效应器")对外部环境产生作用。整个市场所有企业的反应在一定条件下会迫使环境产生新的变化,而对于这种新变化企业很可能由于并未遇到这种情形而被迫修订自身的行为方式,即"规则集"的变化,以使企业更加适应环境。如政府拟增加税收,企业获知后,根据已有的"规则集"做出生产或销售上的调整,在市场上这意味着商品的价格发生变动,有些企业可能因为市场的作用而破产,政府根据市场的状况不断调整税率直到合适的标准,而在这一循环反馈过程中企业的"规则集"会不断完善。因此我们认为未来发展的"元"与"维"将更加注重企业的人文生命特征,在复杂性科学这一基本分析工具下,企业的成长取决于内、外成长机制的协调和适应。

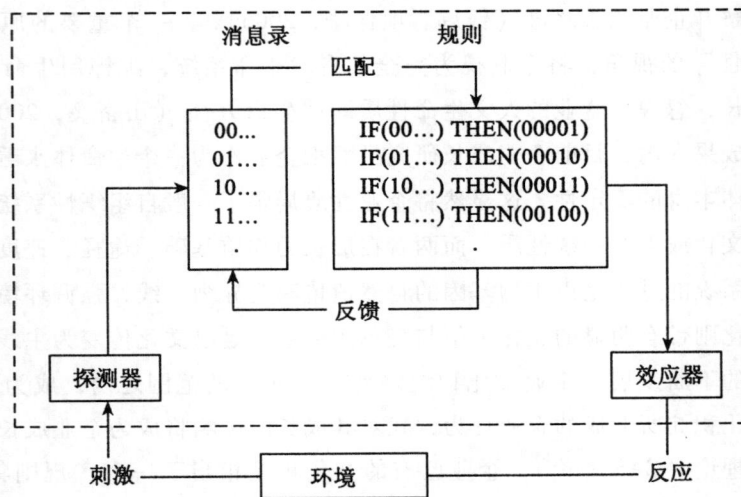

图 11　复杂适应系统理论中的执行系统模型

五、结论

从企业成长理论的模型化解读过程可以看出,对企业成长性的考察经历了由生产函数到生命系统再到人文生命体的转变,在这一过程中企业成长的基本因素(即"元")和动因(即"维")在内容和作用性质上不断丰富,反映出事物认识过程中的哲学范式演进。"元"的内容由注重外部环境因素到注重企业内部自身成长因素再到内外兼顾,"维"的内容由简单的被动接受到复杂的适应性反馈;"维"对"元"的作用性质由线性转变到非线性,作用内容则体现出企业由经济性到生命性的转变趋势。研究视角和方法的转变使得企业的成长性表现由简单转向复杂,由秩序走向混沌,从而不断丰富企业成长理论体系的内容。

对于企业成长理论的发展趋势,通过分析我们至少可以得到以下结论:企业是具有人文生命体特征的复杂系统,其复杂性一方面表现在成长因素众多,因素间关系错综复杂;另一方面则表现在其作为人造系统的主动性和由此引发的不确定性。企业在成长过程中并非完全被动地接受环境的影响,而总是显现出主动学习、主动创新的精神,正是这种主观能动作用,使得企业的成长往往可能突破一般自然生命系统的演化规律，展现出涨落和突变的内在特征。因此对企业成长过程的研究应基于复杂性科学的理论，运用非线性方法分析"维"对"元"的混沌和分形作用特征；从企业与环境互动、内生与外生机制结合的角度，遵循企业人文生命特征演化规律，对企业成长做出更符合实际的解释。

公司上市动因理论研究综述[*]

● 桑　榕

（辽宁大学经济学院　沈阳　110036）

【摘　要】公司上市动因是国外金融经济学的研究热点之一，本文对国外公司上市动因的相关理论研究进行了总结。总体来讲，公司上市的动因主要包括以下几个：融资、初始投资者变现退出、提高公司知名度、择机上市以及收集有关公司信息等。在现实中，公司上市可能是出于上述的一个或几个原因，而有关上市动因的相关理论仍需通过实证研究进一步检验。

【关键词】上市公司　动因　理论综述

上市是公司整个发展过程中最为重要的事件之一，在 20 世纪 80 年代以前，国外学术界认为上市是公司发展中的一个必经但无须进行太多研究的过程。然而，自 20 世纪 80 年代以来，学者们纷纷开始关注公司究竟为何要上市，其中一个原因在于当时美国的许多公司在上市后又退市。另外，市场上存在着许多公司在达到了上市要求时也并未上市的现象，从这一点来看似乎又并不是所有的公司都必须经历这一阶段。对公司上市动因的研究具有重要的理论与实践意义，公司金融研究领域里的诸如并购、资本结构、公司的资产组合分散化等问题也可以从对公司上市动因的研究中找到答案。此外，分析公司上市动因还能够与一些人们所熟知的股票首次公开发行市场的实证现象，如首次公开发行定价过低以及新股长期弱势等联系起来。正是由于以上原因，国外的许多学者从理论角度对公司上市动因这一问题进行了研究，从目前的研究来看，有关公司上市动因的理论研究主要包括以下几个方面的内容：

一、融资和降低资本成本

公司上市最为重要的原因之一就是能够通过发行股票进行融资，因为许多快速发展的公司常常受到资金方面的限制。公司上市不但可以通过首次发行筹集到大量的资金，而且上市后还可以进行再融资，并且这些资金可以长期占用。

Allen 和 Faulhaber[①]，Grinblatt 和 Hwang[②] 以及 Welch[③] 等建立的理论模型表明，公司可以在股票的首次公开发行后通过再次发行股票进行融资来解决股票发行市场中因信息不对称所引发的相关问题。公司以

＊ 本文是辽宁大学青年科研基金项目"股票发行市场的基础性制度建设研究"的阶段性成果。

① Allen, Franklin, and Gerald R. Faulhaber. Signalling by underpricing in the IPO market. Journal of Financial Economics, 1989, 23: 303-323.

② Grinblatt, Mark, and Chuan Y. Hwang. Signalling and the pricing of new issues. Journal of Finance, 1989, 44: 393-420.

③ Welch, Ivo. Seasoned offerings, imitation costs and the underpricing of initial public offerings. Journal of Finance, 1989, 44: 421-449.

较高的定价、以过低程度进行股票的首次公开发行主要是为了向市场发出一个信号，以便于进行后续融资。他们认为，市场中往往存在着业绩较好和业绩较差的两类公司，发行公司通常都拥有有关本企业的真实信息，而投资者却难以区分这两类公司，这就会产生信息不对称问题。业绩较好的公司将通过低价发行方式（尽管这样做的成本很高）向市场传递这样一种信息——该公司拥有美好的发展前景，在首次公开发行中将低价发行股票，该公司在上市后的增资发行中将有能力通过高价发行来弥补在首次公开低价发行中的损失。而业绩较差的公司则不会这么做，因为若开始采取低价发行的方式，在随后的发行中将得不到补偿（由于业绩较差而难以在以后的发行中以高价发行）。Allen 和 Faulhaber，Grinblatt 和 Hwang 以及 Welch 等的模型都认为首次公开低价发行是给予市场投资者的一种好处，以便公司在以后能够以较高的价格发行股票。其中，Allen 和 Faulhaber（1989），Grinblatt 和 Hwang（1989）认为上市公司可以先公开发售部分股票，一旦市场对上市公司的业绩给予肯定后公司管理层再发售手中持有的其他剩余股票（这时的发售价格相对要高一些），Welch（1989）认为上市公司可以一次性售出全部股票，以后再以较高的价格增发新股。

Rajan[1] 的理论模型指出，公司未上市前只能通过向银行贷款来筹措资金，资金来源有限，再加上银行拥有企业的信息，因此银行相对有较大的谈判权，可能向企业收取一定的租金。而一旦公司上市，不但资金来源增加，而且公司的财务杠杆也下降了，财务风险相应降低，上市后公司的信息透明度大大增加，因此公司上市能够克服融资方面的限制，不再过度依赖于银行或风险投资家，同时还提高了公司与银行就贷款数额与利率讨价还价的能力。Pagano，Panetta 和 Zingales[2] 所做的实证研究表明，公司上市后银行对其贷款的利率是下降的，而愿意贷款给公司的银行家数也增加了，因此，总体来讲公司上市后其贷款成本降低了。

一些理论认为，公司还可以通过发行股票来改善资本结构进而实现降低资本成本的目的。债务资本的税盾优势能够降低公司总的资本成本，但公司并不能持续地通过举债的方式来实现资本成本最小化的目的。对公司债权人来讲，当公司的债务达到某一临界点时，公司的债务成本会大幅度地增加，因为当公司的财务杠杆提高时，其违约风险也会相应地提高，贷款人会要求大幅度地提高利率。另外，大量的债务也会使股东的风险加大，这又会增加公司的资本成本。因此，当公司的债务水平在某一临界点以下时，随着债务的增加，公司总的资本成本会下降，而当债务水平超过该点时，公司的资本成本将会提高。Modigliani 和 Miller [3]强调，最优的资本结构能够降低资本成本，最终可以使得公司价值最大化。因此，当外部的股权融资能够使得公司的资本成本最小化时，公司会公开发行股票上市。也就是说，在公司发展的某个阶段，通过上市进行融资能够改进公司的资本结构进而使得公司价值最大化。

一般认为，公司上市的主要目的在于融资。由于公司的融资方式有许多种，因此公司的选择主要取决于各种融资方式的相对成本。Myers[4] 以及 Myers 和 Majluf[5] 等的研究认为，当外部投资者和公司管理层之间存在信息不对称时，即使管理层发现了净现值为正的投资机会也很难将此信息传递给投资者，而新股

① Rajan, Raghuram G.. Insiders and outsiders: The choice between informed and arm's length debt. Journal of Finance, 1992, 47: 1367-1399.

② Pagano, Marco, Fabio Panetta, and Luigi Zingales. Why do companies go public? An empirical analysis. Journal of Finance, 1998, 53: 27-64.

③ Modigliani Franco, and Merton H. Miller. Taxes and the cost of capital: A correction. American Economic Review, 1963, 53: 433-443.

④ Myers, Stewart C.. The capital structure puzzle. Journal of Finance, 1984, 39: 575-592.

⑤ Myers, Stewart C., and Nicholas S. Majluf. Corporate financing and investment decisions when firms have information that investors do not have. Journal of Financial Economics, 1984, 13: 187-221.

投资者有如下考虑，即如果项目的净现值为正，公司管理层不会愿意发行新股而把新项目的投资收益转让给新股东。在上述情况下，当公司通过发行股票进行融资时，会出现对新发行股票的估价比没有信息不对称问题时的价格要低的局面，而这无疑会增加公司融资的成本。因此，融资顺序理论（Pecking Order Theory）指出，当公司要为自己的新项目进行融资时，将优先考虑使用内部的盈余，其次是采用与信息不对称无关的债券融资，最后才考虑股权融资。也就是说，内部融资优于外部债权融资，外部债权融资优于外部股权融资。尽管按照融资顺序理论，公司的上市融资列于各种融资方式之后，但当前述各种融资手段不可用，例如，对于那些在当前和未来有较大规模的投资因而可能出现较快发展的公司而言，它们可能会由于本身有较高财务杠杆的原因而不能够通过其他途径进行融资，或者当外部的股权融资能够使得公司的资本成本最小化时，公司便会公开发行股票上市。

二、公司的初始投资者将投资变现后退出

一些学者的研究指出，上市是公司初始所有者试图以较高的价格出售公司控制权的第一步，这是因为，拥有整个公司的初始所有者如果与一个单一的潜在公司购买者进行讨价还价，将不能够在向买方出售公司的控制权时获得最大收益。而当一家公司上市后，股票在公开市场上进行交易，市场投资者可以对公司股票进行更为合理的估值，同时收购公司也很难向公司的外部投资者施压并使其在收购价格上让步。因此，相对于公司不上市而直接出售给其他公司来讲，上市后公司所有者能够将公司以较高的价格进行出售。另外，当一家公司上市后很容易被其他收购者发现并被收购，即公司的控制权转移变得更为容易。总之，公司的所有者如果想要在公司的控制权转让中使自己的收益最大化，则应当先上市。

Zingales① 的模型将公司上市动机和公司原始股东股权转让价值最大化联系了起来。Zingales 认为，公司最初的所有者在决定是否上市以及上市后持有多少公司的股权时要对以下两种收益进行权衡：将股权出售给分散的股东所获得的现金流权收益和将股权出售给潜在的大股东所获得的控制权收益。其中所谓现金流权是指股东能从公司正常的经营利润中分得的份额。控制权是指股东控制公司的能力，而控制权收益是一种只能由公司的控制性股东享有而中小股东不能分享的利益。在现金流权市场存在着大量的分散小股东，因此这是一个高度竞争的市场。而由于控制权交易涉及大量的资金，只有较少的投资者可以进入争夺控制权的市场，因而该市场是不完全竞争的。如果公司的初始所有者将股权出售给分散的小股东，则他能通过股权的出售来最大化其现金流收益（即股票能够以最好的价格出售）；如果与潜在的公司收购者直接地讨价还价，则他能通过出售控制权来最大化其公司控制权收益。其结果是：公司最初的所有者通过两个阶段的不同操作方式来最大化其总收益：在最初的股票发行时，出售一部分股份给分散股东来获得一定的现金流收益，而后再通过直接谈判的方式出售控制权来从公司股权的最终购买者那里获得控制权的溢价收益。

与 Zingales（1995）相似，Mello 和 Parsons② 也强调公司上市的角色在于其对公司的价值发现功能。Mello 和 Parsons 认为，为了实现公司合理的股权结构并使其出售收入最大化，公司的初始所有者此前需要收集有价值的信息，而公司上市则是收集公司相关信息的一种较好手段。在 Mello 和 Parsons（1998）的模型中，初始所有者在向不具有监控能力的中小投资者（其文中称为消极投资者）出售股票时会获得有价值的信息，而这一信息对于向对公司具有监控能力的投资者（其文中称为积极投资者）出售股票时进行讨价还价具有重要的意义。因此，股票的发行策略应是将股票先卖给中小投资者，再将控制性的股权卖给

---

① Zingales, Luigi. Insider ownership and the decision to go public. Review of Economic Studies, 1995, 62: 425-448.

② Mello, Antonio S., and John E. Parsons. Going public and the ownership structure of the firm. Journal of Financial Economics, 1998, 49: 79-109.

积极投资者，IPO 是公司原始股东一连串出售公司股票以使其收益最大化的步骤之一。

Black 和 Gilson[1] 从风险投资角度提出了一个企业上市动机的理论模型。Black 和 Gilson（1998）认为，在风险投资退出的三种主要形式，即股票首次公开发行、出售给其他投资者和风险企业家回购中，通过上市退出是一种最优选择。风险企业家是以出让企业的控制权为代价来换取风险投资的资金。如果企业家采取回购的方式收回企业的控制权，这会给风险企业带来融资困难，而通过将企业股权出售给第三方的形式退出，风险企业家又有可能丧失对企业的控制权，因此相比较而言上市是最佳的退出方式。因为通过上市融资，风险企业家可以用股票发行获得的资金从风险投资家手中回购股权，而且在获得企业控制权的同时，又获得了企业进一步发展的资金。从理论上来看，公司上市同时对于风险投资家来讲也是最优的。公司上市后的巨额回报不仅使得风险投资家获得了较高的收入，而且还会提高风险投资家的声誉。因此，通过上市方式退出能够在最大限度上满足这两个风险投资主要参与者的要求。

三、提高公司的形象和知名度

一般认为，成为公众公司能够大大提高公司的公信力和知名度，而媒体给予一家上市公司的关注要远高于未上市企业，由此公司可以获得更多的发展契机。

Stoughton，Wong 和 Zechner[2] 的研究从提高公司形象和公众性角度来分析公司上市的动因，考察了公司上市对其产品生产和公司融资等方面所带来的积极影响，并将产品市场上公司产品的质量与金融市场上对公司股票的估值联系了起来。Stoughton，Wong 和 Zechner 建立了一个股票市场的均衡模型。在其模型中，消费者根据公司的股票价格推断公司的产品质量，其在未来购买产品的意愿与他们通过股票交易价格所推断出的公司产品质量密切相关，而股票市场则从消费者对产品质量的判断中理性地预期公司的利润，二者之间相互影响，相互作用。

Stoughton，Wong 和 Zechner 分析了公司上市对消费者的影响，他们认为，公司上市实际上是向消费者提供了这样一个信号，即公司愿意接受那些来自证券投资分析师的分析与考察，而分析师们通常会对上市公司进行详尽的调查。在 Stoughton，Wong 和 Zechner 的模型中，公司可能并不一定因缺钱在资本市场进行融资，而是需要通过上市得到有关公司产品质量的证明，因为证券市场上许多投资者（包括证券分析师）都能够积极地参与到股票价值发现的过程中去，即证券市场能够起到一种证明公司价值的作用。这使得生产高质量产品的公司能够更为有效地在产品市场上进行竞争。公司公开上市不仅能够被金融市场上的职业投资者证明其价值，而且还向公司的原材料供货商、公司员工以及消费者提供了一个有关公司价值的信号。对于表现良好的股票价格来讲，意味着供货商可以放心地与上市公司进行交易，公司员工则可以安心地工作，而消费者也可以放心地购买公司的产品。根据 Stoughton，Wong 和 Zechner 模型的推断，只有那些质地好的公司才会上市，而且当公司的质量达到某一临界水平时公司才会决定上市，因为它们通过上市能够从产品市场上获得较好的声誉而得到更大的好处，而低质量的公司则会不上市。Stoughton，Wong 和 Zechner 认为，公司宣布上市对于竞争对手来讲是不好的消息，因为它等于向消费者发出了该公司的产品具有较高质量的信号，这会使得竞争对手被迫降低其产品的价格。

---

① Black, Bernard S., and Ronald J. Gilson. Venture capital and the structure of capital markets: Bank versus stock markets. Journal of Financial Economics, 1998, 47: 243-277.

② Stoughton, Neal, Kit Pong Wong, and Josef Zechner. IPOs and product quality. Journal of Business, 2001, 74: 375-408.

Maksimovic 和 Pichler① 的研究分析了在一个新兴行业里技术领先的公司如何在上市与私募融资之间进行选择这一问题。在他们的分析框架中，公司上市的主要动因在于可以用所融得的资金来尽快地将技术转化为产品以赚取利润，而且一个行业内最先进行技术革新的公司因较早地进行技术方面的投资而可能在产品市场上获得更多的市场份额。当然，公司上市的缺点在于其有可能将有价值的信息泄露给产品市场上的竞争对手。Maksimovic 和 Pichler 模型所推导出的结论指出，当公司通过公开市场融资而进行产品生产所获得的收益大于其在融资时因泄露相关信息所带来的损失时，公司应当通过公开市场融资。

四、择机上市以较高的价格发行股票

许多理论与实证研究均指出，股票市场状况是影响公司做出上市决定最为重要的因素之一。当市场条件变差时，股票价格下跌，总的股票首次公开发行量也会变小，因为这时未上市公司会等待股票市场条件变好时再上市。

Alti② 所建立的理论模型认为，公司上市是由于一级市场对股票的估值，而不是公司当时的融资需求，即当市场对公司的估值较高时公司会选择上市。一些实证研究发现，公司所做出的上市决定对股票发行市场的状况较为敏感，Alti 的模型则为上述实证现象提供了一种较好的理论解释。Pastor 和 Veronesi③ 建立了一个最优的公司择机上市的模型，虽然出发点不同，但也得出了与 Alti 相似的结论。Pastor 和 Veronesi 认为，未上市公司选择最优的上市时机是根据市场对公司价值的判断来做出决定的，而公司的市场价值又受到当时股票市场状况的影响，因此股票市场状况是影响公司上市的关键因素，他们所做的实证分析支持了其结论。

另外还有一些学者从理论角度对股票增发中的时机选择进行了研究，也得出了相似的结论。Lucas 和 McDonald④ 以信息不对称为基础建立了一个模型，在该模型中，如果在熊市中企业家知道其企业的价值将被低估的话，那么他们会推迟公司的股票发行而直到牛市到来，因为此时该公司股票可以以一个较高的价格发行，因此我们经常可以看到的情形是，公司发行股票（无论是股票的首次发行还是增发）之时往往是在公司的股票价格和大盘处于上升阶段的时候。

Loughran 和 Ritter⑤ 的实证研究表明，在 1970 年至 1990 年期间，无论是股票的首发还是增发，公司似乎都能够利用其股价被高估这一"机会之窗"来发行股票，其具体表现就是在此期间对首发或增发的公司股票进行投资时，其收益不如那些未进行股票增发的公司，即出现了所谓的股票发行长期弱势现象。Pagano，Panetta 和 Zingales 的研究结果表明，行业内市场价值与账面价值的比率是影响意大利公司上市可能性最为重要的原因。他们的研究发现，行业内公司的市场价值与账面价值比率的中值与公司上市的可能性之间存在着显著的正相关关系。也就是说，在某一行业里，当投资者对行业内公司的估价很高时，未上市的公司会选择上市。

---

① Maksimovic, Vojislav, and Pegaret Pichler. Technological innovation and initial public offerings. Review of Financial Studies, 2001, 14: 459-494.

② Alti Aydogan. IPO market timing. Review of Financial Studies, 2005, 18: 1 105-1 138.

③ Pastor Lubos, and Pietro Veronesi. Rational IPO waves. Journal of Finance, 2005, 60: 1 713-1 757.

④ Lucas, Deborah, and Robert McDonald. Equity issues and stock price dynamics. Journal of Finance, 1990, 45: 1 019-1 043.

⑤ Loughran Tim, and Jay R. Ritter. The new issues puzzle. Journal of Finance, 1995, 50: 23-51.

五、通过上市有利于公司搜集相关信息

一些学者从信息不对称角度所进行的理论分析认为，公司上市有利于公司管理层从证券市场收集有关公司的信息进而做出正确的决策。

Subrahmanyam 和 Titman① 的模型将公司做出上市决定与股票市场的发展联系了起来，从一个较为宏观的角度研究了公司上市的动因。Subrahmanyam 和 Titman 认为，就有关公司的发展前景而言，总体来讲市场要比管理层拥有更多的信息，因此公司的管理层可以从该公司的股票价格中获得有用的信息进而使得公司的资源配置得更加有效，最终实现提升公司价值的目的。Subrahmanyam 和 Titman 的研究表明，在信息有效的背景下，公开市场融资要比私募融资的成本低。因为一个公司在试图说服外部投资者对公司进行投资时是需要花费成本的，而信息成本主要受到有兴趣进行投资的投资者数量和其对同类项目了解程度的影响。Subrahmanyam 和 Titman 给出了两个为何公开市场要比私募市场融资更好的原因。首先，公开市场的投资者数量要比私募市场多，而且在公开市场上大家能够相互进行信息交流，这会使得信息更为准确。其次，Subrahmanyam 和 Titman 所建立的模型表明，股票的交易价格不仅能够反映可以获得的公开信息，而且还能够反映由中小投资者得到的"偶然发现的信息"，而且这种偶然发现的信息还扮演着重要的角色。Subrahmanyam 和 Titman 认为，公司的原材料供应商、消费者和公司的工人等在与公司打交道的过程中能够无成本地获得有关信息，这一偶然发现的信息能够使得公开市场上的股票价格有效地反映公司的价值。在那些与公众密切接触的行业中（例如零售业等），公众更容易获得这一免费的信息，因此这类公司更应成为上市公司。

Subrahmanyam 和 Titman 认为，当公司想要扩大生产或者其销售规模的增长较快之时，公司应通过公开发行股票的方式来募集资金，因为随着生产和销售规模的扩大，与公司相关的消费者与原材料供应商能够更为便利地获得那些偶然得到的信息。Subrahmanyam 和 Titman 的研究指出，股票市场规模越大，上市公司越多，则整个股票市场的流动性越好，信息传递越有效，公司上市的收益越大，也越应该上市。而公司的上市又会扩大证券市场规模，提高其效率，给证券市场带来正的外部性。另外，Subrahmanyam 和 Titman 还指出，当偶然获得的信息很重要，或者那些得到此类信息的投资者的数目很大时，公司更应通过上市进行融资。

Maug② 从理论角度提出了一个随着公司自身的不断发展而决定上市的模型。Maug 认为，在公司发展的初期阶段应该不上市，因为在这一阶段里有关公司的私有信息对其决策起着决定性的作用。但当公司发展到了某一阶段，行业或市场方面的信息变得更为重要时，此时公司的内部人相对外部投资者在收集信息以对公司的发展进行决策时不再具有优势。而公司上市后，管理层就可以利用股票市场汇集公司信息的功能，通过观察股票价格的变化来收集相关信息，使得公司的决策更为准确，从而最终会提升公司的价值。

六、简要评价

与其他经济金融理论研究一样，在对公司上市动因的理论研究中，各种理论其假设、研究的出发点不

---

① Subrahmanyam Avanidhar, and Sheridan Titman. The going public decision and the development of financial markets. Journal of Finance, 1999, 54: 1 045-1 082.

② Maug Ernst. Ownership structure and the life cycle of the firm: A theory of the decision to go public. European Finance Review, 2001, 5: 167-200.

尽相同，导致所得出的结论也有着很大的不同。例如，就视上市为公司初始所有者退出机制这一动因而言，Zingales（1995）以及 Mello 和 Parsons（1998）认为，公司向机构与中小投资者出售股票的交易不但是分离的，且应是先后发生的，即先向中小投资者出售股票、再向机构投资者出售股票。而 Stoughton 和 Zechner（1998）则认为，向机构与中小投资者出售股票的交易虽然是分离的，但在操作上他们认为最优的步骤应是在股票发行过程中将股权先出售给大的机构投资者，然后再以同样的价格出售给中小投资者，二者近乎同时发生。除此之外，Zingales，Mello 和 Parsons 以及 Stoughton 和 Zechner 等都假设上市公司最后将公司完全出售，只不过前者认为出售应至少分为两个阶段，而 Stoughton 和 Zechner 则指出，公司在股票发行时就应将公司的所有股权全部出售。再有，Mello 和 Parsons 认为在出售股票时对积极投资者和消极投资者采取差别定价的方式是最优的，因为积极投资者可以为公司带来有效的外部监控，所以在出售股票时应给予折价。Stoughton 和 Zechner 也强调了对积极投资者在出售股票时给予一定的优惠具有重要意义，但他们认为，由于监管方面的原因而不能够给予积极投资者以优惠的价格，但投资银行可以采取定价过低和在分配股票时向积极投资者倾斜等手段为积极投资者提供优惠。

总体来讲，对公司上市动因的研究仍有待进一步深入，其中一个方面是对上述理论的实证检验。从目前来看，有关公司上市动因的实证研究相对理论研究来讲仍然较为薄弱。一个主要的原因在于许多国家的未上市公司并没有被要求披露相关财务信息，因为人们只能得到有关公司上市后的相关数据，而得不到那些达到上市条件而没有上市公司的数据，因此很难对未上市公司的上市与不上市选择进行分析，也就难以对公司上市动因的相关理论给予全面、有力的验证。

创业投资对中小企业板 IPO 影响的实证研究*

● 张　丰

（中山大学管理学院　广州　510275）

【摘　要】本文将中小企业板的上市公司按照是否有创业投资参与分为两类，并根据行业和发行规模相近原则筛选配对，在此基础上运用均值比较和多元回归分析研究创业投资参与对我国中小企业板 IPO 的影响。研究发现，创业投资参与的企业偿债能力显著较好，但营运能力显著较差，同时创业投资参与没有明显缩短上市所需时间。这说明国内创业投资很好地改善了企业资本结构，但提供的增值服务不足，项目选择中可能存在"逆向选择"问题；股票市场表现方面，创投参与企业的 IPO 抑价程度显著高于非创投参与的 IPO 抑价，即创投参与没能起到国外实证得出的"认证作用"，这说明国内创业投资可能存在"逐名动机"，即为了获得高声誉宁愿承担 IPO 高抑价的成本。

【关键词】创业投资　中小企业板　增值服务　认证作用

一、引言

IPO（Initial Public Offerings 的缩写）市场是创业资本退出的重要渠道之一。与非创业投资支持的 IPO 相比，创业投资的加入使得 IPO 各方的关系更加复杂——从发行企业的角度看，创投机构是其股东；从承销商的角度看，创投机构是专业的金融机构；从股市的中小投资者角度看，创投机构又扮演着机构投资者的角色。创业投资的参与，对 IPO 企业的运营绩效、上市时机选择及 IPO 时的市场表现都有重要影响。

创业投资与其他类型的投资最大的区别在于，创业投资不仅提供资金给创新型中小企业，而且从运营管理、战略规划、管理团队遴选、资本运作等方面为这些企业提供较多的增值服务，以促进所投资企业快速成长。创业投资不仅在筛选投资项目中表现出专业的甄别能力，而且当所投资企业 IPO 时，其机构投资者的身份能降低新股上市的信息不对称程度，起到类似投行和会计师事务所的认证作用（Certification）。因此相关理论均普遍认为创业投资参与的上市公司，其运营绩效、股票市场表现要优于相应的没有创业投资支持的上市公司。

由于创业投资参与的企业大部分是创新型中小企业，其成立期限、资产规模、盈利能力均与主板上市的企业有较大差距，因此创投参与的 IPO 大多是在创业板上市。我国目前尚未开设创业板，2004 年 5 月 17 日获准设立的中小企业板，其上市标准与创业板仍有很大区别，创新型中小企业很难达到其盈利能力和资产规模的要求，再加上中小企业板上市周期过长及股权分置问题，因此中小企业板成立之初并没有成为国内创业投资退出的首选渠道，大多数创投支持的企业仍首先考虑 Nasdaq 或香港创业板上市。2005 年

＊ 本文受广东省社科规划项目（编号：08YE-04）、中山大学"211 工程"三期重点学科建设项目"中国中小企业管理创新研究"资助。

11月21日，中小企业板股权分置改革全部完成，并率先实现全流通，消除了创业投资退出的一个最大困扰，极大地增加了中小企业板对创投退出的吸引力。

国外创业投资参与对 IPO 影响的实证研究主要集中在 Nasdaq、AIM、Jasdaq 等较成熟的创业板市场，结果大多证实了创投参与对企业 IPO 的积极影响。在我国中小企业板这样的新兴市场，尚处于学习成长期的国内创业投资，能否起到提高企业运营绩效和 IPO 市场表现的作用，还有待实证检验。

二、相关文献综述

对创投机构在企业 IPO 定价、发行及后续市场表现中所起的作用，最早开始实证研究的是 Barry、Muscarella、Peavy 和 Vetsuypens① 以及 Megginson 和 Weiss②。他们注意到创投支持的企业 IPO 抑价（Underpricing）比起非创投支持的企业 IPO 抑价显著较低，IPO 时也获得更多市场认同——市净率和市盈率显著较高，同时创投的参与显著缩短了企业从成立到上市的时间。Jain 和 Kini 观察到另一个现象：虽然 IPO 后大多数企业的运营绩效指标比上市时都有所下降，但创投参与的企业比起非创投参与的企业，在上市后运营绩效的下降速度要慢很多；③ 后来的相关研究则将注意力逐渐转移到创投参与的 IPO 股价长期表现上。Gompers 和 Lerner④ 针对美国 Nasdaq 市场及 Tykvova 和 Walz⑤ 针对德国 Neuer 市场的实证均发现，创投参与的 IPO 企业，其股票的长期持有报酬率，明显高于非创投参与的企业。

上述学者研究的思路都是将 IPO 企业分为创投支持（VC-backed）和非创投支持（non-VC-backed）两大类，实证结果多数都证实了创投在 IPO 发行和定价中所起的积极作用。对这些积极影响，学者们给出了多种理论解释，下文从三个方面加以简述：

（1）创投的监控及增值服务（monitoring /value-added services）对 IPO 企业运营绩效的影响

Macmillian 从委托代理理论的角度指出，创业投资提供给企业的是股权投资而非债权投资，为控制代理风险，因而会深入企业进行监控。⑥ Gorman 和 Sahlman 调研指出创业投资家 60% 的时间都花在监控所投资项目上。⑦ Sahlman 指出创业投资合同往往被设计成分阶段投资模式，如果企业发展没达到预期，创业投资家会要求更换经理人或停止投入资金。⑧ Baker 和 Gompers 发现有创投参与的企业，董事会中内部人董事和法人董事比例较低，外部独立董事比例较高，公司治理结构更健全。⑨ 上述各种监控行为确保了企业经理层会致力于企业价值最大化。

---

① Barry, C. B., Muscarella, C. J., Peavy, J. W., and Vesuypens, M. R.. The role of venture capital in the creation of public companies. Journal of Financial Economics, 1990, 27: 447-471.

② Megginson, W. L., and Weiss, K. A.. Venture capitalist certification in initial public offerings. Journal of Finance, 1991, 46: 879-903.

③ Jain, Bharat A., Omesh Kini.. Venture Capitalist Participation and the Post-Issue Operating Performance of IPO Firms. Managerial and Decision Economics, 1995, 16 (6): 593-606.

④ Gompers, P. A., and Lerner, J.. The venture capital cycle. MIT Press, 2000.

⑤ Tykvova, Tereza, Uwe Walz. How important is participation of different VCs in German IPOs?. Global Finance Journal. 2007, 17: 350-378.

⑥ Macmillan, I. C., Kulow, D. M. & Khoylian, R.. Venture capitalists' involvement in their investments: Extent and performance. Journal of Business Venturing, 1989, 4: 27-47.

⑦ Gorman M, William A, Sahlman.. What do venture capitalists do. Journal of Business Venturing, 1993, 4: 231-248.

⑧ Sahlman, W. A.. The structure and governance of venture capital organizations. Journal of Financial Economics, 1990, 27: 473-521.

⑨ Baker, M., Gompers, P. A.. The determinants of board structure at the initial public offering. Journal of Law and Economics, 2003, 66: 569-598.

创业投资家通常专注于某些行业进行投资，他们向创新型中小企业提供的行业经验、关系网络、管理咨询服务非常重要。由于高科技企业的创立者往往是技术专家，缺乏管理经验。创业投资从战略设计、企业管理、后续融资等多方面为这些企业提供的增值服务，对创业企业的成长和发展有着重要影响，使得创业企业 IPO 时运营绩效方面表现较好。

创投对企业 IPO 后的长期运营绩效也有积极影响。由于锁定期的存在，创投在被投资企业上市后一般不能立刻退出。即使锁定期结束，也有较多创投因看好企业发展前景而继续持有该企业的股权，并在董事会占有席位。Barry 等统计 Nasdaq 市场的 433 家创投参与的 IPO 案例，IPO 时创投在每家被投资企业平均有 2.0 个董监事席位，IPO 后一年仍有 1.8 个董监事席位。① 创投的监控及增值服务在上市后较长时间仍然存在，这也使得创投支持企业的长期运营绩效仍优于其他无创业投资介入的上市公司。②

（2）创投以退出为导向（exit-oriented）的特点对 IPO 企业从成立到上市时间的影响

Megginson 和 Weiss 以行业和发行规模相似为原则，筛选匹配（match-pair）了 320 对创投参与和非创投参与的企业，发现创投参与的企业从成立到上市的年限比非创投参与的企业要短（8.6 年 Vs 12.2 年）。③ Lin 和 Smith 对 1979—1990 年美国 2634 个 IPO 做了更大样本的实证，发现 497 家创投参与的企业，IPO 时的平均年龄是 7.5 年，而非创投参与的企业 IPO 时的平均年龄是 15 年，④ 创业投资的参与显著地缩短了企业上市时间。

对这一现象而言，前述的创投增值服务加速了企业成长及 IPO 进程是一个原因，另一个重要原因与创业资本的循环过程有关。创业投资基金大多采用有限合伙制的组织形式，通常有固定的存续期（10 年），创业投资家在基金到期时，必须清算并将资金退还给基金投资者。这决定了创业投资是以退出为导向的，股权投资——获取资本增值——退出，是创业投资循环的主旋律。Gomper 在创业资本市场观察到，只有那些能成功将所投资的企业推上市的创业投资家，才比较容易筹集新的创投基金。⑤

基金存续期的限制、加速资金循环以提高资金回报率的考虑、多上市以建立声誉并方便募集下一个基金，上述多方面的压力，使创业投资家有强烈的动机将所投资企业尽早推上市，这都导致创投参与的企业从成立到 IPO 的时间一般较短。

（3）创投的认证作用（certification）对 IPO 时股票市场表现的影响

对投资人而言，若投资已上市公司，可通过公司历年财务报表、经营绩效等来衡量公司的真实价值。但是，初次上市的公司所能提供的信息却很少，很难评估该公司真正的价值。此时，第三方专业人士（third-party specialists）的认证就变得很有价值。

投资银行及会计事务所在股市发行过程中的认证功能已经得到证明（Carter 和 Manaster⑥）。具备认证功能的第三方中介机构必须满足以下条件：第一，认证机构拥有声誉资本，这种声誉资本会因作假而丧

① Barry, C. B., Muscarella, C. J., Peavy, J. W., and Vesuypens, M. R.. The role of venture capital in the creation of public companies. Journal of Financial Economics, 1990, 27: 447-471.

② Gompers, P. A., and Lerner, J.. The venture capital cycle. MIT Press, 2000: 320.

③ Megginson, W. L., and Weiss, K. A.. Venture capitalist certification in initial public offerings. Journal of Finance, 1991, 46: 879-903.

④ Lin, Timothy H., and Richard L. Smith. Insider reputation and selling decisions: The unwinding of venture capital investments during equity IPOs. Journal of Corporate Finance, 1998, 4: 241-263.

⑤ Gompers, Paul A.. Grandstanding in the venture capital industry. Journal of Financial Economics, 1996, 42: 133-156.

⑥ Carter, Richard., Steven Manaster. Initial public offerings and underwriter reputation. Journal of Finance, 1990, 45: 1 045-1 067.

失；第二，认证机构的声誉资本大于任何一次认证机构作假而带来的收益。Megginson 和 Weiss① 指出创业投资机构与投资银行、会计事务所一样满足这两个条件。成功 IPO 次数是衡量创业投资家声誉的标准，创业投资家在创业投资基金中通常是承担无限责任的普通合伙人（General Partner），一次作假就会断送职业生涯。由于他们拥有被投资企业董事会席位、大量的股权，并深入企业运营管理，作为内部人，他们具有比投行、会计事务所之类的财务中介更强的认证功能。

创业投资家对声誉的关心使他们愿意真实地揭示关于新股发行方面的信息。因此，在创业投资机构的认证作用下，创投支持的 IPO 能极大地消除与承销商、会计师事务所，及外部投资者之间的信息不对称，上市公司的股票被低估（IPO 抑价）的可能性和程度都会减少。由于创业投资家拥有多次成功的上市经验，并与承销商、审计者以及机构投资者建立了密切联系，创投支持的企业能够吸引高质量的承销商和审计者，公司上市的发行费用也会比非创投支持的 IPO 更低。

三、研究设计与样本描述

1. 研究设计

在本文中，我们将沿用 Megginson 和 Weiss、Jain 和 Kini、Wang 和 Lu② 的研究思路。我们对中小企业板每一家创业投资支持的 IPO 企业，筛选配对一家非创业投资支持的 IPO 企业。通过均值比较及回归分析，判断国内创业投资在培育企业上市、定价、发行等一系列过程中是否存在增值服务和认证作用。

筛选配对创投支持和非创投支持的企业样本，主要是为了消除行业因素、上市时间和发行规模等因素对企业绩效、市盈率、市净率、IPO 抑价等指标的影响。筛选配对企业的标准是：（1）行业相同，即配对企业所属证监会行业明细相同；（2）上市时间相近；（3）发行规模相近。

2. 数据来源及样本分析

本研究的样本是截至 2008 年 12 月 31 日在深圳中小企业板上市的 273 家 IPO 企业。研究所需的数据均来源于"Wind 金融研究数据库"。虽然在上海证交所和深圳证交所主板也有部分创业投资参与的上市公司，但由于主板和中小企业板上市标准有较大区别，本文不将这些公司纳入研究范围。

为对比分析创投参与对中小企业板 IPO 的影响，本文根据中小企业板上市公司 IPO 时的上市公告，以前十大股东是否包含创业投资公司为依据，将 IPO 企业分为创业投资支持（VC-backed）和非创业投资支持（non-VC-backed）两大类。本文依据清科创业投资研究中心《2007 年中国创业投资公司名录》判定前十大股东中的投资公司是否为创业投资公司。样本分类及其行业分布如表 1 所示。

从表 1 中可以看出中小企业板的上市公司中，信息技术和电子、生物医药业仅占 22.7%，77.3% 属于传统产业（扣除了电子、生物医药）。与国外创业板相比，中小板的科技含量明显偏低。中小企业板中共有 71 家 IPO 企业有创业投资参与，从这些创投支持的 IPO 企业主营业务看，传统制造业所占比重超过60%，这说明国内创投主要资金投向仍为传统产业，这与《中国证券报》③ 的相关统计数据相吻合。此外，国外创业投资热捧的网络类企业无一上榜，这主要是因为我国中小企业板有相对较高的准入门槛，即公司上市前三年连续盈利，这导致了大部分创业投资支持的网络类企业只能选择海外上市。

---

① Megginson, W. L., and Weiss, K. A.. Venture capitalist certification in initial public offerings. Journal of Finance, 1991, 46: 879-903.

② Wang, Clement K., Kangmao Wang, and Qing Lu. Effects of venture capitalists participation in listed companies. Journal of Banking & Finance, 2003, 27: 2 015-2 034.

③ 《中国证券报》2007-04-24A11 版，中资 VC2006 年投向非 TMT（电信、媒体、科技）行业的资金占投资总额的57.8%。

表1　　　　　　　　　　　**中小企业板中创投支持及非创投支持的 IPO 数量、行业分布**

行业[a]	创投支持的 IPO	非创投支持的 IPO	其他[b]	合　计
信息技术业	10	10	1	21
制造业——电子、生物医药业	12	24	5	41
农、林、牧、渔业	1	3	1	5
制造业（除电子、生物医药外）	42	112	13	167
其他（交通、服务、建筑等）	6	32	1	39
合　计	71	181	21	273

注：a. 本表行业划分依据为证券会行业明细，将电子及生物医药业从制造业中单列出来。b. 其他是指以下两类 IPO 企业：①前十大股东名单中含科技产业投资公司，对照《2007 年中国创业投资公司名录》，无法确认是否属创业投资公司。②前十大股东中含投资管理公司，有些文献将其列入广义的创业投资（属私募股权投资范畴，PE）。两类企业共 21 家，因难以明确划分是创业投资支持的还是非创业投资支持的而被列入其他。

对这 71 家创业投资支持的企业，我们对其 IPO 发行时创业投资持股比例、占有的董监事会席位、每家创投参与企业中参股的创投机构数分析如表 2 所示。

表2　　　　　　　　　　　　　**创投参与程度的描述[a]**

	均值	中位数	最大值	最小值
IPO 时创投机构持股比例（%）[b]	12.64	7.80	52.28	0.92
发起人持股比例（%）[c]	72.76	74.41	80.00	52.30
创投占有董、监事会席位数[d]	2.51	2	5	1
每家企业中参与的创投机构数	1.66	1	4	1

注：a. 数据均来自上市招股说明书及上市当年年报。b. 上市时多家创投公司的持股总和，为 IPO 稀释后的持股比例。c. 发起人持股比例包含创投公司。d. 董、监事会席位不含独立董事。判断标准为个人简历中有创投公司背景。

从表 2 中可以看出，整体而言我国创投的参与程度偏低，对被投资公司的平均持股比例仅为 12.64%，远低于美国的 26.3%①（Megginson & Weiss②）。但创投占有的董、监事会席位比 Barry 等调查的数据略高（2.51 Vs 2.0），③ 这显示国内创业投资更注重通过进驻管理的方式来控制风险。每家企业中

---

① 均为 IPO 摊薄后的持股比例。

② Megginson, W. L., and Weiss, K. A.. Venture capitalist certification in initial public offerings. Journal of Finance, 1991, 46：879-903.

③ Barry, C. B., Muscarella, C. J., Peavy, J. W., and Vesuypens, M. R.. The role of venture capital in the creation of public companies. Journal of Financial Economics, 1990, 27：447-471.

参与的创投机构中位数为1，表明国内创业投资中联合投资、跟投的情况还比较少，这应与国内创投较少投资于初创期有关。Bygrave认为在一个投资案早期，创业投资更倾向于与其他创投公司进行联合投资以减少风险。①

观察这些参与中小板IPO的创投机构，下述几个现象比较引人注意：（1）参股远光软件的IDGVC（国际数据集团），是唯一一家外资背景的创投公司。虽然外资创投在国内的投资案数量和投资金额都远超本土创投，②但外资创投更愿意选择在开曼、维京等地注册海外公司控股内地企业，然后在海外上市。外资创投"两头在外"的投资方式，主要是出于对资本进出便利性以及税收方面的考虑。这导致本土创投在中小板中占绝对主导地位。（2）深圳本地创投近水楼台，在中小板中扮演了十分重要的角色。如深圳市创新投资集团先后投资了同洲电子、中材科技、科陆电子、西部材料、远望谷、怡亚通、特尔佳、福晶科技八家中小板企业。深圳市同创伟业创业投资有限公司参与的中小板企业包括达安基因、轴研科技、拓日新能、安妮股份四家。此外，深圳的招商局科技、东盛创业投资有限公司也都投资了多家中小板上市企业。（3）国内一些大型企业集团所设立的创投公司也已经涉足中小板，如红塔集团属下的红塔创新投资股份有限公司目前投资的中小板上市公司就有大族激光、达安基因、登海种业和江苏宏宝四家。

3. 研究假设及变量的选取

本文将从三个角度探讨创业投资参与对中小企业板IPO的影响：第一，创投参与对IPO企业绩效的影响；第二，创投参与对上市企业从成立到IPO时间的影响；第三，创投参与在中小企业板IPO中能否起到认证作用，即能否降低发行抑价、吸引高质量的投行，以及降低发行费用。由于我国中小企业板成立时间较短，所以本文没有分析创投参与对IPO企业的长期绩效和股价长期市场表现的影响。

（1）创投参与对IPO企业绩效的影响

创投支持的项目都经过了层层筛选及严格的尽职调查，③通常具有良好的成长性；此外，创业投资家还积极参与投资后的管理，提供包括财务管理、战略规划、后续融资等方面的支持。因此，有创业投资支持的企业，其企业绩效应该优于没有创业投资支持的公司。

创业投资对创业企业的增值服务最终都会通过财务指标来体现。因此本文对企业绩效的评价采用传统的财务评价方法，具体包括偿债能力、盈利能力、运营能力、发展能力。也就是说，我们认为在创业投资的积极参与下，创投支持的上市公司，其偿债能力、营运能力、盈利能力、发展能力四个方面总体上要比没有创投支持的上市公司强。

假设1：创业投资支持的上市公司企业绩效优于没有创业投资支持的上市公司。

H1-1：有创业投资支持的上市公司的偿债能力比没有创业投资支持的上市公司强。

H1-2：有创业投资支持的上市公司的营运能力比没有创业投资支持的上市公司强。

H1-3：有创业投资支持的上市公司的盈利能力比没有创业投资支持的上市公司强。

H1-4：有创业投资支持的上市公司的发展能力比没有创业投资支持的上市公司强。

各项财务指标的定义如表3所示。

---

① Bygrave, W. D.. Syndicated investment by venture capitalists firms: A networking perspective. Journal of Business Venturing, 1987, 2: 139-154.

② 本土创投与外资创投的投资金额比例2003—2005年一直维持在1:3左右。见清科创业投资研究中心的《2006年中国创业投资年度研究报告》的第62页。

③ 美国创业资本市场中，一家中等规模的创业投资公司通常每年收到1000份商业计划书，但经过多重筛选最终能获得创投资金的项目，每年仅有10个左右。

表 3　　　　　　　　　　　　　　　**IPO 企业绩效评价指标**

绩效指标	具体指标	指标定义
偿债能力	资产负债率	负债/总资产
	速动比率	（流动资产 – 存货）/流动负债
	有形净值债务率	负债总额/（股东权益 – 无形资产净值）
营运能力	总资产周转率（次）	主营业务收入/平均总资产
	净资产周转率（次）	主营业务收入/平均净资产
	存货周转率（次）	主营业务成本/平均存货
盈利能力	资产净利率（ROA）	净利润/总资产
	销售净利率	净利润/主营业务收入
	净资产收益率（ROE）	净利润/净资产
成长能力	净资产同比增长率	（本期净资产 – 上年同期净资产）/上年同期净资产
	主营业务利润增长率	（本期主营业务利润 – 上年同期主营业务利润）/上年同期主营业务收入
	息税前利润同比增长率	（本期 EBIT – 上年同期 EBIT）/上年同期 EBIT

（2）创业投资参与对创业企业从设立到 IPO 时间的影响

在创业投资的监控及增值服务支持下，被投资企业一般成长比较快速稳健；同时，创业投资是以退出为导向的。为了建立声誉、提高投资周转率及回报率，创业投资家总是试图尽可能早地将所投资企业推上市。

假设 2：有创业投资支持的上市公司从成立至 IPO 年限比没有创业投资支持的上市公司要短。

上市公司从成立至 IPO 的年限以年为单位，数值等于公司在深圳中小企业板上市日期与公司成立日期之差。具体来说，年限在一年以上的先计算年份，不足一年部分先按天计算，再将所得天数除以 365 天转化为年数。

（3）创投参与在中小企业板 IPO 中的认证作用

创业投资的认证作用，将能够部分消除 IPO 发行中的信息不对称，从而降低股票发行的抑价程度。由于创业投资支持的新股更容易获得投资者认可，其市盈率、市净率会较高。再加上创业投资家往往拥有多次成功的公开发行经验，因此创投参与的企业在 IPO 时能够吸引高质量的承销商，并降低发行费用。

假设 3：创业投资在受资企业 IPO 过程中具有认证作用。

H3-1：创业投资支持的 IPO 抑价程度比没有创业投资支持的要低。

H3-2：创业投资支持的 IPO 单位发行费用比没有创业投资支持的要低。

H3-3：创业投资支持的 IPO 市盈率比没有创业投资支持的要高。

H3-4：创业投资支持的 IPO 市净率比没有创业投资支持的要高。

本文用调整抑价率（adjusted underpricing rate）来衡量 IPO 抑价程度。由于我国股市中新股发行日与首发上市日有较长的时间间隔，我们需对新股上市首日的初始收益率相对于整体市场收益做一定的调整。IPO 调整抑价率的定义如下：

$$U_p = \frac{P_1 - P_0}{P_0} - \frac{M_1 - M_0}{M_0} \tag{1}$$

其中，U_p 是 IPO 调整抑价率，P_1 为新股上市首日收盘价格，P_0 为发行价格，M_1 为新股上市首日中小板收盘指数，M_0 为新股发行日中小板收盘指数。由于中小板指数（399101）推出较晚，因此本文约定，2006 年 1 月 1 日前上市的企业，均选用深圳综合 A 股指数（399107）来计算调整抑价率。

本文将单位发行费用（U_{ic}，Unit Cost of Issuing）定义为上市公司每融资 1 元所支付的费用，包括承销费用、审计费用、律师费用、发行手续费用、审核费用等项目。其公式为：

$$U_{ic} = \frac{C_i}{Amt \times P_0} \tag{2}$$

其中，C_i 为发行总费用（Issuing Cost），Amt 为发行股数，P_0 为发行价格。

4. 创投认证作用的多元回归分析

由于创业投资的参与对企业从成立到上市年限、市盈率、IPO 发行规模都有一定的影响，而这些因素与 IPO 抑价又有明显的相关关系，为深入研究创投参与对 IPO 抑价的影响，本文还将利用多元回归，在控制上述相关变量影响的基础上，对创投的认证作用做进一步的分析。Ritter[1]、Carter 和 Manaster[2]、Megginson 和 Weiss 都利用多元回归模型对上市公司的抑价程度及其影响因素进行过深入探讨。本文在 Megginson 和 Weiss、刘煜辉[3]、杨记军[4]等相关研究的基础上，建立如下回归模型：

$$U_p = \beta_0 + \beta_1 Type + \beta_2 RP + \beta_3 LogAmt + \beta_4 Age + \beta_5 PE + \varepsilon \tag{3}$$

其中，U_p 为调整抑价率。

Type 为虚拟变量，表示是否有创业投资的支持，Type = 1 表示有创业投资支持；Type = 0，表示没有创业投资支持。如果创投的参与降低了抑价，则回归系数 β_1 应为负。

RP 表示主承销商声誉（reputation of underwriter）。Carter 和 Manaster 的研究指出，高声誉的主承销商具有认证功能，能起到降低 IPO 抑价的作用。徐浩萍、罗炜对国内 A 股的研究也证实了这一点。[5] 作为第三方中介，创投机构同样具有认证作用，我们加入此变量以区分创业投资与承销商的认证作用。

本文中我们采用"伟海证券精英"网站提供的券商排名数据，以券商承销金额占当年所有券商承销总额的百分比，作为承销商声誉的计量。券商声誉以 2004 年、2005 年两年平均数为基准。对破产注销的券商，我们追溯其注销前两年的相关数据；对新成立券商，我们选择与其注册资本最接近的券商替代。上述两种情况券商声誉均不作为零处理。

LogAmt，其值为发行股票数量的常用对数。Ritter 发现发行股数与抑价程度存在显著的相关关系。[6] 杨记军、王海峰对国内 A 股的实证都证实了融资规模与调整抑价率有显著的负相关关系。[7] Megginson 和 Weiss 发现创投支持的 IPO 通常有较大的发行规模，[8] 我们也希望控制该变量的影响以观察创投参与对抑价的影响。

Age 表示上市公司从成立到 IPO 的年限。Megginson 和 Weiss（1991）的研究指出公司从成立至 IPO 的年限越大，其信息不对称程度越低。

---

① Ritter, C. J.. The cost of going public. Journal of Financial Economics, 1987, 19: 269-282.

② Carter, Richard, and Steven Manaster. Initial public offerings and underwriter reputation. Journal of Finance, 1990, 45: 1 045-1 067.

③ 刘煜辉，熊鹏. 股权分置、政府管制和中国 IPO 抑价. 经济研究, 2005, 5: 85-95.

④ 杨记军，赵昌文. 定价机制、承销方式与发行成本：来自中国 IPO 市场的证据. 金融研究, 2006, 5: 51-60.

⑤ 徐浩萍，罗炜. 投资银行声誉机制有效性——执业质量与市场份额双重视角的研究. 经济研究, 2007, 2: 124-136.

⑥ Ritter, C. J.. The cost of going public. Journal of Financial Economics, 1987, 19: 269-282.

⑦ 杨记军，赵昌文. 定价机制、承销方式与发行成本：来自中国 IPO 市场的证据. 金融研究, 2006, 5: 51-60.

⑧ Megginson, W. L., and Weiss, K. A.. Venture capitalist certification in initial public offerings. Journal of Finance, 1991, 46: 879-903.

PE 为市盈率。刘煜辉及王海峰等对国内 A 股的实证回归均指出新股发行抑价水平与新股市盈率明显正相关。① 投资者的"强者恒强"的心理可能是产生这种结果的原因之一。因为较高的市盈率预示着公司有较好的发展前景,因而能吸引更多的投资者并导致更高的首日抑价。

最后,β_0 为常数项,ε 为随机扰动项。

需要说明的是,在方程(3)中,我们并没有引入国内其他文献中常用的发行价格、申购中签率、公开发行比率、公司盈利能力等指标,原因在于:①可能会出现较严重的多重共线性问题;②本文的主要目的是在控制一些较重要相关变量的前提下,准确度量出创业投资参与对 IPO 抑价的影响。因此本文的回归分析中忽略了这些变量。

四、实证结果及分析

1. 创投参与对 IPO 企业绩效的影响

我们利用 SPSS13.0 统计软件对前述 71 对中小企业板创业投资支持和非创投支持的企业绩效进行独立样本 T 检验,由于不知道样本分布状况,因此我们还进行了 Mann-Whitney 非参数检验。分析结果如表 4 所示。

表4　　　　　　　　　　　　创投参与、非创投参与的配对企业 IPO 时绩效*

		创投参与企业 指标均值[b]	非创投参与企业 指标均值[b]	t-test t 值[c]	非参数检验 Z 值[c]
偿债能力	资产负债率	35.48 (16.93)	41.91 (17.63)	-1.763 * [0.068]	-1.938 ** [0.048]
	速动比率	2.18 (1.52)	1.85 (2.19)	0.848 [0.460]	-1.779 * [0.076]
	有形净值债务率	74.35 (67.70)	89.61 (92.15)	-1.937 * [0.068]	-2.187 ** [0.039]
营运能力	总资产周转率(次)	0.17 (0.07)	0.39 (0.38)	-3.403 *** [0.002]	-2.986 ** [0.011]
	净资产周转率(次)	0.32 (0.25)	0.57 (0.53)	-3.053 *** [0.002]	-2.779 ** [0.018]
	存货周转率(次)	0.94 (0.71)	1.33 (1.29)	-2.087 ** [0.039]	-2.409 ** [0.016]
盈利能力	资产净利率(ROA)	18.4 (16.7)	19.7 (18.6)	-0.361 [0.707]	-0.319 [0.748]
	销售净利率	8.87 (20.59)	8.75 (11.26)	0.341 [0.744]	-0.256 [0.800]
	净资产收益率(ROE)	29.0 (18.5)	26.5 (27.0)	0.303 [0.843]	-0.263 [0.730]

---

① 王海峰,何君光,张宗益. 询价制与承销风险实证研究. 金融研究,2006,5:61-69.

		创投参与企业 指标均值[b]	非创投参与企业 指标均值[b]	t-test t 值[c]	非参数检验 Z 值[c]
成长能力	净资产同比增长率	28.30 (49.85)	23.96 (58.45)	0.938 [0.357]	−0.859 [0.376]
	主营业务利润增长率	35.03 (30.21)	29.52 (66.01)	0.355 [0.746]	−1.396 [0.141]
	息税前利润同比增长率	15.88 (69.32)	11.30 (42.14)	1.545 [0.145]	−1.472 [0.136]

注：a. 除 2008 年上市的企业外，数据均根据 IPO 上市当年的年报数据整理。2008 年上市的企业则根据《首次公开发行股票上市公告书》数据整理。b. 均值数下面的圆括号内为标准差。c. 方括号内数据为 P 值，基于双尾检验，* 表示显著性水平为 10%，** 表示显著性水平为 5%，*** 表示显著性水平为 1%。

由表 4 可以看出，创投支持的上市公司 IPO 时的偿债能力各项指标，包括资产负债率、速动比率、有形净值债务率均明显优于非创投支持的企业，但其营运能力指标，如总资产周转率、净资产周转率、存货周转率则明显低于非创投支持的企业，而且具有统计上的显著性，支持前文的假设 H1-1，但与假设 H1-2 正好相反。在盈利能力和成长能力方面，创投支持的 IPO 企业和非创投支持的 IPO 企业均值差异的检验结果并不显著，并没有支持 H1-3 和 H1-4 的假设。这说明创投参与后，被投资公司只是资本结构获得显著改善，营运绩效并未提高。这与台湾学者陈宗民对台湾柜台市场的相关实证结果，[①] 以及唐运舒对香港创业板的实证结果[②]基本类似。

创投支持的 IPO 企业偿债能力强于非创投支持的 IPO 企业，这与创业投资对创业企业投入的是股权资本而不是债权资本有很大关系，再加上创业投资一般会根据企业发展状况不断追加后续投资，借款不是创业企业满足资金需求的唯一途径，因此创投支持的 IPO 企业资产负债率和有形净值债务率都会较低。

中小企业板中创投参与的被投资公司营运能力反而较差的现象，Wang 和 Lu 对新加坡的实证也有类似发现，他们用"逆向选择"（adverse selection）对此现象加以解释。创业投资在搜寻处于起步阶段的创业企业时，由于非上市股权市场上存在着严重的信息不对称现象，创投机构很难分辨出优质企业与劣质企业，因此倾向于以市场平均水准来对企业进行估价，这就使得优质企业会选择内源融资的方式，而一般企业甚至是劣质企业则努力寻求创业投资的支持。这与 Akerlof 讨论的"二手车市场"完全相同。由于最好的企业不会寻求创投的支持，而真正劣质的企业又很难通过自我发展独立上市，因此可以推断非创投支持的上市企业中，绝大多数都是优质企业。这种逆向选择效应可能会导致创投支持的企业整体运营绩效反而比非创投支持企业差。

国内创业投资尚处于起步阶段，本土创业投资公司的投资经理人通常缺乏较深的产业背景或技术背景，这使得项目筛选过程中的这种"逆向选择"现象更加严重。清科创业投资研究中心的报告《中国创业投资回报研究（1994—2005）》指出的"本土创投大多数资金都投向传统制造业，而错失掉盛大、携程、百度、分众等这些优秀的企业"，正是这种难以分辨优质企业和劣质企业的"逆向选择"的结果。

---

① 陈宗民. 创业投资的 IPO 效果. 中国台湾地区"国立中山大学"硕士论文，2000.

② 唐运舒，徐泰玲，谈毅. 风险投资认证影响新股发行吗——来自香港创业板的经验证据. 证券市场导报，2008，11：30-37.

2. 创投参与对创业企业从设立到 IPO 时间的影响

我们利用 SPSS13.0 统计软件，对前述的创投支持和非创投支持的配对企业 IPO 从成立到上市的年数，做独立样本 T 检验及 Mann-Whitney 非参数检验。分析结果如表 5 所示。

表 5　　　　　　　　　　　　　企业从成立到 IPO 的年数[a]

	创投参与的 IPO 企业均值[b]	非创投参与的 IPO 企业均值[b]	t-test t 值[c]	非参数检验 Z 值[c]
公司从成立到 上市年数	6.16 (6.72)	6.28 (6.39)	−0.487 [0.633]	−0.193 [0.843]

注：a. 中小企业板上市公司，有些是发起设立，有些是股份制改造而来。本文根据《首次公开发行股票招股说明书》中"发行人历史沿革"相关内容，将改制前的连续经营时间也合并计入。需注意的是，这个年数并不是创业投资进驻 IPO 企业的年数。b. 均值数据下面的圆括号内为标准差。c. 方括号内数据为 P 值，基于双尾检验。

从表 5 可以看出，创业投资支持的上市公司从成立至 IPO 的年数比非创业投资支持的上市公司略小，但均值差异并不显著，不支持前文的假设 H2。究其原因，主要有：第一，我国中小企业板从酝酿到推出经历时间较长，几千家企业排队等待上市，在中小企业板上市的公司都不能按初始预期及时上市；第二，国内的创业投资出于回避风险的考虑，并没有大量投资中小企业的初创期，清科创投 2002—2006 年的行业统计数据显示，内资背景的创投仅有 30% 左右的资金投向初创期的中小企业；第三，从招股说明书中可以看出，国内大量的创业投资是在企业 IPO 之前才进入，大多是 Pre-IPO 投资，类似财务投资者，提供的增值服务很少，加速企业发展及上市的效应不明显。

3. 创投参与在中小企业板 IPO 中的认证作用

（1）我们对创投支持和非创投支持的配对企业 IPO 调整抑价率、单位发行费用、市盈率、市净率等进行两个独立样本 T 检验及 Mann-Whitney 非参数检验。分析结果如表 6 所示。

表 6　　　　　　　　　创投支持和非创投支持的企业 IPO 时的市场表现

	创投参与的 IPO 指标均值[a]	非创投参与 IPO 指标均值[a]	t-test t 值[b]	非参数检验 Z 值[b]
调整抑价率（%）	86.53 (72.10)	70.68 (55.19)	2.043** [0.047]	−1.593* [0.097]
单位发行费用	0.070 (0.024)	0.072 (0.025)	−0.786 [0.245]	−0.091 [0.927]
主承销商声誉	0.027 (0.020)	0.020 (0.017)	1.927* [0.058]	−1.130 [0.107]
市盈率 PE（上市首日）[c]	69.44 (46.02)	56.37 (26.54)	2.563** [0.021]	−1.961* [0.075]
市净率 PB（上市首日）[c]	17.56 (14.87)	13.95 (9.91)	1.791* [0.094]	−1.753* [0.082]

注：a. 均值数据下面圆括号内为标准差。b. 方括号内为 P 值，基于双尾检验，* 表示显著性水平为 10%，** 表示显著性水平为 5%，*** 表示显著性水平为 1%。c. 上市首日市盈率 = 上市首日收盘价/上年年报每股盈利，上市首日市净率 = 上市首日收盘价/上年年报每股净资产。

从表 6 可以看出，创业投资支持的上市公司的抑价程度反而更高（86.53% Vs 70.68%），且均值差异的 T 检验和非参数检验都比较显著，与前文的假设正好相反。这说明在我国中小企业板，创业投资的认证功能并没有起到我们假设的降低抑价的作用。不支持前文的假设 H3-1，这与 Megginson 和 Weiss 的研究结论正好相反。但由于抑价受多种因素影响，为准确判断创投的认证作用，我们下面还将以多元回归分析进一步探讨。

单位发行费用方面，创业投资支持的上市公司的单位发行费用均值比非创业投资支持的上市公司稍大，但均值差异不具有统计上的显著性，不支持前文的假设 H3-2。创业投资参与的 IPO 中，主承销商所占有的承销市份额较大，声誉较高，且均值差异的两种检验都在 10% 水平显著。这说明国内中小企业板，创投参与的 IPO 吸引了高质量的承销商，但并没起到降低单位发行费用和发行抑价的作用。

上市首日的市盈率和市净率方面，创投支持的 IPO 企业的 PE、PB 均值都要大于非创投支持的 IPO 企业，均值差异的独立样本 T 检验与非参数检验都在 10% 的水平显著，说明创业投资参与对中小企业板上市公司的股价市场表现有显著的积极影响，支持前文的假设 H3-3 和 H3-4。这说明创业投资支持的 IPO 企业，由于创业投资的认证作用，获得了更多的市场认可，导致了较高的上市首日市盈率和市净率。

（2）回归分析

从前述的数据可以看出，在我国中小企业板中，创投参与的 IPO 通常伴随着较高的市盈率、较高声誉的主承销商，IPO 企业从成立到上市的年限通常也较短。由于这些因素对 IPO 抑价都有一定的影响，为进一步验证创业投资参与的认证作用，我们对前述 273 家中小企业板的 IPO 数据，剔除掉 21 家难以明确划分是否有创业投资支持的企业之后，利用多元回归分析，在控制主承销声誉、发行规模、成立到 IPO 的年限、市盈率等因素影响的基础上，探讨创投参与对抑价程度的影响。

在回归分析前，我们先对各变量做相关性检验，Pearson 相关系数结果如表 7 所示。

表 7   变量间的 Pearson 相关系数

	Type	RP	LogAmt	Age	PE
Type	1				
RP	0.081	1			
LogAmt	−0.275*	0.091	1		
Age	−0.053	0.011	0.074	1	
PE	0.207*	−0.153	−0.261*	−0.031	1
Up	0.276*	−0.245*	−0.192	0.055	0.830**

注：* 表示显著性水平为 10%，** 表示显著性水平为 5%，*** 表示显著性水平为 1%。Type 表示有无创投参与。Type = 1 表示有创业投资参与；Type = 0，表示没有创业投资参与。RP 表示主承销商声誉。LogAmt，其值为发行股票数量的常用对数。Age 表示上市公司从成立到 IPO 的年限。PE 为上市首日市盈率。Up 是调整抑价率，为被解释变量。

表 7 中的所有自变量间的相关系数都不超过 0.5，且在 5% 水平都不显著。检验结果说明上述数据可以做回归分析。对前述方程（3）采用向前选择法（forward selection）逐个加入变量，得到四个拟合度较高的回归模型，结果如表 8 所示。

表 8调整抑价率的多元回归分析

	模型 1	模型 2	模型 3	模型 4
	系数估计 (T value)	系数估计 (T value)	系数估计 (T value)	系数估计 (T value)
Constant	0.604*** (7.650)	0.527*** (6.103)	0.903 (0.565)	0.960 (0.580)
Type		0.237* (1.913)	0.230** (2.130)	0.235* (1.667)
RP			-4.994* (-1.767)	-2.298* (-1.960)
LogAmt				-0.133 (-0.235)
PE	0.022*** (15.793)	0.021*** (15.350)	0.024*** (14.173)	0.024*** (11.165)
Adj-R^2	0.582	0.613	0.683	0.665
F 值	5.119**	4.547**	2.982**	2.190**

注：被解释变量为 IPO 发行调整抑价率，非标准化回归系数下方括号内为 t 值，基于双尾检验，* 在 10% 的水平下显著，** 在 5% 的水平下显著，*** 在 1% 的水平下显著。解释变量分别为：Type = 1，表示有创业投资支持；Type = 0，表示没有创业投资支持。RP 表示主承销商声誉。LogAmt 为发行股数的常用对数。Age 为公司从成立到 IPO 的年限，该变量未能进入上述模型。PE 为上市首日市盈率。

表 8 中的四个回归模型 F 检验都在 5% 水平显著。其中模型 3 的调整 R^2 最大，其值为 0.683，而且每个解释变量的回归系数都通过了显著性检验。因此我们选模型 3 为回归方程：

$$\hat{U}_p = 0.903 + 0.230\text{Type} - 4.994\text{RP} + 0.024\text{PE} \tag{4}$$

如式（4）所示，自变量 Type 的回归系数为 0.230，且在 5% 的水平显著。自变量 Type 被选入的另两个回归模型 2 和模型 4 中，回归系数也都为正。这说明，创业投资的参与对 IPO 抑价有显著的正向影响，即在控制其他变量影响的情况下，创业投资的参与不仅没有降低中小企业板 IPO 首日抑价程度，反而加剧了首日抑价程度。

这与前文的均值检验结果相似，都证明 Megginson 和 Weiss 基于美国数据的研究结论——创业投资参与能降低 IPO 抑价，[1] 在我国中小企业板中并不成立。检索近期的文献，Rosa，Velayuthen 和 Walter 对澳大利亚的实证表明创投支持和非创投支持的 IPO 抑价差别没有统计上的显著性，[2] Franzke 对德国的实证表明创投支持的 IPO 抑价程度要高于非创投支持企业（52.4% Vs 48.4%），[3] 都不支持 Megginson 和

[1] Megginson, W. L., and Weiss, K. A.. Venture capitalist certification in initial public offerings. Journal of Finance, 1991, 46: 879-903.

[2] Rosa, R., Velayuthen, G., and Walter, T.. The sharemarket performance of Australian venture capital-backed and non-venture capital-backed IPOs. Pacific-Basin Finance Journal, 2003, 11: 197-218.

[3] Franzke, S. A.. Underpricing of venture-backed and non venture-backed IPOs: Germany's neuer arket. RICAFE Working Paper No. 003. Available at 2003, http://www.papers.ssrn.com/sol3/papers.cfm? abstract_ id=482544.

Weiss 的研究结论。

创投参与反而导致抑价率上升的一个重要原因可能与"逐名（grandstanding）"① 动机有关。由于高声誉有助于创业投资家募集新的创业投资基金，他们往往宁愿承担抑价成本而获得声誉,② 这导致创投支持的 IPO 抑价程度反而要高。Wang 和 Lu，Loughran 和 Ritter 都指出，与美国成熟的创投资本市场相比，新兴资本市场中许多创投机构都是新成立的，没有太多的成功上市记录，资金募集的压力使逐名动机更加严重。③

从多元回归分析的结果还可以清楚地看出其他相关因素对 IPO 抑价的影响。上市首日市盈率 PE 与中小企业板 IPO 抑价关联性最强，在前向回归中，这一变量首先进入模型，而且显著性最高。主承销商声誉 RP 的回归系数为负值（−4.994），且在 10% 水平下显著，这说明高声誉的券商在中小企业板 IPO 中能发挥一定的认证功能，对 IPO 抑价有显著的负向影响。发行股数 LogAmt 在模型 4 中的回归系数并不显著，说明发行股数量对中小企业板 IPO 抑价没有显著影响。公司从成立到上市的时间 Age，没能进入上述四个模型，如果放进前述式（3）强制回归，会导致回归模型拟合度进一步下降，同时该变量的回归系数也不显著，这说明公司成立到 IPO 的时间对中小板抑价程度没有显著影响。

五、研究结论与局限

本文以我国中小企业板上市公司为样本，在筛选配对的基础上，从三个角度实证研究了创业投资对我国中小企业板 IPO 的影响：（1）创业投资对上市公司运营绩效的影响；（2）创业投资对上市公司从成立到 IPO 年限的影响；（3）创业投资对上市公司 IPO 时的市场表现影响。

本文研究发现创业投资支持的上市公司偿债能力显著比没有创业投资支持的上市公司强，盈利能力和发展能力方面，两者没有显著差别。这说明我国创业投资对被投资企业的贡献主要体现在财务风险控制及资本结构改善方面，没能为被投资企业提供强有力的增值服务。另一方面，创业投资支持的上市公司营运能力比非创投支持的上市公司显著的弱，说明了我国创业投资机构的项目筛选能力明显不足，逆向选择问题比较严重。

对上市公司从成立到 IPO 的年限，创业投资支持和非创业投资支持的配对样本没有显著差异，说明国内的创业投资并没能起到加速企业上市的作用。

对上市公司 IPO 时的市场表现，创业投资支持的企业 IPO 时股价市场表现较好，上市首日的市盈率、市净率都显著优于非创投参与的 IPO 企业，获得了更多的市场认可。创业投资的参与吸引了高声誉的承销商，但并没有起到降低单位发行费用的效果。创业投资支持企业的 IPO 抑价程度显著高于没有创业投资支持的企业，说明中小企业板中创业投资的参与并没起到明显的认证作用，由于"逐名现象"的存在，国内的创业投资为获得更高声誉而愿意承担高抑价的成本。

由于我国中小企业板成立才四年多时间，样本量还不够大，期间又经历了股权分置改革以及剧烈的牛熊市波动等因素的影响，可能在一定程度上会影响研究结论的精确性。同时，由于样本的时间跨度较短，本文也没能研究创业投资参与对上市企业的长期绩效及股价长期表现的影响。这些问题都有待在后续研究

---

① 我国台湾地区学者将 Grandstanding 译为"哗众取宠"或"炫耀"，本文采用宋晓东、刘晔、张剑译，Gompers、Lerner 著《风险投资周期》中的译法。

② Gompers, Paul A.. Grandstanding in the venture capital industry. Journal of Financial Economics, 1996, 42：133-156.

③ Loughran, T., and Ritter, J. R.. Why has IPO underpricing changed over time？. Financial Management, 2004, 33：5-37.

中进一步完善。

参 考 文 献

［1］Gompers, P. A., and Lerner, J.. The venture capital cycle. MIT Press, 2000.

［2］Tykvova, Tereza, and Uwe Walz. How important is participation of different VCs in German IPOs?. Global Finance Journal, 2007, 17.

［3］MacMillan, I. C., Kulow, D. M., and Khoylian, R.. Venture capitalists' involvement in their investments: Extent and performance. Journal of Business Venturing, 1989, 4.

［4］Gorman, M., William, A., and Sahlman. What do venture capitalists do. Journal of Business Venturing, 1993, 4.

［5］Bygrave, W. D.. Syndicated investment by venture capitalists firms: A networking perspective. Journal of Business Venturing, 1987, 2.

［6］Ritter, C. J.. The cost of going public. Journal of Financial Economics, 1987, 19.

［7］刘煜辉，熊鹏. 股权分置、政府管制和中国 IPO 抑价. 经济研究，2005，5.

［8］Gompers, Lerner. 风险投资周期. 宋晓东，刘晔，张剑，译. 北京：经济科学出版社，2002.

［9］Lin, Timothy H., and Richard L. Smith. Insider reputation and selling decisions: The unwinding of venture capital investments during equity IPOs. Journal of Corporate Finance, 1998, 4.

亏损上市公司价值驱动因素的细分研究[*]

● 杜　勇[1]　鄢　波[2]　陈建英[3]

（1　西南大学经济管理学院　重庆　400715；2　广东海洋大学经管学院　湛江　524088；

3　西南大学财务处　重庆　400715）

【摘　要】本文对中国亏损上市公司的财务价值驱动因素展开了深入研究。考虑到亏损的异质性，将亏损上市公司划分为愿景型、先予型、周期型和临危型四种类型，然后从投资者预期的角度，基于亏损类型的细分，运用投资者预期理论、财务价值评估理论分析和探讨各类亏损上市公司的财务价值驱动因素，并对各驱动因素对不同类型亏损上市公司财务价值的影响机理进行理论分析。文章重点分析了溢价型亏损上市公司在题材面的价值驱动因素。

【关键词】亏损异质　价值驱动　溢价型亏损　投资者预期

截至目前，学者们对亏损上市公司相关问题的探讨大多数集中在对其亏损原因的分析及对其进行盈余管理的动机和方法的研究上，涉及亏损上市公司价值评估问题的研究却很少。年报亏损是否就意味着亏损上市公司的股价一定会下跌呢？会计盈余是否能够反映亏损上市公司的真实价值呢？亏损公司的价值内涵究竟是指什么呢？亏损的持续性、年报披露的各种题材事件对所有类型的亏损上市公司产生的价值影响是同质的吗？如果不是，其对各种异质亏损公司的价值影响机理又是怎么样的呢？国外学者对此类问题的回答给出了一些解释，如放弃期权理论、调整期权理论、违约期权理论等，然而中国的资本市场还不太成熟，带有浓厚的政治色彩和过多的行政干预，这些理论是否能够适用于国内的资本市场？如果不能，又该如何去分析中国亏损上市公司的价值呢？本文正是带着对这些问题的回答，对中国亏损上市公司的财务价值驱动因素展开了深入研究。笔者认为投资者之所以愿意承担亏损股较其他股票更高的风险，是因为亏损股存在巨大的潜在价值，由于各种题材面因素的存在，一旦时机成熟，亏损上市公司很有可能会发生从乌鸦到凤凰的"蜕变"，从而给投资者带来巨额收益。因此，本文基于亏损类型的细分，运用投资者预期理论、财务价值评估理论分析和探讨各类亏损上市公司的财务价值驱动因素，并对各驱动因素对不同类型亏损上市公司财务价值的影响机理进行理论分析。其研究目的在于：通过对各类亏损上市公司的财务价值驱动因素进行研究，进一步完善公司价值评估理论体系，帮助投资者和证券管理部门对这些亏损上市公司的价值进行合理估价，以稳定其公司的股票价格，使得上市公司这块"壳"资源得以合理、优化地配置，以维护中国证券市场的正常秩序；对投资者预期因素与上市公司财务价值变动关系的研究有利于及时披露有关上市公司重组、高层变更、大股东占用资金、对外担保及股权转移等信息，以尽量降低亏损公司信息

＊　本文是国家社会科学基金项目"基于亏损异质的上市公司财务价值驱动因素研究"（编号：09CJY085）、国家自然科学基金项目"基于自由现金流量的我国上市公司业绩变化研究"（编号：70672013）及教育部新世纪优秀人才支持项目"所有者复杂化条件下的财务分层管理研究"（编号：NCET-08-0384）、广东省哲学社会科学"十一五"规划项目"广东海洋与渔业突发公共事件形成机理与应急管理机制研究"（编号：08YO-01）的阶段性研究成果。

不对称的幅度，提高亏损公司股票价格反映市场信息的效率，从而规范证券市场行为、提高证券监管部门对于这类上市公司信息披露的监管力度、维护市场投资者的根本利益。

长期以来，大多数国内外学者对于亏损公司价值的研究是基于混合亏损样本，将所有的亏损公司看做同一种类型的亏损公司，或者干脆从研究样本中删掉一些特殊类型的亏损公司，如 Hayn①、Ohlson②、Burgstahler 和 Dichen③ 等学者的研究尽管将亏损样本和盈利样本进行了分离，但未进一步对亏损样本内部的差异进行更为深入的研究，薛爽④对亏损公司股票价格的影响因素研究从 1998—2000 年 A 股亏损样本中去掉了净资产为负的公司。为此，本文提出运用投资者预期理论，同时按照每股净资产（本文用 BVPS 表示）和每股经营现金流（本文用 EPCF 表示）两个维度对亏损公司的类型进行划分。预期理论⑤告诉笔者，投资者的预期会对公司价值产生重大影响。如果投资者对某个公司在未来的前景比较看好，则投资者争相购买该公司股票，公司股票价格将上升；反之则下跌。为了确定股票的价格，投资者只能根据自己所掌握的关于特定股票的各种信息和知识，预测其未来收益的大小及可靠程度。这种对股票未来收益的数量和可靠程度的预测，即称为股票市场中的投资者预期。投资者愿意为购买该股票付出的价格是基于投资者对该股票可能带来的收益的预期而决定的，预期是投资者做出投资选择的前提和基础。此外，投资者之间的决策以相互之间的行为选择为基础，预期行为贯穿于整个投资过程中。根据此理论，考虑到亏损公司的异质性，⑥ 笔者将亏损公司划分为愿景型、先予型、周期型和临危型四种类型，具体如图 1 所示。

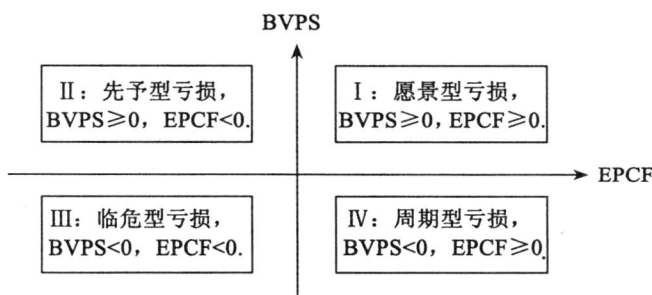

图 1　亏损上市公司的四种类型划分

各类亏损公司的概念具体如下：

（1）愿景型亏损公司

该类公司是指经营不善（如过度多元化等），但预期重组、并购价值很高的亏损公司。其特点是：EPS <0，BVPS $\geqslant 0$，EPCF $\geqslant 0$⑦。

（2）先予型亏损公司

---

①　Hayn，C..The information content of losses.Journal of Accounting and Economics，1995，20：125-153.

②　Ohlson，J..Earnings，book values and dividends in security valuation.Contemporary Accounting Research，1995，11：661-687.

③　Burgstahler，D.，and Dichev，I..Earnings，adaptation and equity value.Accounting Review，1997，72：187-215.

④　薛爽.亏损公司的股票价格是如何确定的？中国会计与财务研究，2002，4：100-115.

⑤　[美]汤姆·科普兰、亚伦·多戈夫.基于预期的绩效管理.干胜道，译.大连：东北财经大学出版社，2007，8：30-35.

⑥　笔者将"亏损异质"界定为"各类亏损公司在财务特征、亏损属性、亏损轨道及财务价值驱动因素等方面存在的差异性"。

⑦　本文中 EPS 表示每股盈余、BVPS 表示每股净资产、EPCF 表示每股经营现金净流量。

该类公司是指因巨额投资当期费用化而亏损的公司。其特点是：EPS<0，BVPS≥0，EPCF<0。

（3）周期型亏损公司

该类公司是指因季节性变化、经济周期的波动及行业景气度变化等因素的影响而暂时亏损的公司。其特点是：EPS<0，BVPS<0，EPCF≥0。

（4）临危型亏损公司

该类公司是指经营不善，无内部调整价值，但存在外部调整价值的亏损公司。其特点是：EPS<0，BVPS<0，EPCF<0。

在上述对各象限亏损公司特征分析的基础上，笔者进一步将亏损上市公司进行重新归类：一种称为折价型亏损（实亏），意指这种亏损确实是由于上市公司出现经营或财务困境，且会降低公司的价值，主要包括第Ⅲ象限的临危型亏损公司和第Ⅳ象限的周期型亏损公司两个细类；另一种亏损称为溢价型亏损（虚亏），意指这种亏损是为以后公司能够取得更好绩效而发生的一种损失或投资支出，预期会增加公司的价值，主要包括第Ⅰ象限的愿景型亏损公司和第Ⅱ象限的先予型亏损公司两个细类。这里，笔者将把溢价型亏损上市公司作为本文的重点研究对象。

（一）愿景型亏损公司的价值驱动因素

对愿景型亏损公司，由于投资者认为其亏损是暂时的，扭亏为盈的可能性会很大，其股票价格不会受到亏损信息较大的负面影响，而是与投资者对公司可能发生的卖壳、重组、高管变更、关联方交易、大股东资金占有和担保等题材面事件的预期收益等因素密切相关。

1. 重组预期对愿景型亏损公司的价值驱动

公司重组是指公司以资本保值增值为目标，运用资产重组、负债重组和产权重组方式，优化公司资产结构、负债结构和产权结构，以充分利用现有资源，实现资源优化配置。当上市公司发生亏损后，重组成为许多上市公司为扭亏保壳而"热捧"的对象。其原因主要是重组给亏损上市公司会产生以下几个方面的效应：

（1）优化资产结构

在上市公司出售或收购资产的各种重组中，不涉及现金流动的资产置换重组成为上市公司的主流形式。置换重组中存在大量的暗箱操作，一般做法是将上市公司的一些不良资产如高龄应收款项、不能盈利的对外投资等出售出去，而将等额的优质资产注入进来。进行资产置换是一些主营业务处于严重亏损或陷入绝境的上市公司常采用的扭亏手段，通过置换重组，能够改变上市公司净资产的质量，优化亏损公司的资产结构。另外，通过置换，公司可以迅速无偿地获得大笔资产，从而增加公司的净资产，使得上市公司的每股净资产迅速地恢复到1元以上。

（2）减少债务负担

亏损上市公司大多数债务负担沉重，而由高额债务衍生出的利息计入财务费用后则会直接减少公司的利润。因此，剥离债务从而减少财务费用便成为上市公司减少亏损的一个重要手段。大多数亏损上市公司存在经营难以为继、现金流短缺甚至枯竭的状况，而对于新业务或资产注入的需求又十分迫切，在时间和资金上的缓冲余地非常有限。通过债转股、债务豁免等债务重组方式，便可在尽可能短的时间内缓解其偿债的压力，因此，债务重组几乎成为许多上市公司重组中首当其冲的任务。

（3）优化产权结构

委托经营是亏损上市公司扭亏的一种手段，其实质是通过委托协议，让渡资产使用权，以达到优化产权结构、配置资源的目的。通过资产委托经营，一方面，上市公司可以将其不良资产委托给大股东经营并向其收取资产使用费；另一方面，上市公司可以托管大股东的优质资产，象征性地支付资产使用费后，可以获得可观的利润，所以，无论是租入还是租出，上市公司都可以在大股东的帮助下获得利润。

2. 高管变更预期对愿景型亏损公司的价值驱动

在以所有权与控制权相分离为特征的现代公司中，股东与管理者之间是委托代理关系。在公司内部控制上，由于存在内部人控制问题，股东和高管层在利益上存在不相容性，股东为保证投资者最大利益，有积极性和能力对上市公司的代理人即高管层进行监督。当公司绩效比同行业较差时，管理层就面临控制权变更问题。一般认为，市场存在一种自动矫正的机制，即更换效率低下的管理者，使管理者与股东的利益保持一致。这种控制机制在投资者看来，当公司发生亏损时表现得尤为突出。一旦公司因经营管理层的失误而发生亏损，公司的高管极有可能被控股股东更换，投资者预期这种更换的可能会给亏损公司带来业绩提升的效应，从而为亏损公司创造价值。其原因在于两个方面：

（1）被更换的威胁会带给现任的高管的约束

a. 薪酬待遇的下降

一个在位的高管可以按契约享受的报酬包括工资、奖金、股权等。在一般的激励方式中，经营管理者的工资主要由经营管理者的资历和公司的情况决定，在一段时期内相对稳定，因此，与公司的业绩关系并不十分紧密。奖金则一般以财务指标或者市场指标的考核来确定，因此，与公司的短期业绩表现紧密相关，但与公司的长期价值不明显相关，经营管理者有可能为了短期业绩指标而牺牲公司的长期利益。因此，主要关心公司长期利益的所有者为了使经营者关心股东利益，尽可能地使用与股东利益相联系的长期股权激励方式，通过使经营者在一定时期内持有股权，可以使他们享受股权的增值收益，也可以使他们在一定程度上共同承担风险，以防止经营管理者的短期行为，激励和约束他们注重公司的长期绩效，一旦高管面临被更换的威胁，为避免股东给予自己的激励薪酬下降，他们会更加努力地去提高公司的长期业绩。

b. 权力地位的散失

高管拥有的权力和地位会给他们带来巨大的激励力量。作为公司的高层，他们不仅看重自己的经济收入，而且也有自我实现和社会责任的追求。企业控制权授予与否、授予后控制权的制约程度等可以作为对企业家努力程度和贡献大小的相应回报。因为控制权的掌握可以满足高管许多方面的需要：拥有控制权可以使企业家施展其才能、体现其"企业家精神"、可以满足控制他人或感觉优越于他人的权力需要、可以享受职位特权、"在职消费"等。一旦高管被变更，这些权力和地位就会散失，对现任的高管来说是一个巨大的打击。因此，为避免遭受此惩罚，当公司面临亏损的状态时，高管会想方设法努力挽救公司，尽快扭亏为盈，当然也会增加高管盈余管理的动机，但这些都会使公司短期内业绩获得提升。

c. 名誉声望的降低

高管变更决策用终止契约作为约束工具，也会影响到高管的名誉和声望。经济学家很早就认识到，即使不存在第三方，名誉或声望作为私人机制，同样可以向当事人提供履行合约的激励。Fama[①] 也指出，经理人对其在经理人劳动力市场声誉的关注，构成对其自身行为的约束。如果高管被公司解聘，其在劳动力市场的名誉和声望就会受到负面影响，会对其以后的职业生涯发展不利，因此，为避免这些不利影响，现任高管也会有提升公司业绩的强烈愿望。

（2）变更后对新任高管的激励

变更后的新任高管会施展自己的才能尽快使亏损公司能扭亏为盈。由于有前任高管作为参照，新任高管会有动力使自己比前任干得更出色。这一方面源自于新任高管的丰富的经验和更强的能力，另一方面源自于他们内在的成就动机，希望自己在新的环境下有好的业绩表现。

从以上分析可以看到，高管变更的预期无论对于变更前的现任高管，还是变更后的新任高管，都会促

① Fama. Stock returns, real activity, inflation and money. American Economic Review, 1981, 71：545-565.

使他们努力去改善和提升公司现有业绩，对于亏损公司而言，这种预期将会使其在较短时间内扭亏为盈，从而使得亏损公司的财务价值得到提升。

3. 关联交易预期对愿景型亏损公司的价值驱动

关联交易是亏损公司进行盈余管理常用的重要手段。在我国，上市公司大多是从原大股东中剥离出来的，它们与其大股东之间都或多或少地存在商品和劳务的购销关系，这种关系的存在使得上市公司的关联方通过购销渠道中的定价机制向上市公司输送利润成为可能。

（1）关联方之间转移价格的增收效应

当上市公司发生亏损时，可通过与其关联方之间转移价格的方式来抬高其收入，进而对利润、净利润产生重大影响。公司在进行关联交易时，不以市场和成本为基础，往往根据战略需要进行调整，当出现人为因素使交易价格脱离公平价格时，会产生一定的不符合市场基础的经济价值差量，这些脱离市场基础的经济利益差量在不同会计主体之间发生了转移，而这种资源或义务的转移又是不存在对价关系或是无代价关系的。为实现上市公司扭亏为盈、保壳护壳的特殊目的，在关联企业之间发生的购销活动，产生这些价值差量会确认为收入，这些收入又会转化为企业利润，这就人为地增强了亏损上市公司的获利能力，从而改善其未来的财务状况，这也许是被许多投资者看中的"卖点"。

（2）关联方之间转移价格的节税效应

亏损上市公司与其关联方之间转移价格会对税额产生重要影响。出于扭亏的目的，关联方之间会对税收影响因素做出判断，促使关联交易形成，并对交易价格做出判断或施加影响，按符合自身利益需要的交易价格完成关联交易，而一旦关联方之间的交易不是在等价基础上时，这种脱离市场基础的交易价格必会影响纳税基础在不同的会计主体之间转移。亏损上市公司可能会通过人为地抬高或降低与其关联方的交易价格，调节各关联企业的成本和利润，以达到减轻其税负，使上市公司获取最大经济利润的目的。

（3）关联方之间转移价格的扩资效应

当交易价格不是建立在公平基础上时，资源或义务的无代价转移，必然会对与投资有关的事项产生实质性影响。经济利益的这种无代价转移操纵在控股股东手中，当上市公司发生亏损时，他们便可通过将其受控的关联方公司利润转移到自己的公司中。另外，上市公司在交易过程中获取的资产和承担的义务都会改变企业的资产组合，企业资产组合的改变也会使企业的价值发生巨大的变化，这些不仅对企业当期经营收益发生影响，对未来企业的经营情况和生存发展都会产生重要影响。

通过关联交易获取资产转让收益操纵上市公司利润，可以达到保配、扭亏或摘帽的目的。不少公司持续盈利能力的维持在很大程度上也是依赖于与其关联方的关联交易。这种输血式的利润增长方式也是亏损上市公司常用的扭亏手段。但由于股东和经营管理者之间的信息不对称，他们很难获悉上市公司利润增长的真正动因，况且对于大多数投资者而言，他们最为关心的是亏损公司扭亏为盈后投资收益的分配，因此，亏损公司的股价会随着投资者对因关联方交易而产生的潜在收益的预期变化而变化。

4. 股利分配对愿景型亏损公司的价值驱动

Kane、Lee 和 Marcus[1] 检验了与盈余公告同期宣布的股利发放事件对上市公司股票价格有明显的驱动。Hoskin、Hughes 和 Ricks[2] 也证实了与年收益公告同时披露的股利和其他增加的财务信息对股价有一定的驱动。另外，还有学者认为股利政策、亏损发生的频率、公司自身的特殊要素等因素也会给亏损公司

---

[1] Kane, A., Lee, Y. K., and Marcus, A.. Earnings and dividend announcements: Is there a corroboration effect. The Journal of Finance, 1984, 39: 1 091-1 099.

[2] Hoskin, R., Hughes, J., and Ricks, W.. Evidence on the incremental information content of additional firm disclosures made concurrently with earnings. Journal of Accounting Research, 1986, 24: 1-32.

价值带来一定的驱动。如 Harry Deangelo、Linda Deangelo 和 Douglas J. Skinner① 认为当公司发生亏损时，有关削减股利与否的信息会增强公司以当前盈余去预测未来盈余的能力，信号传递机制的作用最终会导致这类公司的股票价格发生波动。国内学者陈仲伯、刘道榆（2006）② 等认为企业的股利政策最终应以实现企业价值最大化为目标，即企业的股利政策与企业价值之间有着一种内部的正相关关系。本文认为公司是否发放现金红利会影响投资者手中持有的现金流量的大小。投资者出于流动性偏好，在其他条件相同的前提下，对于现金股利发放较低或者不发放的公司，会更倾向于采取卖掉该公司股票进行套现的决策，以达到持有更多现金的目的。因此，现金股利发放较低的公司股票应该具有较高的换手率。反之，对于发放现金红利较多的公司的股票，应该具有较低的换手率，即现金红利的大小应该和股票的换手率负相关。而换手率衡量的是股票交易的活跃程度，金融界长期的研究表明，换手率较高的股票应该具有更高的收益波动率。而投资者对于风险水平不同的股票会要求不同的风险溢价，所以收益波动率的高低会影响公司价值。从而，现金红利的大小会影响公司价值。从这一点来讲，公司股利分配的信息不仅有助于预测宣布股利分配时给公司带来的收益，而且还可以预测公司的未来价值，从而使得投资者可以据此判断亏损公司股票的财务价值。

（二）先予型亏损公司的价值驱动因素

先予型亏损公司的经营活动现金流为负数，说明公司为满足日常生产经营活动的资金匮乏，但由于其净资产仍然为正数，表明公司还有起死回生的潜力，所以投资者有理由认为其发生亏损、现金净流量为负的原因在于本期进行了较大的项目投资或研发费用支出，这一点也已经被 Joos 和 Plesko（2005）③ 的研究所证实，他们的结论表明，许多亏损公司在研发上的投入都比较大，它们的亏损很大程度上要归功于会计的谨慎性原则——将研发支出计入了当期费用中。由此，笔者认为，研发支出、营销投入、员工培训支出及知识能力的开发费用和专项资产的支出都会对先予型亏损公司的财务价值产生驱动效应。具体如下：

1. 研发支出对先予型亏损公司的价值驱动

尽管先予型亏损公司因研发支出被计入当期的费用中而亏损，但这种支出给公司带来诸多方面的好处，最终会提升亏损公司的价值。具体体现在以下几个方面：

（1）提高公司生产经营的效率

公司在研发上的投入能够带来生产效率的极大提高。保罗·罗默在内生技术进步模型中提到，对于一个给定的技术水平，仅仅考虑资本和劳动两种生产要素，生产函数呈现的是规模报酬不变，但是如果考虑第三种投入要素——研发支出，其产出一定是规模报酬递增的。兹维·格里里奇（1979）提出用 Cobb-Douglas 生产函数模型来估计 R&D 投入和企业业绩之间的关系，由于把技术知识存量作为第三种投入要素，势必使得规模报酬递增，从而使得公司能够在相同的条件下生产出更多的产品。

（2）培育公司的技术创新能力

由于企业的 R&D 投入能产生知识和经验，知识和经验的积累会构成企业的技术知识存量，而技术知识存量是衡量一个企业技术创新能力的指标，因此，企业的研发投入力度越大，其技术创新能力也就越高。这意味着企业拥有较多的新产品或新技术投入市场，并使企业拥有较高的市场占有率，从而获得更大的经济收益。因此，企业的技术创新能力最终能给企业带来未来市场价值，所以说，企业的 R&D 投入对

---

① DeAngelo, Harry, Linda DeAngelo, and Douglas J. Skinner. Dividends and losses. Journal of Finance, 1992, 47: 1 837-1 863.

② 陈仲伯，刘道榆. 股利政策与企业价值的关系. 系统工程, 2006, 3: 103-105.

③ Peter Joos, and George A. Plesko. Valuing loss firms. The Accounting Review, 2005, 80: 847-870.

企业价值具有提高作用。

（3）增加公司的销售收入

R&D 投入使企业的创新能力增强，从而缩短产品的生命周期、提高产品更新换代的速度、增加企业的产出水平，同时，还能更好地满足顾客个性化的需求，具体表现为企业的销售收入增加、企业短期内有超额利润等。MIT 的斯隆管理学院的 Edward Roberts（1992、1995）和他的同事两次调研了美国、日本和欧洲的 R&D 费用在 1 亿美元以上的 244 家企业，认为企业战略管理中应该把技术战略和企业业务战略联系起来，因为这种联系与以下指标强相关：企业的销售增长率、新产品和服务获得的销售份额、改进产品获得的销售份额、生产成本的减少额；还发现研发强度（研发/销售收入）与年销售增长正相关。

2. 营销投入对先予型亏损公司的价值驱动

营销投入具体包括公司为对外宣传而发生的各种广告费、宣传费、设计费及中介媒体费等。按照现行的会计准则，它们同研发支出类似，都只能在当期进行费用化处理，但其受益期间是在以后多个时期，因此，笔者也视其为一种投资支出，这种支出会给亏损公司带来许多方面的利益：

（1）提升公司形象

先予型亏损公司发生的营销投入最主要的目的在于通过品牌的塑造来提升公司的形象。普通的牌子可以通过宣传变成品牌，品牌可以通过宣传变成名牌。一个品牌有属于它自己的文化、个性及价值，一旦公司建立了自己的品牌、名牌，它就会使顾客对公司产生信任，进而会影响顾客的消费观及价值观，使顾客愿意掏腰包为此公司产品的成本费、广告费、"文化内涵费"付账，最终给公司带来高额利润。先予型亏损上市公司有很大一部分资金用在广告支出上，它们通过对外宣传来培养自己的品牌、不断地完善产品质量和发掘产品个性，以满足消费者的消费需求与消费心理，最终的目的是持续地塑造公司的品牌形象、提高公司的社会声望，这有利于保持公司长期、持续地增长。

（2）扩大市场份额

在现代市场中，公司可以利用增加广告和促销费用的支出来对竞争者加以攻击，以增加自己的市场份额。运用这种策略，主要是扩大公司的知名度、提高顾客的满意度等，通过从竞争对手那里吸引更多的消费者来掠夺更多的市场份额，从而在现有市场蛋糕上切得更大的一块。通过对产品功能、技术含量、外观设计等方面采取多途径的广告宣传，可以使消费者对自己的产品由不熟悉转向熟悉、由偶尔使用到经常购买，最终改变他们的消费行为，增加消费者对本公司产品的购买率，以实现扩大其市场份额的目的。例如，"黑松欧"香咖啡在中国台湾地区市场投入比"麦氏"咖啡更多的广告经费与促销预算，其目的是为了在台湾地区建立稳固的知名度和市场地位。

（3）提高顾客忠诚度

通过广告宣传，公司可以为顾客提供广泛并值得信赖的信息，以便于顾客在众多的产品和服务中进行选择，而当顾客认识到这些信息是值得信赖并可接受的时候，企业和顾客之间的信任机制会逐步产生并得到强化；而且，品牌形象的建立有助于顾客信任感的增强，让顾客产生安全感，进而产生信赖感，以此获得和增强顾客对公司的信任。有了顾客对企业产品和服务的认可和信赖，他们就会坚持长期购买和使用该企业的产品和服务，并在此过程中表现出在心理和情感上的一种高度信任和忠诚的程度，最终提高对公司的忠诚度。

从表面上看，营销投入会增加公司当期的营业成本，实际上，一旦公司的品牌形象、市场份额及顾客忠诚度得到提升后，公司的销售额会随之急剧增长，而且会持续很长一段时间。对于亏损上市公司而言，这种持续的销售增长使其未来一段时期不仅能够迅速扭亏，而且还能获得比以前更为卓越的绩效。

3. 培训支出对先予型亏损公司的价值驱动

对于竞争环境日趋激烈的上市公司而言，同行之间的胜败最根本地取决于公司拥有的人力资源，而有效的人力资源培训不仅能够降低公司的成本、提高工作效率，而且还能够提高员工对工作的满意度，增强他们对公司的组织归属感和责任感，这些无形的力量会增强公司的整体竞争力和持续性地提高公司的业绩。其具体表现在几个方面：

（1）提高员工的工作绩效

通过有效的人力资源培训，可以使员工掌握工作中所需的知识和技能，包括对企业和各部门的组织结构、经营目标、策略、制度、程序、工作技术和标准、沟通技巧及人际关系等知识，对这些知识和技能的熟悉和运用，能够减少员工的工作失误、降低生产资源的消耗及提高员工生产的效率和工作的积极性，最终提升公司整体的绩效。

（2）适应环境的变化

培训使公司面对环境的变化游刃有余。公司所面对的事物是动态的，社会在变化，需要在变化，环境在变化，但通常变化并不受欢迎。人们已经习惯于他们既定的生活方式和工作方法，许多人以一种恐惧的心态来看待变化。而培训不仅给职工以适应变化的能力，还使其在培训中明确了未来的发展方向，从而帮助公司适应变化，进而从变革中获益。

（3）塑造优秀的企业文化和形象

培训和发展机会能向员工传达和强化公司的价值观和行为，让员工感觉到公司管理层对他们的关心和重视，使员工的思想境界提升，凝聚力增强，能够营造一种团结协作的文化氛围、互帮互助的学习环境，这样，一方面可以提高员工的满足感和产品的品质及安全水平，另一方面也可以塑造优秀的企业文化和公司愿景。

正是由于培训支出会给公司带来上述的各种效应，因此，许多上市公司不惜斥巨额，增加人力资源的培训费用，不过，由于这种培训载体的特殊性（主要是指人具有的能动性），使得其培训效果的转化带有一定的滞后性和持久性，因此，对培训投入过大的上市公司可能会在培训当期出现亏损，但以后的经营业绩将得到持续改善。

4. 专用性资产支出对先予型亏损公司的价值驱动

专用性资产具有高盈利性，被许多公司战略研究学者强调唯一性的、难以模仿的资产、资源、技能、组织关系以及投资的重要性，认为公司所投资的专用性资产是它的竞争优势的专有资源。专用性资产的战略投资用来适应企业的战略和技术决策，能降低成本、提高企业价值，并能使企业产生区别于其战略对手的产品和服务。它们通常是由于企业所处的地理位置优越，或由于信誉好而获得了客户信任，或由于组织得当、生产经营效益高，或由于技术先进、掌握了生产诀窍等原因而形成的无形价值，这种无形价值具体表现在该企业的获利能力超过了一般企业的获利水平。如用于树立信誉、商誉、市场形象、地位等的各种支出项目，它们通常不能同公司价值分离开来，因此被 Lev 和 Sougiannis① 称为"非独立的收益性投资"，它们能给公司带来以下价值：

（1）更多的融资渠道

拥有较高水平专项资产的公司在市场上的形象地位更高，对于公司的潜在的资金供给者而言，它们更值得信赖，更愿意向这些公司提供权益或债务性资金，这为先予型亏损公司在融资渠道上提供了更大的选择空间。

（2）较低的财务风险

高水平专项资产会给公司带来较强的技术创新能力，这提高了公司对经济市场环境变化的适应能力，

---

① Lev, B., and Sougiannis, T.. The capitalization, amortization and value-relevance of R&D. Journal of Accounting and Economics, 1996, 21: 107-138.

当客户的需求发生变化时，专项资产的拥有使公司能够很快调整生产以适应这种变化，从而降低了公司的财务风险。

（3）更多的客户资源

通常情况下，有良好信誉和社会声望的公司会给客户传递一些有用的信息：公司的产品质量能够得到保证，公司有着优质的售后服务体系，公司对客户的服务态度好、服务理念先进等，这些自然会吸引更多的优质客户，为公司创造更多的价值。

以上这些投资的发生尽管导致上市公司当期或开始几个时期亏损，但就其性质来看是短暂性的，在以后的时期会发生亏损逆转，而且长期来看，这些投资都会给上市公司带来持久的竞争能力和业绩改善，因此都属于价值型投资，它们最终会提升先予型亏损公司的财务价值。

由此看来，由于各类异质亏损公司的财务特征的差异，投资者对它们的预期各不相同，因此，尤有必要考虑它们各自价值驱动因素的不同分别对其进行价值评估。当然，对于这一结论的得出还有待于结合历史经验数据进行实证检验，这也是笔者今后要进一步研究的重点和方向。

我国上市公司盈利反应系数的实证研究

——基于沪深两市 A 股 2003—2006 年的数据分析

● 谢获宝[1]　李　芳[2]　马万里[3]

（1，2，3　武汉大学经济与管理学院　武汉　430072）

【摘　要】会计信息决策有用性的信息观以向投资者充分披露信息，帮助其改善决策为宗旨。在信息观下，会计人员主要研究会计信息含量即会计信息的决策有用性问题。盈利反应系数是用来证明会计信息的决策有用性的重要指标。本文通过归纳已有的经典盈利反应系数模型，并在其中选择适合中国证券市场研究的模型，基于沪深两市 A 股 2003—2006 年的市场数据，验证此时段中国证券市场中会计信息的决策有用性，并提出相关的政策建议。

【关键词】盈利反应系数　决策有用性　信息观

一、引言

充分、有效的信息披露对证券市场的正常运转，对上市公司的健康成长，对投资者合法权益的切实维护都有重要意义。财务报告作为公司信息披露的主要手段，在维持和发展公司与其相关利益集团之间的关系，完善证券市场，促进资源有效配置等方面发挥着重要的作用。上市公司对外披露的财务会计信息是否有助于投资者改善决策，是否有助于投资者对未来现金流量的数量、时点和不确定性进行评估，是会计界人士最关心并且必须回答的基本问题。这也是西方主流会计研究关于信息观所要回答的问题。

从经验研究的角度讲，如果某会计数据集的披露与证券的价格或交易量之间具有统计意义上的显著相关性，我们就说该会计数据集向证券市场传递了新的有用信息，或者说具有信息含量。会计盈余数据是会计数据集中最重要的信息，受到的关注度也最高，因此，学者们在研究证券市场对会计信息的反应时通常把盈余信息等同于会计信息。而证券市场价格与交易量相比，前者对决策有用提供了更为有力的证据。[①] 盈利反应系数（earnings response coefficient，ERC），被用来衡量某一证券的超额市场回报相对于该证券发行公司报告的盈利中的非预期因素的反应程度。[②] 所以我们将对 2003—2006 年中国证券市场沪、深两市 A 股的上市公司数据进行检验，选用会计盈余数据和证券市场报酬率数据，运用盈利反应系数模型，以探寻在中国的证券市场中，会计盈余信息与证券交易价格之间是否具有显著相关性，即会计盈余信息是否对决策有用，并结合中国的制度背景进行分析与解释，同时提出政策建议。

---

① 参见 Kim and Verrecchia. Pre-announcement and event-period private information. Journal of Accounting and Economics，1997，24（3）：395-419. 其模型表明，在测量财务报表有用性时，证券交易量变化与证券价格变化相比存在更大的噪音。

② 威廉·R. 斯科特. 财务会计理论. 北京：机械工业出版社，2006：79-99.

二、文献综述

20世纪60年代后期会计研究发展到了一个崭新的阶段，学者们开始了证券市场中会计问题的经验研究。以"决策有用"这一会计目标为导向，形成了信息观、计量观和契约观三大理论架构，其中信息观得到了学者们的广泛关注和论证。信息观以向投资者充分披露信息，帮助其改善决策为宗旨，在信息观下，会计人员主要研究会计信息含量问题。会计信息含量的研究主要关注证券价格或成交量与会计盈余信息的相关性，国外已有不少关于识别和解释市场对盈余信息做出不同反应的文献。

Ball和Brown（1968）以1957—1965年间纽约证券交易所261家上市公司作为样本，对其会计盈余公告前12个月至公告后六个月的股价进行检验，首次证明了会计盈余信息具有信息含量，即公司证券的价格会对盈余信息做出反应。但他们的研究仅基于未预期盈余的符号和超常报酬率的符号分析。Beaver，Clarke，Wright（1979）选取了纽约证券交易所的276家上市公司作为样本，对其1965—1974年各年12月31日的报表数据进行了有关会计盈余变动与股价变动程度的数量关系问题的研究，他们发现未预期盈余变化越大，证券市场反应就越大。

其后，国外不少学者对这个问题展开了更深入的研究，他们大多运用事件研究法，在短时间窗口内在各国证券市场上都找到了市场对盈余信息产生反应的证据：Nikos Vafeas，Lenos Trigeorgis，Xenia Georgiou（1998）对欧洲新兴市场塞浦路斯证券市场的研究，Pascal Dumontier，Real Labelle（1998）对法国证券市场的研究，Irena Jindrichovska，Stuart Mcleay（2005）对捷克证券市场、对盈余好消息和坏消息的反应的对比研究，均证明了证券市场对盈余信息产生或强或弱的反应。D. Craig Nichols和James M. Wahlen（2004）运用Ball和Brown的模型证明了美国证券市场在1988—2002年，年度股票收益与年度盈余变化具有显著的相关性。Arianna Spina Pinello（2008）的研究表明投资者对正的未预期盈余和负的未预期盈余均有反应，无论预期是来自投资者本身还是分析师，投资者依据未预期盈余改变投资决策会造成证券市场股价的相应变化。

中国证券市场从1991年开始交易，10多年中国证券市场的飞速发展为中国会计的实证研究提供了基础数据。赵宇龙（1998）借鉴Ball和Brown（1968）的符号检验法，通过对沪市123家样本公司1994—1996年共369家的盈余披露日前后各八周的未预期盈余的符号与证券超常报酬率的符号之间的相关性进行实证研究，发现会计盈余信息的披露随着证券市场超常报酬率同方向同性质的变动。此后，赵宇龙（2000）进一步研究发现，在控制了净资产、董事会分配预案、审计意见类型等重要变量的影响后，仍可验证会计盈余的披露与证券市场超常报酬率同方向同性质的变动。陆宇峰（1999）的研究发现会计盈余对股价的解释力度有逐年增强的趋势，而净资产对股价的解释力度一直比较弱。陈晓、陈淑雁（2001）的研究发现，证券市场对于包括盈余信息在内的整体年报信息的反应是显著的，但超常交易量与盈余信息之间的相关关系并不显著。孙爱军、陈小悦（2002）基于1992—1998年中国证券市场的数据样本，验证了在中国证券市场上，会计盈余信息对证券收益具有显著的解释力，而且这种影响呈现不断增强的趋势。孟焰、袁淳（2005）通过对1998—2003年度中国证券市场5705个样本进行研究得出结论：亏损上市公司会计盈余与超常报酬率的相关性明显弱于盈利上市公司，也就是说无论亏损还是盈利的上市公司，会计盈余与超常报酬率都具有相关性，只是强弱不同。李翔、冯峥（2006）指出会计信息是证券市场信息披露的重要内容，投资者会对企业提供的有效会计信息做出反应，改善其投资决策。张宗新、杨飞、袁庆海（2007）通过对2002—2005年深市上市公司数据的检验，得出结论：信息披露质量高的公司，会计盈余指标（如总资产收益率、净资产收益率）较高，且其股票在二级市场的表现也更好。但是他们的研究并没有直接证明会计盈余指标与二级市场股票表现的相关关系，只分别验证了信息披露质量与两者的相关关系。张腾文、黄友（2008）以沪深两市 A 股为研究对象，利用剩余收益定价模型，得出了经营利润率这一分解后的会计信息对股价有显著的解释力。

综上所述，这些研究得出的基本结论是：证券市场中的股票价格会对会计盈余信息做出反应，且未预期盈余变化越大，证券市场的反应就越大。其中，国内文献研究的重点是验证会计盈余信息的披露对证券超常收益是否具有显著的解释力，且验证会计盈余信息与证券市场超额报酬率相关关系的文献选取的数据仅截至 2003 年。

2003 年以来，中国的证券市场发生了很大的变化，不管是证券市场本身的特性及参与度，还是政策因素。尤其是在 2007 年上市公司执行新会计准则后，理论上因为会计信息的相关性增强，那么证券市场对盈余信息反应的显著性也会增强。但是因为现在只有 2007 年和 2008 年部分的股价数据，而验证会计盈余信息与证券市场超额报酬率的相关关系至少需要两年完整的数据才可以进行会计盈余和报酬率的预测。所以我们只能选取中国证券市场 2003—2006 年的数据进行检验。

基于上述分析，本文首先总结学界在研究会计盈余信息与证券市场超额报酬率的相关关系时所使用的模型：未预期盈余模型；未预期报酬率模型；盈利反应系数模型。然后根据我国证券市场数据的实际情况选择 Ball 和 Brown（1968）的未预期盈余幼稚模型和未预期报酬率市场模型；Walter R. Teets 和 Charles E. Wasley（1996）的盈利反应系数模型，以 2003—2006 年中国沪、深两市 A 股上市公司的会计盈余数据（具体用净资产收益率来替代）和股票报酬率数据，算得盈利反应系数，以检验两者之间的相关程度；并将未预期盈余分为正负两组进行盈余反应系数的比较，来检验市场对未预期盈余小于零时（坏消息）的反应是否比未预期盈余大于零时（好消息）的反应大。最后结合中国的制度背景对研究结果进行解释。

本文研究的意义在于利用我国上市公司和证券市场近年来的相关数据，检验我国上市公司的会计信息质量，测试我国证券市场中股票价格对上市公司未预期盈余的反应程度，以期改善我国上市公司会计信息质量，对投资者在投资过程中正确解读和利用会计信息形成帮助。

三、研究设计

（一）研究假设与检验设计

在有效市场假说的前提下，事件窗口内的累计超额回报率（CAR）反映的是某家公司的会计信息进入股票市场后，市场对于会计信息的评价。如果 CAR 在事件窗口内大于零，则说明市场对该项会计信息呈正面评价；如果 CAR 在事件窗口内小于零，则说明市场对该项会计信息呈负面评价。

如果公司的财务报表在报告日给出的会计盈余低于投资者的预期，即未预期会计盈余（UAR）小于零，那么理性的投资者将会抛售或者处理手头的该公司的股票，使得股票的价格下降，导致股票的收益率低于预期收益率（财务报表公布前基于已得信息所做的预期），那么在事件窗口内，未预期的累计报酬率（CAR）将小于零。反之，如果公司的财务报表在报告日给出的会计盈余高于投资者的预期，即未预期会计盈余（UAR）大于零，那么理性的投资者将会增持该股票，使得股票的价格上升，于是股票的收益率将会高于预期收益率，即未预期的累计报酬率（CAR）将大于零。基于上述分析，可见 CAR 与 UAR 之间存在相关性，并且相关系数（ERC）大于零，因此，我们建立第一个假设（H1）：

H1：在财务报表公布前后，CAR 与 UAR 是相关的，并且相关系数（ERC）大于零。

在我国，会计盈余不仅与上市公司管理层的薪酬和发展前途紧密联系，而且与公司的税收、监管、债务和形象等密切相关，那么，企业的管理层就有操纵会计盈余的动机，亏损企业可能存在隐瞒并粉饰业绩的行为。① 理性的投资者认识到这一点之后，当公司的财务报表在报告日给出的会计盈余低于投资者预期，即 UAR 小于零时，投资者有理由相信其会计盈余比预期的可能会更低，因而投资者对 UAR 小于零的反应往往要比 UAR 大于零时更为强烈。因此，我们建立第二个假设（H2）：

H2：在财务报表公布前后，UAR 小于零时的 ERC 大于 UAR 大于零时的 ERC。

（二）变量定义与模型选择

1. 未预期会计盈余的确定

在证券市场研究中，常用的会计盈余预期值的估值方法有判断法和统计法两种。所谓判断法，是以财务分析师对外公布的盈余预测数据或者公司管理当局公布的盈余预测数据作为市场对会计盈余的预期值。统计法则是基于统计数据的模型分析来预测公司会计盈余。财务分析师及管理层公告的预测数据散见于各类报刊杂志，不便于收集，尤其是财务分析师的职位经常变化，难以获得整个市场的连续性数据。所以本文将采用统计法预测公司的年度会计盈余。

在将会计盈余的估值方法确定为统计法的基础上，本文将选择净资产收益率（ROE）指标来衡量会计盈余。因为在净利润、每股收益和净资产收益率三种衡量会计盈余的指标中，净利润指标未考虑企业的总资产和净资产的规模；在每股收益指标的计算过程中，由于各个企业的每股净资产差异很大，所以不能进行不同公司的横向比较。而 ROE 指标在我国得到投资者相当的关注，而且是证券监管机构在审核配股和发行债券等活动常用的指标，因此这里把 ROE 作为一个参照指标来考察市场对会计盈余的反应。

历史文献中关于未预期会计盈余的确定方法，主要有以下三种：

Ball 和 Brown（1968）对会计盈余的实证研究中采用了均基于时间序列的市场回归模型和幼稚模型：

$$\Delta R_{j,t} = \hat{\alpha}_j + \hat{\beta}_j \Delta M_t + \varepsilon_{j,t} \tag{1}$$

$$\mathrm{ER}_{j,t} = \hat{\alpha}_j + \hat{\beta}_j \Delta M_t + R_{j,t-1}$$

$$R_{j,t} = R_{j,t-1} + \varepsilon_{j,t} \tag{2}$$

$$\mathrm{ER}_{j,t} = R_{j,t-1}$$

Beaver，Clarke，Wright（1979）在其关于会计盈余反应程度的研究中提出了以下回归模型：

$$R_{j,t} = R_{j,t-1} + K^{-1} \sum_{i=1}^{K} R_{t-K+i-1} + \varepsilon_{j,t} \tag{3}$$

$$\mathrm{ER}_{j,t} = R_{j,t-1} + K^{-1} \sum_{i=1}^{K} R_{t-K+i-1}$$

Kormendi 和 Lipe（1987）在对会计盈余持久性的研究中给出了以下模型：

$$\Delta R_{j,t} = \hat{\alpha}_j + \sum_{i=1}^{N} \hat{\beta}_{j,i} \times \Delta R_{j,t-i} + \varepsilon_{j,t} \tag{4}$$

$$\mathrm{ER}_{j,t} = \hat{\alpha}_j + \sum_{i=1}^{N} \hat{\beta}_{j,i} \Delta R_{j,t-i} + R_{j,t-1}$$

$$\Delta R_{j,t} = \hat{\beta}_j \Delta R_{j,t-1} + \varepsilon_{j,t} \tag{5}$$

$$\mathrm{ER}_{j,t} = \hat{\beta}_j \Delta R_{j,t-1} + R_{j,t-1}$$

其中，$R_{j,t}$ 为 j 公司 t 年度的会计盈余；

$\Delta R_{j,t}$ 为 j 公司 t 年度会计盈余相对于上年度的变化值；

ΔM_t 为 t 年度市场加权会计盈余相对于上年度的变化值；

---

① 王勇峰，肖瑶. 会计盈余披露的信息含量——来自上海股市小样本的经验证据. 统计与决策，2005，1：101-102.

$\mathrm{ER}_{j,t}$ 为 j 公司 t 年度的预期会计盈余；

$\hat{\alpha}_j,\hat{\beta}_j$ 为按照时间序列回归得到的系数；

模型（4）中的 $\hat{\beta}_{j,i}$ 为 j 公司 t 年度 i 年前的多元回归得到的回归系数；

$\varepsilon_{j,t}$ 为 j 公司 t 年度的误差项；

K 和 N 分别为 Beaver，Clarke，Wright（1979）与 Kormendi 和 Lipe（1987）在研究过程中考虑以前年度影响的年度数，在实证过程中为设定的两个常数。

应该说，Ball 和 Brown（1968）的研究模型是得到学者的广泛认可的，因而也得到大部分学者的引用。模型（3）和模型（4）在模型（1）的基础上考虑了以前几个年度会计盈余变化对预期会计盈余的影响，因而从某种程度上来说，考虑了模型（1）未能预见的一些因素的影响，所以，在数据时间跨度足够大（至少 10 年以上）的条件下，模型（3）和模型（4）能够更为准确地预期会计盈余的变化。模型（2）是学者在数据时间跨度较小时常用的模型，即幼稚模型。模型（5）考虑了盈余变化的整体趋势，也就是考虑了整个宏观经济环境对预期盈余的影响，一定程度上要求整个经济走势比较平稳或者增长较为稳定。本研究采用的数据仅涵盖了 2003 年到 2006 年四个年度，时间跨度不够，理想的只有模型（2）和模型（5），考虑到 2005 年到 2006 年间的股权分置改革对整体经济潜在的影响，最后选择了模型（2）来计算和预期会计盈余。该模型虽然简单，但其有效性并不比其他的复杂模型差。[①] 所以我们采用的未预期会计盈余模型为：

$$\mathrm{UAR}_{j,t} = R_{j,t} - \mathrm{ER}_{j,t} \tag{6}$$

2. 累计超额报酬率的确定

确定预期股票报酬率，首先需选择一个合适的事件窗口。Ball 和 Brown（1968）与 Beaver，Clarke，Wright（1979）在研究中均选择一个月作为事件窗口。赵宇龙（1998）对沪市的研究中选择两个月作为时间窗口。本研究考虑到我国证券市场历经十余年发展，已逐渐趋于成熟，选择一个月作为时间窗口。

历史文献中关于预期股票报酬率的确定方法，主要有以下三种：

关于预期股票报酬率，Ball 和 Brown（1968）采用了以下回归模型：

$$X_{j,d} = \hat{C}_j + \hat{\beta}_j X_{m,d} + \zeta_{j,d} \tag{7}$$

$$\mathrm{EX}_{j,d} = \hat{C}_j + \hat{\beta}_j X_{m,d}$$

$$\ln X_{j,d} = \hat{C}_j + \hat{\beta}_j \ln X_{m,d} + \zeta_{j,d} \tag{8}$$

$$\mathrm{EX}_{j,d} = \exp(\hat{C}_j + \hat{\beta}_j \ln X_{m,d})$$

$$X_{j,d} - \mathrm{RF}_m = \hat{C}_j + \hat{\beta}_j (X_{m,d} - \mathrm{RF}_{m,d}) + \zeta_{j,d} \tag{9}$$

$$\mathrm{EX}_{j,d} = \hat{C}_j + \hat{\beta}_j (X_{m,d} - \mathrm{RF}_{m,d}) + \mathrm{RF}_m;$$

孙爱军，陈小悦（2002）的研究中，对于预期的股票报酬率，提出了以下模型：

$$X_{j,d} = X_{j,d-1} + \zeta_{j,d} \tag{10}$$

$$\mathrm{EX}_{j,d} = X_{j,d-1}$$

$$X_{j,d} = X_{m,d} + \zeta_{j,d} \tag{11}$$

$$\mathrm{EX}_{j,d} = X_{m,d}$$

其中，$X_{j,d}$ 为 j 公司 d 时期的股票报酬率；

$X_{m,d}$ 为 d 时期的市场报酬率；

$\mathrm{EX}_{j,d}$ 为 j 公司 d 时期的预期报酬率；

① 赵宇龙. 会计盈余披露的信息含量——来自上海股市的经验研究. 经济研究，1998，7：41-49.

$RF_{m,d}$ 为市场在 d 时期的无风险报酬率；

$\hat{C}_j$，$\hat{\beta}_j$ 为回归系数，$\zeta_{j,d}$ 为误差项。

虽然现在对非线性模型的研究越来越盛，但线性模型仍然占主导地位。所以非线性模型(8)相对于其他模型，更多只是起参考和比较作用。模型(10)是简单的幼稚模型，与回归模型比较起来，解释力稍弱一些。模型(11)将股票的预期收益等同于市场收益率，忽略了股票之间的风险、净资产等差异，有待商榷。模型(9)与模型(7)是等价的，只不过模型(9)将无风险收益率单列了出来。本研究中取得的日股票和市场收益率的信息，涵盖了单个公司交易日前后各15天的数据，对比上述模型的特点，本文采用模型(7)来估计未预期股票收益率：

$$AX_{j,d} = X_{j,d} - EX_{j,d} \tag{12}$$

累计超额回报率模型为：

$$CAR_{j,t} = \sum_{d=-15}^{15} AX_{j,d} \tag{13}$$

其中：$AX_{j,d}$ 为 j 公司 d 时期的未预期股票报酬率；$CAR_{j,t}$ 为 t 年度年报公布前后各连续15个交易日的未预期股票收益率之和。

3. 盈利反应系数的确定

盈利反应系数(ERC)是用来衡量证券的超额市场回报相对于该证券发行公司报告的盈利中的非预期因素的反应程度。Walter R. Teets 和 Charles E. Wasley(1996)区分和比较了以下三种回归模型：

$$CAR_{j,t} = \hat{\alpha}_j + ERC_j \times UAR_{j,t} + e_{j,t} \tag{14}$$

$$CAR_{j,t} = \hat{\alpha} + ERC \times UAR_{j,t} + e_{j,t} \tag{15}$$

$$CAR_{j,t} = \hat{\alpha}_t + ERC_t \times UAR_{j,t} + e_{j,t} \tag{16}$$

其中，$CAR_{j,t}$、$UAR_{j,t}$ 分别为 j 公司在 t 年度的累计超额报酬率和未预期盈余；

$\hat{\alpha}_j$、$\hat{\alpha}$ 和 $\hat{\alpha}_t$ 为截距项；

ERC_j 为通过对 j 公司的各年度数据回归得到的盈利反应系数；

ERC_t 为 t 年度各公司数据回归得到的盈利反应系数；

ERC 为将所有公司各年度数据回归得到的盈利反应系数；

$e_{j,t}$ 为误差项。

本文将分别考察每一会计年度整个市场的盈利反应系数，因此采用模型(16)来计算 ERC。

(三) 数据来源和样本选择

本研究以 2003—2006 年在上海证券交易所和深圳证券交易所上市的所有发行 A 股的公司为研究对象。研究中日市场回报率和相关个股数据 (包括以下图标中所用到的所有数据) 均来自国泰安数据库，财务报表公布时间来自新浪财经网站。在研究过程中，剔除了数据不完整的样本；在计算净资产收益率时，剔除了净资产小于零的样本；在计算年度变化值时，剔除了不具有连续两年以上数据的样本。最后得到 2003 年到 2006 年间共 3989 个数据 (按照总市值加权平均法并考虑现金红利再投资来计算日市场回报率，得到数据为 3965 个)。

四、数据与研究结果

(一) 数据分析

本研究区分沪市和深市两个不同的市场板块，根据选择的模型处理原始数据。在计算预期股票收益率时，采用了用流通市值加权平均法计算的考虑现金红利再投资的日市场回报率和用总市值加权平均法并考虑现金红利再投资来计算日市场回报率两种方法计量的日市场回报率（分别称方法一和方法二）。通过对原始数据的回归，按照方法一得到 2003—2006 年 3989 组 UAR 和 CAR，按照方法二得到 2003—2006 年 3965 组 UAR 和 CAR（见表 1）。

表 1   各年样本数量

时间	2003 年	2004 年	2005 年	2006 年
深市样本量	494	492	244	592
沪市样本量	563	355	656	656（632）

注：2006 年沪市按照方法二得到 632 组数据。

如果年度会计盈余信息的披露能够向证券市场传递新的信息，在有效市场假说的基础上，UAR 和 CAR 之间应具有统计意义的相关性。为观察 UAR 和 CAR 的关系，本文用 SPSS 软件随机抽取了 2006 年沪市 A 股中，按照方法一得到的 656 组数据中的 200 组样本，以便于较为清晰地用图展示 UAR 和 CAR 之间的关系。

由 2006 年沪市 A 股数据散点图（见图 1）可以看出，2006 年沪市各股票的未预期会计盈余 UAR 主要集中在 -0.1 到 0.1 区域，各股票的未预期收益率 CAR 则集中在 -0.5 到 0.5 之间，各个样本之间的差异较大。CAR 和 UAR 的符号并没有显著的关系，即 UAR 符号为正时，CAR 的符号并没有显著地为正；UAR 符号为负时，CAR 的符号并没有显著地为负。然而，从图中样本的散点分布和趋势线可以看出，UAR 和 CAR 之间存在着相关性，并且该相关系数大于零。

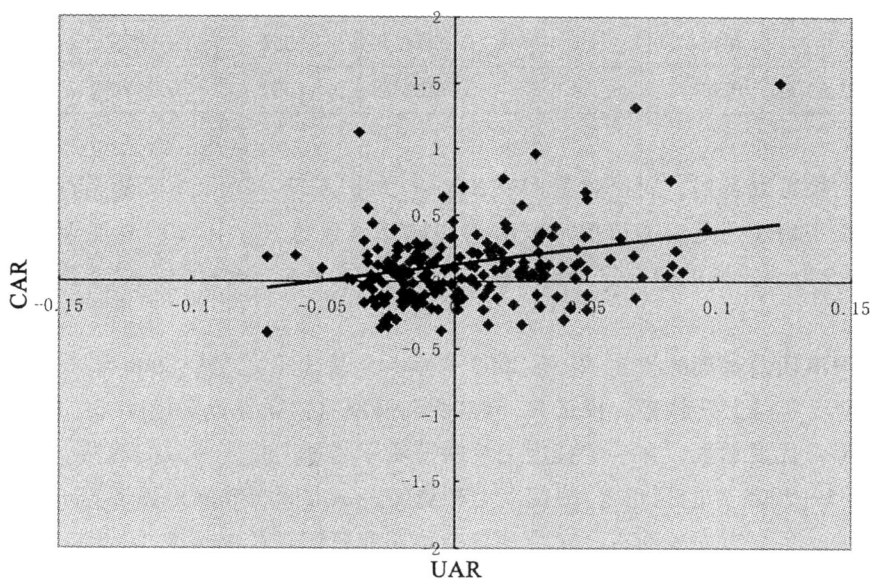

图 1　2006 年沪市数据散点图
注：UAR 轴表示的是沪市各股票的 2006 年未预期会计盈余；
　　CAR 轴表示的是沪市各股票的 2006 年未预期股票回报率。

（二）实证结果及分析

1. 沪、深两市 A 股 ERC 检验

表 2 给出了沪、深两市 A 股的 ERC 检验数据，以检验假设 1：在财务报表公布前后，CAR 与 UAR 是相关的，并且相关系数（ERC）大于零。

表 2   沪、深两市 A 股 ERC 检验

时间	样本量	市场	方法	截距	ERC	置信度	Adjusted R square
2003 年	563	沪市	1	− 0.0396	1.152	0.999	0.019
2003 年	563	沪市	2	− 0.0487	1.329	0.9999	0.028
2004 年	355	沪市	1	0.02789	1.475	0.9999	0.048
2004 年	355	沪市	2	0.03066	1.162	0.9999	0.031
2005 年	656	沪市	1	− 0.017	1.556	0.9999	0.062
2005 年	656	沪市	2	− 0.0291	1.654	0.9999	0.07
2006 年	656	沪市	1	0.118	1.682	0.995	0.01
2006 年	632	沪市	2	0.18	1.25	0.968	0.006
2003 年	494	深市	1	− 0.0375	0.667	0.988	0.011
2003 年	494	深市	2	− 0.042	0.671	0.987	0.01
2004 年	492	深市	1	0.03608	1.992	0.9999	0.091
2004 年	492	深市	2	0.03713	1.949	0.9999	0.088
2005 年	244	深市	1	− 2.07	1.623	0.9999	0.077
2005 年	244	深市	2	− 0.0221	1.674	0.9999	0.082
2006 年	529	深市	1	0.02343	1.052	0.9999	0.529
2006 年	529	深市	2	0.0229	1.051	0.9999	0.53

从表 2 中数据结果可以看到，通过对 2003—2006 年沪市 A 股、深市 A 股的数据检验，得到结果：无论是按照总市值加权平均法还是流通市值加权平均法计算得到的 ERC，其均值都为正值，并且其大于零的置信度均达到 0.95 以上。这就验证了 H1：在财务报表公布前后，CAR 与 UAR 是相关的，并且相关系数（ERC）大于零。

研究还发现，沪市回归得到的校正 R^2 值 2003—2005 年呈上升趋势，2006 年下降；深市回归得到的校正 R^2 值 2003—2006 年呈上升趋势。校正 R^2 值是所选模型对数据集拟合优度的总度量，校正 R^2 值越大说明模型对数据集拟合优度越强，在一定程度上反映了实际与预期趋于一致的趋势。

深市和沪市 2003—2005 年的校正 R^2 值都呈上升趋势，一方面与我国加强证券市场监管和证券市场自身的发展和完善相关；另一方面表明市场对会计盈余预期和股票收益率预期在一定程度上更趋于理性，投机的成分在一定程度上有所减少。

2005 年 4 月 29 日中国证监会宣布启动股权分置改革试点工作，股权分置改革在 2006 年进入广泛实施阶段，这一政策在一定程度上恢复了资本市场的固有功能，即价格发现功能和对上市公司行为的市场约束功能。这一重大改革不仅促进了我国证券市场的正常发展，同时也影响了财务报告的质量，且直接影响了 2006 年资本市场的数据。理论上，股权分置改革促进证券市场发展，证券市场的实际表现应与预期更加

趋于一致，即 2006 年校正 R^2 值应显著上升。深市校正 R^2 值 2005—2006 年分别由 0.077（方法一）和 0.082（方法二）上升为 0.529（方法一）和 0.53（方法二），与理论相符。然而沪市校正 R^2 值 2005—2006 年分别由 0.062（方法一）和 0.07（方法二）下降为 0.01（方法一）和 0.006（方法二），与理论不符，这表明所选模型对数据集拟合优度下降。我们认为，其下降的原因是：与深市相比，沪市非流通股规模更大，股票更多，新股发行也较多。2005 年末开始的中国资本市场新一轮牛市行情一直持续到 2007 年 10 月 16 日，① 持续的牛市行情使得投资者对待股权投资过分乐观，部分公司的股价被过分抬高，脱离了公司的真实价值；大量新股发行，受到广大股民的追捧，对证券市场造成了大范围的影响，中国石油新股发行和上市的例子最能说明问题。这种情况对沪市的影响更大，可能造成了本研究中沪市 2006 年模型拟合优度下降。

2. 沪、深两市 A 股 ΔERC 检验

为进一步分析证券市场对不同会计盈余信息的反应程度，本研究把同一年度的 UAR 分为两部分，即 UAR >0、UAR $\leqslant 0$ 两部分，并对这两部分样本进行回归分析，记 ΔERC 为 UAR $\leqslant 0$ 时回归得到的 ERC 与 UAR >0 时回归得到的 ERC 的差值，以检验假设 2：在财务报表公布前后，UAR 小于零时的 ERC 要比 UAR 大于零时的 ERC 要大。

表 3 中给出了各年度 ΔERC 和相应的 t 值，如表所示，除 2003 年深市和 2006 年沪市外，ΔERC 的期望值均大于零，但是只有 2003 年和 2005 年沪市的 ΔERC 显著为正；2003 年深市和 2006 年沪市的 ΔERC 期望值为负，但均不显著。

表 3   沪、深两市 A 股 ΔERC 检验

时间	样本量	市场	方法	ΔERC 期望值	t 值
2003 年	563	沪市	1	2.5186	2.6598
2003 年	563	沪市	2	2.7116	3.047
2004 年	356	沪市	1	1.48	1.5725
2004 年	356	沪市	2	0.909	0.9896
2005 年	656	沪市	1	2.583	3.8222
2005 年	656	沪市	2	3.221	4.714
2006 年	656	沪市	1	−2.096	−0.8334
2006 年	656	沪市	2	−3.316	−1.3117
2003 年	494	深市	1	−1.0072	−0.4244
2003 年	494	深市	2	−0.8958	−0.8655
2004 年	492	深市	1	1.035	1.2737
2004 年	492	深市	2	1.005	1.4648
2005 年	244	深市	1	1.843	1.858
2005 年	244	深市	2	1.885	1.91
2006 年	529	深市	1	0.122	0.2389
2006 年	529	深市	2	0.227	0.443

---

① 上轮熊市底部最低收盘的一天为 2005 年 6 月 3 日，上证指数盘中探 998 点报收 1013 点。2007 年 10 月 16 日，上证指数突破 6000 点，牛市最高 6124.04 点。

由于在选择数据时，无法得到所有上市公司 2002 年到 2006 年间年度快报的数据，在回归计算 ERC 时并没有剔除受到年度业绩快报影响的数据。而当剔除了沪市 2006 年受年度业绩快报影响的相关数据后，重新计算得到的 ΔERC 的期望值在两种日市场回报率情况下分别为：－2.232 和 －3.367，t 值分别为 －0.8958 和 －1.23，剔除前后其结果并未有明显改善，说明年度业绩快报的披露并没有在较短的时间窗口内显著降低盈利公告的信息含量。①

2003 年和 2005 年沪市的 ΔERC 显著为正，验证了 H2：在财务报表公布前后，UAR 小于零时的 ERC 要比 UAR 大于零时的 ERC 要大，但其余深市数据和沪市其他年份的数据并没有支持 H2。

考虑到 2005 年末到 2006 年持续走高的牛市行情，牛市的氛围使得投资者有时甚至对会计盈余低于其预期的公司仍有极大热情，造成 2006 年沪市的 ΔERC 期望值为负，且如 2006 年沪市数据散点图，这说明市场的投资理念还没有完全转变到公司层面上来，投机恶炒的成分依然存在，投资者的不成熟导致了股票价格的惯性。这也成为我们研究的数据不能支持 H2：在财务报表公布前后，UAR 小于零时的 ERC 要比 UAR 大于零时的 ERC 要大的原因。

五、结论与建议

本文通过研究表明，在对中国证券市场的沪深两市 A 股的分年度的检验后，得出结论验证了 H1：在财务报表公布前后，CAR 与 UAR 是相关的，并且相关系数（ERC）大于零。但根据该模型得到的校正 R^2 值表明：沪市回归得到的校正 R^2 值 2003—2005 年呈上升趋势，2006 年下降；深市回归得到的校正 R^2 值 2003—2006 年呈上升趋势。校正 R^2 值呈上升趋势归因于证券市场的日益完善，尤其是 2005 年启动的股权分置改革政策对证券市场发展的促进作用；而沪市校正 R^2 值在 2006 年下降是因为沪市中非流通股的规模和新股发行数均多于深市，受牛市行情和国内投资者投资意识觉醒后投资者的乐观情绪的影响更大。

但是对未预期盈余分正负符号后，再对 ΔERC 进行检验，结果除了 2003 年沪市和 2005 年沪市数据，其他并未显著支持 H2：在财务报表公布前后，UAR 小于零时的 ERC 要比 UAR 大于零时的 ERC 要大。尤其是 2006 年沪市 ΔERC 值为负，说明资本市场此时并没有对预期坏消息的反应大于对预期好消息的反应。这与 2006 年市场行情下投资者普遍预期较好，从而出现股票价格惯性有关。

经过实证检验，本文的研究结论是：中国证券市场上近年来的未预期股票报酬率和未预期会计盈余之间存在着显著的相关关系，股票价格对会计盈余信息做出了积极反应，我国上市公司会计信息的质量不断得到提升，我国证券市场上的投资者解读和利用会计信息的能力不断得到加强，会计盈余信息在中国证券市场上具有决策有用性。然而 2006 年的数据跟模型预期有偏离，尽管这可能受到当时特殊政策和牛市行情中投资者情绪的影响，但是这又不得不提醒我们：在我国证券市场不断完善，会计准则制定者和会计人员在提高财务报告决策有用性上不断做出努力的同时，中国证券市场还相当不成熟，投资者还很不理性，会计信息质量的提升和改善工作永无止境。

针对本文的研究结论，下面给出政策建议：

第一，对于会计准则的制定者，不仅要看到财务报告作为一种竞争信息在市场中的重要作用，还要针对不断变化着的国内外经济环境，不断完善准则和相关会计政策等规范。

第二，对于公司会计人员来说，会计人员可以通过研究市场对会计信息的不同反应，选择不同的会计政策和披露方式。在合法合规的前提下更好地披露公司的财务信息，不仅要符合成本效益原则，更要提高财务报告对于投资者的决策有用性。不断提高会计人员作为市场信息提供者的竞争能力，同时也为公司吸

---

① 柳木华．业绩快报的信息含量：经验证据与政策含义．会计研究，2005，7：39-43．此篇文章得出了相同的结论。

引合适的投资者服务。

第三，对于投资者来说，要理性地分析财务报表，不仅要看到财务报表是报告公司真实情况的重要信息源，而且要看到财务报表的不足和存在可能被严重操纵的风险，充分利用其他信息，帮助自己改善投资决策，切忌盲目跟风。

2007 年中国上市公司开始运用新会计准则披露财务报告，今后我们可以运用本文的研究模型和方法，在 2008 年度上市公司财务报表公布后，研究新会计准则使用后，是否显著提高了我国上市公司的会计信息含量。

参 考 文 献

[1] 威廉 R. 斯科特. 财务会计理论. 第 3 版. 北京：机械工业出版社，2006.

[2] 赵宇龙. 会计盈余披露的信息含量——来自上海股市的经验研究. 经济研究，1998，7.

[3] 赵宇龙. 会计盈余与股价行为. 上海：三联书店，2000.

[4] 陆宇峰. 净资产倍率和市盈率的投资决策有用性——基于"费森—奥尔森估值模型"的实证研究. 上海财经大学博士论文，1999.

[5] 施鲲翔. 会计盈余信息有用性及其决定因素研究. 广州：中山大学出版社，2005.

[6] 陈晓，陈小悦，刘钊. A 股盈余报告的有用性研究——来自上海、深圳复式的实证证据. 经济研究，1999，6.

[7] 陈晓，陈淑雁. 证券交易量对年报信息的反应研究——来自上海、深圳股市的经验数据. 金融研究，2001，7.

[8] 孙爱军，陈小悦. 关于会计盈余的信息含量的研究. 北京大学学报（哲学社会科学版），2002，39.

[9] 顾慧慧. 浅析盈利反应系数. 上海会计，2000，8.

[10] 王庆文. 会计盈余质量对未来会计盈余及股票收益的影响——基于中国股票市场的实证研究. 金融研究，2005，10.

[11] 孟焰，袁淳. 亏损上市公司会计盈余价值相关性实证研究. 会计研究，2005，5.

[12] 李翔，冯峥. 会计信息披露需求：来自证券研究机构的分析. 会计研究，2006，3.

[13] 张宗新，杨飞，袁庆海. 上市公司信息披露质量提升能否改进公司绩效？——基于 2002—2005 年深市上市公司的经验数据. 会计研究，2007，10.

[14] 张腾文，黄友. 经营利润率、股东收益与股票价格的价值相关性研究. 会计研究，2008，4.

[15] Ball, and Brown. An empirical evaluation of accounting announcements. The Accounting Review，1968，6.

[16] Beaver, Clarke and Wright. The association between unsystematic security returns and the magnitude of earnings forecast errors. Journal of Accounting Research，1979，17.

[17] Kormendi, and Lipe. Earning innovations, earnings persistence and stock returns. Journal of Business，1987，60.

[18] Lev, B. On the usefulness of earnings: Lessons and directions from two decades of empirical research. Journal of Accounting Research，1989，supplement.

[19] Nikos Vafeas, Lenos Trigeorgis, and Xenia Georgiou. The usefulness of earnings in explaining stock returns in an emerging market: The case of Cyprus. European Accounting Review，1998，7 (1).

[20] Pascal Dumontier, Real Labelle. Accounting earnings and firm valuation: The French case. European Accounting Review，1998，7 (2).

[21] Irena Jindrichovska, Stuart Mcleay. Accounting for good news and accounting for bad news: Some empirical evidence from the Czech Republic. European Accounting Review, 2005, 14 (3).

[22] D. Craig Nichols, James M. Wahlen. How do earnings numbers relate to stock returns? A Review of Classic Accounting Research with Updated Evidence. Accounting Horizons, 2004, 18 (4).

[23] Walter R. Teets, Charles E. Wasley. Estimating earnings response coefficients: Pooled versus firm-specific models. Journal of Accounting and Economics, 1996, 21 (3).

[24] Arianna Spina Pinello. Investors' differential reaction to positive versus negative earnings surprises. Contemporary Accounting Research, 2008, 25 (3).

会计师事务所的地域性
对审计质量的影响分析[*]

● 陈　策[1]　方军雄[2]

（1，2　复旦大学管理学院会计系　上海　200433）

【摘　要】现有文献发现，由于我国存在较强的地方政府干预，聘请本地会计师事务所的上市公司通常具有更多的盈余管理，更不容易被出具非标准审计意见，但是尚未检验市场对此的反应。对此，本文利用会计盈余的价值相关性模型进行了进一步检验。本文发现，本地所审计的上市公司会计盈余价值相关性显著低于异地所审计的上市公司的会计盈余价值相关性，在剔除"国际四大"之后，上述发现依然成立。这进一步证实了地方政府干预的存在的确损害了本地所的审计质量。

【关键词】本地所　异地所　价值相关性

一、前言

本文从投资者角度探讨异地会计师事务所的审计质量是否高于本地会计师事务所。这个问题的回答对审计市场的发展有重要的意义。

首先，由于不同的制度环境、背景以及"四大"在美国审计市场的绝对主导地位，国外关于事务所地域性与审计质量的研究并不多。在中国，由于现有的会计师事务所基本是 1998 年后从政府机构脱钩改制独立出来的，而许多上市公司也是当地政府控制的国有企业。因此，当地政府可以影响当地会计师事务所以及当地上市公司。由于除"四大"以外的国内异地所和本地所的执业质量不存在明显差异，这种关系有助于我们单独分离出独立性对审计质量的影响，为研究处于不同地域的会计师事务所和上市公司之间的关系提供了很好的条件。

其次，强调从投资者感知的角度出发考察审计师的独立性和审计质量是和 FASB 对于财务报告的概念框架和审计独立准则相一致的（Carmichael，1999）。根据 SFAC 第 1 号文件，"为了提高报表的可行性，财务报表通常是由独立的审计师审计"。AICPA 前任主席 Elliott 在 2000 年说："（AICPA）相信形式是非常重要的，资本市场要求投资者对财务报表和审计报告有信心。而且，AICPA 会员的审计业务就是建立在会员信誉的基础上，这很大程度上会受到形式的影响。"在中国，对于从投资者感知角度了解审计质量的

＊　本文接受国家自然科学基金（编号：70632002）重点项目"投资者利益保护的评价理论与方法"的资助，是国家自然科学基金（编号：70602024）"我国注册会计师行业职业声誉经济后果性研究"的阶段性成果。作者特别感谢李若山教授，吕长江教授，T. J. Wong 教授的修改意见。当然，作者对文中可能出现的错误负责。

研究较少，而这恰恰是审计质量很重要的一个方面，甚至比真实的审计质量更为关键。① 在真实审计质量难以确定的情况下，投资者对于审计质量的认识对于会计师事务所的工作，以股东利益最大化为目标的上市公司和以保护投资者利益为工作重心的证监会来说具有重要的参考价值。

再次，1998 年脱钩改制的重要原因就是当地政府和事务所的紧密联系影响事务所的独立性。改革几年后，这种联系是否以其他形式继续存在？本文的研究有助于政府认识脱钩改制是否达到了预期的效果。

最后，"四大"近年来大举进入中国市场，其作为异地所能否提高中国审计市场的审计质量也是本文研究的出发点之一。"四大"由于其在技术、专业、声誉、独立性等方面的优势在国外有更高的审计质量，但在中国的情况是否如此？"四大"最初是通过与国内所合作进入中国审计市场，政府给予其有利的垄断资源。2001 年，中国证监会和财政部分别下文要求银行证券保险行业上市公司应同时聘请中外各一家会计师事务所分别提供会计报表审计服务，并正式为"四大"发放了为期一年的临时许可证。同年，政府要求 A 股公司在初次发行股份或再筹资时应聘请国际知名会计师事务所进行补充审计。但作为异地所代表的"四大"在中国也屡屡发生丑闻：普华永道中天受到财政部检查公告点名，毕马威遇到锦州港事件，德勤深陷科龙门等。基于以上原因，"四大"在这种环境下能否保持自身的审计质量值得怀疑。

现有关于事务所地域性的文献中，Chan 等（2006），李奇凤和宋琰纹分别从出具非标意见的数量以及可操纵应计绝对值和非经常性损益绝对值角度出发，发现异地所比本地所有更高的审计质量。② Wang 等（2007）发现当地政府控制的国有企业更可能雇用小的本地事务所，而选择本地小所的国企价值更低，更可能位于信贷市场和法律保护不完善的地方。该文章说明了制度环境对事务所选择的影响，但他并没有对比本地所和异地所的审计质量。

而本文第一次从投资者感知的角度来考察事务所的地域性与审计质量的关系。

对于本地所异地所的划分标准，已有的文献大多是从会计师事务所是否与客户所在地一致的角度进行划分（如李奇凤和宋琰纹（2007），Wang 等（2007））。然而，由于政治压力等最终都是通过经济利益的方式对会计师事务所的独立性产生影响，因此本文借鉴了 Chan 等（2006）对本地所和异地所的划分，同时考虑地域性和客户资产因素。在时间跨度方面，本文的样本从 2001 年拓展到 2004 年，从而克服了单一年份代表性不足的问题。

本文的结论是投资者认同会计师事务所的地域性会对审计质量产生影响，即从投资者的角度出发，异地所的审计质量显著高于本地所，无论是"四大"还是国内异地所，这个结论皆成立。

文章的第二部分是相关文献回顾，第三部分为理论分析与假设提出，第四部分提供了本文的研究设计，第五部分是数据来源及描述性统计，第六部分为实证检验结果与分析，第七部分总结全文。

二、文献回顾

在国外，由于 90% 以上美国上市公司为"四大"的客户，因此他们对事务所地域性和审计质量的研究主要是从"四大"地方分所的角度进行的。DeAngelo 发现：在美国，当我们从"四大"整体转向"四大"的地方分所时，有些客户对事务所的比重就从比较小变为比较大。③ Reynolds 和 Francis（2000）发现：在美国，"四大"的地方分所对越大的当地客户要求越稳健（conservatively），出具的非标意见也越

① Dopuch, N., King, R., and Schwartz, R.. Independence in appearance and in fact. Contemporary Accounting Research, 2003, 65: 83-113.

② 李奇凤, 宋琰纹. 事务所地域与其对盈余管理的抑制能力. 中国会计评论, 2007, 3: 83-94.

③ DeAngelo, L.. Auditor size and audit quality. Journal of Accounting and Economics, 1981, 12: 183-199.

多，并且越大的当地客户的非正常应计（abnormal accruals）也越小。①

对于投资者盈余相关性（ERC），在国外已有许多的研究。如 Teoh 和 Wong② 在收集了 20 世纪 80 年代公司的数据后，通过匹配样本（matched sample）发现"八大"审计的公司的 ERC 比非"八大"审计的公司高；1973 年到 1988 年间在"八大"和非"八大"之间变换事务所的公司样本（switch sample）的研究也支持了转到"八大"的公司 ERC 更高的结论。这个结论同美国其他学者通过可操纵应计（discretionary accruals）、融资成本等对于六大的客户的审计质量更高的结论是一致的（Francis et al.，1999；Chung et al.，2005；Pittman and Fortin，2004）。

Ghosh 和 Moon 收集了 1990 年到 2000 年的相关数据后，通过价值相关性模型分析审计任期和投资者以及评级机构等感知审计质量的关系发现，投资者和信誉评级机构等信息中介机构认为审计任期越长，公司的审计质量越高。③

在国内，对于事务所的地域性和审计质量的研究也不多。

Chan 等（2006）以 1996 年到 2002 年中国股票市场上市公司为数据，根据地域和客户资产将所有事务所分为本地所和异地所，通过回归发现：本地政府控制的本地企业被出具的非标意见更少，被出具非标意见的公司在第二年更可能从异地所转回本地所，转回本地所后这些本地政府控制的公司更可能得到标准干净的审计意见。文章第一次从政治经济的角度说明中国存在通过事务所的地域性来进行审计购买的现象（opinion shopping）。本文比较认同 Chan 等（2006）对事务所地域性的划分标准，因此下文也采用了该方法。

李奇凤和宋琰纹（2007）以 2002 年到 2004 年沪深两市上市的 A 股公司为样本，剔除了金融类企业、由"四大"审计的上市公司以及数据不齐的公司，以会计师事务所或其分所是否与客户所在地一致划分本地所和异地所，以可操纵应计的绝对值和非经常性损益的绝对值衡量上市公司的盈余管理程度。在排除了自选择偏误的问题后，结果发现本地所的可操纵应计的绝对值和非经常性损益的绝对值都显著大于异地所，从而说明了异地所具有更高的审计质量。

以上两篇研究国内事务所地域性的文章分别从审计意见、盈余管理和地方国企选择事务所的角度认为异地所的审计质量高于本地所，其结果与本文从投资者反应角度得出的结论一致。

Wang 等（2007）发现当地政府控制的国有企业更可能雇用当地的小事务所，信用市场和法律环境越不发达的地方越可能雇用当地小所，而雇用当地小所的地方国有企业的价值更低则说明他们雇用当地小所更可能是出于机会主义的考虑。这篇文章说明了制度环境对地方国企选择事务所的影响，并通过公司价值说明这种影响可能是机会主义的。而本文则通过投资者感知的角度说明本地事务所的审计质量更低，补充证实了机会主义这种不利的影响。

张立民和管劲松（2004）根据 2002 年上市公司的年报，按照事务所和审计公司的省级地域是否相同划分本地所异地所后，发现中国审计市场无论是根据上市公司个数还是根据上市公司资产计算得出的本地市场占有率都很高，从而说明中国 A 股审计市场严重存在地域分割的现象。余玉苗（1999）认为会计师事务所有明显的地域性，注册会计师在执业过程中容易受到行政干预，而与当地政府和企业有着利害关系的注册会计师很难抵挡得住这种干预。耿建新和杨鹤（2001）按照事务所和上市公司是否位于同一省级

---

① Reynolds, J. K., and Francis, J.. Does size matter? The influence of large clients on office-level auditor reporting decisions. Journal of Accounting and Economics，2000，12：375-400.

② Teoh, S., and Wong, T. J.. Perceived auditor quality and the earnings response coefficient. The Accounting Review，1993，4：346-366.

③ Ghosh, A., and Moon, D.. Auditor tenure and perception of audit quality. The Accounting Review, 2005, 80（2）：585-612.

行政区域划分本地所异地所后,研究了1994年到1999年上市公司的数据后发现异地所在第二年有更高的概率转为本地所,证明地方保护主义的存在。刘峰等根据原中天勤2001年被吊销执照后客户流向得出结论:剔除"五大"审计的11家公司后,剩下的52家客户中有34家选择本地所,占总数的67%,他们认为考虑到中国的制度背景,本地所审计本地公司的审计质量值得怀疑;同时"五大"也通过抢注册会计师的方式获得客户,从而一定程度说明"五大"审计质量也未必比国内所高。①

"四大"(早期是"五大")作为异地所,其审计质量是否比本地所高是一个热门的研究话题。李春涛等通过选取财务有问题的公司样本排除"四大"只接受质量较好的公司的内生性问题后,从审计意见角度发现"四大"审计质量不会比国内所更高。② 刘峰、周福源从会计稳健性的角度出发,发现"四大"在中国比非"四大"更不稳健。③ 陈信元和夏立军通过审计任期对审计质量(可操纵应计)的回归,说明了"四大"审计质量不会更高的结论。④ 漆江娜等通过2002年上市公司数据证明"四大"因为其声誉会表现出更低的可操纵盈余,从而说明"四大"具有更高的审计质量。⑤

张奇峰以上市公司市场价值(Tobin Q,MRB)和盈利能力(MROA,ROA)的相关系数表明事务所声誉,从政府管制、审计收费、声誉的角度说明"四大"的审计质量更为投资者所信任。⑥ 这篇文章从另一个角度说明了投资者对事务所审计质量的反应,其得出的结论和本文一致。

国内运用投资者感知角度检验市场的审计质量方面,周海平和吕长江运用2001年到2003年的上市公司数据,检验市场对会计师事务所规模的影响,结果发现事务所规模对市场反应并没有产生显著的影响。⑦

王咏梅和王鹏用CAR作为回报率从ERC的角度验证中国证券市场对"四大"、非"四大"审计质量的反应,结果证明在中国"四大"审计质量的市场认同度更高,即质量高。⑧ 这个结果同本文用BHR(Buy and hold return)得到的关于"四大"作为异地所有更高的审计质量的结论是一致的。

纵观以上文献,本文试图在继承和发展他们的观点的基础上,通过结合事务所地域性和投资者感知来对中国的审计市场进行更为深入的了解。

三、理论分析与假设提出

关于会计师事务所地域性与审计质量关系的研究,主要是由两个方面构成:一是利用各种标准直接衡量异地所的审计质量是否高于本地所;二是从投资者对本地所和异地所的审计质量感知的角度间接衡量。

李奇凤和宋琰纹(2007)选取了可操纵应计的绝对值和非经常性损益绝对值的角度,Chan等(2006)选取了出具非标意见的角度,他们都用直接衡量的方式得出异地所比本地所审计质量更高的结论。

---

① 刘峰,张立民,雷科罗.我国审计市场制度安排与审计质量需求——中天勤客户流向的案例分析.会计研究,2002,12:22-27.

② 李春涛,宋敏,黄曼丽.审计意见的决定因素:来自中国上市公司的证据.中国会计评论,2006,12:345-361。

③ 刘峰,周福源.国际四大意味着高审计质量吗——基于会计稳健性角度的检验.会计研究,2007,3:79-87.

④ 陈信元,夏立军.审计任期与审计质量:来自中国证券市场的经验证据.会计研究,2006,1:44-53.

⑤ 漆江娜,陈慧霖,张阳.事务所规模,品牌,价格与审计质量——国际"四大"中国审计市场收费与质量研究.审计研究,2004,3:59-65.

⑥ 张奇峰.政府管制提高会计师事务所声誉吗?来自中国证券市场的经验证据.管理世界,2005,12:14-23.

⑦ 周海平,吕长江.会计师事务所规模会改变投资者对审计质量的判断吗?中国会计与财务研究,2007,9:47-66.

⑧ 王咏梅,王鹏."四大"与"非四大"审计质量市场认同度的差异性研究.审计研究,2006,5:49-56.

由于已有许多学者利用中国股市的有效性研究了"四大"、事务所规模等问题，如张奇峰（2005）、周海平和吕长江（2007）、王咏梅和王鹏（2006）等，本文试图从投资者感知角度研究审计质量，即投资者是否认为由异地所审计的上市公司比由本地所审计的公司更加可信，审计质量更高。

中国审计市场的最大特色就是会计师事务所同政府机构的密切联系。1979 年改革开放后，大量的外国资本流入中国，税务的要求导致了对于独立审计服务的需求（DeFond et al.，2000）。在 20 世纪 80 年代初，中国开始重新构建自己的审计市场，由于制度、人才和缺少资本等原因，起初所有的会计师事务所都是由政府建立和资助的。政府决定相关人员在政府机构或国有企业内部流动，决定事务所的业务。这种从属地位导致了会计师事务所缺乏相关的独立性和地方保护主义。这样，当时许多财政局、税务局，以及地方相关的行业主管单位都有自己的会计师事务所，并可以要求他们下属的、管辖范围内的企业接受它们控制的事务所审计。① 与此同时，审计师的判断和审计意见的类型可能会受到当地政府机构的影响（汤为云，1999）。

进入 20 世纪 90 年代以后，中国的资本市场迅速发展。政府也开始认识到独立审计对于资本市场的重要作用。1995 年，中国出台了第一部独立审计准则。1997 年，财政部和证券监督委员会联合发布规定，要求会计师事务所和当地政府脱钩。到 1998 年，脱钩改制正式完成。

但在完成改革后，许多会计师事务所为了获得客户、经济利益，仍然和当地政府维持紧密的联系。财政部和中注协 2000 年联合发布的财注协［2000］25 号中就指出：有许多会计师事务所就通过与当地政府的密切联系来获得或留住许多客户。由于事务所缺乏流动性，规模较小，在中国特定的背景条件下，会计师事务所很容易屈服于客户和当地政府。

理论上，DeAngelo（1981）将审计质量定义为发现会计报表的重大错漏及报告该错漏的联合概率。发现会计报表重大错漏体现了审计师的执业能力，而报告错漏则体现为审计师的独立性。在执业能力方面，国内的异地所一般不会显著低于本地所，"四大"更已在全球范围内统一建立了高质量的执业标准。

在独立性方面，异地所则明显高于本地所。由于中国大政府、小市场的环境，本文认为一方面，政府是上市公司的控股大股东，另一方面，绝大多数的会计师事务所又是从政府机构 1998 年后脱钩改制而来，在地方国企无论是监督还是融资并不需要高质量审计减少代理成本的情况下（Qian，1995；Fan et al.，2006；Brandt and Li，2003），为了满足地方政府社会和政治目标（Lin et al.，1998；Fan et al.，2006；Jian and Wong，2005），政府可能在事务所脱钩改制后凭借行政或经济的关系（Tang，1999），控制本地的会计师事务所给予本地的上市公司无保留的审计意见。由于现阶段中国的审计师的风险仍然较低，② 本地所很可能因为较大的压力而丧失独立性，从而导致较低的审计质量。综上所述，我们得到如下待检验的假设：

假设：在其他条件一定的情况下，异地所审计的上市公司会计盈余价值相关性显著高于本地所审计的上市公司会计盈余价值相关性。

四、研究设计

（一）事务所地域性的判断标准

对于地域性，目前还没有一种统一的分法。一种是严格按照地域性来划分，具体说就是如果客户及其

---

① Yang, L., Tang, Q., Kilgore, A., and Hong, J. Y.. Auditor-government associations and auditor independence in China. The British Accounting Review, 2001, 33: 175-189.

② Clarke, D.. The creation of a legal structure for market institutions in China. In: McMillan, J., and Naughton, B. (Eds.). Reforming Asian Socialism: The Growth of Market Institutions. Ann Arbor: University of Michigan Press, 1996: 39-59.

事务所位于同一行政区域（省或直辖市），则对于该客户来说，事务所就是本地所，否则就是异地所（李奇凤和宋琰纹，2007；耿建新和杨鹤，2001；张立民和管劲松①，2004 等）。另一种则是 Chan 等（2006）提出的更为严格的标准，具体来说就是，对于本地所除了行政区域（省或直辖市）相同的要求外，更要求事务所全部客户总资产的 50% 以上位于和事务所相同的省份。在 Chan 等（2006）这篇文章的末尾，还提供了两种地域性定义的敏感性测试：一种是将正文的总资产替换为客户的总数量；另一种是对本地所仅仅要求全部客户总资产的 50% 以上位于和事务所相同的行政区域（省或直辖市），而不要求客户和事务所位于同一行政区域。

本文认为，根据 DeAngelo（1981）对于审计质量的定义，审计独立性是审计质量非常重要的一部分。在市场经济条件下，事务所大部分客户的资产是否和事务所位于同一行政区域直接影响到事务所的经济利益和独立性，从而影响到事务所的审计质量。因此我们采用 Chan（2006）的分类标准，即对于某客户，在其事务所满足和它位于同一行政区域（省或直辖市）且该事务所所有客户总资产 50% 以上来自和事务所相同行政区域（省或直辖市）两个条件后，该事务所才是本地所。否则，事务所都算做异地所。

我们从 Wind 数据库中提取了 2001 年到 2004 年所有上市公司总资产、行政地域和主审会计师事务所的相关信息。对于会计师事务所所属行政地域的确定，我们采取以下标准：由于许多会计师事务所自身名称上显著表明了其所属地域，我们就将其作为所在行政区域。如果名称上没标明，我们则通过中国注册会计师协会的网站，相关审计客户报表上列明的事务所地址为标准，确定该事务所总部所在地。这样，我们通过 Excel 按照以上具体方法计算出 2001 年至 2004 年所有上市公司的对应的事务所是本地所还是异地所。在剔除了一些当年上市退市以及股票价格或财务信息不全的上市公司后，我们整理出了 2001—2004 年的相关数据，具体如表 1 所示。

表 1   会计师事务所地域性的描述性统计

		2001 年	2002 年	2003 年	2004 年	2001—2004 年
异地所	非四大（非五大）	469	479	547	584	2079
	四大（五大）	64	108	102	91	365
	小计	533	587	649	675	2444
本地所		564	584	579	649	2376
总计		1097	1171	1228	1324	4820

从表 1 的描述性统计我们可以看出 2001—2004 年间异地所和本地所的数量差不多，并且比较稳定，分别占总计的 50.7% 和 49.3%。其中异地所占各年总计的比率 2001 年、2002 年、2003 年、2004 年分别为 49%、50%、53%、51%。对于"四大"在 2001 年至 2004 年间占异地所（总计）的比率为 15%（7.6%），其中从 2001 年开始每年的比率分别为 12%（5.8%），18%（9.2%），15.7%（8.3%），13.5%（6.9%）。由于 2001 年底双重审计的要求导致了"四大"业务量在 2002 年的上升，但在安达信瓦解后，随着双重审计要求的取消，"四大"业务量又有所回落。从总体上来说，"四大"的审计客户数量在样本年间维持在一个较为稳定的水平上。

异地所与本地所相近的数量以及期间稳定的市场份额，四大比较稳定的市场份额都为我们下面的研究

---

① 张立民，管劲松. 我国 A 股审计市场的结构研究——来自 2002 年上市公司年度报告的数据. 审计研究，2004，5：31-36.

奠定了很好的基础。

（二）审计质量的替代变量

本文选择会计盈余的价值相关性模型作为投资者角度感知审计质量的替代变量。

会计盈余的价值相关性是公司的市场回报率对当期公司会计盈余的回归，反映了投资者对会计信息质量的度量和评价。如果投资者认为会计信息的相关性和可靠性越高，他们会越依赖于会计信息做出投资决策，又由于股票市场通常能提前反映相关会计信息，因此股价和公司当期盈余之间价值相关性程度越高。Francis 和 Schipper 在分析、比较了对价值相关性的四种解释之后，认为会计盈余的价值相关性说明了会计盈余对股票回报率的解释能力，可以体现会计信息是否决策有用。① 在国外，已有许多学者应用会计盈余价值相关性替代审计质量，如 Teoh 和 Wong（1993）、Schipper 和 Vincent（2003）、Ghosh 和 Moon（2005）和 Gul 等（2002）。

（三）研究模型

本文使用会计盈余价值相关性的回报模型，分别考虑了盈余的水平和盈余的变化。模型如下：

$$\text{Return}_{it} = \alpha + \beta_1 \text{Earning}_{it} + \beta_2 \text{Earning}_{it} \times L_{it} + \beta_3 L_{it} + \beta_4 \text{Size}_{it} + \beta_5 \text{Growth}_{it} + \beta_6 \text{Risk}_{it} + \beta_7 \text{Per}_{it} + \varepsilon_{it}$$

被解释变量：

Return_{it}：本文用两个指标考察公司回报。

1. Ret_{it}：公司 i 第 t 年持有收益率，计算从第 t 年后八个月到第二年前四个月的收益率。本文计算时采用的价格是 Wind 上后复权的股票价格，公式为第 $t+1$ 年最靠近 4 月 30 日的股票价格／第 t 年最靠近 4 月 30 日的股票价格 –1；

2. Retadj_{it}：为了排除整个宏观环境等的影响，本文参照 Francis 和 Schipper（1999），Ghosh 和 Moon（2005）以及周海平和吕长江（2007）的做法，将个股回报率减去同期上证综合指数或深圳综合指数的市场回报率。

解释变量：

Earning_{it}：本文用两个指标考察公司的盈利。

1. E_{it}：公司 i 第 t 年的每股净利润。计算时每股净利润采用 Wind 数据库上全面摊薄的 EPS，公式为第 t 年的 EPS／第 t 年最靠近 4 月 30 日的股票价格；

2. ΔE_{it}：公司 i 第 t 年的每股净利润的变动，各期 EPS 的数据同上，其计算公式为（EPS_{it} – $\text{EPS}_{i,t-1}$）／第 t 年最靠近 4 月 30 日的股票价格；

L_{it}：代表公司 i 第 t 年的会计师事务所地域性的哑变量，当公司 i 第 t 年聘请的会计师事务所是异地所时，取值为 1，否则取值为 0；

控制变量：

Size_{it}：代表公司规模，为公司 i 第 t 年总资产的自然对数，计算公式为：lnSize；

Growth_{it}：代表公司的成长性，公司 i 第 t 年相比前一年的主营业务收入增长率，计算公式为：（第 t 年的主营业务收入／第 $t-1$ 年的主营业务收入 –1）／100；

Risk_{it}：代表公司风险，为公司 i 第 t 年的资产负债率，计算公式为：负债／总资产；

Per_{it}：代表公司增长的持续性，为公司 i 第 t 年主营业务利润占利润总额的比重，计算公式为：主营

---

① Francis, J., and Schipper, K.. Have financial statements lost their relevance. Journal of Accounting Research，1999，37（2）：319-352.

业务利润/利润总额/100。

模型中不同时加入 E 和 ΔE 主要是由于同时加入二者会产生过高的共线性问题。模型中不考虑加入控制变量和 E、ΔE 的交叉项主要也是出于共线性问题的考虑。

五、数据来源及描述性统计

本文的数据来源是上海万得信息技术有限公司开发的 Wind 资讯金融终端（2007.3 版本）。该数据库收录了沪、深两市所有上市公司的相关信息。本文选取的样本仅限于 2001 年至 2004 年间所有数据披露完备的 A 股上市公司，最终得到 4376 个公司—年度的观测值。表 2 为本文研究模型中各变量的描述性统计。

表 2   研究变量的描述性统计

	N	Minimum	Maximum	Mean	Std. Deviation
Ret_{it}	4386	-0.8605	1.7862	-0.2056	0.2403
$Retadj_{it}$	4386	-0.7574	1.7375	-0.0549	0.2210
E_{it}	4404	-1.2405	0.1589	0.0051	0.04048
ΔE_{it}	4404	-1.3215	1.2195	-0.0013	0.04812
L_{it}	4683	0.00000	1.0000	0.5042	0.5000
$Size_{it}$	4683	17.4119	27.1247	21.1128	0.9952
$Growth_{it}$	4677	-1.0000	400.677067	0.505630	7.208441
$Risk_{it}$	4683	0.81430	1632.9073	49.9727	42.7814
Per_{it}	4676	-535.2383	719.617684	3.978693	17.882791

Ret_{it} 采用后复权的股票价格，公司 i 第 $t+1$ 年最靠近 4 月 30 日的股票价格/第 t 年最靠近 4 月 30 日的股票价格 -1；$Retadj_{it}$ 为将个股回报率减去同期上证综合指数或深圳综合指数的市场回报率；E_{it} 为公司 i 第 t 年的 EPS/第 t 年最靠近 4 月 30 日的股票价格；ΔE_{it} 计算公式为（$EPS_{it}-EPS_{i,t-1}$）/第 t 年最靠近 4 月 30 日的股票价格；L_{it} 是哑变量，当事务所是异地所时，$L_{it}=1$，否则取值为 0；$Size_{it}$ 为公司 i 第 t 年资产负债表上总资产的自然对数；$Growth_{it}$ 为（公司第 t 年的主营业务收入/第 $t-1$ 年的主营业务收入 -1）/100；$Risk_{it}$ 为公司 i 第 t 年的资产负债率；Per_{it} 为公司 i 第 t 年主营业务利润占利润总额的比重/100。

从表 3 中我们可以看出，2001 年至 2004 年期间，中国 A 股个股回报率的均值为 -20.56%，经过市场调整的回报率均值为 -5.49%，这说明大部分上市公司股东没有获得正的投资收益，和该期间中国整体股票市场的表现是一致的。在会计盈余方面，上市公司全面摊薄 EPS 的平均值为 0.0051，比上一年变化量的平均值为 -0.0013。这说明上市公司 2001 年至 2004 年间整体处于微利状态，虽然每年的收益有小幅下滑，但总体上处于稳定中。事务所方面，平均有 50.42% 的上市公司聘请异地会计师事务所。上市公司的平均规模是 13 亿元（exp（21.11）），方差为 0.9952，这说明上市公司规模相差不大。上市公司的成长性较高，风险适中，持续性较好，但三项方差指标（Growth（7.2），Risk（42），Per（17.88））说明不同公司三项指标差异较大。

表3 **Pearson 相关系数矩阵**

	Ret	Retadj	E	ΔE	L	Size	Growth	Risk	Per
Ret	1								
Retadj	0.866 (***)	1							
E	0.265 (***)	0.262 (***)	1						
ΔE	0.170 (***)	0.158 (***)	0.690 (***)	1					
L	0.001	-0.011	-0.002	0.002	1				
Size	0.216 (***)	0.231 (***)	0.211 (***)	0.019	0.014	1			
Growth	0.003	0.012	0.015	0.024	-0.024	-0.019	1		
Risk	-0.113 (***)	-0.109 (***)	-0.322 (***)	-0.065 (***)	-0.049 (***)	-0.059 (***)	0.018	1	
Per	-0.019	-0.029	0.015	0.025	0.005	0.000	-0.001	-0.006	1

*** Correlation is significant at the 0.01 level (2-tailed).

六、实证检验结果与分析

文章研究的各个变量间的 Pearson 相关系数如表3所示。从表4中我们可以看出 Ret 和 E（ΔE）的相关系数为 0.265（0.170），并且呈现1%的显著性水平。Retadj 和 E（ΔE）的相关系数为 0.262（0.158），并且同样呈现1%的显著性水平。这说明盈利的水平（E）比盈利的变化（ΔE）与股票回报率更相关。同时，不管是调整前还是调整后的股票回报率和 E 或 ΔE 相关系数的显著性都表明股价考虑进了会计信息的作用。在一定程度上说明了市场的有效性，表现出了和会计盈余信息的价值相关性。这为下文研究的合理性提供了基础。

（一）基本实证结果与分析

在进行统计回归前，我们先证实中国的会计盈余在本文的研究期间内是否有价值相关性，以 Ret 和 Retadj 作为因变量，我们将结果列于表4。

从表4中我们可以看出，无论是全样本，还是把样本分为本地所和异地所后，与 Chen 等（2001），周海平和吕长江（2007）的结论一致，中国资本市场确实存在价值相关性。因变量无论是原始回报率（Ret）还是经过调整后的回报率（Retadj），自变量无论是盈余水平（E）还是盈余变化（ΔE），它们之间都体现出显著的价值相关性。按照表4中从左到右的顺序，回归系数 β_1 的值分别为 1.583（18.153），1.440（17.940），1.284（11.805），1.165（11.597），2.056（14.395），1.876（14.31），回归系数 β_2 的值分别为 0.850（11.355），0.731（10.588），0.688（7.568），0.556（6.606），1.14（8.892），1.043（8.872），结果非常显著。同时，从表4可以看出本地所的 Adjusted R Square 比异地所低，表4从左到右本地所（异地所）的值分别为 0.06（0.086），0.025（0.035），0.058（0.085），0.019（0.035）。这说明异地所的会计信息对股价的解释力更高，即投资者认同异地所的审计质量高于本地所。

中国上市公司会计盈余的价值相关性

表4 中国上市公司会计盈余的价值相关性

	总样本				本地所				异地所			
	Ret	Ret	Retadj	Retadj	Ret	Ret	Retadj	Retadj	Ret	Ret	Retadj	Retadj
α	-0.214***	-0.204***	-0.062***	-0.054***	-0.212***	-0.205***	-0.058***	-0.051***	-0.216***	-0.203***	-0.067***	-0.055***
	(-60.512)	(-56.991)	(-19.146)	(-16.214)	(-43.59)	(-41.507)	(-12.963)	(-11.257)	(-42.353)	(-39.21)	(-14.328)	(-11.66)
$E(\beta_1)$	1.583***		1.440***		1.284***		1.165***		2.056***		1.876***	
	(18.153)		(17.940)		(11.805)		(11.597)		(14.395)		(14.31)	
$\Delta E(\beta_2)$		0.850***		0.731***		0.688***		0.556***		1.14***		1.043***
		(11.355)		(10.588)		(7.568)		(6.606)		(8.892)		(8.872)
F值	329.533***	128.932***	321.826***	112.113***	139.365***	57.282***	134.5***	43.639***	207.207***	79.07***	204.782***	78.715***
Adj R Square	0.070	0.028	0.068	0.025	0.06	0.026	0.058	0.019	0.086	0.034	0.085	0.034
N	4376				2183				2193			

***, ***, * denote statistics significance at the 0.01, 0.05, 0.1 levels, respectively (2-tailed).

180

接下来，我们采用会计盈余的价值相关性模型，以检验本地所是否意味着更低的审计质量。如果异地所的审计质量高于本地所，那么在上述的模型中，$L*E$ 的相关系数值和 $L*\Delta E$ 的相关系数，即 β_3 和 β_4，应该显著大于 0。统计结果列示于表 5。

表 5　　　　　　　　　　　事务所地域性对会计盈余价值相关性的影响分析

	Ret		Retadj	
α	-1.053***	-1.248***	-0.912***	-1.087***
	(-13.679)	(-16.33)	(-12.903)	(-15.488)
E (β_1)	1.037***		0.928***	
	(8.954)		(8.726)	
ΔE (β_2)		0.64***		0.511***
		(7.024)		(6.116)
$L*E$ (β_3)	0.701***		0.633***	
	(3.956)		(3.894)	
$L*\Delta E$ (β_4)		0.453***		0.488***
		(2.983)		(3.503)
L (β_5)	-0.005	-0.002	-0.009	-0.007
	(-0.657)	(-0.216)	(-1.474)	(-1.02)
Size (β_6)	0.04***	0.051***	0.041***	0.05***
	(11.137)	(14.117)	(12.295)	(15.223)
Growth (β_7)	1.681E-05	8.257E-05	2.998E-04	3.627E-04
	(0.032)	(0.157)	(0.627)	(0.751)
Risk (β_8)	0.000**	-0.001***	0.000**	0.000***
	(-2.53)	(-6.178)	(-2.399)	(-5.994)
Per (β_9)	-2.84E-04	-3.04E-04	-3.78E-04**	-3.95E-04**
	(-1.516)	(-1.608)	(-2.2)	(-2.278)
F 值	70.467***	56.931***	73.953***	59.93***
Adj R Square	0.1	0.082	0.105	0.086
N	4376			

*** , ** , * denote statistics significance at the 0.01, 0.05, 0.1 levels, respectively (2-tailed).

从表 5 可以看出，正如我们预期的那样，β_3 的值在 Ret 和 Retadj 时显著为正，分别为 0.701，0.633。β_4 的值在 Ret 和 Retadj 时同样表现出显著为正，分别为 0.453，0.488。这表明投资者认为异地所的审计质量明显高于本地所。在回归中，我们尝试将 E，ΔE，$L*E$ 和 $L*\Delta E$ 同时放入同一个模型进行检验，结果发现 E 和 ΔE 之间出现了非常显著的共线性问题。在控制变量中，我们发现公司规模和公司的回报率之间存在显著的正相关关系，在 Ret 和 Retadj 以及 E 和 ΔE 的对应模型中，从左到右我们发现 Size 前的相关系数（β_6）分别为 0.04，0.051，0.041，0.05。同样，本文也尝试将四个控制变量与 E 和 ΔE 组合后的八个交叉变量放入本模型，结果 β_3 和 β_4 表现为不显著，VIF 值过大，表现出非常强烈的共线性问题。公司的风险和回报率之间同样存在显著的关系，可是这种关系并不明显，相关系数接近于 0。同样，表 5 上的 β_1 的值显著大于 0，在因变量为 Ret 和 Retadj 时值分别为 1.037，0.928。这说明在我们的回归样本加入规模、成长性、风险以及持续性后，上市公司的股票回报和公司的业绩依然存在显著的正相关关系，即中国的股票市场是有效的。

（二）稳健检验

1. 区分国际"四大"和国内异地所

无论从年审计收入、客户资产规模，还是其技术或职业声誉的角度来说，"四大"在国际和国内审计市场上都扮演着很特殊的重要角色。因此，区分"四大"和国内异地所对了解投资者对中国国内的异地所审计质量的反映有重要意义。

2. 控制变量的稳健检验

此外，我们对控制变量进行了重新衡量。其中，在将规模从资产负债表的总资产对数替换为公司的市场价值对数后，在因变量为 Ret 的情况下，我们得出的 β_3 值为 0.438（$t=2.58$）。在将公司的风险因素从资产负债率替换为股价波动率后，在因变量为 Ret 的情况下，我们得出 β_3 的值为 0.7（$t=3.985$）。在将公司的风险因素从资产负债率替换为公司的 Beta 值后，在因变量为 Ret 的情况下，我们得到 β_3 的值为 0.716（$t=4.033$）。但本文在依次剔除 Ret，Retadj，E，ΔE，Size，Growth，Risk，Per 的 1% 的极值后发现，β_3 的值为正，但不显著；β_4 的值变为负，同样不显著。

3. 剔除安达信华强会计师事务所，金融类同时在 B 股和 H 股上市的公司

由于安达信会计师事务所在 2002 年因为安然事件瓦解，对审计市场和投资者的信心都产生巨大的影响，因此在这里我们剔除安达信华强审计的上市公司。由于金融类企业同时在 B 股和 H 股上市的公司存在不同的监管政策和各种信息披露等要求，投资者对该类企业的反映可能也不同于其他企业。

4. 选取上市公司的最终控制人为地方政府、地方国资委、地方国有企业的公司样本

由于我们认为一方面，政府是上市公司的控股大股东，另一方面，绝大多数的会计师事务所又是从政府机构 1998 年后脱钩改制而来，这样政府可控制本地的会计师事务所给予本地的上市公司无保留的审计意见，从而本地所因为丧失了独立性从而导致了较低的审计质量。可是，最终控制人是中央政府以及民营企业等的上市公司可能不存在这样的动机和能力导致了他们聘请的本地所有较低的独立性和审计质量。于是，为了保证结果的稳健，我们选取最终控制人是地方政府，地方国资委以及地方国有企业的三类公司重新进行了相关回归，结果如表 6 所示。

表6　　　　　　上市公司的最终控制人为地方政府、地方国资委、地方国有企业的公司样本

	Ret		Retadj	
α	-0.947^{***}	-1.150^{***}	-0.820^{***}	-1.005^{***}
	(-7.816)	(-9.538)	(-7.359)	(-9.063)
$E\ (\beta_1)$	0.974^{***}		0.853^{***}	
	(6.212)		(5.908)	
$\Delta E\ (\beta_2)$		0.747^{***}		0.647^{***}
		(4.917)		(4.626)
$L*E\ (\beta_3)$	0.993^{***}		0.975^{***}	
	(3.588)		(3.830)	

	Ret		Retadj	
$L * \Delta E$ (β_4)		0.223		0.260
		(0.949)		(1.205)
L (β_5)	-0.012	-0.006	-0.016 *	-0.010
	(-1.216)	(-0.604)	(-1.708)	(-1.039)
Size (β_6)	0.035 ***	0.046 ***	0.036 ***	0.046 ***
	(6.234)	(8.115)	(6.985)	(8.851)
Growth (β_7)	0.000 ***	0.000 ***	0.000 ***	0.000 ***
	(3.498)	(3.999)	(4.408)	(4.901)
Risk (β_8)	0.000 **	0.000 **	0.000 *	0.000 ***
	(-2.106)	(-3.526)	(-1.739)	(-3.150)
Per (β_9)	-1.893E-04	-2.275E-04	-2.782E-04	-3.130E-04
	(-0.74)	(-0.888)	(-1.195)	(-1.328)
F 值	31.105 ***	23.546 ***	33.671 ***	26.090 ***
Adj R Square	0.092	0.071	0.099	0.078
N		2077		

*** , ** , * denote statistics significance at the 0.01, 0.05, 0.1 levels, respectively (2-tailed).

经过剔除后，样本数量从 4376 减少到 2077 个。从表 6 可以看出，β_3 的值显著为正，分别为 0.993（$t=3.588$），0.975（$t=3.830$）；β_4 的值依然为正，分别为 0.223（$t=0.949$），0.260（$t=1.205$），可是并不显著。比较表 6 全样本和表 6 部分样本的 Adjusted R Square，我们发现表 6 部分样本的 Adjusted R Square 值更小，这说明小样本量导致的误差更大，自变量的解释程度下降。总地来说，结果基本证实了我们的说法。

七、结论

现有文献发现，由于我国存在较强的地方政府干预，聘请本地会计师事务所的上市公司通常具有更多的盈余管理，更不容易被出具非标准审计意见，但是尚未检验市场对此的反应。对此，本文利用会计盈余的价值相关性模型进行了进一步检验。本文发现，本地所审计的上市公司会计盈余价值相关性显著低于异地所审计的上市公司的会计盈余价值相关性，在剔除"四大"之后，上述发现依然成立。这进一步证实了地方政府干预的存在的确损害了本地所的审计质量。

从中国实际出发，本文认为投资者认同异地所的审计质量高于本地所的结论有一定的现实意义。

首先，即使在脱钩改制后，政府依然在资本市场中同时扮演着裁判员和运动员的角色，这导致投资者对本地所审计的上市公司报表的不信任，这种不信任降低了审计的作用，增加了代理成本，不利于国有资产的保值增值。从政府的角度出发，如何从不必要的市场经济活动中退出有助于国有财富的增加，投资者对上市公司财务信任程度的增加有助于资本市场的长期健康发展。

其次，由于审计市场竞争激烈，政府应大力促进不同省份审计市场的流通，打破地域分割的局面。这样，一方面有助于本地事务所通过扩大外地市场份额从而转变为异地所；另一方面有助于异地所扩大市场份额进一步提高独立性以及审计质量。

最后,"四大"在中国有其独特的优势,有助于提高中国的审计质量,应大力鼓励其参与到中国的审计市场竞争中来。

参 考 文 献

[1] 蔡春,黄益建,赵莎. 关于审计质量对盈余管理影响的实证研究——来自沪市制造业的经验证据. 审计研究,2005,2.

[2] 蔡春,鲜文铎. 会计师事务所行业专长与审计质量相关性的检验——来自中国上市公司审计市场的经验证据. 会计研究,2007,6.

[3] 刘峰,许菲. 风险导向型审计,法律风险,审计质量. 会计研究,2002,2.

[4] 刘明辉,李黎,张羽. 我国审计市场集中度与审计质量关系的实证分析. 会计研究,2003,7.

[5] 刘勤,颜志元. 会计估计与独立审计质量——来自中国A股上市公司的证据. 会计研究,2006,9.

[6] 肖作平. 公司治理影响审计质量吗?——来自中国资本市场的经验证据. 管理世界,2006,7.

[7] 原红旗,李海建. 会计师事务所组织形式,规模与审计质量. 审计研究,2003,1.

[8] 章永奎,刘峰. 盈余管理与审计意见相关性实证研究. 中国会计与财务研究,2003,2.

[9] "注册会计师执业环境问题研究"课题组. 注册会计师执业环境与审计质量问题研究——供给与需求的视角. 会计研究,2006,10.

[10] Brandt, L., and Li, H.. Bank discrimination in transition economies: Ideology, information or incentives?. Journal of Comparative Economics, 2003, 31.

[11] Chung, R., Firth, M., and Kim, J.. Earnings management, surplus free cash flow, and external monitoring. Journal of Business Research, 2005, 58.

[12] DeFond, M., Francis, J., and Wong, T. J.. Auditor industry specialization and market segmentation: evidence from Hong Kong. Auditing: A Journal of Practice and Theory, 2000, Spring.

[13] Fan, J., Wong, T. J., and Zhang, T.. Politically-connected CEOs, corporate governance and post-IPO performance of China's partially privatized firms. Journal of Financial Economics, Forthcoming, 2006.

[14] Ferguson, A., Francis, J., and Stokes, D.. The effects of firm-wide and office-level industry expertise on audit pricing. The Accounting Review, 2003, April.

[15] Francis, J., Maydew, L. E., and Sparks, H. C.. The role of big 6 auditors in the credible reporting of accruals. Auditing. A Journal of Practice and Theory, 1999, Fall.

[16] Francis, J., Reichelt, K., and Wang, D.. The pricing of national and city-specific reputations for industry expertise in the US audit market. The Accounting Review, 2005, January.

[17] Gul, F., Lynn, S. G., and Tsui, J.. Audit Quality, Management Ownership and the Informativeness of Accounting Earnings. Journal of Accounting, Auditing and Finance, 2002, 17 (1).

[18] Jere R.. Francis, What do we know about audit quality?. The British Accounting Review, 2004, 36.

[19] Jian, M., and Wong, T. J.. Earnings management and tunneling through related party transactions: evidence from Chinese corporate groups, Working Paper, The Chinese University of Hong Kong, 2005.

[20] K. Hung Chan, Kenny Z. Lin, and Phyllis Lai-lan Mo.. A political-economic analysis of auditor reporting and auditor switches. Review of Accounting Studies, 2006, 11.

[21] Lin, Y., Cai, F., and Li, Z.. The China Miracle: Development Strategy and Economic Reform. Beijing:

The Chinese University Press, 1998.

[22] Pittman, J. , and Fortin, S. . Auditor choice and the cost of debt capital for newly public firms. Journal of Accounting and Economic, 2004, 37.

[23] Qian, Y. . Reforming corporate governance and finance in China. In: Aoki M. , and Kim, H. K. (Eds.), Corporate Governance in Transition Economies: Insider Control and the Role of Banks. The World Bank, 1995 .

[24] Schipper, K. , and Vincent, L. . Earnings quality. Accounting Horizons (Supplement) , 2003, 17.

[25] Tang, Y. W. . Issues in the development of the accounting profession in China. China Accounting and Finance Review, 1999 , 1.

[26] Wang, Wong, and Xia. State ownership, institutional environment and auditor choice: evidence from China. Working Paper. The Chinese University of Hong Kong, 2007.

经济体制改革与会计制度创新[*]

● 黄晓波[1] 刘 佳[2]

（1，2 湖北大学商学院 武汉 430062）

【摘 要】中国的经济体制改革和对外开放，推动了中国会计理论创新和会计制度变革，推动了中国企业会计准则的研究、制定、实施和完善。30 年改革开放的历程，大致上可以划分为四个阶段，即改革开放的起步阶段、改革开放的展开阶段、初步建立社会主义市场经济体制阶段、逐步完善社会主义市场经济体制阶段。与此相适应，中国会计制度创新也经历了四个阶段，即会计制度创新的起步阶段、会计准则的研究与制定阶段、会计制度的完善与国际协调阶段、会计准则的国际趋同与等效阶段。经济体制改革是孕育新的会计理论和会计制度的沃土，会计制度的创新是经济体制改革的重要组成部分。经济体制改革与会计制度创新都是为了适应生产力发展的客观需要，都是为了适应对外开放的需要，都推动了中国社会经济的发展，推动了中国与世界的融合。

【关键词】经济体制 改革开放 会计制度

一、引言

1978 年 12 月召开的中共十一届三中全会，拉开了中国改革开放的序幕，开启了中国改革开放的历史新时期。30 年改革开放的历程，大致上可以划分为四个阶段：一是改革开放的起步阶段，从 1978 年 12 月中共十一届三中全会召开到 1984 年 10 月中共十二届三中全会通过《中共中央关于经济体制改革的决定》；二是改革开放的展开阶段，从 1984 年 10 月中共十二届三中全会到 1992 年 10 月中共十四大确立社会主义市场经济体制改革目标；三是初步建立社会主义市场经济体制阶段，从 1992 年 10 月中共十四大到 2003 年 10 月中共十六届三中全会通过《中共中央关于完善社会主义市场经济体制若干问题的决定》；四是逐步完善社会主义市场经济体制阶段，从 2003 年 10 月中共十六届三中全会至今。与此相适应，中国会计制度创新也经历了四个阶段：一是会计制度创新的起步阶段；二是会计准则的研究与制定阶段；三是会计制度的完善与国际协调阶段；四是会计准则的国际趋同与等效阶段。经济体制改革与企业会计制度的发展过程（见表1）。

中国的经济体制改革和对外开放，推动了中国会计理论创新和会计制度变革，推动了中国企业会计准则的研究、制定、实施和完善。

＊ 本文得到了湖北省教育厅 2008 年度人文社科项目《湖北社会和谐与公正的经济基础和评价体系研究》的资助。

表1 经济体制改革与企业会计制度的发展过程

阶段	时间	经济体制	企业会计制度的发展阶段	企业会计理论和会计制度创新的主要内容
第一阶段，改革开放起步阶段	1978 年 12 月至 1984 年 10 月	计划经济为主，市场调节为辅	会计制度创新的起步阶段	会计界的思想解放运动；会计制度创新的理论准备；发布中外合资企业会计制度；制定第一部《会计法》
第二阶段，改革开放展开阶段	1984 年 10 月至 1992 年 10 月	有计划的商品经济	会计准则的研究与制定阶段	《企业会计准则》和《企业财务通则》的研究与制定
第三阶段，初步建立社会主义市场经济体制阶段	1992 年 10 月至 2003 年 10 月	社会主义市场经济体制初步建立	会计制度的完善与国际协调阶段	修订《会计法》，发布《企业财务报告条例》；发布、修订股份制企业会计制度；发布、实施行业会计制度和具体会计准则；发布、实施《企业会计制度》
第四阶段，逐步完善社会主义市场经济体制阶段	2003 年至今	社会主义市场经济体制逐步完善	会计准则的国际趋同与等效阶段	全面开放条件下会计准则的国际趋同与等效；科学发展观下财务会计理论创新

二、改革开放起步阶段企业会计理论创新与制度变革

十一届三中全会之前开展的真理标准大讨论以及邓小平发表的《解放思想、实事求是、团结一致向前看》的重要讲话，确立了解放思想、实事求是的思想路线，为中国共产党在改革开放的历史新时期创立新理论、开辟新道路奠定了思想基础。同时，也促进了中国会计界的思想解放和观念更新，促进了中国的会计改革和"拨乱反正"。1978 年，葛家澍在《中国经济问题》第 4 期上发表《必须替"借贷记账法"恢复名誉——评所谓"资本主义的记账方法"》一文，打响了会计界"拨乱反正"的第一炮，引发了会计界关于记账方法阶级性的讨论，继而又转向会计属性的讨论。《会计通讯》（现在的《财会通讯》）、《财务与会计》、《会计研究》、《中国经济问题》等杂志发表了大量讨论记账方法和会计属性的论文。改革开放初期的这场思想解放运动和大讨论，对企业会计制度改革以及企业会计准则的研究、制定与实施都产生了深远的影响。

十一届三中全会之后，全党工作的重点转移到社会主义现代化建设上来。首先，进行企业改革试点，扩大企业自主权。在开始的一段时期内，扩大企业自主权显著提高了企业职工增产增收的积极性，但这种做法的局限性很快就显现出来。由于拥有自主权的企业并不处于公平竞争的市场环境中，也没有能够反映资源稀缺程度的市场价格的引导，所以，企业积极性的发挥并不一定有利于经济资源的有效配置。因此，扩大国有企业自主权的改革并没有产生预期的效果。其次，将改革的重点从城市国有经济转向农村非国有经济，采取"体制外先行"战略或"增量改革"战略，鼓励非国有企业成长。从 1980 年开始，家庭联产承包责任制逐步取代人民公社制，并取得了巨大成功。与此同时，实行对外开放政策，积极发展同世界各国平等互利的经济合作。1979 年 7 月 1 日，第五届全国人民代表大会第二次会议通过了《中华人民共和国中外合资经营企业法》，允许外国公司、企业或其他经济组织或个人在中华人民共和国境内同中国的公司、企业或其他经济组织共同举办合营企业。1980 年，建立了深圳、珠海、汕头、厦门等四个经济特区，

实行特殊优惠政策以吸引外资。

十一届三中全会之后的改革开放，是"在坚持生产资料公有制占优势的条件下，按照发展商品经济的要求，自觉运用价值规律，把单一的计划调节改为在计划指导下，充分发挥市场调节的作用"。① 改革开放促进了集体企业、外资企业等非国有经济的发展，加速了市场的形成和壮大。同时，也改变了传统企业会计制度赖以存在并发挥作用的社会经济环境，推动着企业会计理论创新和会计制度变革。主要表现在以下方面：

（一）会计制度创新的理论准备

（1）"管理活动论"的提出。在传统计划经济体制下，国有企业是国家机关的附属物，是国家这一庞大企业的生产车间。相应地，企业会计是国民经济管理的工具。十一届三中全会以后推行的"放权让利"改革，使人们开始意识到企业的主体地位，开始从"国家本位论"转向"企业本位论"。会计学者开始认识到"会计是人们为了管理生产活动，使之获得最优经济效果而产生的"。讲求经济效果离不开会计，经济效果的衡量必须借助会计，而且会计可以能动地为讲求经济效果服务。对会计的认识不再囿于反映计划的执行，而是上升到了讲求经济效果、提高经济效益的高度。1980 年，杨纪琬、阎达五提出了"管理活动论"，认为会计的本质是一种管理活动。"会计是经济管理活动的重要组成部分。它是通过收集、处理和利用经济信息，对经济活动进行组织、控制、调节和指导，促使人们权衡利弊、比较得失、讲求经济效益的一种管理活动"。"管理活动论"强调会计具有反映和监督职能，不能把会计看成是处理数据的技术方法或管理工具，深化了对会计本质属性的认识，提高了会计工作在经济管理中的地位和作用，对《会计法》的制定、会计理论研究和实际工作都产生了很大的影响。"管理活动论"是在十一届三中全会之后的第二年提出的，是经济体制改革的直接产物，同时也体现了深化经济体制改革，增强企业活力，提高经济效益的客观需要。

（2） "信息系统论"的提出。1966 年，美国会计学会（AAA）在《会计基本理论说明书》（A Statement of Basic Accounting Theory）中指出："从本质上说，会计是一个信息系统。"20 世纪 80 年代初，余绪缨、葛家澍借鉴美国会计学会的观点，提出了"信息系统论"，认为会计是一个以提供财务信息为主的经济信息系统。"信息系统论"强调，会计不同于其他活动的本质特征是：会计只生产信息，特别是财务信息；会计需要通过确认、计量、记录和报告等程序或环节，形成一个数据输入和信息输出的系统。"信息系统论"是对外开放的产物，是思想解放的结果，对深化企业会计制度改革产生了深远的影响。

（3） 会计准则的探讨与介绍。十一届三中全会以前，企业一直采用从前苏联引进的统一会计制度，企业会计是进行国民经济管理的工具，服从和服务于国家计划管理的需要，理论界不可能也没有必要研究会计准则。1980 年，李宝震在《会计研究》第 1 期上发表《论社会主义会计原则》一文，开始了会计准则的理论探索。此后，徐政旦、吴诚之在《上海会计》1981 年第 2 期上发表《关于建立我国企业会计准则问题的探讨》，葛家澍在《厦门大学学报》1981 年第 3 期上发表《论会计理论的继承性》，对会计原则问题进行了理论阐述。中国会计学会 1983 年年会通过的 1983—1985 年工作要点中，正式提出要研究社会主义会计原则、会计准则及其与西方会计准则的联系和区别，研究外国会计理论和方法，包括其会计原则。这一时期，主要是对国外会计原则进行介绍，对会计原则的概念、内容等进行理论探讨。与改革开放

---

① 这是 1980 年初夏，薛暮桥在为国务院体制改革办公室起草的《关于经济体制改革的初步意见》中指明的我国经济体制改革的原则和方向。1982 年 9 月，在中共十二大报告《全面开创社会主义现代化建设的新局面》中强调："正确贯彻计划经济为主、市场调节为辅的原则，是经济体制改革中的一个根本性问题。"参见：吴敬琏. 当代中国经济改革. 上海：上海远东出版社，2005：58-60.

处于起步阶段一样，企业会计准则的建设之路才刚刚开始。

（二）企业会计制度变革

（1）财政部恢复会计制度司，发布适用于中外合资企业的会计制度。1979 年 1 月 1 日，财政部恢复了会计制度司，开始了会计法制建设工作。为了适应企业改革的需要，首先对计划经济体制下借鉴前苏联的统一会计制度进行改革。1980 年 9 月，财政部发布了一套新的工业企业会计制度。由于合资企业中的外方投资属于私人资本，无法采用传统的国营企业会计制度进行会计核算。1983 年 3 月 1 日和 4 月 28 日，财政部分别发布了《中外合资经营企业会计制度（试行草案）》和《中外合资经营工业企业会计科目和会计报表（试行草案）》。1985 年 3 月 4 日和 4 月 24 日，财政部又发布了《中外合资经营企业会计制度》和《中外合资经营工业企业会计科目和会计报表》，这是我国会计制度变革的第一步。《中外合资经营企业会计制度》与 1992 年 11 月财政部发布的《企业会计准则》具有内在的一致性，对《企业会计准则》的制定产生了重要的影响。

（2）第一部《会计法》的制定。十一届三中全会指出："必须加强社会主义法制……应当把立法工作摆到全国人民代表大会及其常务委员会的重要议程上来。"[1] 按照十一届三中全会的精神，1979 年 8 月 11 日，恢复不久的财政部会计制度司起草了第一份《会计法》草稿。在 1981 年 12 月召开的第五届全国人大第四次会议上，财政部正式提出要制定《会计法》。1983 年 2 月 24 日，财政部提请国务院审议《会计法》草案，国务院于 1984 年 7 月 2 日提请全国人大常委会审议《会计法》草案。1985 年 1 月 21 日，第六届全国人大常委会第九次会议审议通过了《会计法》。《会计法》的制定，适应了国民经济"调整、改革、整顿、提高"的需要，确立了会计在经济管理中的地位和作用，为规范会计行为、发挥会计职能提供了重要保障。

三、改革开放展开阶段会计准则的研究与制定

1984 年 10 月召开的中国共产党第十二届中央委员会第三次全体会议，决定加快以城市为重点的整个经济体制改革步伐，把建立和发展社会主义商品经济确定为改革的目标。会议通过的《中共中央关于经济体制改革的决定》指出，社会主义的根本任务是发展生产力，是否有利于发展生产力是检验一切改革得失成败的最主要标准。商品经济的充分发展，是社会经济发展不可逾越的阶段，是我国经济现代化的必要条件。十二届三中全会确立的生产力标准和社会主义商品经济改革目标，对于中国的改革开放具有划时代的意义。

社会主义商品经济是市场取向的，与传统的计划经济体制具有本质的不同。建立社会主义商品经济，客观上要求企业成为自主经营、自负盈亏、自我约束、自求发展的独立的经济实体，客观上要求培育和发展竞争性市场，要求宏观调控从以直接为主转变为以间接为主，要求加快与世界经济的合作和交流。十二届三中全会以后，企业的经营方式、经营范围发生了重大的变化。在经营方式上，承包、联营、合资、合作、租赁、股份制等多种形式并存；在经营范围上，一业为主、多种经营全面发展。形成了以公有制为主体，全民、集体、私营等多种所有制并存的局面，出现了大量跨地区、跨行业、跨部门、跨所有制的联营企业、合资企业、股份制企业和企业集团。计划经济体制下建立的"统一领导、分级管理"的会计管理体制和只适用于单一所有制、单一经营方式的分行业、分所有制的会计制度，越来越不适应商品经济发展和企业改革的需要。而且，计划经济体制下采用的增减记账法、收付记账法等记账方法、以资金平衡表为

---

① 参见：《中国共产党第十一届中央委员会第三次全体会议公报》。

主的报表体系等，与国际通行的会计惯例有很大的差距，妨碍了引进外资和会计的对外交流。为此，会计界开始研究制定与社会主义商品经济相适应的企业会计准则。

早在1983年中国会计学会年会上，就提出要研究会计原则或准则。在1985年中国会计学会年会通过的《中国会计学会科研规划选题计划》中，列入了关于会计原则（标准或准则）的研究项目。从1985年开始，中国会计学会号召开展会计原则或准则的研究。在1987年中国会计学会年会上，成立了"会计原则及会计基本理论研究组"（后改为"会计基本理论和会计准则研究组"），对会计准则的研究和制定，起到了很大的推动作用。1988年10月31日，财政部会计准则课题组成立并开始运作。1989年3月8日，财政部会计准则课题组发布了《关于拟定中国会计准则的初步设想（讨论稿）》和《关于拟定我国会计准则需要研究讨论的几个主要问题（征求意见稿）》。1991年6月23日，国务院办公厅在《国务院办公厅转发财政部关于进一步实施〈会计法〉，加强会计工作的请示的通知》中明确指出，要适应社会主义公有制经济为主体、各种经济成分并存和企业经济管理形式多样化的要求，制定并有计划、有步骤地实施具有中国特色的统一会计准则。1991年7月29日，在财政部发布的《会计改革纲要（试行）》中，将制定会计准则作为会计改革的主要内容之一。1991年11月26日，财政部发布《企业会计准则第1号基本准则（草案）》。1992年2月26日至28日，在深圳召开的第一次会计准则国际研讨会对"基本准则"进行了深入的讨论。1992年11月30日，财政部发布《企业会计准则》和《企业财务通则》，正式以会计准则取代了统一会计制度。

《企业会计准则》是一种全新的会计规范，适应了社会主义商品经济发展的需要，适应了所有制多元化、经营范围扩大化、经营方式多样化的需要，适应了对外开放的需要，是对传统会计制度的重大突破：（1）改变了会计核算管理模式。会计准则由国家统一制定，适用于我国境内的所有企业。会计准则统驭所有会计制度，是制定会计制度的依据。（2）集中规定了会计核算的一般原则。会计准则第一次集中、全面、系统地提出了真实性、相关性、统一性、一致性、及时性、明晰性、重要性、权责发生制、配比、谨慎、按实际成本核算、划分收益性支出与资本性支出等12条会计核算的原则，对于统一和协调各行各业的会计核算，提高各行各业会计信息的可比性，具有重要作用。（3）改变了会计平衡公式，把"资金占用等于资金来源"改为"资产＝负债＋所有者权益"。（4）改革了会计报表体系，规定企业必须编制和对外报送"资产负债表"、"利润表"和"财务状况变动表"。（5）确立了资本保全的核算要求，将资产盘盈（亏）、报废、毁损等发生的净损益、计提的固定资产折旧等，直接计入当期损益。（6）将完全成本法改为制造成本法，期间费用不再计入成本，而在发生的期间直接计入当期损益。（7）允许采用谨慎原则，包括允许计提坏账准备、允许采用后进先出法、允许采用加速折旧法等。

四、初步建立社会主义市场经济阶段会计制度的完善与国际协调

1992年初，中国现代化建设和改革开放的总设计师邓小平在上海、广州、深圳等地视察时指出："计划多一点还是市场多一点，不是社会主义与资本主义的本质区别。计划经济不等于社会主义，资本主义也有计划；市场经济不等于资本主义，社会主义也有市场。计划和市场都是经济手段。"邓小平的南方视察讲话，为中国深化改革和扩大开放指明了方向。

1992年10月召开的中国共产党第十四次全国代表大会，确立了社会主义市场经济体制的改革目标，标志着中国的经济体制改革进入了初步建立社会主义市场经济体制的新阶段。1993年11月，中共十三届三中全会通过的《关于建立社会主义市场经济体制若干问题的决定》指出，深化国有企业改革必须着力进行企业制度创新。从此，国有企业改革的思路从放权让利转向了建立现代企业制度，即"产权明晰、权责明确、政企分开，管理科学"的现代股份公司。1993年12月29日，全国人民代表大会通过了《中

华人民共和国公司法》，为国有大中型企业的公司制改造提供了法律保障。1994 年 11 月，国务院决定选择 100 家国有企业进行公司制改革试点。1997 年召开的中共十五大和 1999 年召开的中共十五届四中全会，进一步明确了公司化改制的要求，国有大中型企业真正进入了按照国际规范建立现代股份公司的阶段。

为了适应建立社会主义市场经济的要求，为了适应按照国际规范进行公司化改造的需要，会计法规制度逐步完善，并日益与国际惯例趋同。

（一）修订《会计法》，发布《企业财务报告条例》

1985 年颁布的第一部《会计法》，适应了十一届三中全会之后社会主义现代化建设的需要，对于会计工作职能的发挥、会计工作秩序的规范以及会计人员权益的维护等，起到了重要作用。十二届三中全会以后，随着经济体制改革的深入和对外开放的扩大，我国的社会经济结构发生了深刻的变化，城乡集体企业、私营企业、外资企业等非国有经济迅速发展壮大。1992 年社会主义市场经济改革目标的确立，对会计工作和会计法制建设提出了新的要求。1993 年 12 月 29 日，全国人大常委会审议通过了《关于修改〈中华人民共和国会计法〉的决定》，对 1985 年颁布的《会计法》做了一些修改：第一，将原规定中"发挥会计工作在维护国家财政制度和财务制度，保护社会主义公共财产，加强经济管理，提高经济效益的作用"修改为"发挥会计工作在维护社会主义市场经济，加强经济管理，提高经济效益中的作用"。这一修改意味着会计工作不仅要维护国家利益，而且要维护投资者、债权人等其他市场经济主体的利益，突出了会计工作在发展社会主义市场经济中的地位和作用。第二，将《会计法》的适用范围从原来规定的"国营企业事业单位、国家机关、社会团体、军队"扩大到"国家机关、社会团体、企业、事业单位、个体工商户和其他经济组织"。这一修改扩大了会计反映和监督的范围，适应了非国有经济发展的需要。第三，对会计人员和单位领导人的会计责任，做了一些区分。1985 年《会计法》第 19 条的规定，不便于区分会计人员和单位领导人在会计监督中的责任。1993 年《会计法》修改为：会计机构、会计人员对违法的收支，不予制止和纠正，又不向单位领导人提出书面意见的，应当承担责任；会计人员就违法收支向单位领导人提出的书面意见，单位领导人应当在 10 日内做出书面决定，并对决定承担责任。1993 年《会计法》的修改，为维护会计工作秩序、发展社会主义市场经济发挥了重要作用。

1993 年以后，按照建立社会主义市场经济体制的要求，企业改革开始从"放权让利"式的"增量改革"，转向"整体推进、重点突破"的攻坚战，进入了建立现代企业制度的新阶段。国家对国有企业的管理逐渐从直接管理转变为间接调控，真实可靠的会计信息对国家经济决策越来越重要；与此同时，资本市场迅速发展，企业筹资活动更加多样化，企业投资主体更加多元化，经营管理者、投资者、债权人等利益主体也更加需要高质量的会计信息。此外，对外开放的日益扩大也要求进一步完善会计法规，提高会计信息质量。然而，企业会计工作却出现了比较严重的问题，会计造假泛滥，会计信息的真实性和可靠性受到了较大的影响，这引起了国家领导人的高度重视。为了防止和惩罚会计造假行为，维护社会经济秩序，1999 年 10 月 31 日，全国人大常委会通过了国务院于 1999 年 5 月提请审议的《国务院关于提请审议〈中华人民共和国会计法（修订草案）〉和〈关于惩治违反会计法犯罪的决定（草案）〉的议案》，对 1993 年《会计法》进行了一系列重大修改，做出了一系列规范会计行为、提高会计信息质量的新规定，包括"单位负责人对本单位的会计工作和会计资料的真实性、完整性负责"，"国家实行统一的会计制度"，对单位会计核算的规定，对公司、企业会计核算的特别规定，对建立、健全内部会计监督制度的规定，对会计人员职业道德的规定以及法律责任等。这些规定从会计工作的地位、作用和社会经济的现实情况出发，充分体现了建立社会主义市场经济体制、维护社会主义市场经济秩序的客观要求。

2000 年 6 月，国务院根据新修订的《会计法》，发布了《企业财务会计报告条例》，对财务会计报告的构成，资产、负债、所有者权益、收入、费用、利润等会计要素的定义及列示，财务会计报告的编制、财务会计报告的对外提供以及法律责任等做出了明确具体的规定。

（二）会计制度的修订与完善

1. 发布、修订股份制企业会计制度

早在1983年7月、1984年9月和1984年11月，中国宝安集团股份有限公司、北京天桥百货股份有限公司和上海飞乐音响股份有限公司就分别公开或半公开地发行了股票，成为中国最早的股份有限公司。到1991年底，全国的股份制企业已达3220家，发行股票总额达75亿元。为了适应股份制企业发展的需要，1992年5月23日，财政部、国家体改委联合发布了《股份制试点企业会计制度》。《企业会计准则》发布之后，1993年6月7日，财政部又发布了《股份制试点企业执行新会计制度若干问题的决定》。1994年以后，国有大中型企业股份制改造在试点的基础上全面展开并迅速发展。为了规范股份有限公司的会计核算，维护投资者和债权人的合法权益，1998年，财政部又发布并实施了《股份有限公司会计制度——会计科目和会计报表》，取代了《股份制试点企业会计制度》。2001年1月1日，《企业会计制度》在股份有限公司实施之后，《股份有限公司会计制度——会计科目和会计报表》同时废止。

2. 发布、实施行业会计制度和具体会计准则

1992年11月30日财政部发布《企业会计准则》之后，为了便于实务界的操作，财政部又制定、发布了《工业企业会计制度》、《商品流通企业会计制度》等13个行业会计制度。1993年下半年，财政部会计司开始研究制定具体会计准则。从1997年到2002年间，财政部陆续发布了16个具体会计准则，并对五项已发布的具体会计准则进行了修订。

3. 发布、实施《企业会计制度》

1992年开始的财务会计制度的重大改革，实现了我国企业会计模式的转换，即从与计划经济体制相适应的会计模式转化成了适应社会主义市场经济体制的会计模式。1992年以后，随着社会主义市场经济的发展，企业会计环境又发生了巨大的变化，对企业会计工作和会计信息质量提出了新的要求：一是会计信息的可比性问题。1992年至2000年间，《外商投资企业会计制度》、《股份有限公司会计制度》、分行业会计制度同时存在，同一行业不同类型的企业可能执行不同的会计制度，采取不同的会计政策，所提供会计信息的可比性较差。二是会计信息的可靠性问题。主要表现为企业会计信息不能真实反映企业的财务状况和经营成果。例如，1993年实施的《企业会计准则》将资产定义为"企业拥有或者控制的能以货币计量的经济资源"，这一定义没有反映资产的本质特征，即"预期会给企业带来经济利益"。在会计实务中，一些不能给企业带来经济利益的资源，如闲置不用的设备、已减值的资产、无法收回的应收账款等，仍在资产负债表中以原值列示，从而造成了资产不实、利润虚增等问题，严重影响了会计信息的可靠性。三是可操作性问题。行业会计制度把行业划分为13类，对不同行业的会计处理分别做出规定，在执行中出现了一些问题：一些新行业如软件公司、网络公司等无法从13个行业会计制度中找到适用的会计制度；对于跨行业发展的多种经营的企业，行业会计制度也不能满足其会计核算的需要。

为了适应发展社会主义市场经济的新要求，为了提高会计信息质量，必须进一步深化企业会计制度改革。2000年12月29日，依据1999年9月中共十五届四中全会通过的《中共中央关于国有企业改革和发展若干重大问题的决定》中提出的"建立健全全国统一的会计制度"的精神和新修订的《会计法》中"国家实行统一的会计制度"的规定，财政部发布了《企业会计制度》，打破了行业、所有制、组织方式和经营方式的界限，建立起了适用于除金融业以外的各类大中型企业的统一会计制度（另外专门制定适用于金融业的《金融企业会计制度》和适用于小企业的《小企业会计制度》）。《企业会计制度》针对我国企业虚增资产、虚增利润等问题，按照稳健性原则的要求，对会计要素进行了重新定义，对不符合会计

要素确认和计量要求的内容进行了全面修改，规定企业必须计提八项资产减值准备。同时，也考虑到我国市场经济不够完善和规范、会计人员专业水平和职业道德水平有待提高等实际情况，为了避免人为操纵利润，《企业会计制度》对债务重组、非货币性交易等有关经济业务的会计处理，从以前具体会计准则中规定的按公允价值计量修改为按账面价值计量。

（三）企业会计准则的国际协调

《企业会计准则》、具体会计准则以及《企业会计制度》的制定与实施过程，也是一个日益向国际惯例靠拢、日益与国际会计准则协调的过程。早在 1992 年 2 月 26 日召开的会计准则国际研讨会上，葛家澍就指出，国际经济交往必然要求对会计的概念与处理程序相互协调，要求财务报表保持较大的可比性。我们制定的会计准则应尽可能地接近国际会计惯例。1998 年发布的《股份有限公司会计制度——会计科目和会计报表》规定的会计要素及确认和计量标准，基本符合国际通行的做法。1992 年至 2000 年发布的具体会计准则中的许多规定，也是与《国际会计准则》近似的，向国际会计准则靠近了一步。2001 年 1 月 1 日实施的《企业会计制度》，虽然一些具体的内容和形式受制于当时中国特定的会计环境，具有中国特色。但是，从总体上看，《企业会计制度》适应了发展市场经济和建立现代企业制度的需要，基本上实现了与国际会计准则的大同。①

五、逐步完善社会主义市场经济体制阶段会计准则的国际趋同与等效

2001 年 11 月，中国正式加入世界贸易组织（WTO），中国进入了一个全面开放的新阶段。加入世界贸易组织为中国企业利用国际市场和国际资源，参与国际竞争提供了机遇。同时，也要求我国按照世界贸易组织规则，加紧完善包括会计准则在内的各项制度，为国际国内企业提供公平的市场竞争环境。

2003 年 10 月，中共十六届三中全会通过的《中共中央关于完善社会主义市场经济体制若干问题的决定》指出，要更大程度地发挥市场在资源配置中的基础性作用，建设统一开放、竞争有序的现代市场体系，建立促进社会经济可持续发展的机制；要坚持以人为本，树立全面、协调、可持续的发展观，促进经济社会和人的全面发展；要按照市场经济和世贸组织规则的要求，加快内外贸一体化进程。2006 年 10 月，中共十六届六中全会通过的《中共中央关于构建社会主义和谐社会若干重大问题的决定》认为，社会和谐是中国特色社会主义的本质属性，社会公平正义是社会和谐的基本条件。构建社会主义和谐社会，必须以科学发展观统领经济社会全局，坚持以人为本，统筹人与自然的和谐发展。2007 年 10 月，党的十七大报告对科学发展观作了深刻的阐述，即"第一要义是发展，核心是以人为本，基本要求是全面协调可持续，根本方法是统筹兼顾"，② 同时强调深入贯彻落实科学发展观，必须积极构建社会主义和谐社会。这种科学发展、构建和谐社会、促进社会公正的理念，不仅闪烁着中国传统文化的思想光辉，而且体现了社会经济可持续发展的内在要求；不仅再现了人类社会孜孜以求的理想境界，而且适应了我国完善社会主义市场经济体制的客观需要，以及生产关系反作用于生产力的客观规律。同时，也为深化会计制度改革提出了新的课题。

---

① 盖地 2001 年把《企业会计制度》和相关会计准则与国际会计准则逐一进行了比较，认为中国企业会计标准与国际会计准则大同小异。参见：盖地. 大同小异：中国企业会计标准与国际会计准则. 会计研究，2001，7：34-41.
② 参见：胡锦涛在中国共产党第十七次全国代表大会上的报告《高举中国特色社会主义的伟大旗帜，为夺取全面建设小康社会新胜利而奋斗》。

（一）全面开放条件下中国会计准则体系的国际趋同与等效

会计准则国际趋同是会计国际协调的进一步深化，是经济全球化时代资本市场发展的客观需要，是融入全球经济、参与国际市场竞争的必由之路。建立一套符合国际会计惯例的会计准则体系，也是获得完全市场经济地位的必要条件。① 在 2000 年 5 月 24 日通过的《国际会计准则委员会基金会章程》中，国际会计准则委员会（IASC）提出了"制定一套高质量的、可理解的、并且有强制性的全球性会计准则"，"促使各国会计准则与国际会计准则达到高质量解决方法的趋同"的目标。国际会计准则理事会（IASB）② 2002 年 4 月批准的《国际财务报告准则前言》又指出："国际会计准则理事会的目标是……相同的交易和事项按相同的方式进行会计处理和报告，不同的交易和事项进行不同的会计处理和报告。"中国的全面开放和科学发展，要求加快中国会计准则体系国际趋同的步伐。

2003 年，财政部完成了会计准则委员会的重大改组，由会计理论界、实务界和会计中介机构的知名专家、政府有关部门、会计职业团体和证券界的领导共 20 人组成了新的会计准则委员会，并建立了全新的工作机制。2004 年，为了适应十六届三中全会提出的完善社会主义市场经济体制的需要，财政部全面启动了完善中国会计准则体系工作。2005 年初，财政部提出了在 2005 年底或 2006 年初建立起与我国社会主义市场经济相适应的、与国际财务报告准则充分协调的、涵盖各类企业各类经济业务的、可独立实施的会计准则体系的目标。同时，形成了对会计国际趋同的基本认识或原则，即"趋同是进步，是方向"，"趋同不等于相同"，"趋同需要一个过程"，"趋同是一种互动"，并提出了推进会计准则体系建设的基本要求，即尽力考虑国际趋同，尽力考虑中国实际，尽力推进科学民主决策，尽力追求行文和表述的中国化。2005 年下半年，完成了基本准则和具体准则的征求意见稿。此后，与国际会计准则理事会（IASB）就中国会计准则与国际财务报告趋同问题进行了全面深入的研讨，并达成共识。2005 年 11 月 8 日，中国财政部副部长、中国会计准则委员会秘书长王军与国际会计准则理事会主席戴维·泰迪爵士签署联合声明，确认中国会计准则与国际财务报告准则实现了实质性趋同。中国会计准则只在关联方关系及交易披露、资产减值损失转回等极少数会计处理上与国际财务报告准则存在差异，在同一控制下的企业合并、公允价值计量、持有待售的非流动资产和终止经营、设定受益计划、恶性通货膨胀会计等方面，中国会计准则与国际财务报告准则规定不同但不构成差异。2006 年 2 月 15 日，财政部正式发布了包括一项基本准则和 38 项具体准则在内的企业会计准则体系，标志着我国已基本完成了企业会计准则体系制定的任务，建立起了符合国际惯例的企业会计准则体系。2006 年 5 月 12 日，财政部会计司司长、中国会计准则委员会办公室主任刘玉廷与中国香港会计师公会行政总裁张智媛签署《中国会计准则委员会中国香港会计师公会联合声明》，确认中国内地企业会计准则和中国香港会计准则实现了实质性的趋同。在与财政部的协商过程中，国际会计准则理事会（IASB）认识到，国家控制企业应用《国际会计准则第 24 号——关联方披露》(IAS24) 存在相当大的困难。2006 年 7 月 19 日，国际会计准则理事会（IASB）正式宣布将修订《国际会计准则第 24 号——关联方披露》(IAS24)。国际会计准则理事会（IASB）的这一举动，凸显出中国对全球会计准则的影响力。同时，也有力地证明，会计准则国际趋同是一个互动的过程。

实现与国际财务报告准则趋同之后，财政部就开始启动与那些实施国际财务报告准则的国家和地区会计准则的等效工作，使这些国家和地区认可中国的会计准则。我国公司在这些国家或地区上市时，按照中国会计准则编制的会计报表，不需进行调整，也不需按国际财务报告准则进行全面转换。从 2005 年开始，

---

① 欧盟委员会 2004 年 6 月 28 日公布了对中国市场经济地位的初步评估报告，在欧盟制定的五个完全市场经济地位标准中，中国只有一个达标，其他都没有达标，其中就包括没有建立一套完全符合国际会计惯例的会计准则体系。

② 国际会计准则理事会（IASB）的前身是国际会计准则委员会（IASC），2001 年开始运作。

中国一直与欧盟、美国、日本、韩国、澳大利亚以及中国香港地区等国家或地区进行着密切的会计合作，并且进展顺利。2008 年 4 月 22 日，欧盟委员会发布接受中国会计准则的正式报告，欧盟委员会允许中国证券发行者在进入欧盟市场时使用中国会计准则，即不需要根据欧盟境内市场采用的国际财务报告准则调整财务报表。2008 年 11 月 14 日，由欧盟成员国代表组成的欧盟证券委员会（ESC）就第三国会计准则等效问题投票决定：自 2009 年至 2011 年底前的过渡期内，欧盟将允许中国证券发行者在进入欧洲市场时使用中国会计准则，不需要根据欧盟境内市场采用的国际财务报告准则调整财务报表。欧盟的这一决定表明其已认可中国企业会计准则与国际财务报告准则实现了等效。中国会计准则得到欧盟认可，是会计准则等效工作的一大成果，可以降低我国企业在欧盟上市的成本，促进我国企业"走出去"，有助于推动欧盟承认中国的完全市场经济地位，推动我国与其他国家或地区会计准则等效谈判的进程。

（二）科学发展观下财务会计理论创新

2006 年 2 月 15 日发布的企业会计准则，确立了资产负债表的核心地位，可以限制企业短期行为，促进社会经济可持续发展；广泛采用了公允价值计量属性，可以为出资者提供相关的信息，优化经济资源的配置；强化了为投资者、债权人、企业经营管理者、职工、政府等利益相关者提供信息的新理念，体现了以人为本的科学发展观。当然，随着科学发展、构建和谐社会、促进社会公正等理念的贯彻和普及，随着经济体制改革的进一步深化，财务会计理论也需要不断地创新。

1. 财务会计性质的转变：从"经营会计"到"权益会计"

现代企业不仅是一个生产单位，而且是由利益相关者构成的一个契约组织；企业不仅是一个追求利润最大化的理性的"经济人"，而且是一种谋取生态、经济、社会三大利益相统一与最优化的组织，是经济人、社会人、生态人的有机整体，即"社会生态经济人"。企业性质的这种根本性的转变，体现了科学发展观的精神实质，客观上要求财务会计从旨在向投资者和债权人提供有关资源配置方面有用信息的"经营会计"，转向旨在反映企业内、外所有利益相关者的权益，以达到对经营成果公平分配的"权益会计"，因为企业利益相关者权益的维护和保障，是现代社会持续、稳定、协调发展的前提条件，也是社会和谐与公正的前提条件。反映企业利益相关者利益的实现和保障程度，应成为财务会计的基本职能。

2. 财务会计目标的转变：从效率导向的"绩效观"到公正导向的"权益观"

传统财务会计的受托责任学派和决策有用学派都强调经济资源的利用效率和配置效率，与工业经济时代企业的利润最大化目标是一脉相承的，财务会计服务于经济资源利用效率的最大化和配置效率的最优化。受托责任观和决策有用观都是绩效导向的，都是建立在对经济效率追求的基础上，所以，可以统称为会计目标的"绩效观"。"绩效观"不注重社会公正，忽视了利益相关者的权益。然而，公正地反映利益相关者的权益，对于现代企业和现代社会都是至关重要的。

从本质上和发展趋势上看，现代企业是所有利益相关者之间的综合性社会契约。企业的利益相关者不仅包括企业的股东、债权人、雇员、消费者、供应商，也包括政府部门、本地居民和社区等，还包括自然环境、人类后代、非人物种等受到企业经营活动直接或间接影响的客体。这些利益相关者都对企业的生存和发展注入了一定的专用性投资，或承担了企业的经营风险，为企业经营活动做出了一定的贡献。所以，都应在企业拥有相应的权益，都应从企业得到相应的报酬或补偿。企业不能仅对股东负责，而应对所有利益相关者负责；企业不能仅追求利润最大化，而应承担包括经济责任、法律责任、道德责任和慈善责任在内的多项社会责任。

利益相关者投入资本性质的差异、利益相关者利益目标的差异以及利益相关者在企业所享有权益的差异，必然会导致利益冲突。公正地协调这种利益冲突，是企业契约平等性的内在要求，也是实现企业价值最大化和社会福利最大化的客观需要。财务会计无论是基于评价受托责任还是基于提供决策有用信息，都必须公正地对待所有利益相关者以及各种投入资本。如实地反映所有利益相关者利益的实现和保障情况，公平地分配企业的经济收益，是社会和谐和公平的基础，是会计在构建和谐公正的社会中应尽的责任。这就是会计目标的"权益观"。与"绩效观"比较，权益观具有显著的特点：（1）与"绩效观"注重为财务资本所有者提供决策有用信息不同，权益观认为，人力资本、社会资本、组织资本、生态资本所有者与财务资本所有者一样，在企业拥有平等的权益。所以，财务会计应为所有这些利益相关者提供有关其权益实现和保障情况的信息，而不能仅仅反映作为一个整体的企业的财务状况和经营成果。因为资本所有者的产权影响或决定着企业的绩效，企业绩效的好坏与资本所有者权益的实现和保障程度并没有直接的联系，企业实现的利润可能建立在压榨工人和破坏环境的基础上。（2）与"绩效观"注重生产力和经济效率不同，权益观注重生产关系和社会公平，认为公正性是财务会计信息首要的质量特征。

3. 财务会计对象的转变：从"资金运动"（货币资本运动）到产权价值运动

现行财务会计在货币计量、币值稳定的假设下，按照可计量的要求，对企业的资金运动（货币资本运动）进行反映和控制。在科学发展观下，现行财务会计的局限性是很明显的。（1）重视货币资本，而忽视非货币资本，有违公正原则。在现代社会中，人力资本、组织资本、社会资本、生态资本等非货币性资本对企业的生存和发展越来越重要。如果不反映这些重要资本，财务会计既不能提供企业真实的财务状况，也不能反映出企业的财务成果是如何创造的、是否进行了公平的分配。同时，也是对非货币资本所有者权益的漠视。（2）资金运动是现象，资金运动背后体现的人与人之间的关系是经济活动的本质。这种经济关系实质上是一种产权关系，即各个资本所有者对其投入资本的占有、使用、收益和处分的权利和义务。显然，现行财务会计也不能揭示出这种经济活动的本质。以产权价值运动作为财务会计的对象，可以解决这些问题。

以产权价值运动作为财务会计的对象意味着：（1）透过资本运动的现象，揭示资本运动的本质，即产权价值运动，包括：产权主体与企业之间所形成的产权关系的价值运动，以及反映产权价值存在形态之间相互转化的价值运动。（2）通过对产权价值运动的反映和控制，为产权主体提供有关其权益实现和保障情况的信息，可以推动社会经济发展，促进社会的和谐与公正。在科学发展观下，财务会计理论需要这种变革或创新。

六、结论

30 年会计制度创新与 30 年改革开放一样波澜壮阔，一样光芒四射，一样硕果累累。与从计划经济体制到市场经济体制的改革方向相一致，会计制度也是从与计划经济相适应的统一会计制度转变为了与市场经济相适应的企业会计准则；与渐近式的改革道路相一致，近 30 年来企业会计制度的创新也经历了一个渐进的过程；与逐步对外开放相一致，企业会计准则的建设经历了与国际会计准则接轨、趋同和等效等几个阶段。经济体制改革是孕育新的会计理论和制度的沃土，会计制度的创新是经济体制改革的重要组成部分。经济越发展，会计越重要；经济体制改革越深入，会计制度创新越迫切。经济体制改革与会计制度创新都是适应生产力发展的客观需要，都是适应对外开放的需要，都推动了中国社会经济的发展，推动了中国与世界的融合。

参 考 文 献

[1] 财政部会计司. 企业会计制度讲解. 北京：中国财政经济出版社，2001.
[2] 陈宏辉，贾生华. 企业社会责任观的演进与发展：基于综合性社会契约的理解. 中国工业经济，

2003，12．

［3］葛家澍，刘峰．新中国会计理论研究 50 年回顾．会计研究，1999，10．

［4］郭道扬．《会计法》的立法创新及其影响．会计研究，2005，5．

［5］国际会计准则委员会制定，财政部会计准则委员会译．国际会计准则：2002．北京：中国财政经济出版社，2003．

［6］雷光勇．会计契约论．北京：中国财政经济出版社，2004．

［7］刘峰．会计准则变迁．北京：中国财政经济出版社，2000．

［8］刘玉廷．中国企业会计准则体系：架构、趋同与等效．会计研究，2007，3．

［9］施先旺．产权价值运动：基于会计对象视角的分析．会计研究，2006，6．

［10］王军．认真贯彻《会计法》，推动会计事业发展——纪念《会计法》实施 20 年．会计研究，2005，4．

［11］王军．审时度势，把握机遇，完善中国会计准则体系．会计研究，2005，10．

［12］吴水澎．中国会计理论研究．北京：中国财政经济出版社，2000．

［13］新财务会计制度发行组．工业、商品流通企业财务制度及其讲解．武汉：湖北辞书出版社，1993．

［14］阎达五．会计理论专题．北京：中央广播电视大学出版社，1985．

［15］于小旺．国际财务报告准则前言．会计研究，2002，7．

［16］中国会计学会．中国会计研究文献摘编（1979～1999，财务会计卷）．大连：东北财经大学出版社，2002．

［17］中华人民共和国财政部．股份有限公司会计制度——会计科目和会计报表．北京：中国财政经济出版社，1998．

［18］钟守英．财务会计法规．武汉：湖北科学技术出版社，1994．

［19］中华人民共和国财政部．企业会计准则（2006）．北京：经济科学出版社，2006．

电子商务满意度研究：一个文献综述

● 唐红涛

（湖南商学院经贸学院　长沙　410205）

【摘　要】电子商务满意度的研究已日益成为营销学和管理学的热点问题。本文从电子商务满意度的影响因素、满意度与忠诚度、提升电子商务满意度以及网上投诉等方面对国内外的研究进行了综述，并进行了简要述评，指出模型适用性、样本代表性是电子商务满意度下一步研究的关键问题。

【关键词】电子商务　满意度　忠诚度　网上投诉

一、引言

传统商务中的顾客满意度可以用 Kotler（1994）提出的"顾客让渡价值"（CDV）概念来概括。Kotler 将顾客满意度值定义为顾客让渡价值，即顾客总价值与顾客总成本之差。因此，产品价值、服务价值、人员价值、形象价值，和货币成本、时间成本、精神成本、体力成本构成了传统商务中顾客满意度的内容。在电子商务不断发展的今天，顾客对商品的需求，已不再是单纯数量和质量上的满足，情感的需求也成了他们的标准之一，他们越来越追求商品购买与消费过程中心灵上的满足感，于是"满意"与"不满意"成为了顾客的消费价值选择标准。相应的，顾客满意度的内容也就发生了变化。顾客期望获得的价值就有了更深层次的发展，如寻求个性化服务、崇尚自主价值等；同时，由于电子商务是一种新生事物，还存在着很多不完善之处，顾客消费过程中的成本也有改变，如在电子商务环境下顾客的体力成本虽可忽略，但是网络的不完善和电子商务企业信用等问题的存在却为顾客增加了风险成本。Kotler 的顾客让渡价值理论不能明确体现电子商务环境下顾客需求和顾客满意度的特点。Genesys 的研究认为，超过一半的消费者因为对在线服务不满而终止了交易。① 可见，在电子商务环境下，网络商家的服务质量如果不能让顾客满意的话，将流失大量顾客。保持或提高顾客满意度仍然是电子商务企业所要关注的重要问题。对于电子商务企业来说，使顾客满意，是企业赢得顾客、占领和扩大市场、提高效益的关键。

互联网经济条件下，消费者能够以最少的时间和精力去对比同类竞争产品和服务。② Alomaim 等认为，传统的实体经济中，客户满意度有助于实现良好的财务业绩，同样的，在电子商务中，企业也会失去那些无法访问网站或者无法获得满意体验的客户。③ Kuttner 认为，互联网是一个近乎完美的市场，通过

---

① 详见 http：//www. genesyslogic. com/cn.
② Srinivasan, S. S. , Anderson, R. , and Ponnavolu, K. . Customer loyalty in e-commerce：An exploration of its antecedents and consequences. Journal of Retailing, 2002, 78（8）：41-50.
③ Alomaim, N. , Tunca, M. Z. , and Zairi, M. . Customer satisfaction@ virtual organizations. Management Decision, 2003, 41（7）：666-670.

即时信息，买家可以比较世界各地销售商提供的产品。其结果便是价格竞争的激化和品牌忠诚的消失。①
国内外学者对于电子商务满意度的研究主要从影响因素、满意度和忠诚度的关系、提升电子商务满意度以
及顾客进行电子投诉等方面展开。

二、电子商务满意度影响因素

与传统商务满意度影响因素相比较，电子商务由于其自身的特点出现了许多不同。Kotler（2000）认
为，电子商务使消费者和企业都享受到了网络提供的便利、节约、选择、个性化服务和信息化等益处，而
这五个因素正是电子商务发挥其潜力的重要驱动力。与 Kotler 不同，Oliver 的期望—实绩理论模型在一定
程度上能解释网络消费者的满意现象，虽然他并没有明确提出电子商务满意度的概念。他指出，顾客在购
买之前先根据过去经历、广告宣传等途径，形成对产品或服务实绩特征的期望，然后在随后的购买和使用
中感受到该产品或服务的实际水平，最后在感受到的实绩与顾客期望的比较过程中进行判断。如果感知实
绩不能满足期望，则两者的比较过程是积极的，将导致顾客满意，反之，则可能会不满意。② 据此得出的
网络消费者期望——实绩理论模型如图 1 所示。

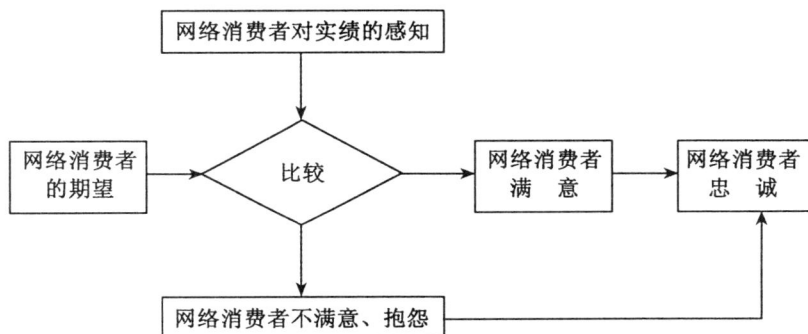

图 1 Oliver 的网络消费者期望—实绩模型

此模型主要通过消费者感受到的实绩与消费者的期望的比较来论述满意度的产生，同时也表明，网络
消费者的满意度对其忠诚度有着重要的影响，但并没有指出具体的电子商务满意度影响因素。

David M. Szymanski 和 Richard T. Hise 则首次提出了电子商务满意度的概念并建立了电子商务满意度的
概念模型，并在其研究中测试了四个维度（便利性、商品的种类与描述、网站设计、财务安全）对客户
满意度的影响，其结果显示便利性对客户满意度的影响最为明显，其次是网站设计。③ 在其研究中没有包
含客户服务与物流配送等维度，其概念模型较为简单。而 Szymanski 和 Hise 侧重研究了网上购物的金融安
全问题与电子商务满意度之间的关系，考虑到对电子商务满意度的相对影响程度，他们认为，在其回归模
型中涉及的四个因素（便利性、商品、网站设计、金融安全）中，便利性位列第一。④ 类似的结论也在

① Kuttner, R. The net: A market too perfect for profits. Business Week, 1998, 11: 1-20.

② Oliver, R. L. . Satisfaction: A behavioral perspective on the consumer. New York: McGraw-Hill. Companies. Inc. , 1997:
320.

③ David M. Szymanski, and Richard T. Hise. Toward a process model of consumer satisfaction in conceptualization and
measurement of consumer satisfaction and dissatisfaction. Marketing Science Institute, 2000, 8（2）: 153-183.

④ Szymanski, D. M., and Hise, R. T.. E-satisfaction: An initial examination. Journal of Retailing, 2000, 76（3）: 309-
322.

Burke 的文章中得到了论证，他提出，消费者对于网上购物是否满意，决定于他们在购物中体验到的便利性、产品质量、产品价值和产品选择等因素。①

Sang yong kim 和 Young jun lim 研究了通过互联网购物者的客户满意度，发现娱乐性、便利性、可靠性、信息质量、速度这几个因素影响网上购物者对站点的选择，而娱乐性、速度、信息质量、可靠性这几个变量均和客户满意度有关。② Timo Koivumaki 对客户满意度与网上购物总量之间做了实证分析，他在研究中用到了 Lee（2000）的模型，该模型给出了影响客户满意度的因素：物流配送、客户服务、价格优势、安全、系统可靠性、操作速度、易用性、内容质量等，并提出了客户满意度与重复购买之间的关系。③ Soyoung kim 和 Leslie stoel 则以服装行业为例分析了影响客户满意度的相关因素，特别是研究了服装行业的网站质量和客户满意度，在影响网站质量的六个维度：网站外观、娱乐性、信息的相关性、交易能力、响应时间和信任，其中交易能力和响应时间对客户满意度有显著影响，而其余四个维度的影响不明显。④ 在其研究中比较明显地遗漏了物流配送和支付方式这两个可能对于电子商务满意度产生影响的维度。

三、电子商务满意度与忠诚度

在传统商务当中，满意度的研究与忠诚度的研究在很大程度上是重叠在一起的。而在电子商务的一些文献中，电子商务的满意度和忠诚度的研究过程是相互独立的，这两个变量的影响因素部分重叠但各有不同，并且学者们倾向于认为高电子商务满意度会导致高电子商务忠诚度。

Srinivasan 等（2002）确定了八个可能影响电子商务客户忠诚度的因素。在被考虑到的定制、交流互动、客户培养、客户关怀、社区、选择、便利性和个性等因素中，除了便利性因素外，其他的因素都对电子商务的忠诚度有着重要的影响。同时，电子商务忠诚度对正面口碑效应和较高支付意愿也有着正面影响。Youjae⑤ 经过研究发现较高的客户满意度能够提高客户忠诚度，增强客户重复购买的意愿，并能产生积极的口碑效果，减少客户的抱怨。同样地，Anol⑥ 通过建立电子商务中客户满意度与持续购买的理论模型，并经过实证检验发现，客户满意度对持续购买行为的正向影响最强。Anderson 和 Srinivasan⑦ 研究了电子商务满意度对电子商务忠诚度的影响，他们通过两个商业因子（信任和认知价值）和三个个体因子（采购规模、惯性和方便动机）的分析发现电子商务满意度和忠诚度之间存在着密切的相关关系。

① Burke, Raymond R.. Technology and the customer interface: What consumers want in the physical and virtual store. Journal of the Academy of Marketing Science, 2002, 30 (4): 411-432.

② Sang yong kim, and Young jun lim. Consumers' perceived importance of and satisfaction with internet shopping. Electronic Markets, 2001, 11 (3): 163-180.

③ Timo Koivumaki. Customer satisfaction and purchasing behavior in a web-based shopping environment. Electronic Markets, 2002, 11 (3): 186-192.

④ Soyoung kim, Leslie stoel. Apparel retailers: Website quality dimensions and satisfaction. Journal of Retailing and Consumer Services, 2004, 11 (2): 109-117.

⑤ Youjae, A.. Critical review of consumer satisfaction in review of marketing. American Marketing Association, 1991, 82 (6): 68-123.

⑥ Anol Bhattacherjee. An empirical analysis of the antecedents of electronic commerce service continuance. Decision Support Systems, 2001, 32 (2): 201-214

⑦ Anderson, Rolph E., and Srinivasan, Srini S.. E-satisfaction and e-loyalty: A contingency framework. Psychology and Marketing, 2003, 20 (2): 123-138.

Thorbjornsen 和 Supphellen ①认为，消费者对于某一网站的访问更多地取决于消费者的品牌忠诚度而非上网经验或者访问动机。Parsons② 提出，同传统零售一样，网络零售商同样可以通过推广网络社区等方式来建立和巩固消费者的忠诚度。Bauer 等③同样发现，消费者对在线企业的信任度决定着其忠诚度，而忠诚度又深受其满意度的影响。Methlie 和 Nysveen④ 则通过研究消费者对网络银行的忠诚度发现，满意度对于消费者忠诚度的影响仅次于企业的品牌声誉，转移成本和搜索成本则位居其后。Ko de Ruyter⑤ 通过对电子商务背景下的消费者忠诚度的研究也得出了相似的结论，即高电子商务满意度会导致高电子商务忠诚度。

Ki-Han Chung⑥ 则把电子商务带给消费者和企业双方的益处作为电子商务满意度和忠诚度的影响要素，确定了可能影响电子零售的客户满意度和忠诚度的五个属性（购物方便、产品选择、信息化、价格和定制）。结果表明电子商务满意度强烈影响电子商务忠诚度，其结构路径模型如图 2 所示。

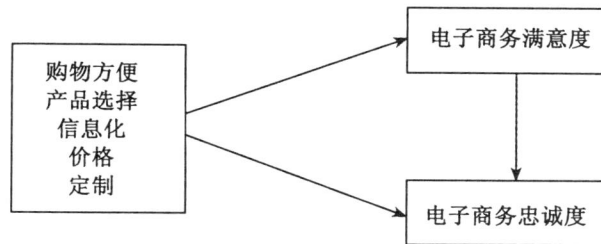

图 2　Ki-Han Chung 的结构路径模型

Donald L. Amoroso 和 D. Scott Hunsinger⑦ 则回顾了与网上购物相关的 TAM （Technology Acceptance Model） 模型，并添加了隐私、信任、知觉风险等与电子商务满意度和电子商务忠诚度相关的因子，得出了一个更为全面的拓展模型，其结构如图 3 所示。

四、电子商务满意度的提升

根据国内外学者的研究，电子商务满意度的提升可以从价格、市场细分、物流配送等方面展开。

Ki-Han Chung （2008） 指出，网上零售商应该为顾客提供网上零售关于产品特色方面好的、有用的信

---

① Thorbjornsen, H., and Supphellen, M.. The impact of brand loyalty on website usage. The Journal of Brand Management, 2004, 11 （3）：199-208.

② Parsons, A. G.. Non-functional motives for online shoppers：Why we click. The Journal of Consumer Marketing, 2002, 19 （5）：380-392.

③ Bauer, H. H., Grether, M., and Leach, M.. Building customer relations over the internet. Industrial Marketing Management, 2002, 31 （2）：155-163.

④ Methlie, Leif, and Nysveen, Herbjorn. Loyalty of on-line bank customers. Journal of Information Technology , 1999, 14 （4）：375-386.

⑤ Ko de Ruyter, Martin Wetzels, and Mirella Kleijnen. Customer adoption of e-service：An ex-perimental study. International Journal of Service Industry Management , 2001, 12 （2）：184-207.

⑥ Ki-Han Chung, and Jae-Ik Shin. The relationship among e-retailing attributes, e-satisfaction and e-loyalty. Management Review：An International Journal , 2008, 3 （1）：23-45.

⑦ Donald L. Amoroso , and D. Scott Hunsinger. Analysis of the factors that influence online purchasing. pro CONISAR, 2008：1-16.

信任 → 知觉风险
隐私
对网站信息的期望
对网站质量的期望
惯性
便利性
电子商务满意度
电子商务忠诚度
知觉有用性
认知价值
使用态度
知觉易用性
行为动机
认知行为控制

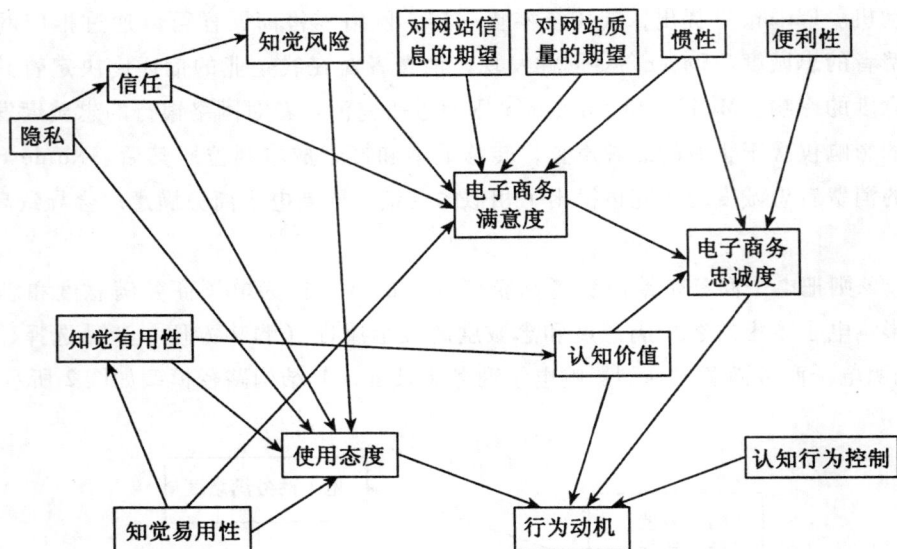

图 3　Donald L. Amoroso 和 D. Scott Hunsinger 的拓展模型

息。在网上零售方面，购物便利属于网络满意度的第二个预报器。然而，商品选择、价格和定制对在线满意度并不会产生积极的影响。如果在线购物价格十分便宜而且极具吸引力，它有可能与网上满意度有强烈的关系。同样，对在线公司来说，定制业务可能比较困难，因为价格比较高，而且某些特定的商品不能定制。比起忠诚度和定制，价格对于网上忠诚度有更积极的影响。因为满意度是个人消费者的感觉，忠诚是结果，价格和定制业务不会影响网络满意度，而会影响网络忠诚度。如果消费者觉得价钱非常便宜，具有吸引力，那么价格就可以增强网络忠诚。此外，它表明，网上零售中定制服务、适当商品推介和适当订购过程是提升网络忠诚的重要因素。然而，购物便利和产品选择对网上忠诚并没有积极的影响。由于媒介本身，在线消费者开始期待交易过程快速有效。如果消费者在寻找信息或进行交易时遭受失败，他们就不愿意重新返回再试（Srinivasan 等，2002）。同样，如果网上零售商没有提供占优势的，高水平的一站式购物，就不能有效提升电子商务满意度和忠诚度。

王维元等①指出，商品种类越多、价格越优惠、服务品质越好、售后服务越佳、操作便利性越方便、安全性越高、私密性越严谨，可以对顾客满意度有很正向的影响。顾客满意度会影响再购意愿，两者的关系呈负相关，这与大多数文献上研究结果不同，即虽然线上行为可能为顾客带来满意度，但该满意程度却不会转化为再次进行购买行为的动力。Venkatesh Shankar② 电子商务企业要想保持竞争优势，增加客户的重复购买率，就必须了解如何提高客户满意度，可采纳以下几点建议：首先，积极探索电子商务下物流配送的新模式。要避免出现收到的商品与自己在网站上订购的不一样的情况，降低物流配送的时间，防止远距离的配送出现的包装破损等情况，同时应制定商品退换的合理政策，以提升消费者电子商务满意度。其次，努力探索电子商务安全支付问题的新技术、新模式，类似于淘宝网的"支付宝"、eBay 的"安付通"、慧聪的"买卖通"等产品和技术都是解决电子商务诚信安全支付问题的比较好的例子。再次，提供

---

① 王维元，潘承伟，陈颖峰．网络商店消费者满意度之研究——以台湾地区线上投保为例．2006 年创新、整合与应用研讨会，2006：918-929．

② Venkatesh Shankar, Amy K. Smith, and Arvind Rangaswamy. Customer satisfaction and loyalty in online and offline environments. International Journal of Research in Marketing, 2003, 36（2）：18-36．

尽可能丰富的商品种类和优惠的价格。电子商务企业应尽可能提供丰富的商品让顾客有选择的余地；同时，要提供优惠的价格。最后，要建立完善的顾客服务系统，努力提高网页的响应速度。必须拥有完善的顾客服务系统（如呼叫中心、投诉中心、顾客服务补救中心等），创建服务优势，才能保持较高的客户满意度，建立良好的客户关系。

Joan L. Giese 和 Joseph A. Cote① 则从市场细分的角度分析了如何提升电子商务满意度，经理人应该实行后期购买市场细分，因为网络消费者随着其构成和相关满意度属性的变化而随时变化。不同的行业应该采取不同的满意度标准，单一行业需要为不同类型的消费者量体裁衣。更重要的是，经理人应该意识到满意度的焦点和时间的掌握可以为其需要定制。比之于关注选择/消费体验的所有方面，经理人可以将其注意力放在能得到直接利益或可直接控制的方面。结果就是，经理人可以得到"真正的"消费者反馈，这将有利于管理决策，提升电子商务满意度。

查金祥和王立生②（2006）则从消费者的视角以及口碑宣传的角度阐述了电子商务企业如何提升其顾客满意度。首先，增强对顾客满意经营的认识。网络商店必须回归到运用电子商务降低交易成本及提升关系质量上来，从而建立和维持网络顾客对网络商店的满意度和忠诚度，获取顾客的终身价值，这才是网络商店经营的根本出路。其次，提高网络购物服务质量，增强消费者对购物网站的信任感和满意度。Zeithaml、Parasuraman 和 Berry（1990）指出，网络零售业者成功的关键因素不再局限于 Web 网页上的呈现方式或低价策略，而是网络购物服务质量。提高购物网站服务质量、提升电子商务满意度需从提高网络购物的安全性、保证网络销售产品的质量，建立网站声誉，塑造网站品牌、充分利用网络商店的无实体店面成本和服务人员成本优势，为消费者提供物美价廉的商品，并且通过合理的配送费用和持续的折扣积分等优惠措施以提高顾客满意度、加强与消费者之间的互动沟通和简化网络购物操作流程，提供功能强大的搜索工具和引导系统等五个方面着手。

Venkatesh Shankar（2003）特别以酒店业网站为例提出一些管理方面的重要启示，为提高酒店业电子商务满意度提供了另一种方法与途径：

（1）运用在线媒体识别并获得忠诚用户。客服部经理可以运用媒体作为程序变量来识别忠诚用户。因为在线消费者可能比非在线消费者更加忠诚，服务提供商也要为获得这些客户负担更多的费用。（2）寻求可以直接提升在线忠诚度的程序。忠诚度强烈影响所有在线满意度这个发现，更加强调基于忠诚程序的在线营销方案。市场营销服务人员应该考虑为在线消费者增强忠诚度这样的方案，如在线熟客程序，还有在线交付这些程序。例如，酒店或飞机航线可以提供基于酒店住宿或旅途期限提供奖励，在其网站上这些奖励相当醒目，确保消费者追踪他们的奖励排行，在他们接近奖励界限时鼓励其消费。（3）深化网站内容，提升满意度。市场营销服务人员不必担心在线媒体会降低顾客满意度。事实上，他们可以制定策略来提升在线满意度。见多识广的消费者就是更加满意的消费者。因此，内容确实重要，公司应该将网站发展成多层次丰富内容利用在线媒体的能力来提供更加丰富的信息，这比离线更容易获得。在酒店业这样的背景下，这些信息包括地图、驾驶方向、旅游景点周围酒店方位的详述，酒店附近特殊项目的票价、周围医院等。（4）投资建造粘性网站特色。在线媒体与高忠诚度相联系这样的结果意味着，经理应该致力于提高其网站的粘性。对于酒店市场营销人员，这些粘性特征包括这样的信息，如财经新闻、当地天气、周边景点、酒店、便利设施、房间图片，运用搜索和分类工具都可简单获得。此外，服务提供商应该与相关市场其他 24 个服务提供商合作来给其熟客带来额外的利益和价值，使其在互联网上透明化、方便使用。

---

① Joan L. Giese, and Joseph A. Cote. Defining consumer satisfaction. Academy of Marketing Science Review, 2000, 30 (1): 42-63.

② 查金祥，王立生. 网络购物顾客满意度影响因素的实证研究. 管理科学，2006，2: 50-58.

（5）不断努力提高服务质量。在线媒体在服务单方面或整体顾客满意度方面没有主要的影响，与表现属性的重要结果相连，表明公司不应该忽略核心服务中的质量。公司应该关注于交付服务，应与其网站信息一致。通过加强顾客在线决策进程和离线服务体验，公司在线可以比离线获得更多的忠诚度。这可能允许服务提供商利用忠诚度、满意度和平衡忠诚度之间的协同效应来提高顾客满意度。提供高质量服务的公司应该努力让更多的顾客选择在线，尤其是那些在决策过程中渴望得到详细信息的消费者。

五、网上投诉

与电子商务满意度和忠诚度相对应的是，如果消费者在电子商务活动中感受到不满意，那么如何建立合理的网上投诉渠道以及如何解决消费者网上投诉问题也是影响电子商务满意度的重要因素。

在传统商务活动中，Shuptrine and Wenglorz① 和 Broadbridge and Marshall② 表示产品特性、产品种类对消费者投诉行为具有决定性的作用。同样地，成本—收益的估算也是影响消费者投诉的一个关键性的因素，且成本—收益的估算受消费者预计成功概率的影响（Hirschman，1970；Kolodinsky，1995）。在电子商务活动中，Levesque 和 McDougall③ 和 Stauss 和 Seidel（2004）认为影响消费者投诉倾向性的核心往往是问题的关键。此外，投诉渠道的易操作性和有效性对消费者投诉行为具有相当大的影响（Day 等④；Bearden 和 Mason⑤；Ford 等⑥）。

不仅渠道和用户的特征对网上投诉渠道的使用有决定性的作用，环境因素也要被考虑进来（Walker 和 Johnson⑦；van Dijk 等⑧）。此外，投诉的目的与渠道的选择也有关系（Kayany 等⑨；Mattila 和 Wirtz⑩；Walker 和 Johnson，2006）。而电子交易的产品性质不同，投诉的目的也可能不同。因此，电子商务产品性质影响网上渠道的选择（Balasubramanian 等⑪；van Dijk 等，2007）。另一个重要的影响因素是消费者对

---

① F. Kelly Shuptrine, and Gerhard Wenglorz. Comprehensive identification of consumer's marketplace problems and what they do about them. Advances in Consumer Research, 1981, 8 (1)：687-692.

② Adelina Broadbridge, and Julie Marshall. Consumer complaint behaviour：The case of electrical goods. International Journal of Retail and Distribution Management, 1995, 23 (9)：8-18.

③ Terrence J. Levesque, and Gordon H. G. McDougall. Service problems and recovery strategies：An experiment. Canadian Journal of Administrative Sciences, 2000, 17 (7)：20-37.

④ Ralph L. Day, Klaus Grabicke, Thomas Schaetzle, and Fritz Staubach. The hidden agenda of consumer complaining. Journal of Retailing, 1981, 57 (3)：86-106.

⑤ William O. Bearden, and J. Barry Mason. An investigation of influences on consumer complaint reports. Advances in Consumer Research, 1984, 11 (1)：490-495.

⑥ Gary T. Ford, David T. Scheffman, and David A. Weiskopf. Application of research on consumer complaint rates to the estimation of the financial impact of prospective product defects. Journal of Consumer Satisfaction, Dissatisfaction and Complaining Behavior, 2004, 17 (1)：130-141.

⑦ Rhett H. Walker, and Lester W. Johnson. Why consumers use and do not use technology-en-abled services. Journal of Services Marketing, 2006, 20 (2)：125-135.

⑧ Geke van Dijk, Shailey Minocha, and Angus Laing. Consumers, channels and communication：Online and offline communication in service consumption. Interacting with Computers, 2007, 19 (1)：7-19.

⑨ Oseph M. Kayany, C. Edward Wotring, and Edward J. Forrest. Relational control and interactive media choice in technology-mediated communication situations. Human Communication Research, 1996, 22 (3)：399-421.

⑩ Anna S. Mattila, and Paul G. Patterson. Service recovery and fairness perceptions in collectivist and individualist contexts. Journal of Service Research, 2004, 6 (4)：336-346.

⑪ Sridhar Balasubramanian, Rajagopal Raghunathan, and Vijay Mahajan. Consumers in a multi-channel environment：Product utility, process utility, and channel choice. Journal of Inter-active Marketing, 2005, 19 (2)：12-30.

电子商务交易风险的感知和承受能力（Walker 和 Johnson，2006；Soopramanien 和 Robertson ①；van Dijk 等，2007）。同样地，电子商务企业的声誉以及提供的互动交流渠道可以影响网上投诉渠道的选择（de Ruyter 等，2001）。

作为网上投诉研究的最新进展，Alexandra Daniela Zaugg②，认为在整个大的市场环境和社会环境下，直接影响消费者网上投诉倾向的重要决定因素主要有四个方面（见图 4）。

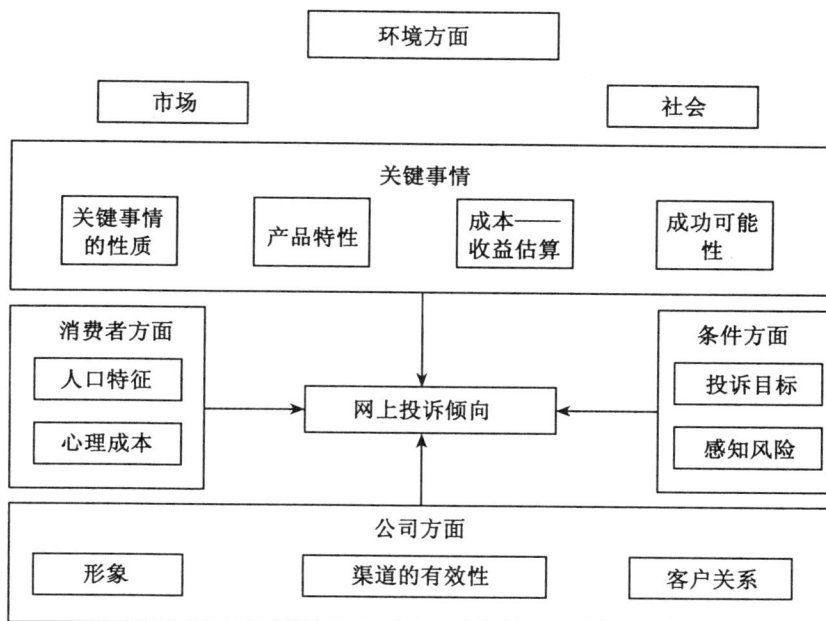

图 4　Alexandra Daniela Zaugg 网上投诉框架

六、述评

随着电子商务和网络经济的不断发展，电子商务满意度的研究也日益成为国内外学者的热点，综合可以发现现有研究呈现出以下几个明显特点。

1. 先进的研究方法。电子商务满意度的研究即涉及经济学、管理学、社会学相关方法，因此采用经济学、管理学分析电子商务满意度的文献比比皆是，尤其引人注意的是多元统计方法和系统工程方法被大量运用于电子商务满意度的分析当中。Sang yong kim 和 Young jun lim（2001）、David Gefen 和 Detmar W Stranb③ 均使用因子分析和多元线性回归分析方法，运用了探索性因素分析，对影响网上购物的客户满意度的因素进行了检验和分析。王传美等人④、KI-Han Chung and Jae-IK Shin（2008）运用了结构方程模型，

①　Didier G. R. Soopramanien, and Alastair Robertson. Adoption and usage of online shopping: An empirical analysis of the characteristics of buyers, Browsers and non-internet shoppers. Journal of Retailing and Consumer Services, 2007, 14（1）: 73-82.

②　Alexandra Daniela Zaugg. Why do complaints express their dissatisfaction online? Determinants explaining the propensity to complain online. Journal of Consumer Satisfaction, Dissatisfaction and Complaining Behavior, 2008, 120（11）: 63-75.

③　David Gefen, and Detmar W. Straub. Consumer trust in B2C e-commerce and the importance of social presence: Experiments in e-products and e-services, 2004, 32（6）: 407-424.

④　王传美等. 基于 SEM 的 B2C 电子商务信任评价模型及算法. 南开管理评论, 2006, 6: 104-109.

L. Christian Schaupp 和 France Belanger① 运用联合分析法分析了电子商务客户满意度。

2. 拓展的研究领域。电子商务满意度的研究是一个边缘领域，许多学者从经济学、管理学、社会学等各个学科对其进行深入研究，大大拓展了其研究内涵。Alexandra Daniela Zaugg（2008）从消费者网上投诉的角度剖析了电子商务满意度的问题。Donald L. Amoroso 和 D. Scott Hunsinger（2008）则以 TAM（Technology Acceptance Model）模型为基础对电子商务满意度和忠诚度的关联提出了全面的拓展模型，同时，电子商务满意度的提升手段，如增强物流配送能力、提高网站响应速度等又不可避免地与互联网相关技术密不可分。

但是目前关于电子商务满意度的研究仍然存在着一些不足，主要体现在两个方面：第一，还缺乏对中国现实的深入分析，国外学者对于电子商务满意度的研究比较深入，研究范式也很规范，但其模型基础更多地是建立在发达国家电子商务发展的背景之下，因此其结论在多大程度上具有普适性还必须打上问号，例如电子商务满意度很大程度上与消费者口碑宣传速度相关，而中国独特的社会结构与国外的社会结构相比，其口碑宣传速度有着明显差异。第二，目前国内学者也对电子商务满意度进行了一些研究，但研究范式过于简单，并且以定性描述分析为主，比较欠缺深入的、精确的定量分析，并且由于国内电子商务学科发展相对滞后，尚未形成完整的电子商务研究框架体系，也会对电子商务满意度的研究产生一定影响。第三，电子商务满意度的研究不可避免地要进行样本的选择和分析，而在目前互联网上获取的样本存在着代表性不够、样本误差较大的情况，如何解决这一难题将会是未来电子商务满意度研究的一项课题。

参 考 文 献

［1］菲利普·科特勒. 市场营销管理——分析、规划、执行和控制. 上海：上海人民出版社，1994.

［2］Kotler, P.. Marketing management：Millennium edition. New Jersey：Prentice Hall，2000.

［3］Albert O. Hirschman. Exit, Voice and Loyalty, Cambridge：Harvard University Press, 1970.

［4］Jane Kolodinsky. Usefulness of economics in explaining consumer complaints. Journal of Consumer Affairs, 1995, 29（1）.

［5］Bernd Stauss，and Wolfgang Seidel. Complaint management：The heart of CRM. South-Western Educational Publishing，2004.

---

① L. Christian Schaupp, and France Belanger. A conjoint analysis of online consumer satisfaction. Journal of Electronic Commerce Research, 2005, 6（2）：95-111.

顾客自发行为维度及影响因素研究[*]

● 张广玲¹ 郭志贤²

（1，2 武汉大学经济与管理学院 武汉 430072）

【摘 要】顾客自发行为是消费者行为中重要的一种，但是与一般的消费者行为不同，它是顾客自主做出的对企业有影响的行为。目前顾客自发行为对企业的影响越来越突出，理论界对顾客自发行为也有一些研究，但是还不够系统、深入。对此领域的进一步研究能够推动消费者行为理论和实践向前发展。本文在对顾客自发行为这一学术领域的中西方研究成果进行回顾的基础上，从概念界定、维度划分以及影响因素等几个方面来对顾客自发行为进行分析，并由此提出了未来顾客自发行为可能的研究方向。

【关键词】顾客自发行为 顾客公民行为 顾客破坏行为

顾客自发行为属于消费者行为的范畴，它对企业有着重要的影响，已有相当一部分相关研究人员和从业人员认为顾客间的相互作用会直接影响其他顾客对服务的评价和再次光顾，不良顾客以及他们的非正常行为在日常行为中非常普遍并且对其他顾客的消费经验产生了负面的影响（Jou and Yang，2007）。因此顾客自发行为对企业来说有着重要的意义。近年来对顾客自发行为的研究主要有两条路线，一条是研究顾客公民行为的。比如顾客可能会做一些本来没有被要求的自发的行为，但是这些行为却有助于帮助组织（Groth，2005）。另外一条线是顾客自发的潜在的破坏性行为，会对组织，雇员和其他的消费者造成负面的影响（Harris and Reynolds，2004）。① 所以本文也将从这两个方面对顾客的自发行为进行介绍。

一、顾客自发行为概念

在营销文献中识别出的两种顾客自发行为要想在研究中得到进展，研究者们必须在一个单独的同步的模型中检验这些行为（Yi and Gong，2008）。因为顾客公民行为和顾客破坏行为在服务接触中同时发生，如果在经验研究中忽略了一种构念就会造成偏差。顾客公民行为并不仅仅是顾客破坏行为的对立面，它们应该被作为分别的构念来考虑。② 但是在以往的文献中把顾客自发行为作为整体研究的学者并不多。Kelley 等（1990）把顾客自发行为称做部分员工行为，是顾客自愿购买商品和服务以外的任何行为。Ford

---

＊ 本研究是教育部人文社科项目《顾客自发行为的形成机制及对企业绩效的影响研究》（编号：08JA630060）的阶段性研究成果。

① Youjae，Yi，and Taeshik，Gong. The effects of customer justice perception and affect on customer citizenship behavior and customer dysfunctional behavior. Industrial Marketing Management，2008，37：767-783

② Youjae，Yi，and Taeshik，Gong. The effects of customer justice perception and affect on customer citizenship behavior and customer dysfunctional behavior. Industrial Marketing Management，2008，37：767-783

（1995）提出顾客自主行为（Consumer Discretionary）的概念，她认为，顾客自主行为是除了购买产品和服务以外的，顾客对企业有利或不利的行为。Gruen，Summers 和 Acito（2000）将顾客自发行为的内容描述成企业与顾客的关系及关系的质量。Groth（2005）把顾客行为分为"角色内行为"和"角色外行为"，其中的角色外行为即顾客自发行为。因此总地说来，顾客自发行为的概念应该包括正面的和负面的两个方面，即顾客在购买产品和服务以外的，没有被要求去做，但是却自主决策做出的对企业有利或者不利的行为，即顾客公民行为和顾客破坏行为。

Gruen（1995）首次将"公民行为（Citizenship）"的概念用于描述企业进行关系营销所引发的顾客行为，他把顾客公民行为定义为顾客自愿做出的对企业有利的行为，这些行为并不是企业要求必须做的。Groth（2005）首次正式提出顾客公民行为（Customer Citizenship Behavior）的概念，他认为，顾客公民行为是指顾客自发和自主决策的，并非完成服务程序所必需的行为，这些行为有助于提高服务质量和促进企业的有效运行。[1] 也有一些学者提出的是顾客自发行为的概念，认为顾客自发行为是顾客自主决策的、有助于提高企业传递高质量服务的正面的行为（Bettencourt，1997；Singh and Sirdeshmukh，2000），但本质上还是顾客公民行为，因为他们的概念也只包含了正面的自发行为，而没有包含负面的自发行为。

总地说来，顾客公民行为有以下几个特点：（1）它是由顾客自愿、自发、自主决策，非企业强制的行为；（2）这些行为都是对企业有益的，有助于企业的有效运作和提高服务质量；（3）它是顾客的"角色外"行为，即不是完成服务传递所必需的行为（谢礼珊，申文果，梁晓丹，2007）。在对顾客公民行为的定义中，我们比较同意 Gruen（1995）的观点，因为另外的一些学者研究顾客公民行为都是放在购买产品和服务过程背景下，然而其实在其他很多环境下，顾客也可能表现出对企业有利的行为，比如主动向别人推荐公司的产品。所以根据顾客公民行为的特点以及学者们的定义，我们认为顾客公民行为指的是顾客自主做出的本来没有被要求的但是对组织有利的行为。

不良顾客行为将会破坏其他顾客的购买经验，对目标顾客造成情绪上的反应（Harris and Reynolds，2003）。尽管顾客的破坏行为在当今社会相当普遍，但并没有多少研究者对这一问题进行集中分析（Jou and Yang，2007），大多数学者只是才用了列举的方式来说明顾客破坏行为。对于顾客的破坏性行为（Dysfunctional customer behavior）国外有很多种表达方式，比如不良顾客行为、顾客异常行为等。对顾客破坏行为的定义主要有三种路径：一是从一个比较宏观的角度来定义，把不良顾客定义为那些故意的或者非有意的破坏服务，负面地影响组织、员工和其他的顾客的顾客（Lovelock，Bitner，Booms，and Moh，1994）。二是在零售背景下，把顾客破坏行为定义为违反普遍接受的社会准则的行为（e.g. Mills and Bonoma，1979；Fullerton and Punj，1993）；三是在服务失败等背景下，顾客会采取的回应中也包含顾客破坏行为。如有学者对服务失效后顾客的反应做出了以下的分类：沉默者、申诉者、"恐怖分子"。

从文献中也可以看出，对于顾客破坏行为很多研究都是聚焦于顾客在零售店等购买场所的对员工、其他顾客以及公司的行为，并且认为这种行为的主要责任在"消费者"，但是实际上，消费者对企业所做的不利的事情也可能并不是发生在服务接触中，消费者可能采取网上发表对企业不利的言论，以及向自己的朋友抱怨公司等；另外，并不是所有的顾客破坏性行为的责任都在消费者，比如当公司的服务不好，消费者在网上抱怨时，很显然，这里责任在于企业，但是消费者的行为确实也是不利于企业的，因此我们认为顾客破坏行为是指顾客在任何情况下做出的对企业不利的事情。

---

① Groth Markus, Daniel P. Mertens, and Ryan O. Murphy. Customers as good soldiers: Extending organizational citizenship behavior research to the customer domain. In: Handbook of Organizational Citizenship Behavior, Nova Science Publishers, 2005: 415-433.

二、顾客自发行为维度

由于顾客自发行为包括顾客公民行为和顾客破坏行为两个大的方面，它们分别有不同的维度和前因，所以我们也从这两个方面来分析。

目前对顾客公民行为的分类还不统一，但是在文献整理的过程中，发现主要有以下四条线，一是在服务接触的情景下，把顾客公民行为分为三个维度，即忠诚、合作、参与（如 Bettencourt，1997；Rosenbaum and Massiah，2007），其中，忠诚指的是对超过个人利益的组织利益的忠诚和促进，比如重复购买、购买意愿、对服务提供商的偏爱、正面的口碑、推荐等；合作指的是对高质量服务传递有帮助的顾客行为，比如懂得服务流程，对员工谦逊，对规则和政策的合作，遵守，礼貌，尊敬，接受服务提供者的指导；参与是指对组织支配和发展的活跃的、负责任的参与，比如抱怨、建议、评论等。① 二是在这几个维度上进行扩展，如张广玲（2005，2006）认为顾客自发行为是由忠诚、参与和共生构成，Rosenbaum and Massiah（2007）同时他们借鉴组织公民范式，在 Bettencourt 所提出的维度基础上增加了顾客关心，包括顾客责任和移情。三是不限制于服务接触背景的，从更宏观的方面来研究顾客公民行为，如 Groth（2005）识别出了顾客公民行为的三个维度：（1）给组织提供反馈，意味着提供企业期望的信息来帮助其改进服务传递过程。（2）帮助其他的顾客，这与组织中的公民行为的利他维度很相似，也类似于 Rosenbaum and Massiah（2007）所提出的移情，（3）推荐，指的是把交易推荐给朋友和家庭成员。四是还有很多学者研究一些具体的单独顾客公民行为，比如顾客重复购买意愿、口碑、推荐等，但是这些研究比较零散，没有明确的分类。总地来说，还是 Rosenbaum and Massiah（2007）概括得最全面，但是学者们在有关顾客公民行为分类的研究中一般都是基于服务过程的背景，对于其他背景下的研究却不够，比如发生了一次性事件（如企业为地震中的灾区捐赠），顾客所做出的号召大家购买的这种自发行为用上面的这些维度就不能够解释。

目前很少有学者研究了顾客破坏行为的维度，但是有很多学者指出了顾客破坏行为的类别，Bitner，Booms and Mohr（1994）检验了 774 个关键服务接触，从中识别出站在雇员角度的四个顾客破坏行为：醉酒，语言和身体的侮辱，打破公司的政策，缺乏合作。Lee 和 Allen（2002）根据顾客不良行为所影响对象，将顾客不良行为分为"针对服务组织的不良行为"和"针对其他顾客的不良行为"两种。Kate L. Reynolds 和 Lloyd C. Harris（2005）发现四个不同形式的顾客抱怨："一次性投诉"、"机会主义投诉"、"有条件的投诉"、"专业投诉"。另外还有很多学者研究了服务接触中顾客做出的具体的破坏行为（e.g. Zemke and Anderson，1990；Fullerton and Punj，1993；Bateson，1997；Lovelock，2001）。这些分类，对我们深刻理解顾客某些破坏行为有很大的帮助，但是这些分类基本都是基于服务过程情境的，而没有考虑到在不同的情境下，如顾客在没有接触到公司的产品和服务的情况下对公司做出的破坏性行为，也许正是由于更全面的顾客破坏行为的研究具有困难性，所有学者们也只有指出顾客破坏行为的几种类别，而不能够给出顾客破坏行为的维度。

总之，学者们对顾客公民行为的维度研究基本都是站在消费者的角度，而对顾客破坏行为的分类一般是站在企业和其他顾客的角度进行的。我们认为可以从企业的视角，把消费者自发行为分为工具性行为，情感性行为和道德责任性行为。工具性行为是可以给企业带来直接利益或者是直接损失的行为（比如，多购买公司的产品，提供建议和反馈，与公司更好地合作；转换品牌，投机性退货等）；情感性行为是有

---

① Bettencourt, Lance A.. Customer voluntary performance: Customers as partners in service delivery. Journal of Retailing, 1997, 73（3）：383-406.

高度的情感参与（比如对产品的偏爱，正面的口碑，对其他顾客的关心；负面的宣传等）；道德责任行为是与基本的社会道德有关的一些行为（比如偷窃、礼貌、欺骗、侮辱、尊敬等）。

三、顾客自发行为的影响因素

（一）顾客公民行为的前置影响因素

对顾客公民行为的影响因素的研究，学者们也得出了不同的结论。大部分的学者认为关系品质是顾客公民行为的前置影响因素（e. g. Bettencourt，1997；Dupont，1998；Anderson and Narus，1990；Morgan & Hunt，1994；林元元，2000；谢福树，2001 等），关系品质主要包括三个方面，即满意、信任和承诺；还有一些学者对关系结合方式与消费者行为意向间的关系做过追踪（如徐士雯，2001；Peltier and Westfall，2000；Garbarino and Johnson，1999 等）；学者（张广玲，2006）探讨了关系结合方式、关系品质到顾客自发行为间的作用路径；Rosenbaum 和 Massiah（2007）采用资源交换理论来解释为什么一些顾客用顾客公民行为和顾客关心形式来展现顾客自发行为（CVP）。他们研究表明从一个服务组织中的其他顾客那里得到情感性和工具性两类社会支持的顾客会有互惠的行为，他们对组织和组织中的顾客有自发行为。① 另外还有一些学者从公平性的角度研究公平性与关系质量对顾客自发行为的影响，如谢礼珊，申文果，梁晓丹（2007）研究表明在网络环境下，顾客公民行为主要受信息公平性、顾客满意度的影响；除此之外有的学者从经济性、社会性和任务性角度研究顾客自发行为的影响因素（如 Morgan and Hunt（1994）认为顾客关系管理绩效可以被分为三个部分：服从，保持交往（不离开）与合作。Chen and Ling 认为这三个维度与顾客公民行为的参与、忠诚和合作有相同的构造）；也有一些学者从顾客情感方面探讨顾客自发行为的影响因素。

（二）顾客破坏行为的前置影响因素

营销学中关于顾客不良行为影响变量的挖掘主要借鉴了心理学、社会学和犯罪心理学等相关学科的理论和研究成果。Merton（1957）、Cloward（1959）、Caruana，Ramaseshan 和 Ewing（2001）利用社会学的理论尤其是社会的反常状态理论来对顾客破坏行为进行探讨。Mills（1979a，1981）和 Bonoma（1979a）从权力角度论证了顾客对于商店相对权力的认知是顾客异常行为的关键决定因素。Hoffman，Kelly 和 Rotalsky（1995）认为如果顾客觉得服务补救过程中受到了不公正待遇，会产生失望、愤怒、不满等情感反应，采取更为强烈的抱怨行为甚至法律措施。Fullerton 和 Punj（1993，2004）提出了引致顾客不良行为的因素：（1）人口统计特征比如年龄、性别、教育和职业。（2）心理特征比如个人特征、道德发展水平、未满足的愿望、追求刺激的癖好。（3）社会的影响。（4）顾客先行的心情状态。另外，对顾客不满意的研究也给我们对顾客破坏性行为的驱动物的研究提供了线索，例如 Huefner 和 Hunt（2000）扩展了 Hirschman（1970）的退出—发声—忠诚模型，认为顾客报复是作为不满意的服务接触的回复（基于顾客意识到的服务平等）并且对于回复平等性的需求。同样地，Godwin，Patterson 和 Johnson（1999）研究了顾客对不满和有压力的服务的回复，发现当顾客的自我身份被威胁时，他们通常会以身体上的敌对来生气地回复。可见这方面的研究还是比较深入和全面的，同时其中的一些影响因素对我们进一步理解顾客公民行为也有启示意义，比如顾客的心理特征，以及社会的影响和先行的心情状态等也许会对顾客的公民行为

---

① Rosenbaum, Mark S. , and Carolyn A. Massiah. When customers receive support from other customers：Exploring the influence of intercustomer social support on customer voluntary performance. Journal of Service Research, 2007, 9：257-270.

产生影响。

（三）顾客公民行为与顾客破坏行为共同的前置影响因素

以上学者或者是研究顾客公民行为的前置影响因素，或者是研究顾客破坏行为的前置影响因素。从整体上来研究顾客自发行为的前置影响因素的学者很少。

Yi 和 Gong（2006）对顾客角色外行为（也就是顾客公民行为和顾客破坏行为）进行了实证测试，提出负面的感情，知觉支持和承诺导致顾客角色外的行为。另外，Yi 和 Gong（2008）采用了社会学习理论（Bandura，1977）作为理论基础，提出了一个整合的模型——雇员的两种行为（雇员公民行为和雇员破坏行为）对顾客满意的影响，结果表明雇员的公民行为和破坏行为，顾客的满意和顾客的承诺是顾客公民行为和顾客破坏行为的显著前置影响因素。Yi 和 Gong（2008）还借用社会交换理论和挫败—侵略理论（frustration-aggression theory）研究公平性对顾客自发行为的影响，结果表明分配公正性、过程公正性和互动公正性正向都是影响正面心情，负向影响负面心情，而正面的心情对顾客公民行为有正面的影响，负面的心情对顾客破坏行为有正面的影响。

另外 Carolyn Bonifield 和 Catherine Cole（2007）从服务失败的方面看顾客的行为，用了实验室研究和基于网络的研究两种方法，证明了生气和懊悔对顾客行为的影响，减少生气的补救努力会减少顾客报复行为，而情绪对补救努力和报复行为的调节不那么明显。而生气和懊悔是基于归因，如果把服务失败归因给别人，那么就会生气，如果归因于自己，就会懊悔。总之，尽管这几位在顾客自发行为的前置影响因素方面研究得很深入，但是我们认为应该还有其他的一些影响因素值得探讨，比如顾客之间的相互影响因素等。

四、结束语

总之，顾客自发行为对企业有着重要的意义，顾客自发行为是消费者行为的一种，对顾客自发行为的表现和影响机制的研究可以让我们理解很多顾客自发行为现象，比如消费者为何会对社会责任表现好的企业表现出公民行为。另外，对企业如何激发消费者公民行为和避免破坏性行为都有着重要的实践意义。虽然学者们在顾客自发行为方面已经做了很多研究，但是大多局限于购买产品和服务的过程背景下，在别的背景比如网络背景下的顾客自发行为还是值得深入地研究，另外还有一些别的理论比如社会互动理论也可以用来很好地解释消费者受到他人影响后产生的自发行为。这些都是未来研究可能的方向。

参 考 文 献

［1］张广玲. 关系结合方式及关系品质对顾客自发行为的影响. 经济管理，2005，3.
［2］谢礼珊，申文果，梁晓丹. 顾客感知的服务公平性与顾客公民行为关系研究——基于网络服务环境的实证调研. 管理评论，2008，20（6）.
［3］Ford Wendys Zabava. Evaluation of the indirect influence of courteous service on customer discretionary behavior. Human Communication Research，1995，22（Sep）.
［4］Groth Markus. Customer as good soldiers：Examining citizenship behaviors in internet service deliveries. Journal of Management，2005，2.
［5］Gruen Thomas W.. The outcome set of relationship marketing in consumer marekts. International Business Review，1995，4（4）.

[6] Harris, Lloyd C., and Kate L. Reynolds. The consequences of dysfunctional customer behavior. Journal of Service Research, 2003, 6.

[7] Jacob Jou, Chun Ming Yang. Jaycustomer behavior and its effects on target customers' cognitive and emotional responses. AMA Winter Educators' Conference, 2007.

[8] Julie Pirsch, Shruti Gupta, and Stacy Landreth Grau. A framework for understanding corporate social responsibility programs as a continuum: An exploratory study. Journal of Business Ethics, 2007, 70.

[9] Reynolds, Kate L., and Lloyd C. Harris. When service failure is not service failure: An exploration of the forms and motives of "illegitimate" customer complaining. Journal of Service Marketing, 2005, 19 (5).

[10] Youjae Yi, and Taeshik Gong. If employees "Go the Extra Mile" Do customers reciprocate with similar behavior?. Psychology & Marketing, 2008, 25 (10).

[11] Youjae Yi, and Taeshik Gong. The antecedents and consequences of service customer citizenship and badness behavior. Seoul Journal of Business, 2006, 12 (2).

关于"第三届运营与供应链管理国际会议"的会议总结

● 刘学元[1]　冯　华[2]

（1，2 武汉大学经济与管理学院　武汉　430072）

由武汉大学、重庆大学和香港中文大学联办的第三届运营与供应链管理国际会议（The 3rd International Conference on Operations and Supply Chain Management）的大会开、闭幕式以及各分会场会议，已于 2009 年 7 月 28—30 日在武汉大学经济与管理学院成功举行。

7 月 29 日上午 8：30，大会在武汉大学经济与管理学院学术报告厅举行了隆重的开幕式。由武汉大学经济与管理学院常务副院长李燕萍教授主持，武汉大学相关校领导、武汉大学经济与管理学院院长陈继勇出席了会议并先后致辞。来自美国、英国、法国、加拿大、澳大利亚、丹麦、瑞典、斯洛文尼亚、日本、马来西亚、印度、中国香港地区、中国台湾地区、中国内地 180 多名国内外知名学者和企业家，参加了本次会议。

开幕式上，中国工程院院士、北京工业大学管理学院院长李京文教授回顾了供应链管理在我国发展的三个阶段，指出在经济全球化的历史背景下，运营和供应链管理是推进统一全球市场体系建立的重要手段。而在中国这个新崛起的全球采购中心，运营和供应链管理更是企业当今和未来发展面临的重要课题和必然趋势。经济与管理学院院长陈继勇教授认为，研究运营与供应链管理对中国企业实现"两个转变"、彻底打破"大而全、小而全"、迅速迈向国际市场、提高在国际市场上的生存和竞争能力有着重要的理论与实际意义。

英国伦敦商学院、欧洲运营管理协会原主席 Chris Voss 教授，美国印第安纳大学 Barbara Flynn 教授，中国香港中文大学利丰供应链管理研究中心主任赵先德教授，美国亚利桑那州立大学商学院 Vicki Smith-Daniels 教授和美国佐治亚理工学院 Vinod Singhal 教授分别就服务供应链、供应链整合对中国制造业的影响、中美的服务贸易和供应链与企业绩效的关系等方面做了精彩的主题报告。

本次学术会议促进了亚太地区和区域外的研究者之间的合作，探讨了亚太地区经济发展和公司运作与供应链之间的关系等。大会包括 12 个主要议题，分别是运营与制造战略管理与实践，服务管理与实践，供应链管理，物流管理，科技创新与创业管理，外包与采购管理，质量管理与实践，可持续性研究：运营与环境，全球化与运营、供应链管理，人力资源与运营、供应链管理，市场营销与运营管理，公司战略与运营管理。

7 月 30 日上午 10：00 主编论坛如期召开，Decision Science of Innovative Education（《创新教育决策科学》）、Quality management（《质量管理》）、Journal of Operations Management （《运营管理》）、Decision Science（《决策科学》）、Management Science（《管理科学》）、Production and Operations Management （《生产与运作管理》）、Manufacturing and Service Operations Management（《制造与服务运营管理》）等杂志的创始

人、主编或副主编 Chris Voss、Barbara Flynn、Roger Maull、Vinod Singhal、Vicki Smith-Daniels、赵先德教授，以及《管理世界》、《经济管理》杂志的尚增健主任、周文斌主编分别就学者非常关心的"如何撰写高质量的学术论文"等问题给出了细致的解答，与会学者收获甚丰！

7月30日上午11：30，经过两天密集的议程，大会在武汉大学经济与管理学院副院长王永海的主持下，举行了隆重的闭幕式。首先，大会评奖委员会主席、美国印第安纳大学商学院国际商业教育与研究中心（CIBER）主任 Barbara Flynn 教授主持了颁奖典礼，并邀请各重要嘉宾向各获奖论文的作者颁发了获奖证书及奖金。随后，武汉大学经济与管理学院常务副院长李燕萍致闭幕词，对各与会者冒着酷暑，不远千里、万里来武汉参加本次会议表达了由衷的敬意和谢意，并希望各与会者会后在本次会议的基础上持续合作，争取达成更多实质性的联合研究，进一步促进彼此的长期交流与合作。最后，大会常任主席、中国香港中文大学商学院利丰运营与供应链管理研究中心主任赵先德教授，代表大会向各与会者表示诚挚的问候，对武汉大学经济与管理学院在本次大会的卓越组织工作表示高度赞赏和肯定，并向大会组委会的工作人员的辛勤付出和表现出的严谨的专业素质和热情周到的服务工作表达了由衷的感谢。

闭幕式后，部分与会者在武汉大学经济与管理学院工商管理系副主任海峰教授等老师的带领下，参观了武汉市东湖高新技术开发区，听取了有关光谷、烽火通信等企业的发展介绍。随后，参加大会三峡会议部分的与会者60余人，星夜前往宜昌，继续体验世界第一大坝——宏伟壮丽的长江三峡大坝，以及幽深灿烂的中国长江中游的山水文明等。

本次会议在学校及经管学院各级领导的大力支持与指导，以及全体会务组成员和相关老师和学生的共同努力下，取得了圆满成功。很多与会者会后都通过电子邮件或以口头形式表达了对我校以及会议组织者的高度赞扬，并主动提出要与我们进行更多有关教学与科研的合作。美国 Georgia Institute of Technology（乔治亚理工学院）商学院副院长 Vinod Singhal 教授说道：他的此次中国武汉之行，如果说不是最好的一次中国体验，也是最好的体验之一，并希望能与武汉大学开展进一步的教学交流与科研合作。来自美国堪萨斯州立大学的 Chwen Sheu 教授也来函，对本次会议组织工作的专业性和会务接待人员的热情、友善、周到深感钦佩，并要求我们一定转达他们最真诚的谢意和敬意。而来自中欧国际商学院（CEIBS）并获得本次大会最佳论文奖的 Martin Lockstrom 博士更是被武大美丽的校园，良好的教学与科研设施，以及武大师生表现出来的优秀的专业与学术素质所折服，表示一定要找机会与武大同仁合作，以便更多地来武大进行交流与学习。另外，来自法国著名的巴黎中央理工学院，拥有众多科研成果和研究项目的储诚斌教授更是迫不及待地要与我们展开科研合作，表示将在今年的11—12月份专门访问我校，就有关的合作事宜进行具体商谈。

总之，本次会议的成功举行，极好地向来自世界各地的学者和企业家展示了我校一流的软硬件设施和科研实力，促进了我校及我院在相关领域的研究，也必将有力地推动我校与国内外相关院校的进一步交流与合作，为进一步提升我院工商管理学科相关领域的研究水平打下了良好的基础。

《珞珈管理评论》 投稿体例要求

一、来稿请用 A4 纸单面打印，打印稿邮寄至湖北省武汉市武昌珞珈山武汉大学经济与管理学院《珞珈管理评论》编辑部；邮编：430072。相应的电子稿请发至我们为投稿所设的电子邮箱：ljglpl@163.com。

二、在第 1 页只需写出论文的中文标题和英文标题、作者姓名、单位、通信地址、邮编电话及电子信箱地址；第 2 页及以后的内容是文章标题、摘要、关键词、正文、注释和参考文献。

三、来稿以 8 000 字左右为宜。限于财力和人力，来稿一律不退。

四、投稿者来稿时提供：100~200 字的论文摘要（浓缩基本观点），不需要译为英文。

五、来稿注释一律用脚注，请勿用尾注。注释采用实注，详细标出引文页码；不要采用国外的虚注（即括号中人名加年代的注释法）；参考文献则一律放在文后，不必标注引文页码。请遵照"参考文献著录规则"将正文中的脚注与文后的参考文献规范化（见附录）。

附录：参考文献著录规则

1. 脚注在正文中的标注格式

1.1　按正文中引用的文献出现的先后顺序用阿拉伯数字连续编码，并将序号用右上标①、②、③标示。

1.2　同一处引用多篇文献时，将各篇文献序号间用"，"间隔。如遇连续序号，可标注在一起 。

1.3　中国著者姓名的汉语拼音按 GB/T 16159—1996 的规定书写，名字不能缩写。

　　　示例：Zheng Guangmei。

欧美著者采用名在前姓在后的著录形式，欧美著者的名也可以缩写，不能省略缩写点；如用中译名，可以只著录其姓。

　　　示例 1：Alberd Einstein 还可表示为：Einstein, A.

　　　示例 2：伏尔特·韦杰

　　　示例 3：P. S. 昂温

1.4　作者在 3 人以下全部著录，3 人以上可只著录前 3 人，后加"，等"，外文用"，et al."，"et al."不必用斜体。责任者之间用"，"分隔。

1.5　版本的著录采用缩略的形式。

　　　示例 1：3 版（原题：第三版）

　　　示例 2：5th ed（原题：Fifth edition）

1.6　正确著录期刊文献的年、卷、期

　　　示例：年，卷（期）：2005，10（2）

1.7　脚注中各部分的顺序为：

作者．题名（或加其他题名信息）．版本项．出版地：出版者，出版年：引文页码（报纸需标注日期及版面）.

示例：①中国社会科学院语言研究所词典编辑室．现代汉语词典．修订本．北京：商务印书馆，1996：258-260.

②谢希德．创新学习的新思路．人民日报，1998-12-25（10）.

1.8 对于电子出版物除按照此著录规则外，还需在最后增加［引用日期］．获取和访问路径。

示例：江向东．互联网环境下的信息处理与图书管理系统解决方案．情报学报，1999，18（2）：4［2000-01-18］．http//www. chinainfo. gov. cn/periodical/qbxb/qbxb99/qbxb990203.

1.9 正文采用脚注，脚注信息详细到页码。

示例：①余敏．出版集团研究．北京：中国书籍出版社，2001：179-193.

②G. 昂温，P. S. 昂温．外国出版史．陈生铮，译．北京：中国书籍出版社，1988：22.

③王夫之．宋论．刻本．金陵：曾氏，1845（清同治四年）.

④李晓东，张庆红，叶瑾琳．气候学研究的若干理论问题．北京大学学报：自然科学版，1999，35（1）：101-106.

⑤Admati, A. R. , Ross, S. A. . Measuring investment performance with a rational expectations model. Journal of Business, 1985, 58：42.

⑥Kirzner, I. M. . Discovery and the capitalist process. Chicago：University of Chicago Press, 1985：33-34.

2. 参考文献的标注

参考文献的标注与注释（即脚注）方式基本一致，只是不需要标注页码。注释（即脚注）放在正文中，参考文献放在正文后。

示例：[1] 马克思．关于《工资、价格和利润》的报告札记．马克思恩格斯全集：第44卷．北京：人民出版社，1982.

[2] 卞葆．编辑体制改革中的质量管理工作．出版转制与编辑工作——中国编辑学会第九届年会论文集．北京：中国大百科全书出版社，2005.

[3] 谢希德．创新学习的新思路．人民日报，1998-12-25.

[4] Becker, G. S. . Human capital. New York：Columbia University Press, 1964.

[5] Reshmi, M. . The growth pattern of women-run enterprise：an empirical study in India. Journal of Developmental Entrepreneurship, 2002, 7（2）.

[6] 江向东．互联网环境下的信息处理与图书管理系统解决方案．情报学报，1999，18（2）：4［2000-01-18］．http//www. chinainfo. gov. cnm.

特别声明：本集刊已经在武汉大学经济与管理学院网站《珞珈管理评论》栏目中将所有过刊全文录入，以飨读者查找及阅览之需！同时欢迎在线投稿。

本集刊的网络链接：http：//jer. whu. edu. cn/ljglpl/CN/volumn/home. shtml

投稿地址：湖北省武汉市武昌珞珈山　武汉大学经济与管理学院《珞珈管理评论》编辑部

邮编：430072

投稿信箱：ljglpl@ 163. com

电话、传真：027—68755911